Juridicum – Schriften zum Wirtschaftsstrafrecht

Band 12

Reihe herausgegeben von

Frank Saliger, Ludwig-Maximilians-Universität München, München, Deutschland

Michael Tsambikakis, Bibliothek, Tsambikakis & Partner Rechtsanwälte mbB, Köln, Deutschland

Diese Reihe enthält Arbeiten zum Wirtschaftsstrafrecht in seiner gesamten nationalen, europäischen und internationalen Breite. Besonderes Augenmerk wird auf die Aktualität und Praxisrelevanz der Themen gelegt. Die Reihe versteht sich als Beitrag zur immer enger zusammenwachsenden globalen Rechtswelt.

Prof. Dr. Frank Saliger ist Universitätsprofessor an der Ludwig-Maximilians-Universität in München.

Prof. Dr. Michael Tsambikakis ist Rechtsanwalt in Köln und Honorarprofessor an der Universität Passau.

Ruixiang Lu

Grundprobleme der Umweltverschmutzungsdelikte

Ein deutsch-chinesischer Rechtsvergleich

Springer

Ruixiang Lu
Juristische Fakultät
Ludwig-Maximilians-Universität
München
München, Deutschland

Zugl.: München, Ludwig-Maximilians-Universität, Dissertation, 2025.
Referent: Prof. Dr. Frank Saliger
Korreferent: Prof. Dr. Helmut Satzger
Tag der mündlichen Prüfung: 04 December 2025.

ISSN 2568-8626 ISSN 2662-9046 (electronic)
Juridicum – Schriften zum Wirtschaftsstrafrecht
ISBN 978-3-658-51328-3 ISBN 978-3-658-51329-0 (eBook)
https://doi.org/10.1007/978-3-658-51329-0

Die Deutsche Nationalbibliothek verzeichnet diese Publikation in der Deutschen Nationalbibliografie; detaillierte bibliografische Daten sind im Internet über https://portal.dnb.de abrufbar.

Springer ist ein Imprint der eingetragenen Gesellschaft Springer Fachmedien Wiesbaden GmbH und ist ein Teil von Springer Nature.
Die Anschrift der Gesellschaft ist: Abraham-Lincoln-Str. 46, 65189 Wiesbaden, Germany

Meinen Eltern Herrn Jiyu Lu und Frau Penghui Hua

Vorwort

Die vorliegende Arbeit wurde im Sommersemester 2025 von der Juristischen Fakultät der Ludwig-Maximilians-Universität München als Dissertation angenommen. Aktuelle Literatur und Rechtsprechung konnten bis einschließlich Ende Oktober 2025 berücksichtigt werden.

Zunächst möchte ich meinem Doktorvater, Herrn Professor Dr. Frank Saliger, meinen aufrichtigen Dank aussprechen. Seine kontinuierliche fachliche Begleitung, seine Geduld sowie seine konstruktive Unterstützung haben wesentlich zum Gelingen der Dissertation beigetragen. Seine Förderung ging dabei über den eigentlichen Arbeitsprozess hinaus und erleichterte die Anfertigung der Dissertation in mehrfacher Hinsicht. Für die Möglichkeit, diese Arbeit unter seiner Betreuung anzufertigen, bin ich ihm zu großem Dank verpflichtet.

Weiterhin danke ich Herrn Professor Dr. Helmut Satzger herzlich für die zügige Erstellung des Zweitgutachtens.

Mein Dank gilt ferner meinen Freundinnen und Freunden sowie meinen Kolleginnen und Kollegen, die mich während der Promotionszeit in München begleitet und unterstützt haben. Besonderer Dank gilt meiner Freundin Yiwen Lu, die mir in schwierigen Phasen stets zur Seite stand, mir zugehört und mir die nötige Zuversicht gegeben hat, den eingeschlagenen Weg konsequent fortzusetzen.

Abschließend gilt mein tiefster Dank meiner Familie, insbesondere meinen Eltern, Jiyu Lu und Penghui Hua, meinem älteren Bruder, Ruiwu Lu, sowie meiner Schwägerin, Yinghua Jin, für ihre beständige Unterstützung, ihr Vertrauen und ihre Rückendeckung. Ohne ihre Hilfe und ihren Rückhalt wäre die Anfertigung dieser Arbeit nicht möglich gewesen.

München
der 06.02.2026

Ruixiang Lu

Inhaltsverzeichnis

Umweltverschmutzungsdelikte als Mittel des Umweltschutzes

1

1.1 Entwicklung der Umweltverschmutzungsdelikte und Fragstellung

Die Entwicklung der menschlichen Zivilisation hat einen langen Weg hinter sich. Am Anfang war der Mensch für sein Überleben von der Natur abhängig und dementsprechend eingeschränkt. Im 18. Jahrhundert wurde mit der industriellen Revolution ein neues Kapitel menschlicher Entwicklung aufgeschlagen. Dank des rasanten Fortschritts von Wissenschaft und Technik wurden die Menschen zum Herrscher über die Natur. Die Eroberung der Natur ist die Quelle des menschlichen Stolzes. Hinter dieser Eroberung verbergen sich jedoch zahlreiche Probleme für die Umwelt. Abgase, Abwässer und Abfälle aus der industriellen Produktion gefährden ernsthaft das Überleben und die Entwicklung der Menschheit. Die vier in Japan in den 1950er Jahren aufgetretenen weltbekannten Umweltverschmutzungsereignisse[1], die Rheinverschmutzung durch den Sandoz-Zufall von 1986[2], und der Smog in Peking haben gezeigt, dass die Umweltverschmutzungsprobleme immer gravierender werden und dass die Menschen diesen Problemen immer mehr Aufmerksamkeit widmen müssen, weil die Umwelt die materielle Grundlage des menschlichen Überlebens ist.[3]

[1] Also die Minamata-Krankheit 1956, die zweite Minamata-Krankheit in Niigata 1966, das Yokkaichi-Asthma 1960–1972, die Schmerzen-Krankheit in der Präfektur Toyamas 1910–1970.

[2] Vgl. *Kluth/Smeddinck*, Umweltrecht, §1 Rn.24.

[3] Vgl. *Kluth/Smeddinck*, Umweltrecht, §1 Rn.4.

R. Lu, *Grundprobleme der Umweltverschmutzungsdelikte*, Juridicum – Schriften zum Wirtschaftsstrafrecht 12, https://doi.org/10.1007/978-3-658-51329-0_1

Im Jahr 1972 verabschiedeten die Vereinten Nationen die „Erklärung über die Umwelt des Menschen“[4], um Fragen der Umweltverschmutzung in der internationalen Gemeinschaft zu thematisieren. Im Jahr 1992 wurde auf der UN-Konferenz für Umwelt und Entwicklung die „Rio-Erklärung“[5] verabschiedet. Damit wurde ein internationaler Konsens über eine nachhaltige Entwicklung in den Bereichen Umwelt, Wirtschaft und Gesellschaft erreicht. Es setzte sich die Erkenntnis durch, dass Umweltfragen zu einem bedeutenden Anliegen für die gesamte Menschheit und die internationale Gemeinschaft geworden sind. Alle Staaten haben darauf mit der Verabschiedung von Rechtsvorschriften reagiert. Dabei wird insbesondere dem Strafrecht große Bedeutung beigemessen, weil es die wichtigste Verteidigungslinie für den sozialen Schutz des Menschen darstellt.[6] Die Frage, wie strafrechtliche Mittel effektiv zur Lösung von Umweltproblemen eingesetzt werden können, ist auch in Deutschland und China allmählich in den Fokus der Juristen gerückt.

In den 1970er Jahren wurden in die deutschen Umweltverwaltungsgesetze, z. B. das Abfallbeseitigungsgesetz von 1972, das Bundes-Immissionsschutzgesetz von 1974, das Bundesnaturschutzgesetz, das Atomgesetz und das Wasserhaushaltsgesetz von 1976, einige strafrechtliche Vorschriften aufgenommen.[7] Dies ermöglichte zwar die strafrechtliche Ahndung einschlägiger Umweltbeeinträchtigungen, konnte aber zu Strafbarkeitslücken führen.[8] Deshalb hat der Gesetzgeber das Umweltstrafrecht grundlegend reformiert, d. h. mit dem Gesetz zur Bekämpfung der Umweltkriminalität (1. UKG) im Jahre 1980 einen eigenen Abschnitt „Straftaten gegen die Umwelt“ in das Strafgesetzbuch eingefügt.[9] Diese Einfügung in das Kernstrafrecht hat die Sozialschädlichkeit der Umweltstraftaten stärker in das öffentliche Bewusstsein gerückt und die Vereinheitlichung und Verdeutlichung der einschlägigen Strafvorschriften begünstigt.[10] Für die mit der

---

[4] United Nations Declaration on the Human Environment, Report of the United Nations Conference of the Human Environment, UNEP (092)/E5. Abrufbar unter https://digitallibrary.un.org/record/84660?ln=en.

[5] Rio Declaration on Environment and Development, statement of forest principles, United Nations Conference on Environment and Development, [ST/] DPI/1344. Abrufbar unter https://digitallibrary.un.org/record/170126?ln=en.

[6] Vgl. HK-GS/*Rössner*, § 1 StGB Rn.9.

[7] Vgl. *Saliger*, Umweltstrafrecht, Rn.19.

[8] Vgl. *Knaut*, Die Europäisierung des Umweltstrafrechts, S. 16 f.

[9] 18. StrÄndG v. 28.3.1980 (BGBl. 1980 I 373), dazu *Rengier*, StrafR BT II § 47 Rn.1.

[10] Vgl. *Börner*, Umweltstrafrecht, §1 Rn.54.

gesellschaftlichen Entwicklung auftretenden Umweltprobleme war das Umweltstrafrecht auf der Grundlage des 1. UKG jedoch nicht ausreichend wirksam. Der Gesetzgeber hat es daher 1994 durch das Zweite Gesetz zur Bekämpfung der Umweltkriminalität (2. UKG) novelliert.[11] Dieser Novelle kommt große Bedeutung zu. Sie hat dazu beigetragen, die Lücken und Mängel des ersten Umweltkriminalitätsgesetzes zu schließen, indem sie z. B. neue Straftatbestände eingeführt (§§ 324a, 325a StGB), andere verschärft (§§ 327, 328, 329 StGB) oder völlig neu strukturiert (§§ 330, 330a StGB) und den strafrechtlichen Schutz der Umweltmedien (Gewässer, Boden und Luft) harmonisiert hat.[12] Gleichwohl bestehen in der Rechtsprechung nach wie vor Probleme. Während die unstrittigen Grundfragen durch das 2. UKG geregelt wurden, blieben andere komplizierte Probleme offen und wurden durch weitere Strafrechtsreformen, wie das 6. Strafrechtsreformgesetz[13] von 1998, behandelt,[14] das allerdings nur geringfügige Änderungen im Umweltstrafrecht, wie die Verschiebung der „Straftaten gegen die Umwelt“ in den 29. Abschnitt des Besonderen Teils, mit sich brachte. Das Ausführungsgesetz v. 23.07.1998 zu dem Vertrag v. 24.09.1996 über das umfassende Verbot von Nuklearversuchen (UVNVAG) schreibt eine Strafbarkeit für die Verursachung einer nuklearen Explosion sowie Teilnahmehandlungen vor (§ 328 II Nr. 3, 4, VI), wobei hierdurch auch strafrechtliche Verantwortlichkeit auf Taten Deutscher im Ausland ausgedehnt wurde (§ 5 Nr.11a).[15] Neben den Entwicklungen im nationalen Gesetz spielt die Europäisierung des Umweltstrafrechts in Deutschland auch eine wichtige Rolle. Seit 1998 arbeiten der Europarat, der Rat der Europäischen Union, die EU-Kommission und das Europäische Parlament daran, ein gemeinsames europäisches Umweltstrafrecht zu schaffen.[16] Dies fand seinen vorläufigen Höhepunkt in der Richtlinie 2008/99/EG des Europäischen Parlaments und des Rates vom 19.11.2008 über den strafrechtlichen Schutz der Umwelt.[17] Mit dieser Richtlinie sollte ein EU-weiter Mindeststandard

[11] 31. StrÄndG v. 27.6.1994 (BGBl. 1994 I 1440), dazu *Knaut*, Die Europäisierung des Umweltstrafrechts, S. 17.

[12] Vgl. *Kloepfer*, Umweltrecht, § 7 Rn.8.

[13] BT Drs. 8587 13/8587 15.

[14] Vgl. *Knaut*, Die Europäisierung des Umweltstrafrechts, S. 18.

[15] BGBl. 1998 I 1882; vgl. *Saliger*, Umweltstrafrecht, Rn.21.

[16] Basierend auf dem Übereinkommen des Europarats zum Schutz der Umwelt durch Strafrecht v. 04.11.1998 (ETS Nr.172), das bislang aufgrund fehlender Ratifizierung nicht in Kraft getreten ist. Vgl. *Saliger*, Umweltstrafrecht, Rn.22.

[17] ABl.2008 L 328, 28; vgl. *Saliger*, Umweltstrafrecht, Rn.22.

an strafrechtlichen Sanktionen für schwere Verstöße gegen das gemeinschaftliche Umweltschutzrecht geschaffen werden.[18] Die Bundesregierung hat darauf reagiert und einen Gesetzentwurf zur Umsetzung der Umweltstrafrechts-RL als 45. StrÄndG (überwiegend Inkrafttreten: 14.12.2011) vorgesehen.[19] Durch das 45. StrÄndG wurden Änderungen nicht nur im Nebenstrafrecht, sondern auch im Kernstrafrecht, nämlich im Strafgesetzbuch, vorgenommen.[20] Obwohl laut der Begründung des Gesetzentwurfs nur in Teilbereichen Änderungen der §§ 325, 326, 327, 328, 329 und 330d erforderlich sind[21], bleibt ihre Verschärfung dennoch bedeutend.[22] Im Jahr 2016 wurde gemäß dem Gesetz zur Änderung abfallverbringungsrechtlicher Vorschriften[23] § 326 II Nr.1 aF gestrichen und ins Nebenstrafrecht ausgelagert. Dabei hat der Gesetzgeber im Abfallverbringungsgesetz mit den §§ 18a, b AbfVerbrG zwei neue Strafvorschriften eingefügt.[24] Am 20. Mai 2024 ist die neue Umweltstrafrechtsrichtlinie 2024/1203/EG in Kraft getreten. Sie ersetzt ihre Vorgängerrichtlinie (2008/99/EG) und ist deutlich umfassender als die bisherige Regelung. Sie muss bis zum 21. Mai 2026 in deutsches Recht umgesetzt werden. Bisher hat die Bundesregierung noch keine abschließenden Anpassungen vorgenommen.[25] In letzter Zeit haben sich im Umweltstrafrecht hauptsächlich kleinere begriffliche Anpassungen sowie Ergänzungen ergeben.[26]

Die chinesische Gesetzgebung begann später: Anders als in Deutschland existiert in China kein echtes Nebenstrafrecht. Erst seit 1979 wurden nur die Straftatbestände im Zusammenhang mit der Zerstörung natürlicher Ressourcen in

---

[18] S. Erwägungsgründe 10 und 12 von AB1.2008 L 328, 28.

[19] BT-Drs. 17/5391; vgl. *Saliger*, Umweltstrafrecht, Rn.23.

[20] BGB1. 2011 I 2557 (Nr. 64).

[21] BT-Drs. 17/5391, 10.

[22] Ausführlich hierzu *Saliger*, Umweltstrafrecht, Rn.23.

[23] Art. 2 Gesetz zur Änderung abfallverbringungsrechtlicher Vorschriften (AbfVerbrRÄndG) v. 1.11.2016 (BGBl. 2016 I 2452 [Nr. 52]).

[24] Vgl. *Saliger*, Umweltstrafrecht, Rn.23, ausführlich hierzu Rn.320 f.

[25] Aktualisierung: Am 17. Oktober 2025 veröffentlichte das Bundesministerium der Justiz und für Verbraucherschutz einen Referentenentwurf zur Umsetzung der Richtlinie 2024/1203/EG. Der Entwurf sieht umfangreiche Erweiterungen des geltenden Umweltstrafrechts vor, befindet sich derzeit im Anhörungsverfahren und wurde deshalb noch nicht vom Bundeskabinett als Regierungsentwurf beschlossen. Eine endgültige Verabschiedung durch Bundestag und Bundesrat steht somit weiterhin aus.

[26] Vgl. *Saliger*, Umweltstrafrecht, Rn.23, z. B. bei „Anpassung" des § 327 II Nr. 3, der seit 2012 auf das Kreislaufwirtschaftsgesetz und nicht mehr auf das Kreislaufwirtschafts- und Abfallgesetz Bezug nimmt. Bei „Ergänzung" z. B. Einführung des Abs. 2 S. 1 Nr. 4 in § 327 Mai 2013.

das chinesische Strafgesetzbuch aufgenommen.[27] Die Umweltverschmutzungsdelikte wie der schwere Gewässerverschmutzungsunfall, der schwere Luftverunreinigungsunfall und der schwere Feststoffabfallverschmutzungsunfall wurden verwaltungsrechtlich geregelt, aber analog § 115 oder § 187 chStGB bestraft.[28] Aufgrund der damaligen Beschränkungen der Gesetzgebungstechnik spielte es

[27] Z. B. § 128 „Wer unter Verstoß gegen die Bestimmungen des Forstgesetzes Wald oder andere Wald- und Baumbestände diebisch oder wahllos abholzt, wird bei Vorliegen ernster und schwerwiegender Folgen mit Freiheitsstrafe bis zu drei Jahren oder mit Gewahrsam bestraft, zugleich oder in selbstständiger Weise wird mit Geldstrafe belegt"; §129 „ Wer unter Verstoß gegen Gesetze und Verordnungen zum Schutz von Produkten und (natürlichen) Ressourcen der Gewässer in Fischereiverbotszonen, während Zeitperioden mit Fischereiverbot oder unter Verwendung von Geräten oder Methoden, deren Gebrauch bzw. Anwendung verboten ist, nach Produktion der Gewässer fischt oder solche fängt, wird bei Vorliegen ernster und schwerwiegender Tatumständen mit Freiheitsstrafe bis zu zwei Jahren, Gewahrsam oder Geldstrafe bestraft"; §130 „Wer entgegen den Gesetzen und Verordnungen über die Jagd in Jagdverbotszonen, während Zeitperioden mit Jagdverbot oder unter Verwendung von Geräten oder Methoden, deren Gebrauch bzw. Anwendung verboten ist, die Jagd ausübt und (dadurch) Ressourcen wildlebender Tiere zerstört, wird bei Vorliegen ernster und schwerwiegender Tatumständen mit Freiheitsstrafe bis zu zwei Jahren, mit Gewahrsam oder mit Geldstrafe bestraft."

[28] „Schwerer Gewässerverschmutzungsunfall" wurde in § 43 des „Gesetzes der Volksrepublik China zur Verhütung und Bekämpfung der Gewässerverschmutzung" (中华人民共和国水污染防治法) (1984) geregelt, nämlich „Wer (als einschlägige verantwortliche Personen) gegen die Bestimmungen dieses Gesetzes einen Unfall gravierender Gewässerverschmutzung verursacht, so dass ernste und schwerwiegende Folgen eintreten wie gravierende Verluste an öffentlichem oder privatem Eigentum oder Körperverletzung bzw. Tod eines Menschen, wird analog § 115 oder § 187 chStGB bestraft"; „schwerer Luftverunreinigungsunfall" wurde in § 38 des „Gesetzes der Volksrepublik China zur Verhütung und Bekämpfung der Luftverunreinigung" (中华人民共和国水污染防治法) (1987) geregelt, nämlich „Wer…einen Unfall gravierender Luftverunreinigung verursacht… wird analog § 115 oder § 187 chStGB bestraft"; „schwerer Feststoffabfallverschmutzungsunfall" wurde in § 72 des „Gesetzes der Volksrepublik China zur Verhütung und Bekämpfung der Umweltverschmutzung durch Feststoffabfälle" (中国人民共和国固体废物污染环境防治法) (1995) geregelt, nämlich „Wer gegen die Bestimmungen dieses Gesetzes gefährliche Abfälle sammelt, lagert oder behandelt und (dadurch) einen Unfall gravierender Umweltverschmutzung verursacht, so dass ernste und schwerwiegende Folgen eintreten wie gravierende Verluste an öffentlichem oder privatem Eigentum oder Körperverletzung bzw. Tod eines Menschen, wird analog § 115 oder § 187 chStGB bestraft". § 115 chStGB (1979): „Wer gegen Bestimmungen zur Regelung von explosiven, leicht entzündlichen, radioaktiven, giftigen oder ätzenden Substanzen bzw. Gegenständen verstößt und (dadurch) bewirkt, dass bei Produktion, Lagerung, Transport oder Gebrauch ein gravierender Unfall eintritt und ernste und schwerwiegende Folgen verursacht werden, wird mit zeitiger Freiheitsstrafe bis zu drei Jahren oder mit Gewahrsam bestraft; sind die Folgen besonders ernst oder schwerwiegend, ergeht zeitige Freiheitsstrafe von drei Jahren bis zu sieben Jahren". § 187 chStGB (1979): „Ein Mitarbeiter einer staatlichen Behörde, der seine Amtsbefugnisse missbraucht oder seine Pflichten

für die Bestrafung von Umweltverschmutzungsdelikten und den Umweltschutz jedoch keine Rolle.[29] Diese Situation verbesserte sich erst mit dem Strafrechtsänderungsgesetz von 1997, in dem der Abschnitt mit dem Titel „Straftaten, die den Schutz der Umwelt und der (natürlichen) Ressourcen beschädigen" dem Kapitel „Straftaten, die die Ordnung der gesellschaftlichen Verwaltung beeinträchtigen" hinzugefügt wurde.[30] Und Umweltverschmutzungsverhalten wurde erstmals als „Der Umweltverschmutzungsunfall"[31] im Strafgesetzbuch geregelt. In der Folge wurden diese Straftatbestände durch das Strafrechtsänderungsgesetz VIII[32] im Jahr 2011 und das Strafrechtsänderungsgesetz XI[33] im Jahr 2021 ergänzt und überarbeitet. Die beiden Strafrechtsänderungsgesetze spielen eine

vernachlässigt, so dass öffentliches Eigentum oder Interessen des Staats und Volkes gravierende Verlust erleiden, wird mit zeitiger Freiheitsstrafe bis zu fünf Jahren oder Gewahrsam bestraft".

[29] Vgl. *Zhou Guangquan*, China Legal Science (中国法学) 5/2021, 39.

[30] Vgl. *Zhao Bingzhi*, Law Review (法学评论) 2/2019, 24.

[31] § 338 (1997) chStGB: „Wer unter Verstoß gegen Bestimmungen des Staats auf oder in Böden, in Gewässer oder in die Luft radioaktiv verstrahlten Abfall, Erreger bzw. Keime ansteckender Krankheiten enthaltenden Abfall, toxische Stoffe oder in anderer Weise gefährlichen Abfall ableitet, ablädt oder behandelt und (dadurch) einen Unfall gravierender Umweltverschmutzung verursacht, so dass ernste und schwerwiegende Folgen eintreten wie gravierende Verluste an öffentlichem oder privatem Eigentum oder Körperverletzung bzw. Tod eines Menschen, wird mit zeitiger Freiheitsstrafe bis zu drei Jahren oder Gewahrsam bestraft, zugleich oder in selbständiger Weise (i.e. ohne Hauptstrafe) wird er mit Geldstrafe belegt; sind die Folgen besonders ernst und schwerwiegend, ergeht zeitige Freiheitsstrafe von drei Jahren bis zu sieben Jahren, zugleich wird Geldstrafe verhängt." Die passende „Justizauslegung verschiedener Fragen zur spezifischen Rechtsanwendung bei der Verhandlung von Strafsachen im Zusammenhang mit Umweltverschmutzung" durch das Oberste Volksgericht trat 2006 in Kraft und ist seit 2013 aufgrund der neuen Auslegung ungültig.

[32] § 338 (2011) chStGB: „Wer unter Verstoß gegen Bestimmungen des Staats radioaktiv verstrahlten Abfall, Erreger bzw. Keime ansteckender Krankheiten enthaltenden Abfall, toxische Stoffe oder in anderer Weise gefährlichen Stoffe ableitet, ablädt oder behandelt und (dadurch) die Umwelt schwer verschmutzt, wird mit zeitiger Freiheitsstrafe bis zu drei Jahren oder Gewahrsam bestraft, zugleich oder in selbständiger Weise (i.e. ohne Hauptstrafe) wird er mit Geldstrafe belegt; sind die Folgen besonders ernst und schwerwiegend, ergeht zeitige Freiheitsstrafe von drei Jahren bis zu sieben Jahren, zugleich wird Geldstrafe verhängt." Dabei gab es zwei passende nachfolgende Editionen der Justizauslegung zu einigen Fragen der Rechtsanwendung bei der Behandlung von Strafsachen im Zusammenhang mit Umweltverschmutzung, die 2013 und 2016 vom Obersten Volksgericht und der Obersten Volksstaatsanwaltschaft herausgegeben wurden. Beide sind aufgrund der neuen Auslegung ungültig.

[33] § 338 (2021) chStGB: „Wer unter Verstoß gegen Bestimmungen des Staats radioaktiv verstrahlten Abfall, Erreger bzw. Keime ansteckender Krankheiten enthaltenden Abfall, toxische Stoffe oder in anderer Weise gefährlichen Stoffe ableitet, ablädt oder behandelt und

entscheidende Rolle bei der Festlegung und Ahndung von Umweltverschmutzungsdelikten. Durch das Strafrechtsänderungsgesetz VIII wurden zunächst die Wörter „in Böden, in Gewässer oder in die Luft" aus dem Handlungsobjekt gestrichen. Darüber hinaus wurde in Bezug auf die spezifischen Schadstoffe (Tatmittel) die Formulierung „oder in anderer Weise gefährlichen Abfall" durch „oder andere gefährliche Stoffe" ersetzt. Schließlich wurde der Taterfolg von „Verursachung eines gravierenden Umweltverschmutzungsunfalls und dadurch Entstehung gravierender Verluste an öffentlichem oder privatem Eigentum oder Körperverletzung bzw. Tod von Menschen" in „schwere Umweltverschmutzung" geändert. Dadurch wird die Anforderung an die Tatbestandsvoraussetzungen der Umweltverschmutzungsdelikte erleichtert und ihr Anwendungsbereich erweitert. Durch das Strafrechtsänderungsgesetz XI wurde das Strafmaß für schwere Umweltverschmutzung verschärft. Neben den ursprünglich vorgesehenen zwei Strafrahmen wurde ein weiterer Strafrahmen eingeführt, der eine „Freiheitsstrafe von mindestens sieben Jahren und zugleich [mit] Geldstrafe" unter vier aufgezählten Umständen ermöglicht. Außerdem wurde der zweite Strafrahmen für „die besonders ernsten und schwerwiegenden Folgen" in „Erschwerende Umstände" geändert. Zuletzt wurde im zweiten Absatz die Verurteilung schwererer Strafen im Falle einer Gesetzeskonkurrenz festgelegt. Diese erweiterten Straftatbestände stellen zwar einen wichtigen Fortschritt für den Umweltschutz dar, sind aber

---

(dadurch) die Umwelt schwer verschmutzt, wird mit zeitiger Freiheitsstrafe bis zu drei Jahren oder Gewahrsam bestraft, zugleich oder in selbständiger Weise (i.e. ohne Hauptstrafe) wird er mit Geldstrafe belegt; sind die Umständen erschwerend, ergeht zeitige Freiheitsstrafe von drei Jahren bis zu sieben Jahren, zugleich wird Geldstrafe verhängt; ist einer der folgenden Umstände erfüllt, wird mit Freiheitsstrafe von mindestens sieben Jahren, zugleich wird Geldstrafe verhängt: 1) radioaktiv verstrahlten Abfall, Erreger bzw. Keime ansteckender Krankheiten enthaltenden Abfall, toxische Stoffe in einem gesetzlich festgelegten Schlüsselschutzgebiet, wie einem Trinkwasserquellenschutzgebiet oder einer Kernzone eines Naturschutzgebietes ableitet, ablädt oder behandelt, sind die Umständen besonders ernst und schwerwiegend; 2) radioaktiv verstrahlten Abfall, Erreger bzw. Keime ansteckender Krankheiten enthaltenden Abfall, toxische Stoffe in die wichtige Gewässer, die vom Staat bestimmten Flüssen und Seen ableitet, ablädt oder behandelt, sind die Umständen besonders ernst und schwerwiegend; 3) verursacht, eine große Menge an landwirtschaftlicher Dauergrundfläche ihre Grundfunktionen verlieren oder dauerhaft geschädigt werden; 4) verursacht, schwere Verletzung oder schwere Krankheiten bei mehreren Personen, oder schwere Behinderung oder Tod von Menschen.

Wenn die im vorstehenden Absatz bezeichneten Handlung zugleich eine andere Straftat erfüllt, so wird sie nach den Bestimmungen über schwere Strafen verurteilt und bestraft."

Die passende Justizauslegung zu einigen Fragen der Rechtsanwendung bei der Behandlung von Strafsachen im Zusammenhang mit Umweltverschmutzung" durch das Oberste Volksgericht und das Oberste Volksstaatsanwaltschaft trat 2023 in Kraft.

nicht unumstritten. Denn die Regelungen sind sowohl hinsichtlich der konkreten Tatbestandsvoraussetzungen als auch der Sanktionen eher grob und wenig systematisch.

Im Gegensatz zur deutschen Gesetzgebung werden Umweltverschmutzungsdelikte explizit im chinesischen Strafgesetzbuch in § 338 geregelt. Nahezu alle möglichen Formen von Umweltverschmutzung werden durch diesen Artikel bestimmt und geahndet.[34] Er fungiert gewissermaßen als Auffangbestimmung. Durch das Strafrechtsänderungsgesetz VIII wird sein Schutzbereich auf die „Umwelt" erweitert, indem es die Umweltmedien wie Gewässer, Boden und Luft herausgenommen hat. Diese Änderung ist jedoch nicht unproblematisch, da die Definition und Begrenzung des Umweltbegriffs kontrovers sind. Darüber hinaus stellt nach dem chinesischen Vier-Elemente-Deliktsaufbau das Objekt der Straftat eine Voraussetzung bei der Prüfung des Delikts dar. Die wörtliche Übersetzung führt zu der Erkenntnis, dass die „Tatobjekte" in Deutschland und China eine identische Bedeutung aufweisen. Allerdings weisen ihre Bedeutungen Unterschiede auf. In der chinesischen traditionellen Strafrechtslehre wird das Objekt der Tat als das strafrechtlich geschützte soziale Verhältnis definiert, welches durch die Straftat verletzt wird.[35] Diese abstrakte Definition ähnelt im Wesentlichen

[34] Ausnahme: § 339 chStGB, bei dem der Unfall der Umweltverschmutzung durch importierte feststoffliche Abfälle verursacht wurde. § 339 chStGB: „Wer unter Verstoß gegen staatliche Bestimmungen aus dem Ausland stammenden fest(stofflich)en Abfall ins Inland verbringt und hier ablädt bzw. entleert, stapelt oder (anderweitig) unterbringt bzw. deponiert, wird mit zeitiger Freiheitsstrafe bis zu fünf Jahren oder Gewahrsam bestraft, zugleich wird er mit Geldstrafe belegt; wird ein Unfall gravierender Umweltverschmutzung verursacht, so dass öffentliches oder privates Eigentum gravierende Verlust erleiden oder Körper und Gesundheit eines Menschen in ernster und schwerwiegender Weise gefährdet werden, ergeht zeitige Freiheitsstrafe von fünf Jahren bis zu zehn Jahren, zugleich wird Geldstrafe verhängt; sind die Folgen besonders ernst und schwerwiegend, ergeht zeitige Freiheitsstrafe von mindestens zehn Jahren, zugleich wird Geldstrafe verhängt.

Wer ohne Erlaubnis der einschlägig zuständigen Ämter des Staatsrates eigenmächtig fest(stofflich)en Abfall zur Verwendung als Rohstoff bzw. Rohmaterial einführt und (dadurch) einen Unfall gravierender Umweltverschmutzung verursacht, so dass öffentliches oder privates Eigentum gravierende Verlust erleiden oder Körper und Gesundheit eines Menschen in ernster und schwerwiegender Weise gefährdet werden, wird mit zeitiger Freiheitsstrafe bis zu fünf Jahren oder Gewahrsam bestraft, zugleich wird er mit Geldstrafe belegt; sind die Folgen besonders ernst und schwerwiegend, ergeht zeitige Freiheitsstrafe von fünf Jahren bis zu zehn Jahren, zugleich wird Geldstrafe verhängt."

[35] Vgl. *Gao Mingxuan,* Grundsätze des Strafrechts (刑法学原理), S. 480.

dem Konzept des Rechtsguts im deutschen Recht.[36] In diesem Zusammenhang ist von Relevanz, wie das Tatobjekt als eine Tatbestandsvoraussetzung der Umweltverschmutzungsdelikte zu verstehen ist.

In Bezug auf die Tathandlung der Umweltverschmutzungsdelikte ist ihre Weise in der chinesischen Gesetzgebung enger gefasst als in der deutschen. Die chinesische Gesetzgebung unterteilt das umweltverschmutzende Verhalten lediglich in drei Kategorien und sieht keine Regelung für Unterlassung vor. Jedoch ist die Strafbarkeit der Unterlassung bei Umweltverschmutzungsdelikten in der Rechtsprechung nicht zu vernachlässigen.

Hinsichtlich des Taterfolgs der Umweltverschmutzungsdelikte ist die chinesische Gesetzgebung gröber als die deutsche. Durch das Strafrechtsänderungsgesetz VIII (2011) wird die Anforderung des Umweltverschmutzungsunfalls durch „die schwere Umweltverschmutzung“ ersetzt. Was unter „schwerer Umweltverschmutzung“ zu verstehen ist, ist jedoch in Literatur und Rechtsprechung umstritten. Einige argumentieren, dass die früheren Umweltverschmutzungsdelikte doppelte Erfolgsdelikte waren, die nicht nur „einen gravierenden Umweltverschmutzungsunfall“, sondern auch „gravierende Verluste an öffentlichem oder privatem Eigentum oder Körperverletzung bzw. Tod von Menschen“ umfassten.[37] Diese Änderung bezieht sich nur auf den Grad der Folgen der Umweltverschmutzung und nicht auf ihre Art als Erfolgsdelikt.[38] Dies bedeutet, dass die erste schwere Umweltverschmutzung als Gefährdungsdelikt betrachtet werden kann, während die zweiten besonders ernsten und schwerwiegenden Folgen als Verletzungsdelikte angesehen werden können.[39] Einige argumentieren dagegen, dass die „schwere Umweltverschmutzung“ als Anforderung an den Grad des umweltverschmutzenden Verhaltens und die Umweltverschmutzungsdelikte als Tätigkeitsdelikte zu verstehen seien.[40] Der Grund liegt vor allem darin, dass die Änderung des § 338 chStGB durch das Strafrechtsänderungsgesetz nicht nur eine Anpassung der Tatbestandsmerkmale darstellt, sondern in einem tieferen Sinne eine Änderung der durch den Straftatbestand geschützten Rechtsgüter impliziert.[41] Die Streichung des „Umweltverschmutzungsunfalls“ stellt die Abkehr vom Anthropozentrismus dar. Darüber hinaus wurde die „schwere Umweltverschmutzung“ seit der Justizauslegung (2013) klarer definiert, insbesondere in

[36] Vgl. *Niu Zhongzhi*, Political Science and Law (政治与法律) 9/2022, 122 f.

[37] Vgl. *Wang Weicai*, Law Science Magazine (法学杂志) 8/2011, 73.

[38] Vgl. *Yu Yang/Huang ye*, Presentday Law Science (时代法学) 5/2021, 34.

[39] Vgl. *Chen Qing/Sun Li*, Theoretical Exploration (理论探索) 3/2011, 138.

[40] Vgl. *Wang Yong*, Environmental Protection (环境保护) 7/2011, 38.

[41] Vgl. *Yu Yang/Huang ye*, Presentday Law Science (时代法学) 5/2021, 34.

Bezug auf das umweltschädigende Verhalten und die Folgen der Umweltverschmutzung,[42] um den Justizbehörden die Anwendung dieses Straftatbestands in der Praxis zu erleichtern. Vor der Einführung der Justizauslegung (2013) war die Anzahl der Strafverfahren im Zusammenhang mit Umweltverschmutzung sehr gering und es wurden nur wenige solcher Fälle pro Jahr landesweit abgeschlossen.[43] Seit der Einführung der Justizauslegung (2013) lag die Zahl der Fälle jedes Jahr im vierstelligen Bereich.[44] Bei fast allen diesen zunehmenden Straftaten handelt es sich um Tätigkeitsdelikte, die nach der Regelung der Justizauslegung als „schwere Umweltverschmutzung" gelten, während die Zahl der Erfolgsdelikte praktisch zurückgegangen ist.[45] Denn in der Praxis ist es besonders schwierig, die Kausalität festzustellen und nachzuweisen. Bei Tätigkeitsdelikten gibt es solche Probleme nicht. Schließlich hat das Strafrechtsänderungsgesetz XI (2021) „die besonders ernsten und schwerwiegenden Folgen" in „Erschwerende Umstände" geändert. Dies impliziert eine indirekte Anerkennung der Verschmutzungsdelikte als Tätigkeitsdelikte.[46] Es wird daher eine weitere Auffassung vertreten, dass die Umweltverschmutzungsdelikte nicht nur als Erfolgsdelikte, sondern auch als Tätigkeitsdelikte zu verstehen sind.[47] Damit könnte das Ziel erreicht werden, die beiden Schutzgüter Ökologie und Mensch einzubeziehen. Wie die Art der Umweltverschmutzungsdelikte zu bestimmen ist, ist daher aufgrund der

[42] Z. B. gemäß § 1 der „Auslegung zu einigen Fragen der Rechtsanwendung bei der Behandlung von Strafsachen im Zusammenhang mit Umweltverschmutzung" (关于办理环境污染刑事案件适用法律若干问题的解释) (2013) wurden 14 Fälle von „schwerer Umweltverschmutzung" vorgesehen. Davon wurden die Fälle von Nr. 1-Nr. 5 als Handlungsdelikte angesehen, z. B. Nr. 3: Illegale Ableitung, Abladen oder Behandeln von mehr als drei Tonnen gefährlicher Abfälle. Gemäß § 1 der Justizauslegung (2016) wurden 18 Fälle von „schwerer Umweltverschmutzung" vorgesehen. Davon wurden die Fälle von Nr. 1-Nr. 8 als Handlungsdelikte angesehen. Gemäß § 1 der Justizauslegung (2023) wurden 11 Fälle von „schwerer Umweltverschmutzung" vorgesehen. Davon wurden die Fälle von Nr. 1-Nr. 8 als Handlungsdelikte angesehen.

[43] Nach den Daten auf Website China Judgements Online (https://wenshu.court.gov.cn/): 1 Fall im Jahr 2010, 0 Fall im Jahr 2011 und 1 Fall im Jahr 2012.

[44] Nach den Daten auf Website China Judgements Online (https://wenshu.court.gov.cn/): 1626 Fälle im Jahr 2015, 2041 Fälle im Jahr 2016, 2371 Fälle im Jahr 2017, 2517 Fälle im Jahr 2018, 3167 Fälle im Jahr 2019, 2521 Fälle im Jahr 2020. Ausnahme: 36 Fälle im Jar 2013, 998 Fälle im Jahr 2014, 240 Fälle im Jahr 2022, 342 Fälle im Jahr 2023, 258 Fälle im Jahr 2024.

[45] Vgl. *Yu Yang/Huang ye*, Presentday Law Science (时代法学) 5/2021, 37.

[46] Vgl. *Yu Yang/Huang ye*, Presentday Law Science (时代法学) 5/2021, 38.

[47] Vgl. *Yan Houfu*, Journal of China University of Geosciences (Social Sciences Edition) (中国地质大学学报社会科学版) 4/2017, 57.

Diskrepanz zwischen Gesetzgebung und Rechtsprechung umstritten,[48] insbesondere wenn die Kausalität und Erfolgszurechnung schwierig festzustellen und nachzuweisen ist.

Fahrlässigkeit und Vorsatz können unterschiedliche Arten von Straftaten begründen. In der Regel können mit Fahrlässigkeit nur Erfolgsdelikte begangen werden, während mit Vorsatz sowohl Erfolgs- als auch Tätigkeitsdelikte begangen werden können.[49] In der deutschen Gesetzgebung ist präzise geregelt, welches umweltverschmutzende Verhalten mit Fahrlässigkeit begangen werden kann, während dies in der chinesischen Gesetzgebung nicht der Fall ist. Gemäß § 15 chStGB wird der Täter für eine fahrlässige Straftat strafrechtlich nur dann zur Verantwortung gezogen, wenn dies im Gesetz ausdrücklich so bestimmt ist. Obwohl das chinesische Strafgesetzbuch die Fahrlässigkeit bei Umweltverschmutzungsdelikten nicht regelt, ist ihre Strafbarkeit in der Rechtsprechung umstritten.

In der chinesischen Rechtsprechung wird bei Umweltverschmutzungsdelikten neben der natürlichen Person auch die Einheit[50] gemäß § 346 chStGB als strafbar angesehen. Die deutsche Gesetzgebung hat die strafrechtliche Verantwortlichkeit von juristischen Personen und nicht-korporativen Organisationen abgelehnt.[51] In der heutigen Industriegesellschaft, in der Umweltprobleme oft eng mit der wirtschaftlichen Entwicklung von Unternehmen verbunden sind, ist es jedoch sinnvoll, ihre strafrechtliche Verantwortlichkeit zu diskutieren.

1.2 Ziel und Gang der Untersuchung

Ausgehend von den oben genannten umstrittenen Problemen ist es das Ziel eines deutsch-chinesischen Rechtsvergleichs, die einzelnen Tatbestände der Umweltverschmutzungsdelikte in beiden Staaten zu klären, insbesondere eine rationale Methode für den Nachweis des Kausalzusammenhangs und der Erfolgszurechnung zu finden. Die deutliche Bestimmung von Umweltverschmutzungsdelikten könnte eine präventive und abschreckende Wirkung haben. Dadurch könnte die

[48] Umstritten ist, ob es sich bei den Verschmutzungsdelikten um Erfolgsdelikte, Tätigkeitsdelikte, Gefährdungsdelikte oder Verletzungsdelikte handelt. Vgl. *Zhang Mingkai*, Law Review (法学评论) 2/2018, 7 f.; *Wang Weicai*, Law Science Magazine (法学杂志) 9/2020, 81.

[49] Vgl. *Yu Yang/Huang ye*, Presentday Law Science (时代法学) 5/2021, 35.

[50] (Handels-)Gesellschaften, Unternehmen, institutionelle Einheiten, Behörden und Körperschaften sind nach § 30 chStGB unter dem Begriff „Einheit" zu verstehen. Dieser Begriff ist weiter gefasst als der Begriff der juristischen Personen.

[51] *Frister*, Strafrecht AT, § 3 Rn.14.

Zahl der Umweltverschmutzungsdelikte zurückgehen und das Umweltbewusstsein des Menschen geschärft werden. Dies wäre ein Beitrag zum Umweltschutz.

Aus dieser Zielsetzung ergibt sich der folgende Gang der Arbeit:

Nach der Einleitung werden im zweiten Kapitel zunächst allgemeine Fragestellungen der Umweltverschmutzungsdelikte erörtert. Im Anschluss an die Darstellung der Besonderheiten der Umweltverschmutzungsdelikte sollen die Grundprobleme der Umweltverschmutzungsdelikte hinsichtlich des Tatbestandes und insbesondere des Kausalitäts- und Zurechnungsproblems näher untersucht, erklärt und besser gelöst werden.

Ein drittes Kapitel befasst sich mit den tatbestandlichen Problemen der Umweltverschmutzungsdelikte. Diese werden in zwei Gruppen unterteilt. Zum einen geht es um die Probleme des objektiven Tatbestandes. Hier werden zunächst die unterschiedlichen Theorien zum Tatobjekt in beiden Staaten erläutert und so ein vernünftiges Tatobjekt gefunden. Anschließend werden die Tathandlungen gemäß den konkreten Strafvorschriften beider Staaten als Tun und Unterlassen zusammengefasst und die wertvolle Übertragung deutscher Erfahrungen auf China erörtert. Danach wird der Taterfolg im Hinblick auf verschiedene Deliktstypen in beiden Staaten erörtert und versucht, die Anforderungen an den Erfolgseintritt zu reduzieren. Schließlich wird das Tatsubjekt aus der Sicht natürlicher und juristischer Personen in beiden Staaten dargestellt und insbesondere die strafrechtsnahe Verantwortlichkeit juristischer Personen erläutert. Der zweite Teil wird die Probleme im Rahmen des subjektiven Tatbestandes behandeln. Dabei wird der Inhalt des subjektiven Tatbestandes nach verschiedenen Theorien und unterschiedlichen Regelungen in beiden Staaten dargestellt und so ermittelt.

Im vierten Kapitel werden die Kausalitäts- und Zurechnungsprobleme bei Umweltverschmutzungsdelikten durch kumulative Einwirkungen untersucht. Zunächst wird ein Überblick über die verschiedenen Formen kumulativer Einwirkungen gegeben. Anschließend werden diese Probleme in den beiden Staaten separat erörtert. Dabei liegt der Fokus insbesondere auf den spezifischen Lösungsansätzen zum Kausalitätsnachweis in beiden Ländern sowie auf der Frage, ob eine Gesamt- oder Einzelerfolgszurechnung vorzugswürdig ist. Auf Grundlage dieser Analyse wird schließlich der Versuch unternommen, ein integriertes Beweissystem zur Kausalitätsfeststellung und zur vorwiegenden Einzelerfolgszurechnung zu entwickeln.

Im fünften Kapitel werden die Ergebnisse schließlich thesenartig zusammengefasst.

2 Allgemeine Fragen der Umweltverschmutzungsdelikte

2.1 Die Umweltverschmutzungsdelikte als Forschungsobjekt

Der enorme Produktivitätsfortschritt hat die Menschheit allmählich vom „Schwächeren“ zum „Stärkeren“ gegenüber der Natur gemacht. Als der Mensch begann, die Natur in blindem Vertrauen zu beherrschen, entstand das Problem der Umweltverschmutzung. Um die gemeinsame Lebensgrundlage der Menschen zu schützen, haben China und Deutschland die Umweltverschmutzung in ihr Strafgesetz aufgenommen, um die Ansprüche des Menschen an die Natur strafrechtlich zu regeln, und dadurch sind die Umweltverschmutzungsdelikte entstanden.

Als Forschungsobjekt dieser Arbeit ist es vor allem wichtig, die Umweltverschmutzungsdelikte zu begreifen und zu begrenzen. Denn der Begriff ist der Ausgangspunkt der wissenschaftlichen Forschung. Zum einen soll vermieden werden, dass der Forschungsgegenstand im Forschungsprozess verändert wird. Zum anderen dient er dazu, die Forschungsergebnisse besser zu verstehen und der Öffentlichkeit zu vermitteln.[1]

Obwohl es keine einheitliche Definition der Umweltverschmutzungsdelikte in der chinesischen Akademie gibt, sind Umweltverschmutzungsdelikte im chinesischen Strafgesetzbuch in § 338 eindeutig geregelt, „Wer unter Verstoß gegen Bestimmungen des Staats radioaktiv verstrahlten Abfall, Erreger bzw. Keime ansteckender Krankheiten enthaltenden Abfall, toxische Stoffe oder in anderer Weise gefährliche Stoffe ableitet, ablädt oder behandelt und (dadurch) die Umwelt schwer verschmutzt…“.

[1] Vgl. *Zhao Hongyan*, Analyse und Überlegungen zur Verurteilung von Umweltdelikten (环境犯罪定罪分析与思考), S. 13.

R. Lu, *Grundprobleme der Umweltverschmutzungsdelikte*, Juridicum – Schriften zum Wirtschaftsstrafrecht 12, https://doi.org/10.1007/978-3-658-51329-0_2

Im deutschen Strafgesetzbuch werden alle Umweltdelikte im 29. Abschnitt des Besonderen Teils dargestellt. Dabei werden die Umweltverschmutzungsdelikte jedoch nicht explizit erfasst. Um die Umweltverschmutzungsdelikte zu erfassen und einzugrenzen, muss zunächst der Begriff der Umweltverschmutzung definiert werden. Die IVU-Richtlinie definiert die Umweltverschmutzung einerseits als „die durch menschliche Tätigkeiten direkt oder indirekt bewirkte Freisetzung von Stoffen, Erschütterungen, Wärme oder Lärm in Luft, Wasser oder Boden, die der menschlichen Gesundheit oder der Umweltqualität schaden oder zu einer Schädigung von Sachwerten bzw. zu einer Beeinträchtigung oder Störung von Annehmlichkeiten und anderen legitimen Nutzungen der Umwelt führen können“[2]. Zum anderen können wir es aus konkreten Umweltstraftatbeständen ableiten – z. B. nach § 324 genügt es für die Gewässerverunreinigung, „ein Gewässer zu verunreinigen oder sonst seine Eigenschaften nachteilig zu verändern“; nach § 324a genügt es für die Bodenverunreinigung, „Stoffe in den Boden einzubringen, eindringen zu lassen oder freizusetzen“ –, dass für die Erfüllung des Tatbestandes der Umweltverschmutzung erforderlich ist, dass Stoffe oder Energie in die Umwelt freigesetzt werden und dadurch eine nachteilige Veränderung der Umwelt herbeigeführt wird. Daraus lässt sich ableiten, dass die Zerstörung von Umweltressourcen bzw. Pflanzen, Wäldern, Tieren, d. h. eine bloße quantitative Verminderung (physikalisch), aber keine nachteilige Veränderung (chemisch), z. B. §§ 329 II Nr.3[3], III[4], IV[5], nicht als Umweltverschmutzungsdelikte angesehen wird und daher nicht zum Forschungsobjekt dieser Arbeit gehört. Diese Einordnung steht auch im Einklang mit dem chinesischen Strafgesetzbuch, in dem die Delikte der Zerstörung von Umweltressourcen von den Umweltverschmutzungsdelikten abgegrenzt und in anderen Vorschriften des chinesischen Strafgesetzbuches geregelt sind, z. B. §341 chStGB „Straftaten gegen wertvolle und gefährdete Wildtiere“; §342 chStGB „Straftaten gegen

---

[2] Richtlinie 96/61/EG des Rates der Europäischen Union vom 24. 9. 1996 über die integrierte Vermeidung und Verminderung der Umweltverschmutzung (IVU-Richtlinie) (NVwZ 1997, 363).

[3] „Abbauen“ im Sinne des § 329 II Nr. 3 StGB ist jede Tätigkeit, die sich mit der Förderung oder Gewinnung fester Stoffe durch Graben, Ausheben oder ähnliche Maßnahmen befasst. Vgl. TK StGB/*Schittenhelm* § 329 Rn.32; MüKoStGB/*Alt* § 329 Rn.25. In diesem liegt keine Verschmutzung vor.

[4] Ähnlich ist die „Veränderung“ in § 329 III Nr. 3, die sich jedoch auf die Umgestaltung eines Gewässers bezieht, z. B. die Beseitigung von Inseln, den Einbau von Buhnen und andere Maßnahmen, die zu einer Hebung oder Senkung des Wasserspiegels führen. Vgl. MüKoStGB/*Alt* § 329 Rn.30. Dabei gibt es auch keine Verschmutzung.

[5] Zum Schutz der Umweltressourcen.

Pflanzen von nationaler Bedeutung"; §345 chStGB „Abholzung und Diebstahl von Waldbäumen".

Zusammenfassend werden § 338 chStGB[6] und §§ 324, 324a, 325, 325a, 326, 327, 328, 329 I, II Nr.1, Nr.2, 330a StGB[7] als Forschungsobjekt dieser Arbeit betrachtet.

2.2 Rechtsgüter bei den Umweltverschmutzungsdelikten

Als interdisziplinäres Fachgebiet der Umwelt- und Rechtswissenschaften legt das Umweltstrafrecht nicht nur die allgemeinen Begriffe der Umwelt dar, sondern erläutert auch die speziellen Interpretationen dieses Begriffs in den von anderen Disziplinen verschiedenen Rechtsdisziplinen, weil die Bestimmung des Umweltbegriffs sich direkt auf die Rechtsgutsorientierung auswirkt.

2.2.1 Der Begriff der Umwelt

Die Umwelt ist der Grundstein für das Überleben und die Entwicklung des Menschen.[8] Was unter Umwelt zu verstehen ist, ist jedoch umstritten. Denn der Umweltbegriff kann unter unterschiedlichen Aspekten zu verstehen sein.[9] So bedeutet Umwelt im wörtlichen Sinne die Umgebung des Menschen.[10] Aus Sicht der Ökologie ist die Umwelt die spezifische, lebensnotwendige Umgebung eines Lebewesens, die die Gesamtheit aller direkt und indirekt auf einen Organismus,

---

[6] a.A.: als Delikte der extensiven Umweltverschmutzung umfasst es neben § 338 chStGB auch § 339 chStGB. Vgl. *Li Xihui/Dong Wenhui/Li Guanyu*, Forschung zur Umweltdelikten (环境犯罪研究), S. 15. Da die Rechtsprechung zu § 339 chStGB weniger Fälle kennt und sein Hauptcharakter als „Einfuhr" in der Abgrenzung zu § 338 chStGB liegt, wird diese Vorschrift hier nicht behandelt.

[7] § 330 StGB stellt keinen eigenständigen Straftatbestand dar, sondern knüpft an die Grundtatbestände der §§ 324 bis 329 an, also entweder als deren Strafzumessungsregelung, also Regelbeispiele (Abs. 1), oder als deren Qualifikationen (Abs. 2 und Abs. 3), vgl. SSW-StGB/*Saliger/Lienert* § 330 Rn.1, 8, 11.

[8] Vgl. *Kluth/Smeddinck*, Umweltrecht, § 1 Rn.4.

[9] Vgl. *Kane*, Die Gesetzgebungskompetenzen des Bundes im Umweltschutz, S. 45.

[10] Vgl. *Hoffmann*, NuR 33 (2011), 389, 390.

eine „Population“ oder eine „Biozönose“ einwirkenden „abiotischen“ und „biotischen Faktoren“ mit all ihren Wechselwirkungen umfasst.[11] Daraus kann man ersehen, dass „die Umwelt“ immer in Bezug auf ein zentrales Objekt existiert und sich zusammen mit anderen Faktoren, die das zentrale Objekt umgeben, konstituiert. Dies beeinflusst auch die Definition des Umweltbegriffs in der deutschen und chinesischen Rechtswissenschaft.

2.2.1.1 In Deutschland

Der Umweltbegriff lässt sich aus umweltethischer Sicht, d. h. ausgehend von der Beziehung zwischen Mensch und Natur,[12] in drei Gruppen einteilen. Der erste Ansatz (sog. ökonomische Ansatz) versteht unter Umwelt ausschließlich die vom Menschen nutzbare natürliche Umwelt bzw. die Natur in ihrer Funktion als Ressource und Lagerstätte.[13] Die zweite Sichtweise (sog. ökozentrische Sichtweise) stellt die Natur in den Mittelpunkt und betrachtet die natürlichen Lebensgrundlagen einschließlich des Menschen als Umwelt.[14] Unter dem dritten, anthropozentrischen Aspekt umfasst die Umwelt neben den natürlichen Grundlagen auch die vom Menschen geschaffene soziale Umwelt.[15] Allerdings kann der aus der Umweltethik abgeleitete Umweltbegriff für die juristische Terminologie unpraktisch sein.[16] Daher wird der Umweltbegriff in der Rechtswissenschaft nach der Reichweite des Umweltbegriffs differenziert.[17]

2.2.1.1.1 Der extensive Umweltbegriff

Der Begriff der Umwelt wird hier sehr weit ausgelegt.[18] Umwelt ist die Gesamtheit der auf eine bestimmte Lebenseinheit (z. B. ein Tier, eine Pflanze oder ein Mensch) einwirkenden Lebensbedingungen, die sowohl die natürlichen Lebensgrundlagen als auch die fachlichen (z. B. politischen, sozialen und kulturellen) Elemente umfasst.[19] Aufgrund dieses umfassenden Inhalts können Teilaspekte,

---

[11] Vgl. *Bahadir/Parlar/Spiteller (Hrsg.)*, Springer Umweltlexikon, Stichwort „Umwelt“, S. 1216.

[12] Vgl. *Rößing*, Denkmalschutz, S. 21; ferner von *Schlitt*, Umweltethik, S. 16.

[13] Vgl. *Rößing*, Denkmalschutz, S. 22.

[14] Vgl. *Rößing*, Denkmalschutz, S. 23.

[15] Vgl. *Rößing*, Denkmalschutz, S. 23–24.

[16] Vgl. *Rößing*, Denkmalschutz, S. 24; *Schlacke*, Umweltrecht, § 1 Rn.10 f.

[17] Vgl. *Rößing*, Denkmalschutz, S. 24–25.

[18] Vgl. *Rößing*, Denkmalschutz, S. 25.

[19] Vgl. *Kloepfer*, Umweltrecht, §1 Rn.15.

wie z. B. die kulturelle oder wirtschaftliche Umwelt, verstanden werden.[20] Die Summe aller Teilmengen der verschiedenen fachwissenschaftlichen Umweltbegriffe stellt sich letztlich als die Umwelt des Menschen dar.[21] Der derart weite Umweltbegriff kann die spezifische Aufgabenstellung des Umweltschutzes nicht eindeutig erklären.[22]

2.2.1.1.2 Der Umweltbegriff mittlerer Reichweite

Der Umweltbegriff dieser vermittelnden Sichtweise ist enger. Sie klammert die fachwissenschaftlichen Faktoren aus und beschränkt sich auf die natürlichen Lebensgrundlagen.[23] Diese Beschränkung auf die natürliche Umwelt schließt aber die Mitmenschen und das Wirkungsgefüge zwischen ihnen nicht aus.[24] Dabei ist davon auszugehen, dass der Begriff der natürlichen Umwelt in einem systemischen Zusammenhang zu verstehen ist.[25]

2.2.1.1.3 Der restriktive Umweltbegriff

Noch enger und restriktiver ist die Auffassung, dass unter Umwelt allein die natürliche Umwelt des Menschen zu verstehen ist.[26] Diese engste und restriktivste Auffassung wird im Umweltstrafrecht vertreten.[27] Die Gründe liegen darin, dass sie dem Gesetzeswortlaut und der Gesetzesbegründung entspricht.[28] Nach dem Wortlaut der Tatbestände schützen die Delikte der §§ 324 ff. nicht abstrakt die Umwelt, sondern als Handlungsobjekte die einzelnen Umweltmedien Wasser, Boden und Luft (§§ 324, 324a, 325, 326 I Nr. 4a) sowie deren natürliche Erscheinungsformen wie die Tier- und Pflanzenwelt (§§ 324a I Nr. 1, 325 I, 326 I Nr. 4b) einschließlich wichtiger Teile des Naturhaushalts (§ 329).[29] Geschützt sind

---

[20] Dazu *Kloepfer*, Umweltrecht, §1 Rn.53; *Saliger*, Umweltstrafrecht, Rn.25.

[21] Vgl. *Hoppe/Beckmann/Kauch*, Umweltrecht, §1 Rn.2.

[22] Vgl. *Hoffmann*, NuR (3) 2011, 389 ff.

[23] Vgl. *Rößing*, Denkmalschutz, S. 26.

[24] Vgl. *Saliger*, Umweltstrafrecht, Rn.25.

[25] Vgl. *Meßerschmidt*, Umweltabgaben, S. 32; *Kloepfer*, Umweltrecht, §1 Rn.18.

[26] Vgl. *Rößing*, Denkmalschutz, S. 25; *Saliger*, Umweltstrafrecht, Rn.25; *Kloepfer*, Umweltrecht, § 1 Rn.16.

[27] h.M.: *Saliger*, Umweltstrafrecht, Rn.25, ferner von Fischer/*Fischer/Lutz* StGB vor § 324 Rn.3, 3a; Lackner/Kühl/Heger/*Heger* StGB vor § 324 Rn.7; LK-StGB/*Heghmanns* vor § 324 Rn.35; SK-StGB/*Schall* vor § 324 Rn.22; *Krell*, Umweltstrafrecht, Rn.8.

[28] *Saliger*, Umweltstrafrecht, Rn.25.

[29] S. auch BT-Drs. 8/2382, 10; *Saliger*, Umweltstrafrecht, Rn.25.

nach dem Willen des Gesetzgebers die „elementaren Lebensgrundlagen wie Wasser, Luft und Boden als Bestandteile des menschlichen Lebensraums".[30] Daraus lässt sich schließen, dass der im 29. Abschnitt „Straftaten gegen die Umwelt" und in der Minimaklausel des § 326 VI erwähnte Umweltbegriff allein die Umwelt des Menschen, nicht aber die Umwelt jedes Lebewesens umfasst.[31] Der Umweltbegriff des Umweltstrafrechts umfasst darüber hinaus weder eine unbestimmte Lebensqualität noch die soziokulturelle Umwelt des Menschen.[32] Vielmehr setzt er nur die natürliche Umwelt voraus.[33]

2.2.1.2 In China

Der rechtswissenschaftliche Umweltbegriff ist eng mit den Umweltwissenschaften verknüpft.[34] Nach dem „Environmental Science Dictionary" bezieht sich die Umwelt auf die Außenwelt des Menschen, vor allem auf die natürlichen Elemente, die auf der Erdoberfläche mit dem Menschen interagieren, und deren Gesamtheit.[35] Aus juristischer Sicht lässt sich der Umweltbegriff in zwei Arten unterteilen, nämlich in den gesetzlichen Umweltbegriff und den theoretischen Umweltbegriff.

2.2.1.2.1 Der gesetzliche Umweltbegriff

In den Umweltwissenschaften haben Forscher die Umwelt nach den Unterschieden der Umweltelemente, der Rolle des Menschen in der Umwelt, der Funktion der Umwelt usw. klassifiziert.[36] Die Umwelt kann z. B. nach der Verschiedenheit der Umweltelemente in eine natürliche, eine künstliche und eine soziale Umwelt unterteilt werden.[37] Diese Unterteilung macht sich das chinesische Umweltschutzgesetz zunutze. Der Begriff der Umwelt wird im Gesetz nämlich eindeutig

---

[30] BT-Drs. 8/2382, 9 f.; 8/3633, 19. *Saliger*, Umweltstrafrecht, Rn.25.

[31] Vgl. *Saliger*, Umweltstrafrecht, Rn.25.

[32] Vgl. *Saliger*, Umweltstrafrecht, Rn.25.

[33] Vgl. *Saliger*, Umweltstrafrecht, Rn.25.

[34] Vgl. *Guo Jianan/Zhang Guirong*, Umweltdelikte und Umweltstrafrecht (环境犯罪与环境刑法), S. 8.

[35] Vgl. *Redaktionskomitee des Wörterbuchs*, Environmental Science Dictionary (环境科学大辞典), S. 283.

[36] Vgl. *Zhao Hongyan*, Analyse und Überlegungen zur Verurteilung von Umweltdelikten (环境犯罪定罪分析与思考), S. 2.

[37] „Die natürliche Umwelt" ist der allgemeine Begriff für die natürlichen Bedingungen und natürlichen Ressourcen, die für das Überleben, die Entwicklung und die Produktion des Menschen notwendig sind; „die künstliche Umwelt" wird vom Menschen durch die Nutzung und Umgestaltung der natürlichen Umwelt geschaffen; „die soziale Umgebung" wird

definiert: „Der in diesem Gesetz erwähnte Begriff „Umwelt" bezieht sich auf die Gesamtheit der verschiedenen natürlichen und künstlich veränderten natürlichen Faktoren, die das Überleben und die Entwicklung des Menschen beeinflussen, einschließlich der Atmosphäre, des Wassers, der Meere, des Bodens, der Mineralvorkommen, der Wälder, der Wiesen, der Feuchtgebiete, der wildlebenden Tiere, der Naturdenkmäler, der Kulturdenkmäler, der Naturschutzgebiete, der Landschaftsgebiete, der Städte, der Dörfer usw".[38] Durch die allgemeine Aufzählung werden sowohl die natürliche als auch die künstliche Umwelt durch dieses Gesetz geschützt. Es schließt jedoch den Schutz der „sozialen Umwelt" aus.

Ein Unterschied besteht darin, dass die Umweltforschung in den Umweltwissenschaften nur durch die Bedingungen von Wissenschaft und Technik begrenzt wird, während im Umweltrecht die Frage, welche Umweltelemente in welchem Umfang und in welchem Maße geschützt werden, durch den Erkenntnisstand der Menschen sowie durch die sozialen und materiellen Lebensbedingungen begrenzt wird.[39] Die Übernahme des anthropozentrischen Umweltbegriffs der Umweltwissenschaft in das chinesische Umweltschutzgesetz ist zur gesetzlichen Grundlage für den Umweltschutz in China geworden.[40]

2.2.1.2.2 Der theoretische Umweltbegriff

In theoretischer Hinsicht gibt es drei verschiedene Ansichten des Umweltbegriffs. Die erste ist, dass die Umwelt im Sinne des Umweltrechts die Faktoren und ihre Wechselwirkungen umfasst, die alle Lebewesen auf der Erde beeinflussen. Dies bedeutet, dass die Umwelt im Sinne des Umweltrechts in erster Linie die natürliche und in zweiter Linie die künstliche Umwelt ist. Diese natürlichen und künstlichen Umwelten müssen mit dem Überleben und der Entwicklung des Menschen in Verbindung stehen.[41] Zweitens ist die Umwelt im Sinne des Umweltrechts nur auf die materielle Umwelt beschränkt und schließt die soziale und geistige Umwelt aus.[42] Denn der wesentliche Inhalt der Umwelt in der Rechtswissenschaft bezieht sich wie die Umwelt in der Umweltwissenschaft auf

---

durch verschiedene soziale Beziehungen zwischen Menschen auf der Grundlage der natürlichen Umwelt gebildet, einschließlich politischer Systeme, Wirtschaftssysteme, kultureller Traditionen usw. vgl. *Zhao, Hongyan*, Analyse und Überlegungen zur Verurteilung von Umweltdelikten (环境犯罪定罪分析与思考), S. 3.

[38] Nach dem chinesischen Umweltschutzgesetz § 2, in Kraft getreten am 1.1.2015.

[39] Vgl. *Hu Yanyun*, Die Forschung in Umweltdelikten und ihrer Kriminalpolitik (环境犯罪及其刑事政策研究), S. 21.

[40] Vgl. *Wu Xianping*, Umweltdelikte und Umweltstrafrecht (环境犯罪与环境刑法), S. 5.

[41] Vgl. *Chen Quansheng*, Grundtheorie des Umweltrechts (环境法学基本理论), S. 5 f.

[42] Vgl. *Zhang Zitai/Wu Weixing*, Umwelt und Ressourcenrecht (环境与资源法学), S. 1 f.

die anthropozentrische natürliche Umwelt, die die menschliche Produktion oder Produktionstätigkeit direkt oder indirekt beeinflussen kann. Drittens umfassen die durch das Gesetz geschützten Umweltfaktoren nicht alle Faktoren im Raum, sondern nur diejenigen, die für das Überleben und die Entwicklung des Menschen sehr wichtig sind, und den Teil der natürlichen und künstlichen Umwelt, der durch menschliches Verhalten und menschliche Aktivitäten beeinflusst, reguliert und beherrscht werden kann.[43] Da das Gesetz im Wesentlichen ein von Menschen formulierter Verhaltenskodex ist, der von allen Menschen befolgt werden muss, insbesondere im Bereich des Umweltschutzes, besteht die Rolle des Gesetzes hauptsächlich darin, das Verhalten der Menschen zu regeln und Umweltschäden zu vermeiden.

2.2.1.3 Zusammenfassung und Stellungnahme

2.2.1.3.1 Merkmale der Umwelt

Nach den obengenannten unterschiedlichen Verständnissen des Umweltbegriffs in Deutschland und China zeichnet sich die Umwelt durch drei Merkmale aus, nämlich die Räumlichkeit, Materialität und Integration. Die Räumlichkeit der Umwelt zeigt, dass die Umwelt der Raum ist, der ein bestimmtes Gebiet um den Menschen herum einnimmt, und dass sie eine organische Einheit ist, die aus verschiedenen materiellen Faktoren besteht, von denen der Mensch für sein Überleben und seine Entwicklung abhängt.[44] In dem Maße, in dem das Bewusstsein und die Aktivitäten des Menschen zunehmen, dringen sie weiter in den Umweltraum ein und erweitern ihn. Die Materialität der Umwelt bedeutet, dass die Umwelt im Wesentlichen aus natürlichen materiellen Elementen besteht, im Gegensatz zu den geistigen Elementen des Menschen.[45] Der integrierte Charakter der Umwelt bedeutet, dass die Umwelt ganzheitlich ist, dass sie sich organisch aus mehreren natürlichen materiellen Faktoren zusammensetzt, wobei alle organischen und anorganischen Materialien miteinander verbunden sind, interagieren und sich gegenseitig kontrollieren.[46] Dieses Merkmal wird durch das Prinzip der Ökologie bestimmt, das besagt, dass ein Ökosystem ein integriertes System natürlicher Biota und einer spezifischen räumlichen Umgebung mit einer spezifischen Struktur und Funktion ist. Veränderungen in einem Element eines Ökosystems können zu Veränderungen in anderen Elementen führen, was eine Kettenreaktion

[43] Vgl. *Jiang Lanxiang*, Forschung der Grundtheorie bei den Umweltdelikten (环境犯罪基本理论研究), S. 26 f.

[44] Vgl. *Fu Lizhong*, Umweltstrafrecht (环境刑法学), S. 177.

[45] Vgl. *Fu Lizhong*, Umweltstrafrecht (环境刑法学), S. 177 f.

[46] Vgl. *Fu Lizhong*, Umweltstrafrecht (环境刑法学), S. 178.

auslöst. Dies gilt auch für die Umwelt als organische Komponente natürlicher Faktoren, bei der die Veränderung eines Faktors die Reaktion anderer Faktoren hervorrufen kann, was wiederum zu einer Umweltverschmutzung führt.

2.2.1.3.2 Kritik an den chinesischen Umweltbegriffen

Meiner Ansicht nach hat der Umweltbegriff des Umweltschutzgesetzes trotz der Klarheit der geschützten Umweltelemente zwei Nachteile. Zum einen unterscheidet das Umweltschutzgesetz die Umwelt nicht wirklich von den natürlichen Ressourcen. Denn die Umwelt ist keine bloße Anhäufung einer bestimmten Anzahl natürlicher Ressourcen, sondern ein Ganzes mit bestimmten Strukturebenen und Wechselbeziehungen.[47] Zum anderen ist es stark anthropozentrisch geprägt und vernachlässigt den nachhaltigen Umweltschutz. Dies kann letztlich dazu führen, dass das Überleben und die Entwicklung der Menschheit Schaden nehmen, da das Wohlergehen und die Entwicklung des Menschen von einer intakten Umwelt abhängen.[48]

Darüber hinaus halte ich die zweite Sichtweise des theoretischen Umweltbegriffs für erwähnenswert. Denn das Recht regelt die Beziehungen zwischen den Menschen bzw. zwischen den Menschen und der Gesellschaft. Nicht alle Elemente der natürlichen Umwelt müssen durch das Strafrecht geschützt werden. Was das Strafrecht schützen muss, ist die natürliche Umwelt, die für das Überleben und die Entwicklung des Menschen eine wichtige Rolle spielt. Das bedeutet, dass die künstliche Umwelt in erster und dritter Hinsicht überflüssig ist.

2.2.1.3.3 Relevanz des deutschen restriktiven Umweltbegriffs

Aus meiner Sicht ist der restriktive Umweltbegriff von Bedeutung. Denn er trägt zunächst den strafrechtlichen Grundsätzen der Bestimmtheit, Subsidiarität und Fragmentarität Rechnung, insbesondere den nur eingeschränkten Funktionen des Umweltstrafrechts.[49] Zudem ist der deutsche Gesetzeswortlaut und die Gesetzesbegründung in dieser Hinsicht rationeller. Denn nach dem Abschnitt des chinesischen Strafgesetzbuches, zu dem die Umweltverschmutzungsdelikte gehören, ist die Umwelt eine vom Staat geschützte Ordnung. Die ökologische Umwelt wird hingegen nicht als rechtliches Interesse geschützt. Diese Kategorie überbetont Anthropozentrismus, ignoriert jedoch die Merkmale der Umwelt. Meiner

---

[47] Vgl. *Li Wenyuan*, Energie and Environment (能源与环境) 4/2007, 68.

[48] Vgl. *Wu Huijun*, Journal of Hubei Adult Education Institute (湖北成人教育学院学报) 1/2006, 39.

[49] Tendenziell wohl großzügiger LK-StGB/*Heghmanns* vor § 324 Rn.17 f.; vgl. auch *Kloepfer/Heger*, Umweltstrafrecht, Rn.40 ff.; *Saliger*, Umweltstrafrecht, Rn.26.

Meinung nach sollte den Auswirkungen ökologischer Faktoren auf die menschliche Lebenswelt mehr Aufmerksamkeit geschenkt werden. Gleichzeitig müssen die Lebensgrundlagen wie Wasser, Luft und Boden geschützt und als integrale Bestandteile des menschlichen Lebensraumes geschützt und erhalten werden.

2.2.2 Rechtsgütertheorie

Sowohl in Deutschland als auch in China werden bei der Rechtsgütertheorie, also die Frage, mit welcher Schutzrichtung sich die Tatobjekte im Umweltstrafrecht schützen lassen, im Rahmen der Umweltverschmutzungsdelikte grundsätzlich drei Ansätze unterschieden: ein rein anthropozentrischer, ein rein ökologischer und ein ökologisch-anthropologischer Ansatz.[50]

2.2.2.1 Der rein anthropozentrische Ansatz

Der rein anthropozentrische Ansatz stellt den Menschen in den Mittelpunkt und geht davon aus, dass bei Umweltdelikten nur das Menschenrecht auf Leben, Körper, Gesundheit oder wichtige Eigentumsrechte als Rechtsgüter in Betracht kommen.[51] Die Umwelt selbst kann allenfalls als Gegenstand der Handlung, nicht aber als ein eigenständiges Rechtsgut im Sinne des Strafrechts in Betracht kommen.[52] Denn der Natur kommt von vornherein kein eigenständiger, strafrechtlich relevanter Wert zu. Mit anderen Worten: Das Strafrecht ahndet die Umweltverschmutzung nicht in der Weise, dass es den Akt der Umweltschädigung verurteilt, sondern vielmehr, indem es den Akt der Umweltschädigung kritisiert, der die unmittelbaren und gegenwärtigen Interessen der Menschheit beeinträchtigt. Verursacht der Täter lediglich eine Umweltverschmutzung, sei es fahrlässig oder vorsätzlich, sollte das Strafrecht nicht eingreifen, solange die gegenwärtigen

[50] Dazu gibt es auch in Deutschland den vornehmlich im Wasserrecht entwickelten „administrativen Ansatz", der sich auf eine Auslegung der Verwaltungsakzessorietät des Umweltstrafrechts stützt, „wonach die Umwelt nur in dem Zustand geschützt werden kann, der von den zuständigen Verwaltungsbehörden als schutzwürdig und erstrebenswert festgestellt worden ist." Vgl. *Saliger*, Umweltstrafrecht, Rn.35–42. Diese Sichtweise wird aber in China überhaupt nicht erwähnt und auch von der herrschenden Meinung in Deutschland nicht anerkannt. Meiner Meinung nach ist diese Sichtweise auch nicht zielführend. Sie wird daher in dieser Arbeit nicht weiter diskutiert.

[51] Vgl. *Saliger*, Umweltstrafrecht, Rn.28; *Zhang Jigang*, The South China Sea Law Journal (南海法学) 4/2018, 2–4.

[52] Vgl. *Saliger*, Umweltstrafrecht, Rn.28; *Zhang Jigang*, The South China Sea Law Journal (南海法学) 4/2018, 2 ff.

Interessen der Menschheit nicht beeinträchtigt werden. Daher wird eine „reale Verletzungskausalität" gefordert.[53]

Diese Auffassung war in der Vergangenheit praktikabel, z. B. wurden die Umweltdelikte in dem Alternativ-Entwurf eines deutschen StGB von 1971 unter der Überschrift „Personengefährdungen" subsumiert.[54] Dies zeigt, dass es sich nicht auf „den Schutz der Umwelt" bezieht, sondern allein auf „den Schutz des menschlichen Lebens und der menschlichen Gesundheit vor den Gefahren der Umwelt"[55]. Darüber hinaus wurden Umweltverschmutzungsdelikte seit dem Strafgesetzbuch von 1997 bis zum Erlass des Strafrechtsänderungsgesetzes VIII im chinesischen Strafrecht als „schwere Umweltverschmutzungsunfälle" bezeichnet, wobei schwerwiegende Folgen in Form von erheblichen Schäden an öffentlichem oder privatem Eigentum oder in Form von Körperverletzung oder Tod erforderlich waren. Obwohl diese Regelungen in beiden Staaten derzeit geändert werden, hält der Befürworter den rein anthropozentrischen Ansatz teilweise für rational. Der Grund dafür ist, dass der Anthropozentrismus, obwohl er den Umweltschutz anthropologisch abhängig macht, bei der Abwägung von Vor- und Nachteilen dazu neigt, den Nutzen zu maximieren.[56] So wird argumentiert, dass die Rechtsgütertheorie bei Umweltdelikten in einem Land (einer Region) eng mit dem Stand der Produktivitätsentwicklung zu einem bestimmten Zeitpunkt zusammenhängt, d. h. „rückwärts- oder vorwärtsgewandte Produktionsverhältnisse werden aufgrund einer Fehlanpassung an die Produktivkräfte zum Verzichtsobjekt".[57] Ein Beispiel hierfür sind die Vorschriften des deutschen Strafgesetzbuches, die anthropozentrische Elemente enthalten (z. B. § 324a I Nr. 1) bzw. primär oder allein anthropozentrisch interpretiert werden können (Freisetzen von Giften § 330a; unerlaubtes Verursachen von Lärm § 325a I).[58]

Der Gegner hält den reinen Anthropozentrismus für zu einseitig und nicht nachvollziehbar.[59] Insbesondere sei der Anthropozentrismus mit dem geltenden Umweltstrafrecht nicht vereinbar.[60] Schon die deutsche Abschnittsüberschrift

---

[53] Vgl. *Saliger*, Umweltstrafrecht, Rn.28; ferner von *Hohmann*, Rechtsgut, S. 194 ff. und S. 231 f.; *Hassemer*, Produktverantwortung, S. 21 f.

[54] Vgl. *Saliger*, Umweltstrafrecht, Rn.28.

[55] Vgl. *Saliger*, Umweltstrafrecht, Rn.28; ferner von *Baumann*, Alternativ-Entwurf eines StGB, S. 49.

[56] Vgl. *He Peipei*, Law Science Magazine (法学杂志) 5/2021, 71–73.

[57] Vgl. *Liu Yanhong*, Political Science and Law (政治与法律) 7/2015, 11.

[58] Vgl. *Kloepfer/Heger*, Umweltstrafrecht, Rn.46; *Saliger*, Umweltstrafrecht, Rn.29.

[59] Vgl. *Saliger*, Umweltstrafrecht, Rn.30–31.

[60] Vgl. *Saliger*, Umweltstrafrecht, Rn.30.

„Straftaten gegen die Umwelt" zeigt, dass die Umwelt nicht Gefahrenquelle, sondern Schutzobjekt gegenüber umweltschädigenden und umweltgefährdenden Handlungen ist,[61] wie es auch in der Gesetzesbegründung zum Ausdruck kommt: „Der strafrechtliche Umweltschutz darf sich nicht allein auf den Schutz des menschlichen Lebens und der menschlichen Gesundheit vor den Gefahren der Umwelt beschränken; er muss auch den Schutz der elementaren Lebensgrundlagen wie Wasser, Luft und Boden als Bestandteile des menschlichen Lebensraums einbeziehen und solche ökologischen Schutzgüter auch als Rechtsgüter anerkennen."[62] Auch die chinesische Gesetzgebung hat bereits durch das Strafrechtsänderungsgesetz VIII die Überschrift von „schwerer Umweltverschmutzungsunfall" in „Umweltverschmutzung" geändert. Damit wird der Anthropozentrismus abgeschwächt und die Schwelle für die Strafbarkeit von Umweltdelikten gesenkt. Darüber hinaus ignoriert der Anthropozentrismus die harmonische und gleichberechtigte Beziehung zwischen Menschen und Natur,[63] d. h. die Anerkennung eigenständiger ökologischer Schutzgüter muss nicht die Aufgabe des Bezugs zum Menschen bedeuten.[64] Für den Gesetzgeber sind „ökologische Schutzgüter Rechtsgüter, die den klassischen, mehr individualbezogenen Rechtsgütern wie Leben, Gesundheit, Eigentum gleichwertig sind".[65]

2.2.2.2 Der rein ökologische Ansatz

Den äußersten Gegensatz zum rein anthropozentrischen Ansatz bildet der rein ökologische oder ökozentrische Ansatz, bei dem die Umwelt als „ideelles Gut" betrachtet wird, das den gleichen Rang wie die menschlichen Interessen hat und um seiner selbst willen zu schützen ist.[66] Diese Auffassung liegt zunächst in der ökologischen Ethik, aber auch in der Rechtstheorie, wo die Natur als eigenes Recht angesehen wird.[67] Mit anderen Worten: Der ökozentrische Ansatz stellt die Umwelt in den Mittelpunkt des Schutzes, wobei der Mensch als ein Element zu einer Komponente des umfassenderen Umweltkonzepts wird. Der Mensch ist nicht mehr Gegenstand des Schutzes vor Umweltdelikten, so dass sich der Straftatbestand nicht mehr nach der erheblichen Schädigung des Lebens, der Gesundheit oder der Vermögensinteressen des Menschen bestimmt, sondern

---

[61] Vgl. *Saliger*, Umweltstrafrecht, Rn.30.

[62] BT-Drs. 8/2382, 9 f.

[63] Vgl. *He Peipe*i, Law Science Magazine (法学杂志) 5/2021, 74.

[64] Vgl. *Saliger*, Umweltstrafrecht, Rn.31.

[65] BT-Drs. 8/3633, 19.

[66] Vgl. *Saliger*, Umweltstrafrecht, Rn.32.

[67] Vgl. *Saliger*, Umweltstrafrecht, Rn.32.

danach, ob das Rechtsgut der ökologischen Umwelt verletzt wurde. Beispiele sind §§ 324, 329 III StGB (Deutschland)[68], § 342 StGB (China)[69]. Außerdem kann dadurch ein höheres Umweltschutzniveau erreicht werden.[70]

Dennoch ist auch der ökologische Ansatz nicht unumstritten.[71] Der Gegner bezweifelt seine Eignung, den Umweltschutz zu verbessern.[72] Zum einen dürfte nach menschlichem Ermessen die Schädigung eigener Interessen den Menschen derzeit noch stärker motivieren als die Behauptung, eigene Rechte der Natur würden verletzt.[73] Zum anderen ist zu bedenken, dass eine Verbesserung des Umweltschutzes auch auf anthropozentrischer Grundlage durch eine stärkere Betonung des Gesichtspunktes des Schutzes künftiger Generationen erreicht werden kann.[74] Denn der Ökozentrismus widerspricht dem Wortlaut des Art. 20a GG (Deutschland), wonach die Staatszielbestimmung die natürlichen Lebensgrundlagen „auch in Verantwortung für die künftigen Generationen" schützt.[75] Darüber hinaus entspricht der Ökozentrismus ebenso wie der Anthropozentrismus dem geltenden Umweltstrafrecht teilweise nicht im engeren Sinne.[76] So kann der Ökozentrismus die anthropozentrischen Elemente des Umweltstrafrechts[77] nicht vollständig erläutern. Außerdem widerspricht der Ökozentrismus dem Willen des Gesetzgebers.[78] Denn der Ökozentrismus betont zwar positiv den Schutz der

---

68 Vgl. *Saliger*, Umweltstrafrecht, Rn.33.

69 Straftaten gegen Naturschutzgebiete.

70 Vgl. *Saliger*, Umweltstrafrecht, Rn.33.

71 Zur Kritik *Hohmann*, Rechtsgut, S. 93 ff.; *Kloepfer*, Umweltrecht § 1 Rn.60 ff.; *Saliger*, Umweltstrafrecht, Rn.33; *Zhang mingkai*, Strafrecht (刑法学), Bd.2, S. 1480 f.

72 Vgl. *Saliger*, Umweltstrafrecht, Rn.33; *Zhang mingkai*, Strafrecht (刑法学), Bd.2, S. 1480 f.

73 Vgl. *Saliger*, Umweltstrafrecht, Rn.33.

74 Vgl. *Saliger*, Umweltstrafrecht, Rn.33.

75 Vgl. *Kloepfer*, Umweltrecht § 3 Rn.35; *Saliger*, Umweltstrafrecht, Rn.33.

76 Vgl. *Saliger*, Umweltstrafrecht, Rn.34.

77 Beispiele: §§ 324a I Nr. 1, 325a I, 330a StGB (Deutschland); nach der „Justizauslegung zu einigen Fragen der Rechtsanwendung bei der Behandlung von Strafsachen im Zusammenhang mit Umweltverschmutzung" (关于办理环境污染刑事案件适用法律若干问题的解释), die vom Obersten Volksgericht und der Obersten Volksstaatsanwaltschaft herausgegeben wurde und 2023 in Kraft getreten ist, gibt es 11 Arten von „schwerer Umweltverschmutzung", darunter zwei Arten von Umweltverschmutzung, die direkt gegen menschliche Interessen verstoßen. z. B. Nr.10 „Unterbrechung der Wasserentnahme aus einer zentralen Trinkwasserquelle in einer Gemeinde für mehr als zwölf Stunden".

78 Vgl. *Saliger*, Umweltstrafrecht, Rn.30, 34.

Umwelt, dient aber nicht dem Schutz menschlicher Interessen. Da ökologische und menschliche Interessen nicht immer übereinstimmen, können sie in Konflikt geraten, wobei die menschlichen Interessen den ökologischen weichen.[79] Vielmehr kommt es dem Gesetzgeber darauf an, die ökologischen Schutzgüter nicht um ihrer selbst willen, sondern als Lebensgrundlage des Menschen zu schützen.[80] Dementsprechend ist der ökologische Rechtsgüterschutz auf den vorgeschützten Menschen bezogen.[81]

2.2.2.3 Der vermittelnde ökologisch-anthropozentrische Ansatz

Nach alledem sind die vermittelnden Ansätze zwischen Ökozentrismus und Anthropozentrismus vorzugswürdig.[82] Vermittelnd bezieht sich darauf, dass beide Ansätze auf ihre „Reinheit" verzichten müssen: Der Ökozentrismus muss seine These vom Schutz der Natur allein um ihrer selbst willen aufgeben, der Anthropozentrismus muss seinen auf den Menschen zentrierten Standpunkt sowie die Ablehnung eines eigenständigen Umweltwerts aufgeben.[83] Demgegenüber wird die Eigenständigkeit von Umweltgütern und zugleich die Letztbezogenheit dieses ökologischen Umweltschutzes auf den Menschen anerkannt.[84] Mit anderen Worten: Die Umweltdelikte weisen einen doppelten Rechtsgutsbezug auf, nämlich „die Umwelt in ihren verschiedenen Medien (Wasser, Boden, Luft) und sonstigen Erscheinungsformen (Tier- und Pflanzenwelt) [ökologisch-überindividueller Rechtsgutsbezug] als elementare natürliche Lebensgrundlage des Menschen [anthropozentrisch-individueller Rechtsgutsbezug]".[85]

---

[79] Vgl. *Li Yongsheng/Yuan Hanxing*, Hubei Social Science (湖北社会科学) 1/2021, 143–147.

[80] Vgl. *Saliger*, Umweltstrafrecht, Rn.34.

[81] Vgl. *Kloepfer/Heger*, Umweltstrafrecht, Rn.45; *Saliger*, Umweltstrafrecht, Rn.35.

[82] Vgl. *Saliger*, Umweltstrafrecht, Rn.43; *Li Yongsheng/Yuan Hanxing*, Hubei Social Science (湖北社会科学) 1/2021, 145–149.

[83] Vgl. *Saliger*, Umweltstrafrecht, Rn.43.

[84] Vgl. SK-StGB/*Schall* vor § 324 Rn.27; *Kloepfer/Heger*, Umweltstrafrecht, Rn.43; *Zhang mingkai*, Strafrecht (刑法学), Bd.2, S. 1480 f.; *Saliger*, Umweltstrafrecht, Rn.43.

[85] Vgl. *Saliger*, Umweltstrafrecht, Rn.44.

Der vermittelnde Ansatz entspricht der ganz h. M.[86] und dem Willen des Gesetzgebers[87] in beiden Staaten. Innerhalb der h. A. liegt der Massenschwerpunkt teils auf dem Menschen,[88] teils auf den Umweltgütern[89]. Unstreitig und vom Gesetzgeber selbst dargestellt ist,[90] dass der doppelte Rechtsgüterschutz in den einzelnen Tatbeständen unterschiedlich formuliert ist: Einige Tatbestände haben einen stärker überindividuell-ökologischen, andere einen stärker individuell-anthropozentrischen Rechtsgutsbezug.[91]

In Deutschland: Zu den primär ökologischen Tatbeständen, bei denen der Mensch nur vermittelt durch die Umweltrechtsgüter (mittelbar bzw. im Vorfeld) geschützt ist, zählen etwa die Gewässerverunreinigung (§ 324)[92], die Boden- (§ 324a)[93] und Luftverunreinigung (§ 325)[94], sowie die Gefährdung schutzbedürftiger Gebiete (§ 329)[95]. Zu den primär anthropozentrischen Tatbeständen gehören das unerlaubte Verursachen von Lärm (§ 325a I)[96] und das Freisetzen von Giften (§ 330a)[97]. Als Tatbestände mit doppelter Schutzrichtung im eigentlichen Sinne

---

[86] Vgl. TK StGB/*Schittenhelm* vor §§ 324 ff. Rn.8; Lackner/Kühl/Heger/*Heger* StGB vor § 324 Rn.7; LK-StGB/*Heghmanns* vor § 324 Rn.41; Fischer/*Fischer/Lutz* StGB vor § 324 Rn.3a; NK-StGB/*Ransiek* vor §§ 324 ff. Rn.7 ff.; *Kloepfer/Heger*, Umweltstrafrecht, Rn.43 ff.; *Saliger*, Umweltstrafrecht, Rn.44.

[87] Vgl. *Saliger*, Umweltstrafrecht, Rn.30, 44; *Zhang Mingkai*, Strafrecht (刑法学), Bd.2, S. 1480 f.

[88] Vgl. Lackner/Kühl/Heger/*Heger* StGB vor § 324 Rn.7; *Saliger*, Umweltstrafrecht, Rn.30, 44.

[89] Vgl. SK-StGB/*Schall* vor § 324 Rn.25 f.; *Saliger*, Umweltstrafrecht, Rn.30, 44.

[90] BT-Drs. 8/2382, 10 f.

[91] Vgl. *Saliger*, Umweltstrafrecht, Rn.30, 44.

[92] Geschützt sind nach der hier gebotenen ökologisch orientierten Auslegung die den Gewässern in ihrem natürlichen Zustand innewohnenden Funktionen für die Umwelt und den Menschen, vgl. Lackner/Kühl/Heger/*Heger* StGB § 324 Rn.1.

[93] Geschützt sind nach der auch hier gebotenen ökologisch orientierten Auslegung die dem Boden in seiner natürlichen Beschaffenheit innewohnenden Funktionen für die Umwelt und den Menschen, vgl. Lackner/Kühl/Heger/*Heger* StGB § 324a Rn.1.

[94] Geschützt ist die (Reinheit der) Luft in ihrer Funktion für die menschliche Gesundheit und die menschliche Umwelt, namentlich für Tiere, Pflanzen und sonstige Sachen von bedeutendem Wert, vgl. Matt/Renzikowski/*Rettenmaier/Gehrmann* StGB § 325 Rn.2.

[95] Hier werden bestimmte Gebiete als unmittelbares Schutzobjekt angesehen, deren Schutz wiederum der Erhaltung der menschlichen Gesundheit und der Umweltgüter dient, vgl. MüKoStGB/*Alt* § 329 Rn.1.

[96] Geschützt ist die Gesundheit des Menschen. Ob die Ruhe als ein „Zwischenrechtsgut" gilt, ist umstritten, vgl. MüKoStGB/*Alt* § 325a Rn.1.

[97] Geschützt sind das Leben und die Gesundheit der Menschen, vgl. TK StGB/*Schittenhelm* § 330a Rn.1.

gelten z. B. die unerlaubte Abfallbeseitigung (§ 326)[98], das unerlaubte Betreiben von Anlagen (§327)[99], der unerlaubte Umgang mit gefährlichen Stoffen und Gütern (§ 328)[100] oder das unerlaubte Verursachen von Lärm, Erschütterungen oder nichtionisierenden Strahlen (§ 325a II)[101].

In China: Anders als im deutschen Strafgesetzbuch gibt es im chinesischen Strafgesetzbuch lediglich eine einheitliche gesetzliche Vorschrift für den Straftatbestand der Umweltverschmutzung, nämlich § 338, der die verschiedenen Erscheinungsformen bei Erfolgseintritt nach Justizauslegung umfasst. Dabei wird die Rechtsgutstheorie durch das Strafrechtsänderungsgesetz VIII im Jahr 2011 von einem reinen Anthropozentrismus zu einem vermittelnden ökologisch-anthropozentrischen Ansatz geändert, indem der Taterfolg von „Verursachung eines gravierenden Umweltverschmutzungsunfalls und dadurch Entstehung gravierender Verluste an öffentlichem oder privatem Eigentum oder Körperverletzung bzw. Tod von Menschen" in „schwere Umweltverschmutzung" geändert wird. Nach der Justizauslegung anhand des Strafrechtsänderungsgesetzes VIII im Jahr 2016 lassen sich die Erscheinungsformen der „schweren Umweltverschmutzung" teils auf menschliche, teils auf ökologische Interessen beziehen.[102] Dies impliziert eine doppelte Schutzrichtung.[103] Das Strafrechtsänderungsgesetz XI

---

[98] Insoweit dient das Abfallstrafrecht gleichermaßen dem Gesundheits- und dem Umweltschutz, vgl. Matt/Renzikowski/*Rettenmaier/Gehrmann* StGB § 326 Rn.5.

[99] Geschützt wird letztlich die Abwehr von Gefahren für Menschen und Umweltmedien, die durch den primären Schutz verwaltungsrechtlicher Kontrollmechanismen gewährleistet werden soll, vgl. Matt/Renzikowski/*Rettenmaier/Gehrmann* StGB § 327 Rn.2.

[100] Geschützt wird entsprechend dem ökologisch-anthropozentrischen Rechtsgutsverständnis die Umwelt als Lebensgrundlage des Menschen, allerdings je nach Straftatbestand in unterschiedlicher Intensität und Güte, vgl. Matt/Renzikowski/*Rettenmaier/Gehrmann* StGB § 328 Rn.4.

[101] Geschützt sind neben der Gesundheit von Menschen auch Tiere und Pflanzen sowie das Eigentum an Sachen, vgl. MüKoStGB/*Alt* § 325a Rn.1.

[102] In Übereinstimmung mit dem Ziel der Justizauslegung (2016), nämlich „zum Schutz des Lebens und der Gesundheit der Menschen, zur strengen Bestrafung schwerer Umweltverschmutzung und zur Aufrechterhaltung einer nachhaltigen wirtschaftlichen Entwicklung".

[103] Die Justizauslegung (2016) hat 18 Fälle von „schwerer Umweltverschmutzung" anerkannt, darunter Tatbestände, die ökologische Rechtsgüter verletzen, wie z. B. Nr.10 „Verursachung einer schweren Schädigung der ökologischen Umwelt"; Tatbestände, die menschliche Rechtsgüter verletzen, wie z. B. Nr. 15 „Verursachung einer Vergiftung von mehr als 30 Personen"; und Tatbestände, die sowohl ökologische als auch menschliche Rechtsgüter verletzen, wie z. B. Nr. 1 „radioaktiv verstrahlten Abfall, Erreger bzw. Keime ansteckender Krankheiten enthaltenden Abfall, toxische Stoffe in die primäre Trinkwasserquelle Schutzgebiete, Kernzonen von Naturschutzgebieten ableiten, abladen oder behandeln."

übernimmt diese doppelte Schutzrichtung und verschärft die strafrechtliche Sanktionierung. Die geltende Justizauslegung von 2023 hat sich entsprechend dieser Verschärfung geändert, indem nun Fälle von „Zerstörung von Ackerland oder Wäldern, Evakuierung, Verlegung oder Vergiftung von Personen" gemäß § 1 Nr. 12–17 der Justizauslegung (2016) als erschwerende Umstände betrachtet werden. Es kann angenommen werden, dass sowohl die menschlichen Rechtsgüter, welche den Kerngehalt des Schutzes des Lebens und der Gesundheit der Menschen bilden, als auch die ökologischen Rechtsgüter, welche den Kerngehalt der strengen Bestrafung schwerer Umweltverschmutzung bilden, als Rechtsgüter der Umweltverschmutzungsdelikte betrachtet werden. Dies verdeutlicht, dass lediglich die Annahme des vermittelnden ökologisch-anthropozentrischen Ansatzes mit dem gesetzgeberischen Zweck der Umweltverschmutzungsdelikte vereinbar ist.

2.2.2.4 Stellungnahme

Meiner Meinung nach wird der rein anthropozentrische Ansatz der Zielsetzung des heutigen Umweltstrafrechts nicht mehr gerecht. Dazu gibt es zwei Gründe. Zum einen ist eine „reale Verletzungskausalität" nach dem Gesetzeswortlaut und der Gesetzesbegründung nicht erforderlich, z. B. enthält das deutsche Umweltstrafrecht Tatbestände bzw. Tatbestandsvarianten ohne expliziten anthropozentrischen Bezug, die als zusätzliches Merkmal hineinzulesen sind (etwa §§ 324, 324a I Nr. 2, 326 I Nr. 4, 329).[104] Zum anderen kann es zu einer mutwilligen Zerstörung der ökologischen Umwelt durch den Menschen führen. Denn es kann leicht eine formale und scheinbar legitime Entschuldigung für die unkontrollierte Zerstörung der Umwelt durch den Menschen liefern und dem Verursacher die trügerische Illusion vermitteln, dass er die Grenzen der Toleranz der Umwelt gegenüber der Verschmutzung austesten könne, solange die Umwelt noch nicht heftig auf seine Schadstoffemissionen reagiert oder erkennbare Gegenwirkungen zeigt. Wenn aber die Umweltverschmutzung durch den Menschen eine bestimmte Grenze überschritten hat, sind die Folgen katastrophal und verheerend.

Ich stimme mit dem Gegner hinsichtlich des rein ökologischen Ansatzes überein. Der Ökozentrismus entspricht zwar dem Trend zur Sensibilisierung für den Umweltschutz, kann aber zu einem zu weiten bzw. unbestimmten Inhalt der Rechtsgüter führen. Denn kein Rechtsgüterschutz kann absolut und schwellenlos sein. Das Wohl und Wehe der Umwelt selbst ist relativ und vermittelbar. Der beste Maßstab für die Beurteilung der Umweltqualität ist das grundlegende Interesse des Menschen an der Umwelt. Denn fast alle Fortschritte der menschlichen

[104] Vgl. *Saliger*, Umweltstrafrecht, Rn.30.

Gesellschaft beruhen auf der Nutzung der Umwelt bzw. der Umweltverschmutzung. Daraus folgt, dass das Strafrecht keinen absoluten Schutz der Umwelt gewährleisten kann. Indem der zu weit gefasste Schutz der Umweltinteressen auf die grundlegenden Interessen des Menschen an der Umwelt beschränkt wird, kann eine klare und vernünftige Grenze für die genaue Definition der Umweltinteressen gezogen und die Unwirksamkeit strafrechtlicher Interventionen im Bereich der Umweltpolitik verringert werden. Mit anderen Worten: Obwohl der Straftatbestand der Umweltverschmutzung den Schutz der Umwelt zum Ziel hat, werden die Rechtsgüter der Umwelt letztlich auf die Rechtsgüter des Menschen reduziert.

Aus meiner Sicht ist der vermittelnde ökologisch-anthropozentrische Ansatz von Bedeutung. Der Grund liegt vor allem darin, dass der Zusammenhang zwischen Natur und Mensch nicht antagonistisch, sondern einheitlich ist. Zum einen müssen zum Schutz menschlicher Rechtsgüter zunächst die ökologischen Rechtsgüter wie Wasser-, Boden-, Luft-, Tier- und Pflanzenressourcen geschützt werden. Andererseits können menschliche Rechtsgüter selbstverständlich geschützt werden, solange der Schutz der ökologischen Rechtsgüter gewahrt bleibt. Denn die Umwelt ist die materielle Grundlage des menschlichen Überlebens. Eine einseitige Betonung des Schutzes von Rechtsgütern jedweder Art ist weder mit dem Gesetzeszweck der Umweltverschmutzungsdelikte noch mit dem Strafrahmen der Umweltverschmutzungsdelikte vereinbar. An der Theorie der doppelten Rechtsgüter von Ökologie und Mensch ist daher festzuhalten.

2.3 Die Besonderheiten der Umweltverschmutzungsdelikte

Als neuartige und interdisziplinäre Delikte unterscheiden sich die Umweltverschmutzungsdelikte von den seit der Antike bestehenden Naturdelikten: Es handelt sich um ein Delikt, bei dem das Strafrecht eingreift, wenn die Wirtschaft einen bestimmten Entwicklungsstand erreicht hat und das ökologische Gleichgewicht ernsthaft gestört ist. Die Besonderheiten der Umweltverschmutzungsdelikte können auf ihre Grundprobleme hinweisen.

2.3.1 Die Verwaltungsakzessorietät der Umweltverschmutzungsdelikte

Verwaltungsakzessorietät der Umweltverschmutzungsdelikte bedeutet, dass ihr Tatbestand aufgrund von Vorgaben des Verwaltungsrechts an verwaltungsrechtliche Vorschriften anknüpft und von diesen abhängt.[105] In Deutschland macht sich nur strafbar, wer ein Umweltverschmutzungsdelikt begeht, indem er „unter Verletzung verwaltungsrechtlicher Pflichten" (§§ 324a, 325, 325a), „ohne die erforderliche Genehmigung" bzw. „entgegen einer vollziehbaren Untersagung" (§§ 327, 328), „entgegen einer Rechtsvorschrift" (§ 329) oder schlicht „unbefugt" (§§ 324, 326) handelt.[106] Es gibt jedoch Ausnahmen, in denen die Tatbestände der §§ 328 II Nr. 3, 4 und 330a erfüllt sein können.[107] Die relevanten Begriffe, wie z. B. „eine verwaltungsrechtliche Pflicht", sind in § 330d definiert.

In China: Die Strafbarkeit der Umweltverschmutzungsdelikte beruht auf der Prämisse, dass gegen die Verbotsbestimmungen des Gesetzes verstoßen wird, nämlich „gegen die staatlichen Vorschriften" (§ 338). Diese Vorschriften beziehen sich hauptsächlich auf Gesetze wie das Gesetz zur Verhütung und Bekämpfung der Luftverschmutzung, das Gesetz zur Verhütung und Bekämpfung der Umweltverschmutzung durch feste Abfälle, das Gesetz zur Verhütung und Bekämpfung der Wasserverschmutzung, das Gesetz zum Schutz der Meeresumwelt, das Umweltschutzgesetz und andere vom Staat erlassene Gesetze und einschlägige Durchführungsbestimmungen. Diese Gesetzestechnik zeigt, dass das Strafrecht eng mit dem Verwaltungsrecht verknüpft ist. Das Strafrecht kann nur auf der Grundlage der Bestimmungen des Umweltverwaltungsgesetzes geregelt werden. In dieser Abhängigkeit spiegelt sich der anerkannte Grundsatz, dass die strafrechtliche Ahndung von Umweltverschmutzungsdelikten eine ergänzende Methode bzw. ein Hilfsmittel der verwaltungsrechtlichen Sanktionierung ist.[108] Ihre strafrechtliche Wirkung tritt erst dann ein, wenn die Umweltbeeinträchtigung das Maß der verwaltungsrechtlichen Sanktion überschreitet. Das bedeutet, dass die strafrechtlichen Umweltverschmutzungsdelikte über die verwaltungsrechtlichen Ordnungswidrigkeiten hinausgehen. Es handelt sich also um eine Verwaltungsakzessorietät.

[105] Vgl. LK-StGB/*Heghmanns* vor § 324 Rn.20 f.; *Kloepfer/Heger*, Umweltstrafrecht, Rn.76; *Saliger*, Umweltstrafrecht, Rn.67.

[106] Vgl. *Saliger*, Umweltstrafrecht, Rn.67.

[107] Vgl. *Saliger*, Umweltstrafrecht, Rn.50.

[108] Vgl. *Saliger*, Umweltstrafrecht, Rn.67.

2.3.2 Die Mannigfaltigkeit des Umweltverschmutzungsverhaltens

Die Mannigfaltigkeit des Umweltverschmutzungsverhaltens liegt vor allem darin, dass die Umweltverschmutzungsdelikte als Verletzungs- oder Gefährdungsdelikte ausgestaltet sind, wobei es nur auf den Erfolgs- oder Gefährdungseintritt ankommt, die Verhaltensweise bzw. die Verwirklichung durch Tun oder Unterlassen spielt keine Rolle, z. B. bei den Verletzungsdelikten wie § 324 StGB ist jedes Verhalten, das geeignet ist, ein Gewässer zu verunreinigen oder seine Eigenschaften nachteilig zu verändern, einschlägig. Auch § 338 chStGB schließt das Unterlassen des „Ableitens, Abladens oder Behandelns" nicht aus.

Darüber hinaus sind die Faktoren, die zur Umweltverschmutzung führen, vielfältig. In der Tat ist die moderne Umweltverschmutzung oft eine High-Tech-Umweltverschmutzung, bei der der Umfang der Produktion eine große Ansammlung von Schadstoffen in kurzer Zeit ermöglicht, während gleichzeitig chemische, geografische und klimatische Faktoren sowie die Faktoren der proprietären und geheimen Technologie ein Faktor der Umweltverschmutzung sein können.[109] Die Zeit spielt dabei eine wichtige Rolle.[110] Dies liegt daran, dass die verschiedenen Faktoren miteinander interagieren und den Erfolg in unterschiedlichem Maße materiell und immateriell beeinflussen können. Das bedeutet, dass der Erfolg der Umweltverschmutzung durch eine Vielzahl von Handlungen verursacht werden kann. Zudem ist eine Handlung zwar legal, jedoch kann sie Teil des Endergebnisses sein und dabei eine katalytische Einwirkung auf die Bildung des Endergebnisses haben,[111] z. B. wie das Ermitteln zeigt, drei Fabriken werden verdächtigt, eine Umweltverschmutzung durch Kadmium verursacht zu haben. Die letzte Quelle der Verschmutzung liegt darin, dass das Herstellungsausmaß der anderen beiden Fabriken sehr klein und nicht ausreichend ist, um die Umwelt zu verschmutzen. Eine geringe Menge Kadmium kann nicht zur Umweltverschmutzung führen, aber es ist schwierig zu beweisen, ob chemische Veränderungen auftreten, wenn sie zusammengebracht werden. Deshalb kann man bei der Verschmutzung nicht vollständig zwei weitere Kadmiumquellen außerhalb der beschuldigten Fabrik ausschließen. Dies verdeutlicht den Schwierigkeitsgrad bei der Aufklärung des Vorgangs der Umweltverschmutzung.

---

[109] Vgl. *Jiang Lanxiang*, Journal of Central South University of Forestry & Technology (Social Sciences) (中南林业科技大学学报社会科学版) 6/2009, 41 f.

[110] Vgl. *Dou wenlie/Zhao Hongyan*, Journal of Xinxiang University (Social Sciences Edition) (新乡学院学报社会科学版) 1/2010, 45.

[111] Vgl. *Dou wenlie/Zhao Hongyan*, Journal of Xinxiang University (Social Sciences Edition) (新乡学院学报社会科学版) 1/2010, 46.

2.3.3 Die Unbestimmtheit des Umweltverschmutzungserfolges

Die Unbestimmtheit des Umweltverschmutzungserfolges bedeutet, dass der Erfolg wegen der Verzögerung und der unsichtbaren Verschlechterung schwer zu messen ist. Dies zeigt sich im Folgenden:

Erstens ist das Verhältnis zwischen Handlung und Erfolg bei Umweltverschmutzungsdelikten nicht unmittelbar wie bei traditionellen Delikten, sondern periodisch.[112] Denn der Erfolgseintritt der Umweltverschmutzungsdelikte wird durch die Umweltmedien, z. B. die Luft, das Wasser und deren physikalische und chemische Elemente, beeinflusst und tritt daher erst nach einiger Zeit ein. Darüber hinaus hat auch die Selbstreinigungskraft einen großen Einfluss auf den Erfolgseintritt. Das bedeutet, dass eine kurzzeitige Emission von Schadstoffen die Umwelt nicht sofort belastet. Übersteigt die Verschmutzung jedoch die Menge, die von der Umwelt selbst verkraftet werden kann, kann dies zu einem konkreten Erfolg führen.[113]

Zweitens ist die Unbestimmtheit der Opfer der Umweltverschmutzung problematisch. Denn ihre Auswirkungen können über nationale Grenzen hinausgehen. Es handelt sich also keineswegs um einzelne individuelle, sondern um gemeinsame Menschenrechte, und zwar nicht nur der jetzt lebenden, sondern auch der künftigen Menschen.[114] Ein Beispiel dafür ist die Reaktorkatastrophe von Tschernobyl.[115] Der Unfall tötete 31 Menschen an Ort und Stelle und seine Auswirkungen waren keineswegs auf die Ukraine beschränkt. Die Freisetzung von radioaktivem Staub weitete sich mit der Atmosphäre aus und hatte große Auswirkungen nicht nur auf Weißrussland, sondern auf Gesamteuropa. Aufgrund des Einflusses von radioaktivem Material werden immer noch deformierte Föten geboren, die Langzeitwirkung nach dem Unfall wird immer noch erforscht.

Drittens zeigt der Erfolgseintritt der Umweltverschmutzungsdelikte die Langsamkeit und das Potenzial.[116] Da die meisten Umweltverschmutzungen im Wesentlichen negative Folgen der Industrialisierung sind, werden sie unter dem

---

[112] Vgl. *Dou wenlie/Zhao Hongyan*, Journal of Xinxiang University (Social Sciences Edition) (新乡学院学报社会科学版) 24 (2010) 1, 46.

[113] Vgl. *Zeng Yuexing/Li Xia*, Journal of Chinese People's Public Security University (Social Sciences Edition) (中国人民公安大学学报社会科学版) 5/2012, 60.

[114] Vgl. *Zeng Yuexing/Li Xia*, Journal of Chinese People's Public Security University (Social Sciences Edition) (中国人民公安大学学报社会科学版) 5/2012, 60.

[115] Vgl. *Zhang Ting*, Shangdong Justice (山东审判) 3/2005, 65.

[116] Vgl. *Zhang Ting*, Shangdong Justice (山东审判) 3/2005, 65.

Deckmantel normalen industriellen Verhaltens begangen.[117] So wurde z. B. der massive Ausbruch der Minamata-Krankheit in der japanischen Präfektur Yamamoto im Jahr 1956 später als Folge von Quecksilberverbindungen nachgewiesen, die von den Erstickungsanlagen ins Meerwasser eingeleitet wurden, die solche Stoffe eigentlich schon seit 1923 einleiteten, aber erst 1956 wurde der Ausbruch mit einer enormen Zeitverzögerung und sehr schwerwiegenden Folgen sichtbar. Die Akkumulationsfunktion hat dabei einen wichtigen Einfluss auf den Erfolgseintritt einer bestimmten Umweltverschmutzung, insbesondere die allmähliche Akkumulation von quantitativen Veränderungen zu den qualitativen Veränderungen.

2.3.4 Die Komplexität des Kausal- und Zurechnungszusammenhangs

Bei den Umweltverschmutzungsdelikten gibt es nicht nur den einfachen Kausalzusammenhang, sondern vielmehr den komplexen Kausalzusammenhang, der mit „viel Grund-ein Erfolg“ oder „viel Grund-viel Erfolg“ beschrieben wird.[118] Außerdem wird die Kausalität durch den Einfluss der Zeit und die Selbstreinigungskraft der Umwelt immer schwieriger nachweisbar.[119] Dies hat zur Folge, dass die umgekehrte Logik (vom Erfolg auf die Handlung zu schließen) bei Umweltverschmutzungsdelikten grundsätzlich nicht anwendbar ist. Zum Beispiel kann bei der Verschmutzung eines Flusses das offensichtliche Verletzungsergebnis manchmal nicht sofort identifiziert werden, aber der Schaden für das Umweltelement selbst besteht möglicherweise bereits. Wenn man die umgekehrte Logik befolgen und auf das offensichtliche Verletzungsergebnis warten würde, würde dies die Prognosefunktion und Führungsfunktion des Strafrechts beschädigen und auch der Funktion des Umweltstrafrechts[120] zuwiderlaufen.

Des Weiteren ist die Komplexität des Kausalzusammenhangs mit einer starken Bedingtheit verbunden. In der chinesischen strafrechtlichen Kausalitätstheorie wird anerkannt, dass Ursache und Bedingung unterscheidbar sind,[121] d. h. die

[117] Vgl. *Hu Yanyun*, Die Forschung in Umweltdelikten und ihrer Kriminalpolitik (环境犯罪及其刑事政策研究), S. 32.

[118] Vgl. *Hu Yanyun*, Die Forschung in Umweltdelikten und ihrer Kriminalpolitik (环境犯罪及其刑事政策研究), S. 32–33.

[119] Dazu siehe Teil 2.3.3.

[120] Vgl. *Saliger*, Umweltstrafrecht, Rn.3 ff.

[121] Vgl. *Zhang Ting*, Shangdong Justice (山东审判) 3/2005, 65 f.

Bedingung allein kann nicht zum Erfolg führen, und die Ursache kann nur den Erfolg unter der Bedingung herbeiführen. Die Bedingung, insbesondere die Naturbedingung, wird nicht in das strafrechtliche Grundverhalten eingeführt.[122] Aus der Sicht einiger chinesischer Wissenschaftler ist es nicht notwendig, klar zwischen Bedingungen und Gründen zu unterscheiden, da Umweltverschmutzungsdelikte die Merkmale des technischen Rechts aufweisen.[123] Aber aus meiner Sicht bedeutet die Bedingtheit der Kausalität in der Umweltverschmutzung, dass das Zusammenspiel der verschiedenen Faktoren im gesamten Ökosystem selbst eine Bedingung ist. Es gibt viele Gründe in Form von „viel Grundverhalten-ein Erfolg". Diese vielen Gründe bilden eine Ursachenkette, in der viele Bedingungen mitwirken. Beispielsweise ist für die obengenannte Kadmium-Verschmutzung die Verschmutzung durch A nur einer von vielen Gründen. A behauptet, dass die Konzentration des Kadmiums auch durch Erdbeben erhöht werden kann. Das Hinzudenken der natürlichen Faktoren führt zur stärken Konditionalität des Kausalzusammenhangs, da die Gründe im Strafrecht nur das menschliche Verhalten beinhalten und die natürlichen Faktoren ausschließen. Dies ermöglicht es uns, bei Umweltkriminalität die stärkere Konditionalität zu berücksichtigen und angemessen darauf zu reagieren, da ansonsten die Fairness des Ergebnisses des Falles beeinträchtigt werden könnte. Dies führt auch zum Anstieg des Schwierigkeitsgrades bei der Aufklärung des Vorgangs der Umweltverschmutzung.

Darüber hinaus werden die geschützten Umweltgüter als natürliche Ressourcen regelmäßig von einer Vielzahl von Menschen genutzt[124] – insbesondere im Rahmen notwendiger Wirtschaftstätigkeiten und zur Schaffung eines Teils des gesellschaftlichen Reichtums.[125] Daher ist es oft schwierig, einen eingetretenen Umweltschaden kausal und normativ dem Verhalten einer einzelnen Person zuzurechnen.[126]

Die Komplexität des Kausal- und Zurechnungszusammenhangs ergibt sich zudem aus der Abstraktheit der Umweltgüter.[127] Der hohe Abstraktionsgrad von Begriffen wie „Wasser", „Boden" oder „Luft" führt zu der Frage, ob für den

---

[122] Vgl. *Yao Bei,* Criminal Science (中国刑事法杂志) 5/2015, 74.

[123] Vgl. *Zeng Yuexing/Li Xia,* Journal of Chinese People's Public Security University (Social Sciences Edition) (中国人民公安大学学报社会科学版) 5/2012, 61.

[124] *Saliger*, Umweltstrafrecht, Rn.223.

[125] Vgl. *Zeng Yuexing/Li Xia,* Journal of Chinese People's Public Security University (Social Sciences Edition) (中国人民公安大学学报社会科学版) 5/2012, 60.

[126] *Saliger*, Umweltstrafrecht, Rn.223.

[127] *Saliger*, Umweltstrafrecht, Rn.223.

Taterfolg die Beeinträchtigung des gesamten Umweltmediums oder nur eines Teils davon maßgeblich ist.[128] Zwar erscheint diese Problematik unter Berücksichtigung der Minima-Klausel theoretisch gelöst, jedoch bleibt die konkrete Bestimmung in der Praxis schwierig – insbesondere in Kumulationsfällen, also bei der Frage, welcher von mehreren unabhängig voneinander handelnden Personen die eingetretene Umweltverschmutzung zugerechnet werden kann. Umstritten ist hierbei insbesondere, „ob dem Einzelnen lediglich der von ihm allein herbeigeführte unwesentliche (nicht tatbestandsmäßige) Teilerfolg oder darüber hinaus der wesentliche (durch Handlungen Dritter tatbestandsmäßig ergänzte) Gesamterfolg zugerechnet werden kann".[129] Nach der h. M.[130] in beiden Staaten wird der Gesamterfolg dem Einzelnen zugerechnet – unabhängig davon, ob die handelnden Personen sukzessive (nacheinander) oder gleichzeitig zusammenwirken. Diese Gesamterfolgszurechnung ist jedoch nicht unproblematisch, da sie insbesondere das Prinzip der Eigenverantwortung des Einzelnen missachten kann.[131]

---

[128] *Saliger*, Umweltstrafrecht, Rn.223.

[129] *Saliger*, Umweltstrafrecht, Rn.239.

[130] Vgl. *Saliger*, Umweltstrafrecht, Rn.240; *Kloepfer/Heger*, Umweltstrafrecht, Rn.191; *Zhang, Mingkai,* Strafecht (刑法学), Bd. 2, S. 1480 f.

[131] Vgl. *Saliger*, Umweltstrafrecht, Rn.246; *Li Guanyu*, The Jurist (法学家) 4/2018, 132.

3 Die tatbestandlichen Probleme bei Umweltverschmutzungsdelikten

Im Aufbauschema des Delikts ist die Tatbestandsmäßigkeit der Ausgangspunkt für die Einleitung eines Strafverfahrens und die Ermittlung der strafrechtlichen Verantwortlichkeit.[1] Der Begriff des Tatbestandes leitet sich ursprünglich von dem Begriff Constare de delicti (Gewissheit der Tat) ab, der im mittelalterlichen italienischen Inquisitionsverfahren verwendet wurde und für den der Italiener Prosper Farinacius in 1581 den Ausdruck corpus delicti prägte.[2] Als prozessrechtlicher Begriff betonte corpus delicti, dass die Spezialinquisition nicht durchgeführt werden dürfte, wenn das Vorliegen objektiver strafrechtlicher Tatsachen nicht nach der strengen Beweiswürdigung bejaht werden könne.[3] Der Ausdruck „Tatbestand" wurde in Deutschland erstmals 1796 bei E.F.Klein gefunden.[4] Im frühen 19. Jahrhundert hatte Feuerbach ihn wissenschaftlich revolutioniert, indem er den Tatbestand zu einem Begriff im Sinne des materiellen Strafrechts machte.[5] Beling systematisierte weiter, dass „Tatbestand objektiv und wertfrei ist".[6] Darauf aufbauend stellten H.A.Fischer, Helger, M.E.Mayer und

[1] Denn nicht nur nach dem deutschen dreistufigen Deliktsaufbau (Tatbestandsmäßigkeit, Rechtswidrigkeit und Schuld), sondern auch nach dem chinesischen Vier-Elemente-Deliktsaufbau ist der Tatbestand eine komplizierte Wertungsebene des Strafrechtssystems. Bei der Prüfung des Delikts muss zuerst die Tatbestandmäßigkeit vorliegen. Zu den Gründen vgl.TK StGB/*Eisele* vor §§ 13 ff. Rn.12, 16 ff.; *Bringewat*, Grundbegriffe des Strafrechts, Rn.259, 262 ff.

[2] Vgl. *His*, ZRG 55 (1935) 1, 442; *Bao Xinze*, Journal of Henan University of Economics and Law (河南财经政法大学学报) 6/2017, 121.

[3] Vgl. *His*, ZRG 55 (1935) 1, 442.

[4] Vgl. *His*, ZRG 55 (1935) 1, 443.

[5] Vgl. *Gao Mingxuan*, Grundsätze des Strafrechts (刑法学原理), S. 438.

[6] Vgl. *Roxin/Greco*, Strafrecht AT I, § 10 Rn.7.

R. Lu, *Grundprobleme der Umweltverschmutzungsdelikte*, Juridicum – Schriften zum Wirtschaftsstrafrecht 12, https://doi.org/10.1007/978-3-658-51329-0_3

Mezger fest, dass in vielen Fällen nicht nur die Schuld, sondern auch das die Tat konstituierende Fehlverhalten vom Willen des Täters, also von der subjektiven, innerseelischen Komponente abhängig sei.[7] Das bedeutet, dass auf die Kategorie der Subjektivität nicht mehr verzichtet werden kann, wenn man im Sinne Belings „alle typischen Merkmale der Verbrechen" in den Tatbestand einbeziehen will.[8] Diese Unterscheidung in objektiven und subjektiven Tatbestand ist seither in der deutschen Wissenschaft allgemein anerkannt.[9]

Der politische Wandel hatte einen großen Einfluss auf die Entwicklung der chinesischen Verbrechenslehre.[10] Nach der Gründung der Volksrepublik China wurde das sowjetische Modell mit seinen vier strafrechtlichen Tatbestandsvoraussetzungen nach dem Prinzip „Sowjetunion als Lehrer" übernommen, nämlich das Objekt, objektive Seite, Subjekt und subjektive Seite der Straftat.[11] In dem vom Erziehungsministerium herausgegebenen Lehrbuch wird die Straftat wie folgt beschrieben: „Die Straftat stellt die Gesamtheit aller objektiven und subjektiven Voraussetzungen dar, die nach dem chinesischen Strafgesetzbuch auf der Grundlage der Sozialschädlichkeit und ihrer Schwere des konkreten Verhaltens festgelegt und für die Annahme einer Straftat erforderlich sind"[12]. Dieses Modell dominiert auch heute noch die chinesische Rechtspraxis,[13] auch wenn viele Strafrechtswissenschaftler mit der Reform und Öffnung im 21. Jahrhundert fordern, diese traditionelle Lehre aufzugeben und die deutsche und japanische Verbrechenslehre zu übernehmen.[14]

---

[7] Vgl. *Roxin/Greco*, Strafrecht AT I, § 10 Rn.8.

[8] Vgl. *Roxin/Greco*, StGB AT I, § 10 Rn.8.

[9] Vgl. *Roxin/Greco*, StGB AT I, § 10 Rn.9.

[10] Näher *Jiang*, Strafrecht und Empirie, S. 4; ferner *Zhao*, ZStW 130 (2018) 4, 1266.

[11] Unter dem „Objekt der Straftat" ist ein strafrechtlich geschütztes soziales Verhältnis zu verstehen. Auf der „objektiven Seite der Straftat" muss eine Tathandlung des Täters vorliegen, wobei neben der Tathandlung auch der verursachte Taterfolg, die Zeit, der Ort und Tatmittel zu berücksichtigen sind. Bei dem „Subjekt der Straftat" sind die Strafmündigkeit, die Schuldfähigkeit und andere besondere persönliche Eigenschaften zu prüfen. Bei der „subjektiven Seite der Straftat" geht es um die innere Einstellung des Täters zu seiner sozialschädlichen Handlung, insbesondere um Vorsatz oder Fahrlässigkeit sowie um besondere Absichten und Motive des Täters. Vgl. *Jiang*, Strafrecht und Empirie, S. 5; *Tang*, ZStW 132 (2020) 4, 986 f.; *Liang*, ZStW 126 (2014) 3, 745.

[12] Näher *Liang*, ZStW 126 (2014) 3, 745, ferner *Gao, Mingxuan*, Grundsätze des Strafrechts (刑法学原理), S. 444.

[13] Vgl. *Jiang*, Strafrecht und Empirie, S. 7.

[14] Als Beispiel: Aufbau des Verbrechenssystems der drei Wertungsstufen von Xingliang Chen; Aufbau des Verbrechenssystems der zwei Wertungsstufen von Mingkai Zhang, vgl. *Liang*, ZStW 126 (2014) 3, 747–757.

In der Rechtsprechung ist es notwendig, die Tatbestandsmerkmale jedes konkreten Verbrechens zu klären. Nur so kann eine korrekte Verurteilung erfolgen und eine angemessene Strafe verhängt werden. Die Umweltverschmutzungsdelikte sind in § 338 chStGB und im 29. Kapitel des deutschen Strafgesetzbuches verankert. Im Folgenden soll ein Rechtsvergleich der allgemeinen Tatbestandsmerkmale der Umweltverschmutzungsdelikte zwischen Deutschland und China anhand von der deutschen Tatbestandslehre vorgenommen werden.

3.1 Objektiver Tatbestand

Der objektive Tatbestand der Umweltverschmutzungsdelikte bezieht sich auf die äußeren Tatumstände der Umweltverschmutzungsdelikte, also auf die objektiven äußeren tatsächlichen Merkmale von Umweltschäden, die durch Umweltverschmutzungsverhalten verursacht wurden. Es umfasst im Allgemeinen das Tatobjekt, die Tathandlung, den Taterfolg, das Tatsubjekt und den ungeschriebenen Kausalzusammenhang.[15]

3.1.1 Tatobjekt

Obwohl die wörtliche Übersetzung von „Objekt“ nach dem chinesischen Vier-Elemente-Deliktsaufbau identisch ist, unterscheidet sich seine systematische Stellung und Bedeutung von der des deutschen Strafrechts. Das „Tatobjekt“ in Deutschland gilt als ein Merkmal der Tatbestandsmäßigkeit im deutschen dreistufigen Deliktsaufbau und ist der ersten Stufe zugeordnet. Im Gegensatz dazu ist der chinesische Vier-Elemente-Deliktsaufbau horizontal und nicht stufig.[16] Das „Objekt der Straftat“ in China stellt nach dem chinesischen Vier-Elemente-Deliktsaufbau eine von vier gleichrangigen Voraussetzungen bei der Prüfung des Delikts dar.

Das Tatobjekt in Deutschland entspricht im Wesentlichen dem Handlungsobjekt in China,[17] welches im chinesischen Vier-Elemente-Deliktsaufbau zur

---

[15] Vgl. *Roxin/Greco*, Strafrecht AT I, §10 Rn.54. Wegen der Schwierigkeit des Kausalitätsnachweises in der Rechtsprechung wird die Frage der Kausalität in Teil 4 behandelt.

[16] Vgl. *Zhou Guangquan*, Political Science and Law (政治与法律) 3/2017, 22.

[17] In Deutschland bedeutet Tatobjekt dasselbe wie Handlungsobjekt. Der Klarheit halber wird in Deutschland der Begriff „Tatobjekt“ und in China der Begriff „Handlungsobjekt“ verwendet, insbesondere im Vergleich zu Objekt der Straftat und Gegenstand der Straftat in China.

objektiven Tatseite gehört. Jedoch wird das Handlungsobjekt in China selten diskutiert. Kontroverser ist vielmehr das Objekt der Straftat, insbesondere bei Umweltverschmutzungsdelikten. Zahlreiche Aufsätze behandeln die Meinungsverschiedenheiten über das Objekt der Straftat, während es kaum Veröffentlichungen zu ihrem Handlungsobjekt gibt. Daher wird hier das Tatobjekt in Deutschland mit dem Objekt der Straftat und dem Handlungsobjekt in China verglichen.

3.1.1.1 In Deutschland

3.1.1.1.1 Unterscheidung von Rechtsgut, Schutzobjekt und Tatobjekt

Im deutschen Strafrecht bedienen sich Juristen der Begriffe „Rechtsgut", „Schutzobjekt" und „Tatobjekt" zur Beschreibung unterschiedlicher Aspekte strafbarer Handlungen. Um das Tatobjekt zu präzisieren, muss vor allem die Unterscheidung dieser drei Begriffe erläutert werden.

Der Begriff Rechtsgut hat in verschiedenen historischen Epochen unterschiedliche Bedeutungen erfahren. Insbesondere um die Wende vom 19. zum 20. Jahrhundert vollzog sich eine Entwicklung von materiellen hin zu geistigen Rechtsgütern, die maßgeblich von Karl Binding[18] und Franz von Liszt[19] geprägt wurde.[20] Die heutzutage vertretenen gesetzgebungskritischen Rechtsgutsbegriffe sind auch vielfältig.[21] Allgemein kann das Rechtsgut als „strafrechtlich schutzbedürftiges menschliches Interesse" definiert werden,[22] wobei es sich sowohl

[18] Binding hatte auf Grundlage von Birnbaum, der den Begriff „Gut" in den Kernbereich der Verbrechenstheorie eingeführt hatte, „Rechtsgut" definiert als „Alles, was selbst kein Recht, doch in den Augen des Gesetzgebers als Bedingung gesunden Lebens der Rechtsgemeinschaft für diese von Wert ist, an dessen unveränderter und ungestörter Erhaltung sie nach seiner Ansicht ein Interesse hat, und das er deshalb seine Normen vor unerwünschter Verletzung oder Gefährdung zu sichern bestrebt ist". Vgl. *Binding*, Normen, S. 353 f.; „Gut als Gegenstand unseres Rechts", „Personen oder Sachen als Gegenstand einer Verletzung" von *Birnbaum*, Verletzung, p.150, 172.

[19] Laut seinem Güterschutzgedanken soll das Rechtsgut als „Grenzbegriff abstrahierender juristischer Logik" zwischen der Jurisprudenz und anderen Sozialwissenschaften vermitteln. Alles Recht ist in Bezug auf „der Menschen willen da; ihre Interessen… geschützt und gefördert werden". Rechtsgüter sind deswegen menschliche Interessen. Vgl. *Liszt*, ZStW 6 (1886), 672, 673; ders., ZStW 8 (1888), 139,140.

[20] Vgl. *Löffler*, Rechtsgut als Verfassungsbegriff, S. 46 ff.

[21] z. B. „alle Gegebenheiten oder Zwecksetzungen…, die für die freie Entfaltung des Einzelnen, die Verwirklichung seiner Grundrechte und das Funktionieren eines auf dieser Zielvorstellung aufbauenden staatlichen Systems notwendig sind" von *Roxin/Greco*, Strafrecht AT I, § 2 Rn.7; „werthafte Funktionseinheiten" von *Rudolphi*, Honig-Festschrift, S. 164.

[22] Vgl. NK-StGB/*Neumann/Saliger* vor § 1 Rn.144.

um schutzwürdige Interessen des Einzelnen als auch um schutzwürdige Interessen der Allgemeinheit handeln kann.[23] Das Schutzobjekt der einzelnen Delikte bezeichnet ein Objekt, das der Gesetzgeber durch die Strafdrohung schützen will.[24] Es repräsentiert das Rechtsgut. Das Tatobjekt ist der Gegenstand, an dem sich eine Straftat tatbestandmäßig vollzieht.[25] Wenn es nach dem Willen des Gesetzgebers als schutzwürdig angesehen wird, kann es folglich auch als Schutzobjekt bezeichnet werden.[26] Es kann auch mit dem durch Normen geschützten Rechtsgut identisch sein oder davon abweichen.[27] Zum Beispiel ist beim Diebstahl das Tatobjekt die fremde bewegliche Sache, während das Rechtsgut das Eigentum ist. Das Tatobjekt ist somit das „verkörperte" Rechtsgut.[28] Eine weitere Unterscheidung liegt darin, dass Handlungen, die verschiedene Rechtsgüter angreifen, an einem einzigen Objekt ausgeführt werden können.[29] Ein Angriff auf den Körper eines Menschen kann dessen Leben oder körperliche Unversehrtheit beeinträchtigen. Darüber hinaus gibt es auch Strafvorschriften, die kein Tatobjekt verlangen,[30] d. h. nicht jedes Verbrechen betrifft also ein Tatobjekt, jedoch kann jede Handlung ein Rechtsgut verletzen oder gefährden.[31] Solche Verbrechen, bei denen die Einwirkung auf eine Person oder eine Sache nicht zum Tatbestand gehört, können als Delikte mit intransitivem Erfolg bezeichnet werden,[32] z. B. Straßenverkehrsgefährdung § 316 StGB. Das Tatobjekt hat namentlich die Funktion, bei der Einteilung der Deliktsarten, Erfolgs- und Tätigkeitsdelikte voneinander abzugrenzen, während bei der Unterscheidung

---

[23] Vgl. *Frister*, Strafrecht AT, § 3 Rn.22.

[24] Vgl. *Jacobs*, Schutzobjekt und Tatobjekt, S. 9.

[25] Tatobjekt ist immer ein Tatbestandsmerkmal, vgl. *Mayer*, Lehrbuch, S. 98; ferner von *Amelung*, Rechtsgüterschutz und Schutz der Gesellschaft, S. 105; vgl. auch *Kaspar*, AT § 5 Rn.22: „Tatobjekt bezeichnet sich als den Gegenstand, gegen den sich die verbotene Handlung richtet."

[26] z. B. Die Aufzählungen in § 306 I Nr. 1–6 StGB werden in MüKoStGB/*Radtke* § 306 Rn.15, als Tatobjekte angesehen, während sie in Matt/Renzikowski/*Dietmeier* StGB § 306 Rn.3–12, als Schutzobjekte angesehen werden.

[27] Vgl. *Mayer*, Lehrbuch, S. 97.

[28] Vgl. *Liszt*, ZStW 8 (1888), 151.

[29] Vgl. *Oppenheim*, Die Objekte des Verbrechens, S. 164 f.; ferner von *Amelung*, Rechtsgüterschutz und Schutz der Gesellschaft, S. 103 f.

[30] Vgl. *Gropp*, AT § 4 Rn.27.

[31] Vgl. *Oppenheim*, Die Objekte des Verbrechens, S. 32; ferner von *Amelung*, Rechtsgüterschutz und Schutz der Gesellschaft, S. 104.

[32] Vgl. *Mayer*, Lehrbuch, S. 98.

zwischen Gefährdungs- und Verletzungsdelikten das geschützte Rechtsgut eine entscheidende Rolle spielt.[33]

3.1.1.1.2 Konkrete Tatobjekte verschiedener Umweltstraftaten

Das Tatobjekt der Umweltverschmutzungsdelikte ist nach der herrschenden Verbrechenslehre der Gegenstand, gegen den sich das umweltverschmutzende Verhalten des Täters richtet. Die Umweltverschmutzungsdelikte sind im 29. Kapitel des deutschen Strafgesetzbuches in neun Abteilungen festgelegt. Im Folgenden werden die Tatobjekte der Umweltverschmutzungsdelikte nach den einzelnen Abschnitten erläutert.

3.1.1.1.2.1 Gewässer als Tatobjekt des § 324

Gemäß § 324 werden Gewässer als Tatobjekt betrachtet.[34] Als Gewässer wird ein einheitlicher Organismus aus Wasser, Gewässerbett und Ufer bezeichnet.[35] Nach § 330d I Nr. 1 sind damit oberirdische Gewässer, das Grundwasser und das Meer gemeint.[36] Diese Legaldefinition stammt zwar aus § 2 I 1 WHG, wurde aber dahingehend erweitert, dass auch die Hohe See und die Küstengewässer anderer Staaten erfasst werden.[37] Außerdem werden die Ausnahmeregelungen für die Länder in § 2 II 1 WHG gestrichen.[38] Das bedeutet, dass alle Gewässer, die wasserwirtschaftlich von untergeordneter Bedeutung sind, einschließlich Straßenseitengräben als Bestandteil von Straßen, Be- und Entwässerungsgräben sowie Heilquellen als Tatobjekte einbezogen sind. Auch alle fremden Gewässer nach 2. UKG (nunmehr: § 330d I Nr.1) können als Tatobjekte betrachtet werden.[39] Dabei sind auch Gewässerteile geschützt.[40]

3.1.1.1.2.1.1 Oberirdische Gewässer

Unter oberirdischen Gewässern ist nach § 3 Nr.1 WHG das ständig oder zeitweilig in Betten fließende oder stehende oder aus Quellen wild abfließende Wasser

---

[33] Vgl. *Ingelfinger*, Grundlagen und Grenzbereiche des Tötungsverbots, S. 40.

[34] Vgl. TK StGB/*Schittenhelm,* § 324 Rn.3.

[35] BGH ZFW 1991, 233; MüKoStGB/*Alt*, § 324 Rn.12; *Saliger*, Umweltstrafrecht, Rn.342.

[36] Vgl. BeckOK StGB/*Witteck* § 324 Rn.6; *Breuer/Gärditz,* WasserR, Rn.1626; NK-StGB/*Ransiek* § 324 Rn.11.

[37] Vgl. Matt/Renzikowski/*Rettenmaier/Gehrmann* StGB § 324 Rn.4; *Saliger*, Umweltstrafrecht, Rn.342.

[38] Vgl. Matt/Renzikowski/*Rettenmaier/Gehrmann* StGB § 324 Rn.4.

[39] Vgl. MüKoStGB/*Alt* § 324 Rn.12.

[40] Vgl. *Saliger*, Umweltstrafrecht, Rn.342; BT-Drs. 8/2382, 14.

zu verstehen.[41] Dabei steht der natürliche Wasserkreislauf im Vordergrund.[42] Das bedeutet, dass Wasser, das nicht in den natürlichen Wasserkreislauf eingebunden ist, nicht zu den oberirdischen Gewässern gezählt wird. Dies umfasst beispielsweise Wasser, das in Rohren, Behältern, Becken oder in anderer Form gesammelt wird, wie Wasserversorgungs- und Abwasserleitungen[43], Straßen- und Eisenbahngräben zur Entwässerung[44], Schwimmbecken, Kläranlagen, künstlich angelegte Feuerlöschteiche, Gartenteiche, Pumpspeicherbecken und undurchlässige Erdbecken zum Auffangen von Sickersäften aus Dunghaufen zwecks späterer Verwertung oder Beseitigung.[45] Ein Gewässer verliert jedoch nicht seine Eigenschaft als oberirdisch, wenn es durch Rohre, Tunnel oder Düker fließt.[46] Ob angesammeltes Wasser als oberirdisches Gewässer anzusehen ist, hängt von den jeweiligen Umständen ab. Wenn das Wasser nur gelegentlich, wie bei Regenpfützen, in Baggerlöchern, Baugruben oder Fahrspuren ohne Verbindung zum natürlichen Wasserkreislauf (bzw. mit dem Grundwasser) auftritt, wird es nicht als oberirdisches Gewässer betrachtet.[47] Das angesammelte Wasser fungiert nur dann als oberirdisches Gewässer, wenn es eine natürliche Gewässerfunktion erfüllt.[48] Ein Beispiel hierfür ist, wenn das Niederschlagswasser, das sich in einem Becken ansammelt, durch Verdunstung das Mikroklima verbessert und dadurch in oberirdische Gewässer eingebunden wird. Denn das Merkmal „zeitweilig" bezieht sich nicht auf eine gelegentliche Wasseransammlung, sondern auf eine gewisse Dauerhaftigkeit der Wasseransammlung.[49] In diesem Zusammenhang ist wichtig zu differenzieren, ob sich das Wasser in Gewässerbetten befindet. Feuchte Stellen wie Moore und Sümpfe gelten aufgrund des Fehlens fester Gewässerbetten nicht als oberirdische Gewässer.[50] Weder die Größe des Gewässers noch seine

---

[41] Vgl. *Berendes*, WHG § 3 Nr.1.

[42] Vgl. Matt/Renzikowski/*Rettenmaier/Gehrmann* StGB § 324 Rn.5.

[43] Vgl. MüKoStGB/*Alt* § 324 Rn.16; Landmann/Rohmer UmweltR/*Faßbender* WHG § 2 Rn.33; SZDK/*Knopp* WHG § 2 Rn.20 f.

[44] BVerwG Beschl. v. 29.1.1996 – 4 B 5/96, BeckRS 1996, 31354209; *Czychowski/Reinhardt* WHG § 2 Rn.20; MüKoStGB/*Alt* § 324 Rn.16.

[45] Vgl. MüKoStGB/*Alt* § 324 Rn.16.

[46] Vgl. *Breuer/Gärditz*, WasserR, Rn.1627.

[47] Vgl. NK-StGB/*Ransiek* StGB § 324 Rn.7.

[48] Vgl. MüKoStGB/*Alt* § 324 Rn.16.

[49] Vgl. *Saliger*, Umweltstrafrecht, Rn.343.

[50] Vgl. *Saliger*, Umweltstrafrecht, Rn.343.

formelle oder materielle illegale Entstehung spielen letztendlich eine Rolle für dessen Eigenschaften.[51]

3.1.1.1.2.1.2 Grundwasser

Die Definition von Grundwasser ist in § 3 Nr. 3 WHG festgeschrieben. Gemäß dieser Bestimmung handelt es sich bei Grundwasser um „das unterirdische Wasser in der Sättigungszone, das unmittelbar mit Boden oder Untergrund in Berührung steht"[52]. Darunter ist das gesamte unterirdische Wasser zu verstehen.[53] Beispielsweise gehören auch das Wasser einer Quelle vor ihrem Austritt, das Uferfiltrat[54], sowie Moore und Sümpfe[55] dazu. Entscheidend für das Grundwasser ist auch seine Einbindung in den natürlichen Wasserkreislauf, unabhängig davon, ob es sich um das stehende oder fließende Wasser handelt.[56]

3.1.1.1.2.1.3 Meer

Das gesamte Meeresgewässer wird geschützt, einschließlich der Hohen See sowie aller Küstengewässer ohne räumliche Beschränkung.[57] Nach § 3 Nr. 2a WHG umfasst das Meeresgewässer die Küstengewässer und die Gewässer im Bereich der deutschen ausschließlichen Wirtschaftszone und des Festlandsockels, jeweils einschließlich des Meeresgrundes und des Meeresuntergrundes.[58] Unter Küstengewässer sind nach § 3 Nr. 2 Hs. 1 WHG entweder das Meer zwischen der Küstenlinie bei mittlerem Hochwasser oder zwischen der seewärtigen Begrenzung der oberirdischen Gewässer und der seewärtigen Begrenzung des Küstenmeeres zu verstehen.[59] Das Weltrechtsprinzip gilt nicht für die Hohe See.[60] Obwohl der Anwendungsbereich des § 324 vielmehr durch §§ 3 ff. eingeschränkt wird,

---

[51] Vgl. Matt/Renzikowski/*Rettenmaier/Gehrmann* StGB § 324 Rn.5.

[52] Vgl. *Saliger*, Umweltstrafrecht, Rn.344.

[53] Vgl.TK StGB/*Schittenhelm* § 324 Rn.5.

[54] Vgl. *Cychowski/Reinhardt* WHG § 3 Rn.47.

[55] Vgl. Matt/Renzikowski/*Rettenmaier/Gehrmann* StGB § 324 Rn.6.

[56] Vgl. SK-StGB/*Schall* § 324 Rn.19; MüKoStGB/*Alt* § 324 Rn.18.

[57] BT-Drs. 8/2382, 26f; *Saliger*, Umweltstrafrecht, Rn.345.

[58] Vgl. *Steindorf*, Umwelt-Strafrecht, § 324 Rn.18 ff; *Breuer/Gärditz*, WasserR, Rn.1627.

[59] Gemäß § 3 Nr. 2 Hs. 2 WHG richtet sich die seewärtige Begrenzung von oberirdischen Gewässern, die nicht Binnenwasserstraßen des Bundes sind, nach den landesrechtlichen Vorschriften.

[60] Vgl. *Saliger*, Umweltstrafrecht, Rn.345.

wird er gemäß §§ 4, 5 Nr. 11 und 7 II erweitert, insbesondere kann der Anwendungsbereich das deutsche Hoheitsgebiet überschreiten.[61]

3.1.1.1.2.2 Boden als Tatobjekt des § 324a

Gemäß § 324a ist der Boden das Tatobjekt der Bodenverunreinigung. Allerdings bleibt unklar, was genau unter dem Begriff „Boden" zu verstehen ist, da dieser im StGB nicht explizit definiert wird.[62] In Anlehnung an § 2 I BBodSchG umfasst der Begriff „Boden" die obere Schicht der Erdkruste, soweit sie Träger der in Abs. 2 genannten Bodenfunktionen ist. Hierzu zählen auch die flüssigen Bestandteile (Bodenlösung) sowie die gasförmigen Bestandteile (Bodenluft), jedoch erfolgt keine Berücksichtigung von Grundwasser und Gewässerbetten.[63] Nach § 2 II BBodSchG werden nicht nur die oberste Bodenschicht von 20–40 cm geschützt, sondern auch die als Lebensraum für Kleinstlebewesen hinaus auch die unbewohnten tiefen Bodenschichten, die als Filter, Puffer und Speicher für Schadstoffe dienen.[64] Der bebaute Boden wird ebenfalls erfasst.[65] Die Bodenbedeckung (z. B. Pflanzenwuchs, Bauten oder abgelagerte Materialien wie Sand, Erde oder Kies) sowie das Grundwasser und die Gewässerbetten sind jedoch gemäß § 2 I BBodSchG ausgeschlossen.[66] Ob der Boden im Ausland geschützt wird, hängt von den Anwendungsbereichen des §§ 3 ff. ab.[67]

3.1.1.1.2.3 Luft als Tatobjekt des § 325

Die Luftverunreinigung ist eine Form der Umweltverschmutzung und wird gemäß § 325 geregelt. Nach ihrer Formulierung wird Luft als Tatobjekt angesehen. Der Schutz erstreckt sich sowohl auf deutsche als auch auf ausländische Luft.[68] Es ist zudem möglich, bereits verschmutzte Luft auf strafbare Weise weiter zu belasten.[69]

---

[61] BT-Drs. 8/3633, 23 f.; TK StGB/*Schittenhelm* § 324 Rn.6.

[62] Vgl. Matt/Renzikowski/*Rettenmaier/Gehrmann* StGB § 324a Rn.3.

[63] Vgl. TK StGB/*Schittenhelm* § 324a Rn.3.

[64] Vgl. TK StGB/*Schittenhelm* § 324a Rn.3; *Kloepfer/Heger*, Umweltstrafrecht Rn.211; *Saliger*, Umweltstrafrecht, Rn.370.

[65] Vgl.TK StGB/*Schittenhelm* § 324a Rn.3; *Saliger*, Umweltstrafrecht, Rn.370.

[66] Vgl. LK-StGB/*Heghmanns* § 324a Rn.11; BeckOK StGB/*Witteck* § 324a Rn.6; *Saliger*, Umweltstrafrecht, Rn.370.

[67] Vgl. MüKoStGB/*Alt* § 324a Rn.11; NK-StGB/*Ransiek* § 324a Rn.4; *Kloepfer/Heger*, Umweltstrafrecht, Rn.213.

[68] SSW-StGB/*Saliger/Lienert* § 325 Rn.1; Graf/Jäger/Wittig/*Bock* StGB § 325 Rn.8.

[69] Vgl. MüKoStGB/*Alt* § 325 Rn.21.

3.1.1.1.2.4 Abfall als Tatobjekt des § 326

Abfallverschmutzung stellt eine Möglichkeit dar, wie die Umwelt beeinträchtigt werden kann. Im deutschen Strafgesetzbuch wird dies in § 326 als „Unerlaubter Umgang mit Abfällen" geregelt. Die Tatobjekte sind gemäß § 326 I Abfälle mit bestimmten bzw. gefährlichen Eigenschaften. Auf die Frage, wie Abfall im Strafrecht zu verstehen ist, gibt es keine einheitliche Antwort, da der Abfallbegriff im Strafgesetzbuch nicht eindeutig definiert ist.[70] Dennoch gibt es einen eigenständigen strafrechtlichen Abfallbegriff[71] gemäß § 326 I, der sich am verwaltungsrechtlichen Abfallbegriff des § 3 KrWG[72] orientiert und die entsprechenden europarechtlichen Grundlagen für die Auslegung des Abfallbegriffs[73] berücksichtigt. Seine Eigenständigkeit zeigt sich in folgenden Aspekten:

3.1.1.1.2.4.1 Beschränkung auf bewegliche Sachen

Gemäß Art.1 I lit. a Abfall-Rahmen-RL 2006[74] umfasst der europäische Abfallbegriff alle Stoffe und Gegenstände.[75] Im Gegensatz dazu beschränkt sich § 3 I 1 KrW-/AbfG aF nur auf bewegliche Sachen.[76] Diese Einschränkung wurde vom deutschen Umweltstrafrecht übernommen.[77] Ein Beispiel dafür ist verseuchter Boden, der im Strafrecht nur dann als Abfall betrachtet wird, wenn er durch Aushebung und „Auskofferung" zur beweglichen Sache geworden ist.[78] Das europäische Abfallregime hat hingegen den nicht ausgehobenen kontaminierten Boden als Abfall eingestuft.[79] Dies ist jedoch unnötig, da die Umweltverschmutzung

---

[70] Vgl. *Saliger*, Umweltstrafrecht, Rn.274.

[71] BGHSt 59, 45 = NStZ 2014, 89.

[72] Vorher begründet von BGHSt 37, 21: „in Anlehnung an § 1 I 1 AbfG (heute § 3 I KrWG) selbständig, ohne die verwaltungsrechtlichen Anwendungsbeschränkungen des §1 III AbfG, zu bestimmten."

[73] Vgl. BeckOK StGB/*Witteck* § 326 Rn.6 ff.; LK-StGB/*Heghmanns* § 326 Rn.10; TK StGB/*Schittenhelm* § 326 Rn.2a; *Saliger*, Umweltstrafrecht, Rn.274 ff.

[74] RL 2006/12/EG des Europäischen Parlaments und des Rates vom 5. April 2006 über Abfälle (ABl. 2006 L 114, 9).

[75] Vgl. *Saliger*, Umweltstrafrecht, Rn.275; Fischer/*Fischer/Lutz* StGB § 326 Rn.6.

[76] Im Anschluss an Art. 1 lit. a EG-AbfRRL 75/442/EWG, ABl. EWG 1975 L 194, 47, vgl. *Saliger*, Umweltstrafrecht, Rn.275.

[77] Vgl. NK-StGB/*Ransiek* § 326 Rn.11; *Saliger*, Umweltstrafrecht, Rn.275 f.

[78] BGH NJW 1992, 122 (123); vgl. Lackner/Kühl/Heger/*Heger* StGB § 326 Rn. 3; *Saliger*, Umweltstrafrecht, Rn.275 f.

[79] Vgl. *Saliger*, Umweltstrafrecht, Rn.275.

durch verseuchtes Erdreich bereits in §§ 324 und 324a des deutschen Umweltstrafrechts geregelt ist und somit keine auszufüllende Schutzlücke besteht.[80] Der weitreichende europäische Abfallbegriff ist daher nicht erforderlich.[81] Es ist davon auszugehen, dass der strafrechtliche Abfallbegriff eng gefasst ist und sich ausschließlich auf bewegliche Sachen bezieht, von denen der Besitzer sich entledigen will oder entledigen muss.[82] Der Begriff „bewegliche Sachen" umfasst alle körperlichen Gegenstände im Sinne von § 90 BGB, die weder zu einem Grundstück noch zu dessen Bestandteilen gehören, unabhängig davon, ob sie fest, flüssig oder gasförmig sind, solange sie räumlich (z. B. in Behältern) erfasst sind.[83] Menschliche Leichen und lebende Tiere sind hiervon ausgeschlossen.[84]

3.1.1.1.2.4.2 Nichtgeltung von § 2 II und der Vermutungsregelungen in § 3 II, III 1 KrWG

Die Selbstständigkeit des umweltstrafrechtlichen Abfallbegriffs liegt zum einen darin, dass er infolge der fehlenden abfallrechtlichen Ausschlussklauseln (§ 2 II KrWG) weiter gefasst ist als der verwaltungsrechtliche Begriff.[85] Dies zeigt sich insbesondere darin, dass § 2 II Nr. 6 KrWG radioaktive Stoffe nicht abdeckt, während solche Abfälle von § 326 I Nr. 3, III StGB ausdrücklich erfasst werden.[86] Abwässer, die in Gewässer und Abwasseranlagen eingeleitet werden, gelten im Sinne des Strafrechts als Abfall, während sie gemäß § 2 II Nr. 9 KrWG ausgenommen sind.[87] Dies zeigt sich darin, dass der Anwendungsbereich des § 326 I StGB nicht davon abhängt, ob Abfälle dem KrWG-Regime unterliegen

---

[80] Vgl. *Saliger*, Umweltstrafrecht, Rn.275 ff.

[81] Vgl. MüKoStGB/*Alt* § 326 Rn.20 f.; Lackner/Kühl/Heger/*Heger* StGB § 326 Rn.2a f.; TK StGB/*Schittenhelm* StGB § 326 Rn.2 g.

[82] Gemäß § 3 I 1 KrWG gelten die Entledigung des Abfalls (1.Alt.) und der Wille zu seiner Entledigung (2.Alt.) durch den Abfallbesitzer als subjektiven oder gewillkürten Abfall. Für den objektiven Abfall oder Zwangsabfall ist Entledigen müssen (3.Alt.) kennzeichnend, was voraussetzt, dass eine geordnete Entsorgung der beweglichen Sachen zur Wahrung des Allgemeinwohls, insb. zum Schutz der Umwelt, geboten ist. Diese Abfallart spielt eine wichtige Rolle bei § 326 StGB. Vgl. *Saliger*, Umweltstrafrecht, Rn.285 ff.; NK-StGB/*Ransiek* § 326 Rn.6, 13 ff.

[83] Vgl. *Saliger*, Umweltstrafrecht, Rn.277.

[84] Vgl. *Saliger*, Umweltstrafrecht, Rn.277; MüKoStGB/*Alt* StGB § 326 Rn.22; *Börner*, Umweltstrafrecht, § 14 Rn.8.

[85] Vgl. *Saliger*, Umweltstrafrecht, Rn.279.

[86] Vgl. *Saliger*, Umweltstrafrecht, Rn.279; NK-StGB/*Ransiek* §326 Rn.8.

[87] BT-Drs. 8/2382, 17; vgl. *Saliger*, Umweltstrafrecht, Rn.279; NK-StGB/*Ransiek* § 326 Rn.8.

oder nicht.[88] Auf der anderen Seite spielt die Vermutungsklausel des § 3 II, III 1 KrWG bei dem strafrechtlichen Abfallbegriff aufgrund des Schuldprinzips keine Rolle.[89] Abfall liegt im strafrechtlichen Sinne nur dann vor, wenn eine Entsorgung oder der Wille zur Entsorgung tatsächlich besteht.[90] Es kann davon ausgegangen werden, dass der strafrechtliche Abfallbegriff enger ist als der verwaltungsrechtliche.[91]

3.1.1.1.2.4.3 Gefährlichkeit des Abfalls

Anders als im Verwaltungsrecht müssen Abfälle gemäß § 326 I Nr. 1–4 im Umweltstrafrecht aufgrund seines Ultima-ratio-Charakters eine qualifizierte Gefährlichkeit aufweisen.[92]

3.1.1.1.2.4.3.1 Gifte oder Erreger von übertragbaren gemeingefährlichen Krankheiten, Nr. 1

Nr. 1 bezieht sich auf solche Abfälle, welche Gifte oder Erreger von gemeingefährlichen Krankheiten enthalten oder hervorrufen können, die für Menschen oder Tiere gefährlich sind und Übertragungsrisiken mit sich bringen.[93] Gift bezeichnet jeden Stoff, der aufgrund seiner Beschaffenheit und Menge unter bestimmten Voraussetzungen in der Lage ist, durch chemische oder chemisch-physikalische Einwirkung die Gesundheit und das Leben von Menschen – nicht von Tieren oder Pflanzen[94] zu gefährden, wobei zumindest wesentliche körperliche Fähigkeiten und Funktionen in erheblichem Maße aufgehoben werden können,[95] z. B. Cyanid[96] oder Quecksilber[97]. Dafür ist es erforderlich, dass der Stoff zumindest einmal die Gesundheit eines Menschen geschädigt hat.[98] Es spielt dabei

[88] Vgl. *Saliger*, Umweltstrafrecht, Rn.279. h.M.: TK StGB/*Schittenhelm* § 326 Rn.2 g; MüKoStGB/*Alt* § 326 Rn. 20 f.; NK-StGB/*Ransiek* § 326 Rn.8.

[89] Vgl. LK-StGB/*Heghmanns* § 326 Rn.7; NK-StGB/*Ransiek* § 326 Rn.7.

[90] Vgl. *Saliger*, Umweltstrafrecht, Rn.280; NK-StGB/*Ransiek* § 326 Rn.7; *Kloepfer/Heger* Umweltstrafrecht Rn.283.

[91] Vgl. *Saliger*, Umweltstrafrecht, Rn.280.

[92] Vgl. *Saliger*, Umweltstrafrecht, Rn.302; NK-StGB/*Ransiek* § 326 Rn.25.

[93] Vgl. *Saliger*, Umweltstrafrecht, Rn.303; NK-StGB/*Ransiek* § 326 Rn.25.

[94] Vgl. LK-StGB/*Heghmanns* § 326 Rn.50; NK-StGB/*Ransiek* § 326 Rn.25.

[95] Vgl. *Saliger*, Umweltstrafrecht, Rn.303; ausführlich zum Giftbegriff des § 326 I Nr. 1 StGB *Satzger*, Jura 37 (2015) 6, 584 ff.

[96] Vgl. LG Frankfurt a. M. NStZ 1983, 171; *Saliger*, Umweltstrafrecht, Rn.303.

[97] LG Essen BeckRS 2017, 119538; *Saliger*, Umweltstrafrecht, Rn.303.

[98] NK-StGB/*Ransiek* § 326 Rn.25.

keine Rolle, ob die potenziellen Opfer eine besondere körperliche Beschaffenheit aufweisen.[99] Gemeingefährliche übertragbare Krankheiten sind solche, die in Anlehnung an § 2 Nr. 3 IfSG und § 6 TierGesG in Verbindung mit TierSAnzV[100] als Krankheiten definiert werden, mithin jene „die unmittelbar oder mittelbar auf Menschen oder Tiere oder von Tieren auf Menschen und umgekehrt durch Krankheitserreger übertragen werden können“[101]. Dies schließt Geschlechtskrankheiten und Aids ein.[102] Erreger sind jegliche Objekte oder Substanzen, die Krankheiten hervorrufen können.[103] Die Gifte oder Erreger müssen entweder im Abfall bereits vorhanden sein[104] oder sich erst im Kontakt mit Umweltmedien entwickeln[105] können. Die Tathandlung muss die Eignung haben, Krankheiten hervorzurufen.[106] Daher wird die erst nachträgliche Zugabe bestimmter anderer Stoffe, die Auslöser der Krankheit sind, nicht erfasst.[107]

3.1.1.1.2.4.3.2 Krebserzeugende, fortpflanzungsgefährdende oder erbgutverändernde Abfälle, Nr. 2

Nr. 2 erfasst Abfälle, die für den Menschen krebserzeugend, fortpflanzungsgefährdend oder erbgutverändernd sind, wobei Nr. 2 durch das 2. UKG eingeführt wurde und Lücken der Nr. 1, insbesondere bei Nachweisschwierigkeiten zu einer chemischen oder chemisch-physikalischen Einwirkung, schließen soll.[108] Die drei Merkmale wurden in Orientierung an den Begriff der „gefährlichen Stoffe“ in § 3a I Nr. 12–14 ChemG aF entwickelt und bislang in Anlehnung an § 3 Nr. 12–14 der GefStoffV aF ausgelegt.[109] Stoffe gelten als krebserzeugend, wenn sie das Potenzial haben, Krebs zu verursachen, sei es durch Einatmen, Verschlucken

---

[99] Vgl. BGHSt 37, 106 (112 f); NK-StGB/*Ransiek* § 326 Rn.25.

[100] Vgl. MüKoStGB/*Alt* § 326 Rn.37; *Kloepfer/Heger*, Umweltstrafrecht, Rn.291. BT-Drs. 8/2382, 17 und 12/192, 20 beziehen sich noch auf die abgelösten BSeuchG und TierSG; *Saliger*, Umweltstrafrecht, Rn.303.

[101] BT-Drs. 12/192, 20; *Saliger*, Umweltstrafrecht, Rn.303.

[102] *Saliger*, Umweltstrafrecht, Rn.303; TK StGB/*Schittenhelm* StGB § 326 Rn.3.

[103] NK-StGB/*Ransiek* § 326 Rn.25.

[104] NK-StGB/*Ransiek* § 326 Rdn.25; LK-StGB/*Heghmanns* § 326 Rn.51.

[105] Der Erreger kann z. B. durch Luft übertragen werden, vgl. *Saliger*, Umweltstrafrecht, Rn.303.

[106] Vgl. NK-StGB/*Ransiek* § 326 Rn.25; MüKoStGB/*Alt* § 326 Rn.39.

[107] Vgl. NK-StGB/*Ransiek* § 326 Rn.25.

[108] Vgl. NK-StGB/*Ransiek* § 326 Rn.26; *Saliger*, Umweltstrafrecht, Rn.304; BT-Drs. 12/192, 20.

[109] BT-Drs. 12/192, 20; 17/5391 17; vgl. auch *Saliger*, Umweltstrafrecht Rn.304; LK-StGB/*Heghmanns* § 326 Rn.56.

oder Hautkontakt, oder wenn sie das Krebsrisiko erhöhen können (§ 3 Nr. 12 GefStoffV aF)[110]; fortpflanzungsgefährdend, wenn sie entweder nicht vererbbare Schäden bei der direkten Nachkommenschaft oder deren Häufigkeit (fruchtschädigend) oder Beeinträchtigungen der Fortpflanzungsfunktionen oder -fähigkeiten bei Männern oder Frauen verursachen können (fruchtbarkeitsgefährdend; § 3 Nr. 13 GefStoffV aF)[111]; erbgutverändernd, wenn sie vererbbare genetische Schäden verursachen oder deren Häufigkeit erhöhen können (§ 3 Nr. 14 GefStoffV aF)[112]. Heutzutage werden diese drei Merkmale aufgrund der weltweiten Vereinheitlichung der Einstufung und Kennzeichnung von gefährlichen Stoffen gemäß § 2 III GefStoffV als „krebserzeugend“, „reproduktionstoxisch“ und „keimzellmutagen“ bezeichnet.[113]

3.1.1.1.2.4.3.3 Explosionsgefährliche, selbstentzündliche oder radioaktive Abfälle, Nr. 3

Gemäß Nr. 3 muss der Abfall entsprechend vergleichbaren verwaltungsrechtlichen Regelungen[114] explosionsgefährlich, selbstentzündlich oder nicht nur geringfügig radioaktiv sein.[115] Abfälle gelten als explosionsgefährlich, wenn sie ohne Beteiligung von Luftsauerstoff in festem, flüssigem, pastenförmigem oder gelatinösem Zustand exotherm reagieren und dabei Gas schnell entwickeln, das zur Detonation, schnellen Deflagration oder teilweisen Einschluss-Explosion führen kann (vgl. § 3 Nr. 1 GefStoffV aF, § 3a I Nr. 1 ChemG aF; heute § 3a Nr. 1 ChemG iVm § 2 I Nr. 1, § 3 I, II Nr. 1a iVm VO (EG) Nr. 1272/2008 Anhang I Tabelle 2. 1)[116]. Abfälle gelten als selbstentzündlich, wenn sie sich unter natürlichen Bedingungen ohne äußere Zündquelle erhitzen und schließlich entzünden können (vgl. § 3 Nr. 3, 4a, d GefStoffV aF. Heute § 3 I, II Nr. 1b, f–h, k, l iVm 2.2, 2.6–2.8,

[110] NK-StGB/*Ransiek* § 326 Rn.26; *Saliger*, Umweltstrafrecht, Rn.304.

[111] Der Gesetzgeber ersetzte in Bezug auf § 3a I Nr. 13 ChemG aF den Begriff „fruchtschädigend“ durch den Begriff „fortpflanzungsgefährdend“, um gemäß der EG-Definition auch Auswirkungen auf die Fruchtbarkeit zu berücksichtigen und somit § 326 und ChemG wieder anzugleichen (BT-Drs. 17/5391, 5 [17] unter Bezug unter anderem auf BT-Drs. 12/7136, 31); vgl. NK-StGB/*Ransiek* § 326 Rn.26; *Saliger*, Umweltstrafrecht, Rn.304; MüKoStGB/*Alt* § 326 Rn.40.

[112] Vgl. NK-StGB/*Ransiek* § 326 Rn.26; *Saliger*, Umweltstrafrecht, Rn.304; MüKoStGB/*Alt* § 326 Rn.40.

[113] *Saliger*, Umweltstrafrecht, Rn.304.

[114] BT-Drs. 8/2382, 18; vgl. auch TK StGB/*Schittenhelm* § 326 Rn.5; *Saliger*, Umweltstrafrecht, Rn.305.

[115] NK-StGB/*Ransiek* § 326 Rn.27.

[116] Vgl. *Saliger*, Umweltstrafrecht, Rn.305; MüKoStGB/*Alt* § 326 Rn.41.

2.11, 2.12 der Tabelle im Anhang I der VO (EG) Nr. 1272/2008).[117] Radioaktive Stoffe sind nach § 2 I AtG Kernbrennstoffe sowie sonstige radioaktive Stoffe.[118] Stoffe gelten gemäß § 2 II AtG als nur geringfügig radioaktiv, wenn ihre Aktivität oder spezifische Aktivität vernachlässigt werden kann.[119] Dies ist der Fall, wenn sie entweder die festgelegten Freigrenzen in einer Verordnung unterschreiten oder nicht der Überwachung durch das AtG oder einer Verordnung unterliegen.[120]

3.1.1.1.2.4.3.4 Besonders umweltgefährdende Abfälle, Nr. 4

Nr. 4 spielt eine wichtige Rolle in der Praxis und unterscheidet folgende zwei Alternativen: Abfälle, die aufgrund ihrer Art, Beschaffenheit oder Menge geeignet sind, a) nachhaltig ein Gewässer, Luft oder Boden zu verunreinigen oder anderweitig nachhaltig zu verändern oder b) einen Bestand von Tieren oder Pflanzen zu gefährden. Der strafrechtliche Begriff „Sonderabfälle" im Sinne der Nr. 4 ist weiter gefasst als der abfallrechtliche Begriff „gefährliche Abfälle" des § 3 V KrWG in Verbindung mit § 48 KrWG und umfasst vielmehr alle Abfälle (einschließlich Hausmüll), welche nach Wortlaut und Gesetzeszweck die hier genannten Voraussetzungen erfüllen.[121] Die Schädigungseignung von Abfällen nach diesen beiden alternativen Kriterien wird im Teil „Taterfolg" näher erläutert, wobei Nr. 4 als potentielles Gefährdungsdelikt oder Eignungsdelikt betrachtet wird.

3.1.1.1.2.5 Anlagen als Tatobjekt der §§ 327, 329

Nach § 327 I Nr. 1 sind ausschließlich kerntechnische Anlagen als Tatobjekte anzusehen.[122] Eine Anlage zur Erzeugung, Bearbeitung, Verarbeitung, Spaltung oder Aufarbeitung von Kernbrennstoffen bzw. zur Aufarbeitung bestrahlter Kernbrennstoffe wird gemäß der Legaldefinition des § 330d I Nr. 2 als kerntechnische

---

[117] Vgl. BT-Drs. 8/2382, 18; LK-StGB/*Heghmanns* § 326 Rn.60; *Saliger*, Umweltstrafrecht, Rn.305; NK-StGB/*Ransiek* § 326 Rn.27.

[118] BT-Drs. 8/2382, 18; vgl. *Saliger*, Umweltstrafrecht, Rn.305; NK-StGB/*Ransiek* § 326 Rn.27.

[119] NK-StGB/*Ransiek* § 326 Rn.27.

[120] NK-StGB/*Ransiek* § 326 Rn.27; MüKoStGB/*Alt* § 326 Rn.42.

[121] Vgl. *Rudolphi*, NStZ 1987, 324; *Schall*, NStZ 1997, 464; *Sack*, NJW 1987, 1248; *Pfohl*, NStZ-RR 2021, 13; MüKoStGB/*Alt* § 326 Rn.43; TK StGB/*Schittenhelm* § 326 Rn.6; NK-StGB/*Ransiek* § 326 Rn.28; SK-StGB/*Schall* § 326 Rn.75. Anders BT-Drs. 8/3633, 29: Nr. 4 bezieht nur Abfälle ein, die für die Umwelt besonders gefährlich sind, nicht jedoch alle Abfälle, die generell geeignet sind, eines der genannten Schutzgüter zu gefährden.

[122] Vgl. TK StGB/*Schittenhelm* § 327 Rn.3.

Anlage betrachtet.[123] Auch kerntechnische Anlagen in anderen EU-Staaten fallen aufgrund der Rechtseinheit, die auf § 327 II 2 basiert, unter § 327 I Nr. 1.[124] Dabei ist es unerheblich, ob die Anlage ortsfest oder -veränderlich ist.[125] Nach der herrschenden Meinung werden ausschließlich nuklearspezifische Teile der Einrichtungen als relevant angesehen.[126] Ausgenommen sind jedoch Anlageteile, die nicht mit den typischen Gefahren der Kernenergie in Zusammenhang stehen, wie zum Beispiel Bürogebäude.[127] Die Betriebsstätte, die gemäß § 327 I Nr. 2 als Tatobjekt gilt und Kernbrennstoffe verwendet, umfasst enger definierte Einrichtungen als die in Nr. 1 beschriebenen, nämlich räumlich zusammengefasste Einrichtungen,[128] insbesondere solche, die für experimentelle Forschung mit Kernbrennstoffen ausgelegt sind.[129]

Gemäß § 327 II 1 Nr. 1 sind Tatobjekte zunächst genehmigungsbedürftige Anlagen im Sinne des BImSchG.[130] Laut § 4 I BImSchG gehören dazu die Anlagen, die in der 4. BImSchV genannt und abschließend in zehn Branchengruppen aufgelistet sind.[131] Praktisch sind darin alle Einrichtungen eingeschlossen, die schädliche Immissionen verursachen können.[132] Mit Ausnahme von Deponien wurden gemäß Art. 6 Nr. 1 des InvErl/WohnbaulG vom 22.4.1993 alle Abfallentsorgungsanlagen, die bislang unter § 327 II 1 Nr. 3 fallen, auch dem immissionsschutzrechtlichen Genehmigungsverfahren unterstellt, wie § 35 I KrWG klarstellt.[133] Der Betrieb dieser Abfallentsorgungsanlagen ist in der Regel

---

[123] Vgl. BeckOK StGB/*Witteck* § 327 Rn.9.

[124] BT-Drs. 17/5391, 18; MüKoStGB/*Alt* § 327 Rn.9.

[125] BeckOK StGB/*Witteck* § 327 Rn.9.

[126] Vgl. Erbs/Kohlhaas/*Häberle* AtG § 7 Rn.2; TK StGB/*Schittenhelm* § 327 Rn.3; str. „Zur kerntechnischen Anlage gehören sowohl Nebeneinrichtungen, die für einen sicheren Betrieb unverzichtbar sind (z. B. Reaktorgebäude, Reaktorhilfsanlagengebäude), als auch solche, die mit den typischen Gefahren der Kernenergie verbunden sind (z. B. Kühltürme, Notstromversorgung, Kühlmittelpumpen)“, vgl. MüKoStGB/*Alt* § 327 Rn.8; BeckOK StGB/*Witteck* § 327 Rn.9.

[127] Vgl. NK-StGB/*Ransiek* § 327, Rn.4; LK-StGB/*Heghmanns* § 327 Rn.5.

[128] Vgl. TK StGB/*Schittenhelm* § 327 Rn.11.

[129] Vgl. Matt/Renzikowski/*Rettenmaier/Gehrmann* StGB § 327 Rn.6.

[130] Vgl. TK StGB/*Schittenhelm* StGB § 327 Rn.15; *Saliger*, Umweltstrafrecht, Rn.443.

[131] Vgl. BT-Drs. 8/2382, 19 f.; LK-StGB/*Heghmanns* § 327 Rn.21; *Saliger*, Umweltstrafrecht, Rn.443.

[132] Vgl. TK StGB/*Schittenhelm* § 327 Rn.15.

[133] Vgl. TK StGB/*Schittenhelm* § 327 Rn.15; *Saliger*, Umweltstrafrecht, Rn.443.

genehmigungsfrei, sofern sie nicht unter die 4.BImSchVO fallen.[134] Weitere Tatgegenstände sind sonstige Anlagen gemäß BImSchG, also die nicht genehmigungsbedürftigen Anlagen gemäß §§ 22 ff. BImSchG.[135] Deren Betrieb kann nach §§ 24, 25 BImSchG eingeschränkt oder untersagt werden.[136] Eine Untersagungsverfügung nach § 25 II 2 BImSchG ist nur dann erforderlich, wenn eine Gefahr für die Umwelt besteht.[137] Darunter fallen Entscheidungen nicht, die aufgrund von §§ 24, 25 I BImSchG nachträgliche Anforderungen durchsetzen.[138] Bei Missachtung solcher Entscheidungen greift lediglich § 62 I Nr. 6 BImSchG.[139]

Tatobjekt des § 327 II 1 Nr. 2 sind inländische Rohrleitungsanlagen zur Beförderung wassergefährdender Stoffe, die ein Betriebsgelände, d. h. das Grundstück oder die Grundstücke des Unternehmens, dessen Betrieb und die dort befindlichen Rohrleitungen, durchqueren.[140] Dafür ist auch eine Planfeststellung oder Plangenehmigung nach § 65 UVPG erforderlich.[141] Hierzu zählen auch Rohrleitungen, die zwar innerhalb eines Betriebsgeländes verlaufen, aber von außerhalb kommen oder nach außerhalb führen und betrieblich zu einer anderen Anlage gehören.[142] Abwasserleitungen fallen nicht darunter.[143] Die als wassergefährdend eingestuften Stoffe sind nach § 62 Abs. 3 WHG solche, die in festem, flüssigem oder gasförmigem Zustand geeignet sind, die Wasserqualität dauerhaft oder in einem signifikanten Ausmaß negativ zu verändern.[144]

---

[134] Im Einzelnen handelt es sich um folgende Tatbestände, die eine Genehmigung erfordern, z. B. Autolagerplätze, unerlaubt betriebene Feuerstellen, Lagerplätze für Granulat aus Altkabelverwertung oder Windfarmen, vgl. TK StGB/*Schittenhelm* § 327 Rn.15; *Saliger*, Umweltstrafrecht, Rn.443.

[135] *Saliger*, Umweltstrafrecht, Rn.443; Krit. *Kloepfer/Heger*, Umweltstrafrecht, Rn.263.

[136] Vgl. TK StGB/*Schittenhelm* § 327 Rn.15.

[137] BT-Drs. 12/192, 21; TK StGB/*Schittenhelm* § 327 Rn.15.

[138] BT-Drs. 12/192, 21; TK StGB/*Schittenhelm* § 327 Rn.15; *Saliger*, Umweltstrafrecht, Rn.444; LK-StGB/*Heghmanns* § 327 Rn.31 f.

[139] BT-Drs. 12/192, 21; TK StGB/*Schittenhelm* § 327 Rn.15; *Saliger*, Umweltstrafrecht, Rn.444.

[140] Vgl. MüKoStGB/*Alt* § 327 Rn.26.

[141] MüKoStGB/*Alt* § 327 Rn.26; BeckOK StGB/*Witteck* § 327 Rn.19.

[142] SZDK/*Gößl* WHG § 62 Rn.41; MüKoStGB/*Alt* § 327 Rn.26.

[143] MüKoStGB/*Alt* § 327 Rn.26.

[144] Vgl. NK-StGB/*Ransiek* § 327 Rn.12; BeckOK StGB/*Witteck* § 327 Rn.19; MüKoStGB/*Alt* § 327 Rn.27.

Unter § 327 II 1 Nr. 3 fallen die nach dem KrWG zulassungspflichtigen Abfallentsorgungsanlagen.[145] Bei diesen genehmigungsbedürftigen Anlagen handelt es sich ausschließlich um Deponien im Sinne des § 3 XXVII KrWG, d. h. um „Beseitigungsanlagen zur Ablagerung von Abfällen oberhalb und unterhalb der Erdoberfläche sowie um betriebsinterne Abfallbeseitigungsanlagen, in denen ein Abfallerzeuger die Abfallbeseitigung am Erzeugungsort durchführt“.[146]

Nach § 327 II 1 Nr. 4 sind Abwasserbehandlungsanlagen im Sinne des § 60 Abs. 3 WHG erfasst,[147] die dazu dienen, die schädlichen Auswirkungen von Abwasser zu mildern oder zu beseitigen, indem sie organisch verunreinigtes Abwasser mithilfe von physikalischen, biologischen oder chemischen Verfahren reinigen.[148] Darunter fallen jedoch nicht solche Anlagen, die haushaltsübliches Abwasser gemäß der Richtlinie 91/271/EWG behandeln oder die als Nebeneinrichtung von der Genehmigungspflicht gemäß § 3 der 4. BImSchV für die Gesamtanlage erfasst sind.[149]

Nach § 327 II 2 sind Tatobjekte Anlagen, die sich in einem Mitgliedstaat der EU befinden und in denen gefährliche Stoffe oder Gemische[150] gelagert oder verwendet oder gefährliche Tätigkeiten[151] ausgeübt werden.[152]

Die Tatobjekte des § 329 sind umstritten. Einige sind der Meinung, dass Anlagen nach § 3 V BImSchG als Tatobjekte von § 329 I erfasst sind,[153] wobei Kraftfahrzeuge, Schienen-, Luft oder Wasserfahrzeuge ausgeklammert sind. Dagegen sind andere der Ansicht, dass luftreinhaltungs- und geräuschfreihaltungsbedürftige Gebiete im Sinne von § 49 I BImSchG als Tatobjekte

---

[145] Vgl. TK StGB/*Schittenhelm* § 327 Rn.17.

[146] BVerwG NVwZ 2020, 1833, Rn.23; NK-StGB/*Ransiek* § 327 Rn.13; MüKoStGB/*Alt* § 327 Rn.32;TK StGB/*Schittenhelm* § 327 Rn.17.

[147] MüKoStGB/*Alt* § 327 Rn.37.

[148] BeckOK StGB/*Witteck* § 327 Rn.23.

[149] BT-Drs. 17/10486, 46; MüKoStGB/*Alt* § 327 Rn.37; BeckOK StGB/*Witteck* § 327 Rn.23.

[150] Angesichts des gleichen Wortlauts liegt es nahe, dies wie in § 328 Abs. 3 zu verstehen, vgl. TK StGB/*Schittenhelm* § 327 Rn.19.

[151] Die ausgeübte Tätigkeit muss für die genannten Umweltmedien gefährlich sein, vgl. TK StGB/*Schittenhelm* § 327 Rn.19.

[152] MüKoStGB/*Alt* § 327 Rn.39.

[153] z. B. *Kloepfer/Heger*, Umweltstrafrecht, Rn.333.

des § 329 I dienen.[154] Einige sind der Meinung, dass Wasserschutz- und Heilquellenschutzgebiete Tatobjekte des § 329 II StGB sind[155], während andere der Ansicht sind, dass betriebliche Anlagen zum Umgang mit wassergefährdenden Stoffen als Tatobjekte des § 329 II 1 und Rohrleitungsanlagen zum Befördern wassergefährdender Stoffe als Tatobjekte des § 329 II 2 einzustufen sind[156]. Wasserschutz- und Heilquellenschutzgebiete werden zudem als Schutzgegenstand des § 329 II betrachtet.[157] Ich stimme dieser Ansicht zu, dass die schutzbedürftigen Gebiete gemäß §§ 329 I, II nicht als Tatobjekte angesehen werden sollen. Denn sie sind keine Gegenstände, gegen die sich die verbotene Handlung richtet, sondern Gegenstände, deren Schutz entsprechend dem Willen des Gesetzgebers gewährleistet werden soll. Nach § 329 I können auch luftreinhaltungs- und geräuschfreihaltungsbedürftige Gebiete als Tatorte betrachtet werden, innerhalb derer die Anlagen betrieben werden. Die Tatobjekte des § 329 sind demnach auch verschiedene Anlagen.

3.1.1.1.2.6 Kernbrennstoffe und andere gefährliche Stoffe und Güter als Tatobjekte des § 328

Als Tatobjekte kommen vor allem die Kernbrennstoffe (§ 328 I Nr. 1, II)[158] in Betracht, die gemäß § 3 I 2 StrlSchG, § 2 I 2 AtG in Verbindung mit Anlage 1 AtG als besondere spaltbare Stoffe gelten.[159] Dabei ist es unerheblich, in welcher Form sie vorliegen.[160] Es kommt darauf an, dass sie zur Aufrechterhaltung einer sich selbst tragenden Kettenreaktion eingesetzt werden können.[161] Sonstige radioaktive Stoffe (§ 328 I Nr. 2, II Nr. 2) sind nach § 2 I 1 AtG alle Stoffe außer Kernbrennstoffe, die ein Radionuklid oder mehrere Radionuklide enthalten und deren Aktivität oder spezifische Aktivität in Hinblick auf Kernenergie oder Strahlenschutz nach den Vorschriften dieses Gesetzes oder einer aufgrund

---

[154] BeckOK StGB/*Witteck* § 329 Rn.5; SK-StGB/*Schall* § 329 Rn.7,8.

[155] BeckOK StGB/*Witteck* § 329 Rn.8; SK-StGB/*Schall* § 329 Rn.16.

[156] z. B. SSW-StGB/*Saliger/Lienert* § 329 Rn.5,6; MüKoStGB/*Alt* § 329 Rn.14, 18.

[157] Vgl. SSW-StGB/*Saliger/Lienert* § 329 Rn.4; TK StGB/*Schittenhelm* § 329 Rn.13.

[158] Meiner Meinung nach sind die Stoffe bei der Tathandlung „Herstellen" des § 328 I nicht als Tatobjekte, sondern als Tatprodukt anzusehen. Denn das „Herstellen" richtet sich nicht gegen solche Stoffe, sondern bringt solche Stoffe hervor.

[159] BeckOK StGB/*Witteck* § 328 Rn.6; Lackner/Kühl/Heger/*Heger* StGB § 328 Rn.3.

[160] Gemäß § 2 I AtG sind Kernbrennstoffe, z. B. in Form von Plutonium 239 und Plutonium 241 (Nr. 1) und mit den Isotopen 235 oder 233 angereichertes Uran (Nr. 2), vgl. BeckOK StGB/*Witteck* § 328 Rn.6; auch MüKoStGB/*Alt* § 328 Rn.10.

[161] MüKoStGB/*Alt* § 328 Rn.10; BeckOK StGB/*Witteck* § 328 Rn.6.

dieses Gesetzes erlassenen Rechtsverordnung ignoriert werden dürfen.[162] Entscheidend ist, dass sie nach ihrer Art, Beschaffenheit oder Menge geeignet sind, eine qualifizierte Schädigungseignung herbeizuführen.[163]

In der deutschen Literatur wird die Auffassung vertreten, dass radioaktive Stoffe oder gefährliche Stoffe und Gemische nach Art. 3 VO (EG) Nr.1272/2008 als Tatobjekte des § 328 III Nr. 1 gelten,[164] während gefährliche Güter als Tatobjekte des § 328 III Nr. 2 gelten.[165] Zu den radioaktiven Stoffen gehören nach § 2 I 1 AtG Kernbrennstoffe und sonstige radioaktive Stoffe.[166] Die einschränkende Eignungsklausel für sonstige radioaktive Stoffe in § 328 I Nr. 2 ist dabei nicht anwendbar.[167] Gefährliche Stoffe und Gemische sind in Art. 3 VO (EG) Nr.1272/2008 nicht zu begreifen.[168] Es wird auf Stoffe oder Gemische abgestellt, die den im Anhang I Teil 2 bis 5 aufgeführten Kriterien für physische, gesundheitliche oder umweltbezogene Gefahren entsprechen.[169] Beispiele[170] hierfür sind explosionsfähige Stoffe (§ 19 II Nr. 2 ChemG aF), erfahrungsgemäß Krankheitserreger übertragende Stoffe (§ 19 II Nr. 5 ChemG aF), sowie Heizöl[171], Asbest[172] oder Ammoniak einer Kühlanlage[173]. Der Begriff der gefährlichen Güter ist in § 330d I Nr. 3 StGB legaldefiniert. Demnach sind gefährliche Güter solche, die gemäß § 2 I GGBefG sowie den auf internationalen Vereinbarungen basierenden Verordnungen und den Rechtsvorschriften für die internationale Beförderung von gefährlichen Gütern in ihrem jeweiligen Anwendungsbereich

---

[162] BeckOK StGB/*Witteck* § 328 Rn.7; MüKoStGB/*Alt* § 328 Rn.10; Lackner/Kühl/Heger/*Heger* StGB § 328 Rn.3.

[163] Die „Schädigungseignung" wird im nachfolgenden Teil „Taterfolg" ausführlich behandelt, wobei § 328 I Nr.2 als potenzielles Gefährdungsdelikt oder Eignungsdelikt angesehen wird.

[164] z. B. *Saliger*, Umweltstrafrecht, Rn.479; *Kloepfer/Heger*, Umweltstrafrecht, Rn.329; MüKoStGB/*Alt* § 328 Rn.31; BeckOK StGB/*Witteck* § 328 Rn.17.

[165] z. B. BeckOK StGB/*Witteck* § 328 Rn.21; *Kloepfer/Heger*, Umweltstrafrecht, Rn.333; MüKoStGB/*Alt* § 328 Rn.35.

[166] *Saliger*, Umweltstrafrecht, Rn.479; MüKoStGB/*Alt* § 328 Rn.31.

[167] LK-StGB/*Heghmanns* § 328 Rn.36; *Saliger*, Umweltstrafrecht, Rn.479; MüKoStGB/*Alt* § 328 Rn.31.

[168] NK-StGB/*Ransiek* § 328 Rn.10; *Saliger*, Umweltstrafrecht, Rn.479.

[169] NK-StGB/*Ransiek* § 328 Rn.10.

[170] *Saliger*, Umweltstrafrecht, Rn.479.

[171] BayOblG NJW 1995, 540; *Saliger*, Umweltstrafrecht, Rn.479.

[172] *Kuchenbauer*, NJW 1997, 2009; *Saliger*, Umweltstrafrecht, Rn.479.

[173] *Pfohl*, Umweltstrafrecht, Rn.437.

definiert sind.[174] Nach § 2 I GGBefG sind gefährliche Güter Stoffe und Gegenstände, „von denen auf Grund ihrer Natur, ihrer Eigenschaften oder ihres Zustands im Zusammenhang mit der Beförderung Gefahren für die öffentliche Sicherheit oder Ordnung, insb. für die Allgemeinheit, für wichtige Gemeingüter, für Leben und Gesundheit von Menschen sowie für Tiere und Sachen ausgehen können“.[175] Damit sind auch Abfälle erfasst, so dass § 328 III Nr. 2 eine Ergänzung zu § 326 StGB darstellt.[176] Gefährliche Güter umfassen vor allem explosive Stoffe, Feuerwerkskörper, Zündwaren, bestimmte Gase, selbstentzündliche, entzündbare, entzündend wirkende, giftige, radioaktive, ätzende, ekelerregende oder ansteckungsgefährliche Stoffe.[177] Meiner Meinung nach sollen radioaktive Stoffe oder gefährliche Stoffe und Gemische des § 328 III Nr. 1 sowie gefährliche Güter des § 328 III Nr. 2 als Tatmittel betrachtet werden. Beide Tatbestände sind konkrete Gefährdungsdelikte,[178] bei denen ein transitiver Erfolgseintritt erforderlich ist. Die Tathandlung richtet sich nicht gegen die obengenannten Stoffe, sondern gegen die Adressaten des Erfolgs (hier: Mensch, Tiere, Pflanzen, Gewässer, Luft, Boden oder fremde Sachen von bedeutendem Wert). Der Täter bedient sich solcher Stoffe lediglich zur Begehung der Tat.

3.1.1.1.2.7 Sonderfall: §§ 325a, 330a

Die §§ 325a I, 330a schützen primär die anthropozentrischen Rechtsgüter.[179] § 325a I schützt die menschliche Gesundheit vor Gefährdungen durch Lärm, während § 325a II darüber hinausgeht und auch den Schutz von Eigentum und Vermögensinteressen an fremden Tieren und Sachen betrifft.[180] Bei § 330a stehen das menschliche Leben und die menschliche Gesundheit im Vordergrund.[181]

---

[174] z. B. Gesetz zu dem Europäischen Übk. v. 26.5.2000 über die internationale Beförderung von gefährlichen Gütern auf Binnenwasserstraßen (ADN) v. 23.11.2007 BGBl. II S. 1906; auf dem GGBefG beruhenden Verordnung wie Gefahrgut-VO Straße, Eisenbahn und Binnenschifffahrt (GGVSEB idF v. 17.6.2009), Gefahrgut-VO See (GGVSee idF v. 22.2.2010), Gefahrgut-Ausnahmeverordnung (GGAV); im internationalen Bereich – ADR-Übereinkommen, COTIF und RID, vgl.BT-Drs. 8/2382, 27; näher MüKoStGB/*Alt* § 328 Rn.35; TK StGB/*Schittenhelm* § 328 Rn.18; *Saliger*, Umweltstrafrecht, Rn.485.

[175] TK StGB/*Schittenhelm* § 328 Rn.18; MüKoStGB/*Alt* § 328 Rn.36.

[176] BT-Drs. 12/192, 24; *Saliger*, Umweltstrafrecht, Rn.485.

[177] BT-Drs. 8/2382, 27; *Saliger*, Umweltstrafrecht, Rn.485.

[178] BT-Drs. 12/192, 5, 22 ff.; *Saliger*, Umweltstrafrecht, Rn.476.

[179] Vgl. MüKoStGB/*Alt* § 325a Rn.1; TK StGB/*Schittenhelm* § 330a Rn.1.

[180] BeckOK StGB/*Witteck* § 325a Rn.4; TK StGB/*Schittenhelm* § 325a Rn.1.

[181] BeckOK StGB/*Witteck* § 330a, Rn.3.

Außerdem wird ein transitiver Erfolgseintritt bei §§ 325a II und 330a gefordert.[182] Als Erfolgsadressat ist das Tatobjekt hier der Mensch, die Sache oder das Tier. Ausnahmsweise kann das Verursachen von Lärm nach § 325a I meiner Meinung nach auch als Herstellen von Lärm betrachtet werden. In diesem Fall ist der Betrieb einer Anlage nicht gegen den Lärm gerichtet, sondern erzeugt diesen. Der Lärm kann folglich als Tatprodukt betrachtet werden, wobei kein bestimmtes Tatobjekt existiert. Die Eignung zur Gesundheitsgefährdung stellt lediglich eine potenzielle notwendige Eigenschaft des Lärms dar.

3.1.1.2 In China

3.1.1.2.1 Unterscheidung von Objekt der Straftat, Gegenstand der Straftat und Handlungsobjekt

Im chinesischen Strafrecht besteht die Gefahr, dass das Objekt der Straftat mit dem Gegenstand der Straftat sowie dem Handlungsobjekt bei der Prüfung des Delikts verwechselt wird. Nach der traditionellen Strafrechtslehre wird das Objekt der Straftat als das strafrechtlich geschützte soziale Verhältnis bezeichnet, das durch die Straftat verletzt wird.[183] In diesem Sinne entspricht das Objekt der Straftat dem Rechtsgut des deutschen Strafrechts. Es ist nach dem chinesischen Vier-Elemente-Deliktsaufbau eine von vier gleichrangigen Voraussetzungen bei der Prüfung des Delikts. Im Gegensatz dazu sind der Gegenstand der Straftat sowie das Handlungsobjekt untergeordnete Merkmale, die sich in einer der vier gleichrangigen Voraussetzungen befinden, nämlich in Objekt der Straftat oder in objektiver Seite der Straftat. Umstritten ist vor allem, unter welche der vier gleichrangigen Voraussetzungen der Gegenstand der Straftat fällt. Nach herrschender Meinung wird er der objektiven Tatseite zugeordnet und unterscheidet sich in diesem Kontext nicht vom Handlungsobjekt.[184] Der Gegenstand der Straftat bezeichnet das konkretisierte Eingriffsobjekt (Person oder Sache[185]), an dem sich

---

[182] § 325a II „konkrete Gefährdung der Gesundheit eines anderen, nicht dem Täter gehörende Tiere oder fremde Sachen von bedeutendem Wert“; § 330a I „die Verursachung einer konkreten Leibes- oder Lebensgefahr“, § 330a II „Verursachung des Todes“, vgl. MüKoStGB/*Alt* § 325a Rn.24; § 330 Rn.6, 11.

[183] Vgl. *Gao Mingxuan/Ma Kechang*, Strafrecht (刑法学), S. 49.

[184] Vgl. *Gao Mingxuan/Ma Kechang*, Strafrecht (刑法学), S. 58; „die Bezeichnung des Gegenstands der Straftat sollte in das Handlungsobjekt geändert werden, damit dessen Stellung im Deliktsaufbau besser widergespiegelt wird“, vgl. *He Bingsong*, Lehrbuch des Strafrechts (刑法教科书), Bd.1, S. 294.

[185] a.A.: das konkretisierte Eingriffsobjekt soll Personen, Sachen und Informationen (z. B. die Staatsgeheimnisse) umfassen, vgl. *He Bingsong*, Lehrbuch des Strafrechts (刑法教科书), Bd.1, S. 352.

die Tathandlung nach dem besonderen Teil des Strafgesetzbuches auswirkt.[186] Einerseits steht er in Verbindung mit dem Objekt der Straftat: Die Sache ist die materielle Manifestation des konkreten sozialen Verhältnisses, und die Person ist das Subjekt oder der Beteiligte des konkreten sozialen Verhältnisses.[187] Andererseits unterscheidet er sich vom Objekt der Straftat:[188] Jedes Delikt verletzt unbedingt sein Objekt der Straftat, während es seinen Gegenstand der Straftat nicht verletzen muss. Beispielsweise wird bei einem Diebstahl das Eigentum des Geschädigten verletzt, während die gestohlenen Sachen keinen Schaden nehmen. Darüber hinaus ist das Objekt der Straftat eine notwendige Voraussetzung jedes Delikts, während nicht jedes Delikt einen Gegenstand der Straftat hat, wie bei der unerlaubten Grenzüberschreitung nach § 322 chStGB. Das Objekt der Straftat stellt zudem die Grundlage zur Einordnung der Delikte dar, wie dies in der Struktur des besonderen Teils des Strafgesetzbuches ersichtlich ist. Der Gegenstand der Straftat hingegen ist dies nicht.

Andere sind jedoch der Meinung, dass sich der Gegenstand der Straftat strikt vom Handlungsobjekt unterscheiden sollte. Der Gegenstand der Straftat als Träger des sozialen Verhältnisses sollte zum Objekt der Straftat gehören, während das Handlungsobjekt als notwendige Begrenzung der Tathandlung zur objektiven Tatseite zählt.[189] In diesem Fall hat jedes Delikt einen Gegenstand der Straftat, aber nicht notwendigerweise ein Handlungsdelikt.[190] Der Gegenstand der Straftat ist eine objektive Angelegenheit, die als eine Form des durch das Strafrecht geschützten sozialen Verhältnisses existiert.[191] Das Objekt der Straftat ist dadurch die Einheit des sozialen Verhältnisses und ihrer Träger.[192] Das Handlungsobjekt bezieht sich auf die konkreten Personen oder Sachen, die notwendigerweise das Ziel der Tathandlung sind.[193] Dies impliziert, dass das Handlungsobjekt Erscheinungsform des Gegenstands der Straftat ist.[194] Beide Inhalte können teilweise

---

[186] Vgl. *Gao Mingxuan/Makechang*, Strafrecht (刑法学), S. 54; *Willer*, Die unvollendete Straftat, S. 83.

[187] Vgl. *Gao Mingxuan/Makechang*, Strafrecht (刑法学), S. 55.

[188] Ausführlich von *Gao Mingxuan/Makechang*, Strafrecht (刑法学), S. 55–56.

[189] Vgl. *Li Jie*, Forschung zum Gegenstand der Straftat (犯罪对象研究), S. 78 f.; *Niu Zhongzhi/Qu Lingli*, Journal of Political Science and Law (政法论丛) 1/2019, 56.

[190] Vgl. *Niu Zhongzhi/Qu Lingli*, Journal of Political Science and Law (政法论丛) 1/2019, 53.

[191] Vgl. *Li Jie*, Forschung zum Gegenstand der Straftat (犯罪对象研究), S. 45.

[192] Vgl. *Li Jie*, Forschung zum Gegenstand der Straftat (犯罪对象研究), S. 35 f.

[193] Vgl. *Li Jie*, Forschung zum Gegenstand der Straftat (犯罪对象研究), S. 76.

[194] Vgl. *Niu Zhongzhi/Qu Lingli*, Journal of Political Science and Law (政法论丛) 1/2019, 56.

identisch sein,[195] z. B. bei Diebstahl ist der gestohlene Gegenstand sowohl der Träger des Eigentums als auch das Ziel der Handlung. Manchmal ist die Beziehung zwischen den beiden das Ganze und der Teil,[196] z. B. bei der Beschädigung öffentlicher Kommunikationseinrichtungen sollten das Kabel (als Handlungsobjekt) als integraler Bestandteil des Trägersystems (als Gegenstand der Straftat) der öffentlichen Kommunikationssicherheit (als Objekt der Straftat) bewertet werden. Manchmal ist das Handlungsobjekt ein verzerrtes Abbild des Gegenstands der Straftat,[197] wie bei der Geldfälschung, wo Falschgeld das Handlungsobjekt ist, während echtes Geld als Träger von Währungsmanagementbeziehungen der Gegenstand der Straftat ist. Diese strikte Unterscheidung zwischen Gegenstand der Straftat und Handlungsobjekt erweist sich in der praktischen Anwendung als selten sinnvoll. In der vorliegenden Arbeit wird daher die Meinung angenommen, dass der Gegenstand der Straftat mit dem Handlungsobjekt identisch ist und der objektiven Tatseite zugeordnet wird.

3.1.1.2.2 Objekt der Straftat des § 338 chStGB

Nach der traditionellen Strafrechtslehre ist das Objekt der Tat der Umweltverschmutzungsdelikte das durch das Umweltverschmutzungsverhalten verletzte, aber strafrechtlich geschützte soziale Verhältnis.[198] Dies ist jedoch im chinesischen Strafgesetzbuch nicht explizit geregelt und vom Gesetzgeber auch nicht interpretiert worden. Dies führt in der Strafrechtswissenschaft zu Meinungsverschiedenheiten über das Objekt der Straftat der Umweltverschmutzungsdelikte.

3.1.1.2.2.1 Theorie der öffentlichen Sicherheit

Nach dieser Theorie verletzen Umweltverschmutzungsdelikte das Leben, die Gesundheit und die Sicherheit des Eigentums einer absoluten Mehrheit, was unter dem Begriff „öffentliche Sicherheit“ zusammengefasst wird.[199] Denn nach § 338 chStGB (1997) ist ein Erfolgseintritt erforderlich, nämlich „die Verursachung eines gravierenden Umweltverschmutzungsvorfalls und dadurch die Entstehung gravierender Verluste an öffentlichem oder privatem Eigentum oder

---

[195] Vgl. *Niu Zhongzhi/Qu Lingli*, Journal of Political Science and Law (政法论丛) 1/2019, 56.

[196] Vgl. *Niu Zhongzhi/Qu Lingli*, Journal of Political Science and Law (政法论丛) 1/2019, 56.

[197] *Niu Zhongzhi/Qu Lingli*, Journal of Political Science and Law (政法论丛) 1/2019, 57.

[198] Um etwaige Missverständnisse zu vermeiden und eine leichte Verständlichkeit zu gewährleisten, wird im Folgenden der Begriff „Objekt der Straftat“ durch den Begriff „Objekt“ ersetzt.

[199] Vgl. *Li Liang*, Law Science Magazine (法学杂志) 5/2016, 98.

Körperverletzung bzw. Tod von Menschen". Das in dieser Formulierung zum Ausdruck kommende Objekt der Umweltverschmutzungsdelikte ist nur mittelbar als „öffentliche Sicherheit" strafrechtlich geschützt und vom Anthropozentrismus geprägt.[200] Der Schutz der Umwelt als solcher ist dagegen ausgeschlossen. Diese Ansicht verlor ihre Vitalität, als das Strafrechtsänderungsgesetz VIII im Jahr 2011 in Kraft trat, indem es den Taterfolg in „schwere Umweltverschmutzung" umwandelte.

3.1.1.2.2.2 Theorie des Umweltmanagementsystems

Nach dieser Auffassung ist das Objekt der Umweltverschmutzungsdelikte das staatliche Managementsystem für Umweltschutz und -verhütung, in dem der Staat durch Gesetze und Verwaltungsvorschriften das Verhalten der Menschen regelt, um das Gleichgewicht zwischen der Lebensumwelt und der ökologischen Umwelt aufrechtzuerhalten, die Umweltverschmutzung zu verhindern, die materiellen und kulturellen Bedürfnisse der Menschen zu befriedigen, die Sicherheit des Eigentums und die Gesundheit der Menschen zu schützen und die nachhaltige Entwicklung der Gesellschaft zu gewährleisten.[201] Eine seiner unmittelbaren Grundlagen besteht darin, dass „der Umweltverschmutzungsvorfall" im sechsten Kapitel des chinesischen Strafgesetzbuches unter „Störung der Sozialordnung" aufgeführt ist. Dies ist jedoch unter Strafrechtlern umstritten.

Die Befürworter argumentieren, dass dies wie oben ausgeführt dem Willen des Gesetzgebers entspricht. Zudem manifestieren sich Umweltverschmutzungsdelikte hauptsächlich als Verletzung oder Bedrohung der menschlichen Lebensumgebung und der natürlichen Ressourcen sowie als Konflikt zwischen natürlichen und juristischen Personen und dem Staat (als Beschützer und Manager von Umweltressourcen) im Prozess der Entwicklung und Nutzung der natürlichen Ressourcen. Um diesen Konflikt zu vermeiden und zu lösen, fungiert der Staat als Verwalter durch die Gesetzgebung.[202] Dadurch wird die natürliche Umwelt besser geschützt als durch das abstrakte „Umweltrecht".[203] Zusätzlich muss hier die Verwaltungsakzessorietät der Umweltverschmutzungsdelikte berücksichtigt werden.[204] Bei Umweltverschmutzungsdelikten wird in der Gesetzgebung

---

[200] Vgl. *Tong Dehua/Zhang Chengdong*, Journal of Guangxi University (Philosophy and Social Sciences) (广西大学学报哲学社会科学版) 5/2020, 70–71.

[201] Vgl. *Liu Xianquan*, Environmental Protection (环境保护) 10/1993, 28.

[202] Vgl. *Chen Xiaohua*, Journal of Political Science and Law (政法学刊) 4/2000, 16.

[203] Siehe folgende 3.1.1.2.2.6 Theorie von Recht auf Umwelt.

[204] Vgl. *Li Xiangen*, People's Procuratorial Semimonthly (人民检察) 9/2012, 55.

grundsätzlich davon ausgegangen, dass die Tat gegen bestimmte Verwaltungsvorschriften verstößt. Die nationalen Umweltschutzgesetze bilden somit das Umweltschutzsystem.

Die Gegner sind der Auffassung, dass das Umweltmanagementsystem als Objekt der Umweltverschmutzungsdelikte zwar die Verwaltungsakzessorietät der Umweltverschmutzungsdeliktsaufsicht widerspiegelt, aber die Grenzen der Verwaltungsakzessorietät und den Unterschied zwischen Umweltverschmutzungsdelikten und Verwaltungsverstößen gegen Umweltverschmutzung vernachlässigt.[205] Dies kann zu einer Verwirrung zwischen Strafrecht und Verwaltungsrecht im Zusammenhang mit Umweltverschmutzung führen. Die strafrechtliche Verfolgung von Umweltverschmutzungsdelikten erfolgt nicht ausschließlich aufgrund eines Verstoßes gegen das Umweltmanagementsystem. Ein solcher Verstoß bildet lediglich eine Voraussetzung für die Feststellung von Umweltstraftaten. Eine derart einfache Gleichsetzung ignoriert die Aufrechterhaltung grundlegender menschlicher moralischer Empfindungen durch das Strafrecht und behindert seine Rolle im Umweltschutz. Darüber hinaus beschränkt diese Sichtweise den Straftatbestand der Umweltverschmutzung auf die Befugnisse der Umweltverwaltung, was zu dem Dilemma führt, dass Umstände, die nicht von der Umweltverwaltung geschützt werden, auch strafrechtlich schwer durchsetzbar sind.[206]

Meiner Ansicht nach sind die Einwände, die von den Gegnern vorgebracht werden, überzeugend. Das Umweltmanagementsystem wird als Objekt der Umweltverschmutzungsdelikte zu stark formalisiert, allein weil „Der Umweltverschmutzungsvorfall“ im sechsten Kapitel des chinesischen Strafgesetzbuches unter „Störung der Sozialordnung“ verankert ist. Die Gesellschaft entwickelt sich jedoch kontinuierlich weiter, und eine theoretische Aktualisierung sollte nicht durch vergangene Gesetzgebung eingeschränkt werden. Zudem wird eine übermäßige Betonung des Anthropozentrismus deutlich, während der Schutz der Umwelt an sich vernachlässigt wird. Denn das Umweltmanagementsystem spiegelt lediglich die Beziehung zwischen den Menschen wider und berührt nicht die Beziehung zwischen Menschen und Umwelt. Dies steht einer nachhaltigen Entwicklung im Wege. Schließlich ist es unvernünftig und unvollständig, das Objekt der Umweltverschmutzungsdelikte ausschließlich aus den indirekten schädlichen Folgen abzuleiten, da diese nur einen Teil der betroffenen Objekte darstellen.

---

[205] Vgl. *Wu Dianchao*, Journal of Railway Police College (铁道警官高等专科学校学报) 3/2004, 36.

[206] Vgl. *Wu Xia*, Forschung zum Objekt des Umweltstrafrechts (环境刑法保护客体研究), Dissertation 2016, S. 16.

3.1.1.2.2.3 Theorie der sozialen Beziehungen

Diese Theorie leitet sich aus der traditionellen Strafrechtslehre ab. Als Objekt der Umweltverschmutzungsdelikte wird dabei das durch das umweltverschmutzende Verhalten verletzte, jedoch strafrechtlich geschützte Sozialverhältnis angesehen. Weiterhin werden die verschiedenen Sozialverhältnisse, die der Staat im Prozess des Schutzes und der Bewirtschaftung der Umwelt eingeht, betrachtet.[207] Diese Beschreibung macht es nach wie vor schwierig, Umweltstraftaten von anderen Straftaten abzugrenzen, da sie sich ausschließlich auf die Beziehung zwischen Menschen konzentriert und die Beziehung zwischen Menschen und Umwelt außer Acht lässt.

3.1.1.2.2.4 Theorie des doppelten Objekts

Diese Theorie postuliert die Dualität des Objekts bei Umweltverschmutzungsdelikten, die aus einem unmittelbaren und einem mittelbaren Aspekt besteht. Das unmittelbare Objekt bezieht sich auf die ökologische Beziehung zwischen Menschen und Umwelt, die durch umweltbelastendes Verhalten direkt beeinträchtigt wird. Das mittelbare Objekt bezieht sich auf die soziale Beziehung zwischen Menschen, die indirekt durch umweltbelastendes Verhalten betroffen ist.[208] Es ist davon auszugehen, dass als Objekt der Umweltverschmutzungsdelikte die strafrechtlich geschützte, aber durch umweltverschmutzendes Verhalten unmittelbar verletzte ökologische Mensch-Umwelt-Beziehung und die durch umweltverschmutzendes Verhalten mittelbar verletzte Mensch-Mensch-Beziehung angesehen werden.[209] Einige Wissenschaftler halten diese Theorie für teilweise überzeugend, bemängeln jedoch, dass sie aufgrund der Abstraktheit der Beziehung in der Praxis schwer anwendbar ist.[210] Aus meiner Sicht spiegelt diese Theorie teilweise die Merkmale des Objekts von Umweltverschmutzungsdelikten wider, da sie mit einem Anthropozentrismus bricht und die Beeinträchtigung der ökologischen Umwelt durch Umweltverschmutzungsdelikte betont. Dennoch stellen abstrakte Konzepte wie „Beziehung" gemäß der traditionellen Strafrechtslehre eine Herausforderung dar, da sie stark verallgemeinert sind, begrenzte Anwendbarkeit haben und mehrdeutig sein können.

---

[207] Vgl. *Wu Xianping*, Umweltdelikte und Umweltstrafrecht (环境犯罪与环境刑法), S. 28.

[208] Vgl. *Fu Lizhong*, Science of Law (法律科学) 2/1995, 50.

[209] Vgl. *Chen Zhaokai*, Forward and Position (前沿) 3/2003, 90.

[210] Vgl. *Wu Dianchao*, Journal of Railway Police College (铁道警官高等专科学校学报) 3/2004, 37.

3.1.1.2.2.5 Theorie des komplexen Objekts

Nach dieser Theorie fungiert das Objekt der Umweltverschmutzungsdelikte als ein komplexes Konzept, das das nationale Umweltressourcenschutzsystem, die Bürgerrechte in Bezug auf die Umwelt sowie die damit verbundenen Persönlichkeits- und Eigentumsrechte umfasst.[211] Die Einzigartigkeit des Objekts der Umweltverschmutzungsdelikte liegt darin, dass es sich auf die natürliche Umwelt bezieht. Die Verschmutzung der Umweltfaktoren stellt einen Verstoß gegen das nationale Umweltressourcenschutzsystem dar und kann sich mittelbar auf den Menschen und sein Eigentum auswirken.[212]

Die Befürworter dieser Theorie argumentieren, dass sie das Objekt von Umweltverschmutzungsdelikten umfassend darstelle und in der Lage sei, alle Aspekte zu berücksichtigen, die durch Umweltverschmutzungsdelikte beeinträchtigt werden können.[213] Die Gegner[214] sind jedoch der Ansicht, dass diese einfache Überlagerung solcher Objekte es erschwere, die spezifischen Objekte der Umweltverschmutzungsdelikte vollständig widerzuspiegeln. Außerdem könne diese Theorie in der Justizpraxis auch nicht das Problem lösen, dass unterschiedliche Urteile für unterschiedliche spezifische Straftaten gefällt werden. Schließlich werde sie mit dem konkurrierenden Problem konfrontiert sein.

Auch diese Theorie erscheint meiner Meinung nach nicht schlüssig. Zwar scheint das Objekt der Umweltverschmutzungsdelikte nach dieser Theorie umfassender dargestellt zu werden, indem alle Aspekte, die durch Umweltverschmutzungsdelikte verletzt werden können, berücksichtigt werden. Doch im Wesentlichen gelingt es nicht, die Umweltverschmutzungsdelikte klar von anderen Straftaten abzugrenzen und das Wesen des Objekts der Umweltverschmutzungsdelikte im Einzelnen zu bestimmen. Denn jede Straftat kann die Persönlichkeitsrechte und das Eigentumsrecht der Bürger verletzen und bis zu einem gewissen Grad die sozialen Beziehungen zwischen den Menschen beeinträchtigen, vgl. z. B. beim Raub. Es kann nicht davon ausgegangen werden, dass alle Straftaten komplexe Tatobjekte verletzen können. Daher scheint diese Theorie lediglich ein Sammelsurium verschiedener Ideen zu sein, die nicht dazu beitragen, die Einzigartigkeit der Umweltverschmutzungsdelikte angemessen zu erfassen.

---

[211] Vgl. *Zhao Bingzhi*, Forschung zu Umweltdelikten und deren gesetzgeberischer Weiterentwicklung (环境犯罪及其立法完善研究), S. 41.

[212] Vgl. *Pi Yong/Liu Jun*, Proceedings of Chinese Society of Environment and Resources Law (中国环境资源法学研究会论文集) 2013, S. 561.

[213] Vgl. *Zhao Bingzhi*, Forschung zu Umweltdelikten und deren gesetzgeberischer Weiterentwicklung (环境犯罪及其立法完善研究), S. 41–42.

[214] Ausführlich von *Wu Xia*, Forschung zum Objekt des Umweltstrafrechts (环境刑法保护客体研究), Dissertation 2016, S. 17 f.

3.1.1.2.2.6 Theorie von Recht auf Umwelt

Diese Theorie basiert auf dem Umweltschutzrecht und beschreibt das Objekt der Umweltverschmutzungsdelikte als das Recht auf eine intakte Umwelt.[215] Das Recht auf eine intakte Umwelt bezieht sich auf das Grundrecht des Menschen, das sein Überleben und seine Entwicklung sowie ein gutes Lebensumfeld sichern soll. Es ermöglicht eine vernünftige Nutzung natürlicher Ressourcen.[216] Zu seinen Subjekten gehören der Staat, juristische Personen und natürliche Personen.[217] Aus meiner Sicht erweitert diese Theorie den Schutzbereich und trägt somit zu einem verbesserten Umweltschutz bei. Allerdings birgt sie auch Herausforderungen, da sie sich ausschließlich auf die Rechte des Subjekts in der natürlichen Umwelt konzentriert, ohne klare Pflichten zu definieren, die das Subjekt übernehmen soll.[218] Dies führt zu einem Ungleichgewicht zwischen Rechten und Pflichten. Außerdem wird der Wert der Umwelt selbst vernachlässigt und negiert. Ein umfassender gesetzlicher Schutz der Umwelt wird nicht realisiert, da die Umwelt nicht als Subjekt betrachtet wird.

3.1.1.2.2.7 Theorie vom Umweltrechtsgut

Diese Theorie stammt aus der Theorie von einem Recht auf Umwelt. Aufgrund der Vernachlässigung des direkten Schutzes der Umwelt sind Wissenschaftler jedoch vom „Recht auf Umwelt" zum „Umweltinteresse" und schließlich vom „Umweltinteresse" zum „Umweltrechtsgut" übergegangen. Dadurch wird das Umweltrechtsgut als Objekt der Umweltverschmutzungsdelikte betrachtet.[219] Diese Theorie besagt, dass sich das Umweltrechtsgut auf die strafrechtlich geschützten Umweltinteressen bezieht, die durch umweltschädigendes Verhalten verletzt werden und sich in den Umweltelementen und deren Kombination widerspiegeln.[220] Dabei gibt es unterschiedliche Auffassungen über die Bedeutung von

---

[215] Vgl. *Chen Mingyi*, Umweltschutzrechtliche Vorschriften und ausgewählte Aufsätze (环境保护法法规与论文选编), S. 692.

[216] Vgl. *Li Xihui/Dong Wenhui/Li Guanyu*, Forschung zur Umweltdelikten (环境犯罪研究), S. 53.

[217] Vgl. *Li Xihui/Dong Wenhui/Li Guanyu*, Forschung zur Umweltdelikten (环境犯罪研究), S. 53 f.

[218] Vgl. *Li Xihui/Dong Wenhui/Li Guanyu*, Forschung zur Umweltdelikten (环境犯罪研究), S. 53.

[219] Vgl. *Wu Xianping*, Umweltdelikte und Umweltstrafrecht (环境犯罪与环境刑法), S. 28.

[220] Vgl. *Zhou Echun/Sun Pengyi*, Forschung zur Gesetzgebung bei Umweltdelikten (环境犯罪立法研究), S. 109.

Umweltinteressen.[221] Einige sind der Ansicht, dass die Umweltinteressen das Recht auf Leben und Gesundheit der Menschen, die öffentlichen und privaten Eigentumsrechte, das Recht auf Umwelt und die ökologischen Umweltinteressen umfassen sollten. Andere vertreten die Meinung, dass die Umweltinteressen sich auf das Recht auf Leben und Gesundheit der Menschen, die öffentlichen und privaten Eigentumsrechte und die ökologischen Umweltinteressen beziehen sollten. Wieder andere behaupten, dass sich die Umweltinteressen ausschließlich auf die ökologischen Umweltinteressen beziehen sollten. Es gibt auch zwei unterschiedliche Auffassungen bezüglich des Subjekts der Umweltinteressen. Einige sind der Meinung, dass das Subjekt der Mensch sei, während andere glauben, dass es die ökologische Umwelt sei.

Meiner Meinung nach sollten die Umweltinteressen ausschließlich die ökologischen Umweltinteressen umfassen und keine Rücksicht auf das Recht auf Leben und Gesundheit der Menschen oder die öffentlichen und privaten Eigentumsrechte nehmen. Ihr Subjekt ist die Umwelt selbst und nicht der Mensch. Ein solches Verständnis kann dem Charakter der Umweltverschmutzungsdelikte besser Rechnung tragen. Denn der unmittelbare Zweck der Einbeziehung der Umwelt in das Strafrecht ist der Schutz des ökologischen Gleichgewichts und der ökologischen Anpassungsfähigkeit der Umwelt. Es kann davon ausgegangen werden, dass der strafrechtliche Schutzgegenstand in der modernen Strafgesetzgebung nicht nur menschliche, soziale und nationale Interessen umfassen sollte, sondern auch rein natürliche Interessen.[222] Nur so kann die natürliche Umwelt effektiv geschützt und damit der Schutz anderer Interessen verwirklicht werden.

3.1.1.2.3 Handlungsobjekt des § 338 chStGB

Infolge der Streichung der Wörter „in Böden, in Gewässer oder in die Luft" aus dem Handlungsobjekt durch das Strafrechtsänderungsgesetz VIII fällt „Umwelt" gemäß der Formulierung des § 338 StGB als notwendiges Ziel umweltverschmutzenden Verhaltens des Täters unter das Handlungsobjekt.[223] Wie die

---

[221] Folgende ausführlich nach *Zhou Echun/Sun Pengyi*, Forschung zur Gesetzgebung bei Umweltdelikten (环境犯罪立法研究), S. 110 ff.

[222] Vgl. *Hou Yanfang*, Forschung zum Tatbestand der Umweltdelikte (环境犯罪构成研究), Dissertation 2009, S. 37–43.

[223] Nach der anderen Auffassung, nämlich einer strikten Unterscheidung zwischen Gegenstand der Straftat und Handlungsobjekt, sind bei den Umweltverschmutzungsdelikten gemäß § 338 StGB Gegenstand der Straftat und Handlungsobjekt auch identisch, d. h. die Umwelt gilt auch als Träger der durch Umweltverschmutzungsverhalten verletzten sozialen Verhältnisse. Zur besseren Verständlichkeit wird im Folgenden lediglich der Begriff „Handlungsobjekt" verwendet, anstatt „Gegenstand der Straftat".

Umwelt strafrechtlich zu begreifen und begrenzen ist, ist jedoch kontrovers.[224] Im Folgenden werden die möglichen konkretisierten Gegenstände anhand der Justizauslegung 2023 und einschlägigen Verwaltungsvorschriften dargelegt.

3.1.1.2.3.1 Gewässer

Gemäß den einschlägigen Verwaltungsvorschriften[225] zum Gewässerschutz können Gewässer in Binnengewässer und Meere unterteilt werden.

3.1.1.2.3.1.1 Binnengewässer

Gemäß § 2 des Gesetzes zur Verhütung und Bekämpfung der Wasserverschmutzung der Volksrepublik China fallen unter Binnengewässer die oberirdischen Gewässer wie Flüsse, Seen, Kanäle, Wasserstraßen und Stauseen sowie das Grundwasser auf dem Territorium der Volksrepublik China. Das Grundwasser bezieht sich gemäß § 2 der Vorschriften zur Grundwasserbewirtschaftung[226] auf das Wasser, das sich unterhalb der Erdoberfläche befindet.

Gemäß § 338 I 3 Nr. 2 chStGB sind die vom Staat bestimmten wichtigen Flüsse und Seen besonders geschützt. Gemäß § 17 des Wassergesetzes der Volksrepublik China[227] werden umfassende Pläne für die Einzugsgebiete wichtiger Flüsse und Seen, die vom Staat festgelegt werden, von der Abteilung für Wasserressourcen des Staatsrats in Zusammenarbeit mit den entsprechenden Abteilungen des Staatsrats und den Volksregierungen der Provinzen, autonomen Regionen und direkt der Zentralregierung unterstellten Gemeinden erstellt und dem Staatsrat zur Genehmigung vorgelegt. Beispiele dafür sind die beiden längsten Flüsse Chinas, der Gelbe Fluss und der Jangtse, die mehrere Provinzen durchqueren.

Nach der Justizauslegung 2023 wird die zentrale Trinkwasserquelle auch als Handlungsobjekt betrachtet.[228] Sie umfasst alle Wasserquellen, die sich in

---

[224] Siehe vorne Teil 2.2.1.2.

[225] z. B. gemäß § 101 des Gesetzes zur Verhütung und Bekämpfung der Wasserverschmutzung der Volksrepublik China (中华人民共和国水污染防治法) (2017) wird ein Verstoß gegen die Bestimmungen dieses Gesetzes, der eine Straftat darstellt, nach dem Strafgesetzbuch geahndet; gemäß § 90 des Meeresumweltschutzgesetzes der Volksrepublik China (中华人民共和国海洋环境保护法) (2017) wird strafrechtlich bestraft, wer die Meeresumwelt ernsthaft verschmutzt oder die Meeresökologie zerstört.

[226] Die Vorschriften zur Grundwasserbewirtschaftung (地下水管理条例), in Kraft getreten durch den Staatsrat am 1.12.2021.

[227] „Das Wassergesetz der Republik China" (中华人民共和国水法) (2016).

[228] z. B. § 1 Nr. 10: „als schwere Umweltverschmutzung gilt die Unterbrechung der Wasserentnahme aus zentralen Trinkwasserquellen in Dörfern und Gemeinden für mehr als 12 Stunden".

Betrieb, in Bereitschaft oder in Planung befinden und in das Wasserübertragungsnetz eingespeist sowie an die Verbraucher geliefert werden.[229] Dabei wird eine bestimmte Wasserentnahme vorausgesetzt, wobei die Wasserversorgungsbevölkerung in der Regel mehr als 1.000 Personen beträgt. Die zentralen Trinkwasserquellen werden je nach dem Ort der Wasserentnahme in oberirdische Gewässer-Trinkwasserquellen und Grundwasser-Trinkwasserquellen unterteilt. Dabei ist zu beachten, dass die oberirdischen Gewässer-Trinkwasserquellen zusätzlich je nach den verschiedenen Gewässern, aus denen das Wasser entnommen wird, in Fluss-, See- oder Stausee-Trinkwasserquellen unterteilt werden können. Gemäß der Justizauslegung 2023 werden Verstöße gegen die zentrale Trinkwasserquelle für Gemeinden, für städtische Gebiete auf Kreisebene und für städtische Gebiete auf Bezirksebene anhand einer dreistufigen Sanktionshierarchie geahndet.

3.1.1.2.3.1.2 Meere

Nach § 2 des Meeresumweltschutzgesetzes der Volksrepublik China umfassen die Meere die inneren Gewässer, die Hoheitsgewässer, die Anschlusszonen, die ausschließliche Wirtschaftszone, den Festlandsockel und andere von China verwaltete Meeresgebiete. Die inneren Gewässer sind gemäß § 94 Nr. 2 des Meeresumweltschutzgesetzes der Volksrepublik China alle Meeresgebiete auf der Innenseite der Basislinie des chinesischen Küstenmeeres.

3.1.1.2.3.2 Boden

Nach § 2 des Gesetzes zur Verhütung und Bekämpfung der Bodenverschmutzung der Volksrepublik China[230] bezieht sich der Begriff „Boden“ auf den Boden an der Erdoberfläche. Nach § 338 I 3 Nr.3 chStGB und der Justizauslegung 2023 werden insbesondere Böden mit besonderer Zweckbestimmung als Handlungsobjekt des umweltverschmutzenden Verhaltens angesehen. Dazu zählen dauerhaft grundlegende Ackerflächen, Waldflächen für die öffentliche Wohlfahrt, andere landwirtschaftliche Flächen sowie sonstige Bodenflächen, sofern diese ihre grundlegenden Funktionen verloren oder dauerhafte Schäden erlitten haben.

---

[229] Gemäß 3.2 „Technical guideline for delineating source water protection areas“ (饮用水水源保护区划分技术规范) (2018).

[230] Das Gesetz zur Verhütung und Bekämpfung der Bodenverschmutzung der Volksrepublik China (中华人民共和国土壤污染防治法), das am 1.1.2019 in Kraft trat.

3.1.1.2.3.3 Luft

Gemäß § 127 des Gesetzes zur Verhütung und Bekämpfung der Bodenverschmutzung der Volksrepublik China[231] wird auch die Luftverschmutzung, die eine Straftat darstellt, strafrechtlich geahndet. Die Luft gilt in diesem Fall als Handlungsobjekt.

3.1.1.2.3.4 Schutzbedürftige Gebiete

Gemäß § 40 der Vorschriften der Volksrepublik China über Naturschutzgebiete wird der Verschmutzungsvorfall der Naturschutzgebiete, der eine Straftat darstellt, auch strafrechtlich geahndet. Die Naturschutzgebiete können deswegen als Handlungsobjekt betrachtet werden. Der Begriff „Naturschutzgebiete“[232] bezieht sich auf Gebiete, in denen ein bestimmtes Gebiet für den besonderen Schutz und die besondere Bewirtschaftung gemäß dem Land-, Landgewässer- oder Meeresgebiet ausgewiesen ist, in denen sich repräsentative natürliche Ökosysteme, natürliche konzentrierte Verbreitungsgebiete seltener und gefährdeter wildlebender Tier- und Pflanzenarten sowie Naturrelikte von besonderer Bedeutung befinden.

Gemäß § 338 I 3 Nr. 1 werden Kernzonen der Naturschutzgebiete und Trinkwasserquellenschutzgebiete besonders geschützt.[233] Gut erhaltene natürliche Ökosysteme und konzentrierte Verbreitungsgebiete seltener und gefährdeter Tiere und Pflanzen in Naturschutzgebieten werden als Kernzonen ausgewiesen[234]. Die Kernzonen genießen den höchsten Schutzstatus. Dies bedeutet, dass das Betreten

[231] Das Gesetz zur Verhütung und Bekämpfung der Luftverschmutzung der Volksrepublik China (中华人民共和国大气污染防治法), das am 26.10.2018 in Kraft trat.

[232] § 2 „Vorschriften der Volksrepublik China über Naturschutzgebiete“ (中华人民共和国自然保护区条例) (2017).

[233] Gemäß § 2 Nr.1 der Justizauslegung 2023 wird Ableiten, Abladen oder Behandeln von radioaktiven Abfällen, von Krankheitserreger enthaltenden Abfällen oder giftigen Stoffen in den Trinkwasserquellenschutzgebieten, Kernzonen der Naturschutzgebiete und anderen gesetzlich festgelegten wichtigen Schutzgebieten, was zu einer Beeinträchtigung der ökologischen Funktionen oder zu einer ernsthaften Schädigung der Wildtierbestände der betreffenden Gebiete führt, als „schwerer Umstand“ angesehen. Die Handlungsobjekte dieser Artikel sind Trinkwasserquellenschutzgebiet, Kernzone der Naturschutzgebiete und andere gesetzlich festgelegten wichtigen Schutzgebiete. Diese Schutzgebiete sind Adressaten der Umweltschäden.

[234] § 18 „Vorschriften der Volksrepublik China über Naturschutzgebiete“ (中华人民共和国自然保护区条例) (2017).

für jede Einheit[235] oder Einzelperson verboten ist und in denen wissenschaftliche Forschungsaktivitäten ohne Genehmigung untersagt sind.

Trinkwasserquellen gelten als besondere Gewässer. Zu ihrem Schutz hat der Staat ein System von Schutzzonen eingerichtet. Bei Trinkwasserquellenschutzgebieten handelt es sich um einen bestimmten Bereich von Wasser- und Landflächen, die zur Verhinderung der Verschmutzung von Trinkwasserquellen und zur Gewährleistung der Wasserqualität von Wasserquellen abgegrenzt werden und daher einen besonderen Schutz erfordern.[236] Die Trinkwasserquellenschutzgebiete werden in solche für oberirdische Gewässer und solche für Grundwasser unterteilt. Die Trinkwasserquellenschutzgebiete für oberirdische Gewässer umfassen eine bestimmte Wasser- und Landfläche, während diejenigen für Grundwasser die Fläche umfassen, die die Grundwasser-Trinkwasser-Quellen umgibt. Je nach ihrem Schutzgrad werden die Trinkwasserquellenschutzgebiete in primäre und sekundäre Schutzgebiete unterteilt, und bei Bedarf können außerhalb dieser Gebiete auch Quasi-Schutzgebiete ausgewiesen werden.

3.1.1.2.3.5 Abfälle und Stoffe

Gemäß § 338 chStGB wird die Umweltverschmutzung durch Ableiten, Abladen und Behandeln von radioaktiven Abfällen, von Krankheitserreger enthaltenden Abfällen, giftigen Stoffen oder anderen schädlichen Stoffen unter Strafe gestellt. Radioaktive Abfälle, die Krankheitserreger enthaltende Abfälle, giftige Stoffe oder sonstige schädlichen Stoffe sind daher als Tatmittel anzusehen. Jedoch werden diese Abfälle und Stoffe anhand der Justizauslegung 2023 in bestimmten Fällen als Handlungsobjekt betrachtet.

Nach § 1 Nr. 1 wird Ableiten, Abladen und Behandeln von radioaktiven Abfällen, von Krankheitserreger enthaltenden Abfällen und giftigen Stoffen in gesetzlich ausgewiesenen Schlüsselschutzgebieten, wie z. B. in den Trinkwasserschutzzonen und Kernzonen der Naturschutzgebiete, als „schwere Umweltverschmutzung" angesehen. Die Handlungsobjekte dieser Artikel sind radioaktive Abfälle, Krankheitserreger enthaltende Abfälle und giftige Stoffe. Nach § 1 Nr. 2 wird das illegale Ableiten, Abladen und Behandeln von mehr als drei Tonnen gefährlicher Abfälle als „schwere Umweltverschmutzung" betrachtet. Das Handlungsobjekt dieser Artikel ist der gefährliche Abfall. Nach § 1 Nr. 3 wird

[235] (Handels-)Gesellschaften, Unternehmen, institutionelle Einheiten, Behörden und Körperschaften sind nach § 30 chStGB unter dem Begriff „Einheit" zu verstehen. Dieser Begriff ist weiter gefasst als der Begriff der juristischen Personen.

[236] Gemäß 3.1 „Technical guideline for delineating source water protection areas" (饮用水水源保护区划分技术规范) von Ministry of Ecology and Environment of the People's Republic of China trat 2018 in Kraft.

Ableiten, Abladen oder Behandeln von blei-, quecksilber-, kadmium-, chrom-, arsen-, thallium- und antimonhaltigen Schadstoffen, die die nationalen oder lokalen Schadstoffemissionsnormen um das Dreifache oder mehr überschreiten, als „schwere Umweltverschmutzung“ eingestuft. Die Handlungsobjekte dieser Artikel sind daher solche schädlichen Stoffe.

3.1.1.2.3.5.1 Radioaktive Abfälle

Gemäß § 2 des Nuklearen Sicherheitsgesetzes der Volksrepublik China[237] beziehen sich radioaktive Abfälle auf Abfälle, die beim Betrieb und bei Stilllegung von kerntechnischen Anlagen anfallen, Radionuklide enthalten oder mit ihnen kontaminiert sind, deren Konzentration oder Aktivität über dem national festgelegten Sanierungs- und Dekontaminationsniveau liegt und die voraussichtlich keiner weiteren Verwendung zugeführt werden. Nach § 2 des Nuklearen Sicherheitsgesetzes sind kerntechnische Anlagen Kernkraftwerke, Kernheizkraftwerke, Kernwärmekraftwerke und andere kernbetriebene Anlagen und Einrichtungen (Nr. 1); andere Reaktoren außerhalb von Kernkraftwerken wie Forschungsreaktoren, Experimentierreaktoren und kritische Anordnungen (Nr. 2); Nuklearbrennstoffkreislaufeinrichtungen wie Produktions-, Verarbeitungs-, Lager- und Wiederaufbereitungsanlagen für Kernbrennstoffe (Nr. 3); Anlagen zur Behandlung, Lagerung und Entsorgung von radioaktiven Abfällen (Nr. 4).

3.1.1.2.3.5.2 Krankheitserreger enthaltende Abfälle

Unter dem Begriff „Krankheitserreger enthaltende Abfälle“ werden Abwasser, Abfälle und Fäkalien subsumiert, die mit krankheitserregenden Bakterien, Parasiten oder Viren kontaminiert sind.[238]

3.1.1.2.3.5.3 Giftige Stoffe

Giftige Stoffe sind organische und anorganische Gifte, die den menschlichen Körper schädigen und Funktionsstörungen, Krankheiten oder den Tod verursachen können.[239] Nach § 17 der Justizauslegung 2023 werden solche Stoffe als „giftige Stoffe“ betrachtet, wie z. B. gefährliche Abfälle; Stoffe, die in der Anlage zum Stockholmer Übereinkommen über persistente organische Schadstoffe aufgeführt sind; Schadstoffe mit einem Schwermetallgehalt, der die nationalen oder

---

[237] Das Nukleare Sicherheitsgesetz der Volksrepublik China (中华人民共和国核安全法) trat 1.1.2018 in Kraft.

[238] Vgl. *Gao Mingxuan/Ma Kechang*, Strafrecht (刑法学), S. 581.

[239] Vgl. *Li Xihui/Dong Wenhui/Li Guanyu*, Forschung zur Umweltdelikte (环境犯罪研究), S. 189.

lokalen Schadstoffemissionsnormen überschreitet; und andere Stoffe, die giftig sind und die Umwelt verschmutzen können. Gemäß § 124 Nr. 6 des Gesetzes über die Vermeidung und Kontrolle der Verschmutzung durch feste Abfälle[240] sind Gefährliche Abfälle feste Abfälle mit gefährlichen Eigenschaften, die in den nationalen Listen gefährlicher Abfälle aufgeführt sind oder gemäß den nationalen Kriterien und Methoden zur Identifizierung gefährlicher Abfälle identifiziert werden. Unter dem Begriff der festen Abfälle gemäß § 124 Nr. 1 dieses Gesetzes sind feste, halbfeste und in Behältern befindliche gasförmige Gegenstände und Substanzen, die in Produktions-, Lebens- und anderen Aktivitäten anfallen und ihren ursprünglichen Nutzwert verloren haben oder die, obwohl sie ihren Nutzwert nicht verloren haben, weggeworfen oder aufgegeben wurden, sowie Gegenstände und Substanzen, die nach den Bestimmungen von Gesetzen und Verwaltungsvorschriften unter die Verwaltung von festen Abfällen fallen, zu verstehen. Ausgenommen sind Gegenstände und Substanzen, die nach einer unschädlichen Verarbeitung den zwingenden nationalen Produktqualitätsstandards entsprechen und weder die öffentliche Gesundheit noch die ökologische Sicherheit gefährden oder nach den Kriterien und Verfahren zur Identifizierung fester Abfälle als nicht zu den festen Abfällen gehörend anerkannt werden.

3.1.1.2.3.5.4 Sonstige schädliche Stoffe

Unter dem Begriff „sonstige schädliche Stoffe“ werden alle diejenigen Stoffe zusammengefasst, die eine oder mehrere der folgenden Eigenschaften aufweisen: Explosivität, Entflammbarkeit, Ätzwirkung, Toxizität und Infektiosität für Menschen oder Umweltelemente.[241] Nach dem Protokoll der Sitzung zu Fragen der Bearbeitung von Strafsachen im Zusammenhang mit Umweltverschmutzung[242] werden die häufig vorkommenden schädlichen Stoffe präsentiert, wie z. B. andere industrielle Feststoffabfälle mit Ausnahme der gefährlichen Industrieabfälle; unbehandelte Haushaltsabfälle; schädliche Luftschadstoffe; kontrollierte ozonschichtabbauende Stoffe und schädliche Wasserschadstoffe; andere Stoffe, die bei der Verwendung und Entsorgung zwangsläufig giftige und schädliche

[240] Das Gesetz der Volksrepublik China über die Vermeidung und Kontrolle der Verschmutzung durch feste Abfälle (中华人民共和国固体废物污染环境防治法) (2020).

[241] Vgl. *Li Xihui/Dong Wenhui/Li Guanyu*, Forschung zur Umweltdelikte (环境犯罪研究), S. 189.

[242] Protokoll der Sitzung zu Fragen der Bearbeitung von Strafsachen im Zusammenhang mit Umweltverschmutzung (关于办理环境污染刑事案件有关问题座谈会纪要), das im Jahr 2019 von der Obersten Volksstaatsanwaltschaft, dem Obersten Volksgericht, dem Ministerium für öffentliche Sicherheit, dem Justizministerium und dem Ministerium für Ökologie und Umwelt gemeinsam herausgegeben wurde.

Stoffe erzeugen; sowie relevante Stoffe aus der vom Ministerium für Ökologie und Umweltschutz in Zusammenarbeit mit dem Gesundheitsministerium veröffentlichten Liste der giftigen und schädlichen Schadstoffe des Staatsrates.

3.1.1.3 Vergleichende Zusammenfassung

3.1.1.3.1 Kritik am Objekt der Straftat des chinesischen Vier-Elemente-Deliktsaufbaus

Nach der Definition des Objekts der Straftat und der Meinungsverschiedenheit über das Objekt der Umweltverschmutzungsdelikte, die sich von einer anthropozentrischen über eine ökologisch-anthropozentrische zu einer rein ökologischen Schutzrichtung entwickelt, insbesondere unter Berücksichtigung der Theorie des Umweltrechtsguts, ist festzustellen, dass das Objekt der Straftat im Wesentlichen mit dem Rechtsgut in Deutschland identisch ist. Mit der Vertiefung der Einführung der deutschen und japanischen Strafrechtswissenschaft in China wird dies von vielen Strafrechtswissenschaftlern anerkannt[243] und weiterentwickelt, dass das Objekt der Straftat nicht als eine Voraussetzung des Deliktsaufbaus dienen soll. Der Grund hierfür liegt insbesondere darin, dass selbst bei Wegfall des Objekts der Straftat die Feststellung des Straftatbestandes keinen Einfluss erfahren würde.[244] Die durch die Straftat verletzten Rechtsgüter werden durch die drei anderen Voraussetzungen, also die objektive Tatseite, die subjektive Tatseite und das Subjekt der Straftat, bestimmt. Das Objekt der Straftat ist das zu reflektierende Objekt und spielt bei der Bestimmung des Delikts keine unmittelbare Rolle.[245] Des Weiteren kann die Differenzierung zwischen Objekt der Straftat und Gegenstand der Straftat nicht auf eine philosophische Grundlage zurückgeführt werden.[246] Die Implikation des Objekts und des Gegenstands ist tatsächlich gleich. Beide haben funktionale Überschneidungen, z. B. bei der Abgrenzung eines Delikts von einem anderen. Der Unterschied besteht darin, dass die Funktion des Objekts der Straftat darin besteht, die wesentlichen Merkmale der Straftat aufzudecken, also den sozialgefährlichen Charakter des Tatverhaltens. Diese Funktion wird jedoch nicht von den Tatbestandsmerkmalen verlangt, sondern ist eine Funktion des Verbrechensbegriffs.[247] Darüber hinaus handelt es sich beim Objekt der Straftat um ein materielles Werturteil. Die Feststellung

[243] Vgl. *Zhang Mingkai*, Strafrecht (刑法学), Bd.1, S. 63.

[244] Vgl. *Chen Wenhao*, CUFE Law Review (中财法律评论) 10/2018, 239.

[245] Vgl. *Zhang Mingkai*, Vorläufige Diskussion über das Rechtsgut (法益初论), S. 251–252.

[246] Vgl. *Chen Xingliang*, Law and Social Development (法制与社会发展) 3/2000, 56.

[247] Vgl. *Chen Xingliang*, Law and Social Development (法制与社会发展) 3/2000, 56.

des verletzten sozialen Verhältnisses kann als eine Beurteilung der Art des Tatverhaltens gelten. Ein vorangestelltes Werturteil ist jedoch weder förderlich für den Schutz der Menschenrechte noch für die Verwirklichung der Rechtsstaatlichkeit.[248] Das Objekt der Straftat ist letztlich das Resultat einer spezifischen historischen und politischen Entwicklung und stellt selbst ein „riesiges und leeres Wertsymbol" dar.[249] Der Begriff des sozialen Verhältnisses, der in der politischen Theorie von Max diskutiert wird und einen stark politischen Charakter angenommen hat, erweist sich für die Prüfung des Deliktsaufbaus als wenig hilfreich. Im Gegensatz dazu vertreten einige Strafrechtswissenschaftler die Auffassung, dass das Objekt der Straftat eine wesentliche Funktion erfüllt, nämlich die Beurteilung der Feststellung eines Verbrechens. Aus diesem Grund sei es erforderlich, das Objekt der Straftat nicht aus dem Vier-Elemente-Deliktsaufbau zu streichen. Das Objekt der Straftat ist die Einheit von „Qualität" und „Quantität".[250] Handlungen, welche zwar Rechtsbeziehungen verletzen, jedoch das erforderliche Ausmaß nicht erreichen, erfüllen nicht die Voraussetzungen für das Vorliegen eines Objekts der Straftat. Beispielsweise wird ein Diebstahl von weniger als 3.000 RMB nicht als Verbrechen angesehen. Meiner Meinung nach ist die Einheit von „Qualität" und „Quantität" im Wesentlichen eine Anforderung an die soziale Schädlichkeit. Eine Prüfung dieser Einheit sollte daher nicht im Rahmen des Tatbestandes erfolgen, sondern erst nach der Feststellung des Tatbestandes als eine entschuldigende Bedingung betrachtet werden. Die Prüfung des Objekts der Straftat erweist sich insbesondere bei Umweltverschmutzungsdelikten als überflüssig. In Bezug auf eine Wasserverunreinigung lässt sich festhalten, dass das Handlungsobjekt konkret auf das betroffene Wasser verweist. Die Abstraktion des Handlungsobjekts sowie dessen Übertragung auf die Ebene des Objekts der Straftat resultiert in einer weiteren Diskussion bezüglich der Definition des Objekts der Wasserverunreinigung. Aber die weitere Feststellung des Objekts der Straftat ist nicht notwendig für die Feststellung der Wasserverunreinigung. In der Rechtsprechung wird das Objekt der Straftat bei Umweltverschmutzungsdelikten entweder nicht erwähnt oder bei der Strafzumessung erörtert, so hat z. B. in einer Entscheidung[251] der Richter die Verteidigung des Beschuldigten, also die Entschädigung der Bauern für ihre Verluste und das Erlangen ihres Verständnisses, nicht angenommen. Dies resultiert daraus, dass das Objekt der Straftat bei Umweltverschmutzungsdelikten das Umweltmanagementsystem ist. Folglich

[248] Vgl. *Zhou Guangquan*, Global Law Review (环球法律评论) 3/2003, 298.

[249] Vgl. *Yang Xingpei*, Criminal Science (中国刑事法杂志) 6/2006, 3 f.

[250] Vgl. *Li Xihui/Tong Weihua*, Studies in Law and Business (法商研究) 3/2005, 27 f.

[251] (2021)鲁0982刑初118号.

kann das Opfer nicht der Bauer sein, dessen Ernte durch Aluminiumasche beschädigt wurde. Dies stellt keinen Strafmilderungsgrund dar.

3.1.1.3.2 Übernahme der verschiedenen konkreten Tatobjekten der deutschen Umweltdelikte

Im Rahmen des Tatbestandes sollte nicht das Objekt der Straftat, sondern das Handlungsobjekt als Tatbestandsmerkmal in China angesehen werden, ebenso wie das Tatobjekt in Deutschland, gegen das sich die Tathandlung richtet. Infolge der Streichung der Wörter „in Böden, in Gewässer oder in die Luft“ aus dem Handlungsobjekt durch das Strafrechtsänderungsgesetz VIII fällt „Umwelt“ gemäß der Formulierung des § 338 StGB als notwendiges Ziel umweltverschmutzenden Verhaltens des Täters unter das Handlungsobjekt. Dies bedeutet, dass das Handlungsobjekt der Umweltverschmutzungsdelikte nicht auf bestimmte Umweltmedien wie Boden, Wasser und Luft beschränkt ist. Die fehlende logische Unterscheidung zwischen natürlichen Elementen führt dazu, dass die Umwelt als die Gesamtheit der für das Überleben und die Entwicklung des Menschen notwendigen natürlichen Umwelt geschützt wird. Dies entspricht auch der deutschen Gesetzgebung. Der Unterschied besteht darin, dass es in der deutschen Gesetzgebung verschiedene konkrete Umweltstraftatbestände gibt, während es in der chinesischen Gesetzgebung eine einheitliche Regelung für Umweltverschmutzungsdelikte gibt.

In Deutschland gibt es je nach Straftatbestand unterschiedliche Handlungsobjekte, was in China nicht der Fall ist. In China gibt es zwar eine Reihe separater Umweltschutzgesetze und -verordnungen, die verschiedene Bereiche schützen, aber das Strafgesetzbuch enthält nicht zu jedem dieser Bereiche Regelungen. Ein Beispiel hierfür ist der Schutz der Meeresumwelt. Gemäß § 119 des Meeresumweltschutzgesetzes der Volksrepublik China wird strafrechtlich verfolgt, wer gegen die Bestimmungen dieses Gesetzes verstößt und dadurch eine Straftat begeht. Die inhaltliche Unschärfe der Gesetzgebung führt zu einem geringeren Schutz der Meeresumwelt als in Deutschland. Auch in China ist eine konkrete Diskussion sowie eine detaillierte Festlegung jedes Handlungsobjekts nicht zu beobachten. Es gibt lediglich allgemeine gesetzliche Definitionen für Boden, Wasser und Luft.

Des Weiteren ist in China kein adäquater Schutz vor Lärmbelästigung, Erschütterungen und nichtionisierender Strahlung gegeben, welche die Umwelt schädigen können. Darüber hinaus mangelt es in China an einem umfassenden Schutz für Anlagen, insbesondere kerntechnische Anlagen. In China liegt der Fokus auf den durch den Betrieb oder die Stilllegung der kerntechnischen Anlagen erzeugten Abfällen, nicht auf der Tathandlung selbst, also dem Betrieb der Anlagen. Gemäß § 91 des Nuklearen Sicherheitsgesetzes der Volksrepublik China wird jeder strafrechtlich verfolgt, der gegen die Bestimmungen dieses Gesetzes verstößt und dadurch eine Straftat begeht. Trotzdem fehlt eine deutliche Regelung bezüglich der strafrechtlichen Verantwortung für den illegalen Betrieb einer kerntechnischen Anlage.

Ein möglicher Grund dafür ist, dass China noch ein Entwicklungsland ist und mehr auf wirtschaftliche Aspekte achtet, z. B. auf den besonderen Schutz von Flächen mit spezifischem Nutzen wie Acker- und Waldflächen. Auch die Umweltprobleme bestehen fort. Obwohl eine allumfassende Gesetzgebung der Spezialität fehlt, kann sie auf neue Arten von Umweltverschmutzung angewendet werden. Die in Deutschland vorgenommene Trennung verschiedener Umweltstraftatbestände, d. h. verschiedener Handlungsobjekte, sollte in Zukunft auch in China berücksichtigt werden.

3.1.2 Tathandlung

Sowohl die deutsche als auch die chinesische Strafrechtstheorie gehen davon aus, dass sich die Tathandlung auf die Tatbestandsverwirklichung in Form eines aktiven Tuns oder eines Unterlassens bezieht.[252] Dies gilt auch für die Umweltverschmutzungsdelikte.

3.1.2.1 Tun

Die meisten Straftaten werden durch aktives Tun begangen. Als aktives Tun setzt der Täter durch körperliche Aktivität um, was strafrechtlich verboten ist.[253] Sowohl das chinesische als auch das deutsche Strafrecht haben die Umweltverschmutzungsdelikte durch aktives Tun eindeutig festgelegt.

3.1.2.1.1 In Deutschland

Im deutschen Strafgesetzbuch sind die Umweltverschmutzungsdelikte in neun verschiedenen Straftatbeständen konkretisiert. Im Folgenden sollen diese Straftatbestände aus der Sicht des vermittelnden ökologisch-anthropozentrischen Ansatzes unter drei Aspekten unterschieden werden.

---

[252] Vgl. *Hilgendorf/Valerius*, Strafrecht AT, § 11 Rn.2, 10; *Heinrich*, Strafrecht AT, Rn.192, 852; *Frister*, Strafrecht AT, § 22 Rn.6; *Gao Mingxuan/Ma Kechang*, Strafrecht (刑法学), S. 62; *Zhang Mingkai*, Strafrecht (刑法学), Bd.1, S. 145.

[253] Vgl. *Heinrich*, Strafrecht AT, Rn.864; *Tofahrn*, Strafrecht AT I, § 2 Rn.6; *Gao Mingxuan/Ma Kechang*, Strafrecht (刑法学), S. 62; *Zhang Mingkai*, Strafrecht (刑法学), Bd.1, S. 146.

3.1.2.1.1.1 Handlung zur Verletzung der primär ökologischen Rechtsgüter

Zu den primär ökologischen Tatbeständen, bei denen der Mensch allein vermittelt durch die Umweltrechtsgüter (mittelbar bzw. im Vorfeld) geschützt ist, zählen etwa die Gewässerverunreinigung (§ 324), die Boden- (§ 324a) und Luftverunreinigung (§ 325), sowie Gefährdung schutzbedürftiger Gebiete (§ 329).[254]

3.1.2.1.1.1.1 Gewässerverunreinigung nach § 324

§ 324 StGB umfasst alle Tathandlungen, die zur Verunreinigung des Gewässers oder nachteiligen Veränderung von Gewässereigenschaften führen.[255] Denn die Gewässerverunreinigung ist ein Erfolgsdelikt, bei dem lediglich der Erfolgseintritt gefordert wird, während die verschiedenen Verhaltensweisen als gleichwertig erachtet werden.[256] Darunter kommt jedes aktive Tun in Betracht, bei dem die verschmutzten Stoffe direkt in ein Gewässer eingeleitet werden,[257] z. B. Blei, Kadmium, Kupfer und andere Schadstoffe in den Fluss einzuführen. Auch das indirekte Einbringen von Schadstoffen in ein Gewässer stellt eine strafbare Handlung dar, z. B. Schadstoffe über eine Gemeindekanalisation in ein Gewässer einzuleiten,[258] chlorhaltige Wasser aus einem Schwimmbecken in einen Bach einzuleiten.[259] Dabei genügt auch ein zusammenwirkendes Verhalten, bei dem die eingeleiteten Stoffe erst im Zusammenspiel mit anderen Ursachen eine Gewässerverunreinigung oder nachteilige Veränderung von Gewässereigenschaften verursachen.[260]

3.1.2.1.1.1.2 Bodenverunreinigung nach § 324a

Anders als § 324 StGB wird § 324a StGB auf bestimmte Tathandlungen beschränkt, nämlich das Einbringen, das Eindringenlassen[261] und das Freisetzen von Stoffen.[262] Nach dem Willen des Gesetzgebers wird jedes Verhalten, das die Bodenqualität durch Stoffe beeinträchtigt, von den drei Tathandlungen

[254] Ausführlich unter Teil 2.2.2.

[255] Vgl. TK StGB/*Schittenhelm* § 324 Rn.10; *Klopfer/Heger*, Umweltstrafrecht, Rn.179.

[256] Vgl. NK-StGB/*Ransiek* § 324 Rn.18.

[257] Vgl. TK StGB/*Schittenhelm* § 324 Rn.10.

[258] BT-Drs. 8/2382, 13 f.; *Saliger*, Umweltstrafrecht, Rn.356.

[259] OLG Köln NJW 1988, 2119, BeckOK StGB/*Witteck* § 324 Rn.17.1

[260] OLG Stuttgart NJW 1977, 1406; TK StGB/*Schittenhelm* § 324 Rn.10.

[261] Das Eindringenlassen wird im Teil zum Unterlassen diskutiert.

[262] *Saliger*, Umweltstrafrecht, Rn.371.

erfasst.[263] Die Stoffe gelten als Tatmittel, die nach § 224 I Nr. 1 StGB weit auszulegen sind.[264] Dazu gehören nicht nur die Gifte (organisch oder anorganisch), sondern auch alle festen, flüssigen oder gasförmigen Substanzen, die zu einer nachteiligen Veränderung des Bodens bedeutsam sind.[265] Die Wirkungsweise ist dabei unerheblich.[266] Wichtig ist, dass sich jede Umgangsweise auf Stoffe bezieht,[267] insbesondere die Zuführung von Stoffen.[268] Daher werden strahlenverseuchte Stoffe und nicht die Strahlen selbst erfasst.[269] Beim „Einbringen" handelt es sich um einen finalen Stoffeintrag,[270] das bewusste zweckgerichtete auf den Boden einwirkende, aber nicht notwendig eigenhändige positive Tun.[271] Beispiele sind das Ausbringen von Dünge- (Jauche, Fäkalien, Gülle, Stallmist, Klärschlamm) und Pflanzenschutzmitteln oder das Einleiten, Ablassen und Ablagern von Abfällen.[272] „Freisetzen" liegt vor, wenn der Täter eine Lage schafft, in der sich die Stoffe ganz oder teilweise unkontrollierbar im Boden ausbreiten können.[273] Unabhängig davon ist, ob die Bodenverschmutzung unmittelbar (z. B. „wilde" Ablagerungen von Schadstoffen auf dem Boden)[274] oder mittelbar (z. B. über den Luft- oder Wasserweg)[275] erfolgt.

3.1.2.1.1.1.3 Luftverunreinigung nach § 325

Gemäß § 325 I StGB wird bestraft, wer die Luftverunreinigung durch Betrieb einer Anlage, insbesondere einer Betriebsstätte oder Maschine verursacht.[276] Der Begriff der Anlage ist nicht einheitlich und weit auszulegen.[277] Eine Anlage wird

---

[263] BT-Drucks. 12/192, 17; *Saliger*, Umweltstrafrecht, Rn.371; BeckOK StGB/*Witteck* § 324a Rn.7; krit. *Hoffmann*, wistra 1997, 89 (90).

[264] BT-Drucks. 12/192, 17; *Saliger*, Umweltstrafrecht, Rn.371.

[265] TK StGB/*Schittenhelm* § 324a Rn.5.

[266] BeckOK StGB/*Witteck* § 324a Rn.7.

[267] *Klopfer/Heger*, Umweltstrafrecht, Rn.214.

[268] Gemäß § 324a StGB wird die Bodenverunreinigung, die ohne Zuführung von Fremdstoffen verursacht wird, z. B. durch Abgrabungen und Aufschüttungen, nicht erfasst, vgl. TK StGB/*Schittenhelm* §324a Rn.6.

[269] MüKoStGB/*Alt* § 324a Rn.15.

[270] BT-Drs. 12/192, 17; *Saliger*, Umweltstrafrecht, Rn.372.

[271] *Saliger*, Umweltstrafrecht, Rn.372.

[272] MüKoStGB/*Alt* § 324a Rn.16; *Saliger*, Umweltstrafrecht, Rn.372.

[273] BT-Drs. 12/192, 17; *Saliger*, Umweltstrafrecht, Rn.372.

[274] *Saliger*, Umweltstrafrecht, Rn.372; *Klopfer/Heger*, Umweltstrafrecht, Rn.215.

[275] *Möhrenschlager*, NStZ 1994, 513 (517); MüKoStGB/*Alt* § 324a Rn.18.

[276] TK StGB/*Schittenhelm* § 325 Rn.3.

[277] *Saliger*, Umweltstrafrecht, Rn.400.

nach der herrschenden Meinung als eine auf eine gewisse Dauer ausgerichtete, als Funktionseinheit organisierte Einrichtung von nicht ganz unerheblichen Ausmaßen, die der Verwirklichung beliebiger Zwecke dient, verstanden.[278] Ob sie ortsfest (z. B. Betriebstätte, Heizungsanlage) oder beweglich (z. B. Maschine) ist, ist hingegen gleichgültig, solange sie sich auf Technik bezieht.[279] Nicht erforderlich ist ferner, ob die Anlage dazu dient, technische Leistungen hervorzubringen oder nur Rohstoffe oder Produckte zu bewahren oder Abfälle zu beseitigen.[280] Folglich werden Grundstücke, auf denen Stoffe gelagert oder abgelagert oder Arbeiten ausgeführt werden, auch erfasst.[281] Schließlich ist unerheblich, ob die Anlage für gewerbliche oder für private Zwecke genutzt wird.[282] Zusammenfassend werden dabei alle anderen, sonst noch im BImSchG oder in den auf ihm beruhenden Rechtsverordnungen vorgesehenen Beschränkungen nicht bewirkt.[283] Ausgenommen sind nach Abs. 7 Verkehrsfahrzeuge[284] und bloße Belästigungen, z. B. ausgehend von Flämmen in Gärten oder auf Äckern.[285] Der Begriff des Betriebs orientiert sich an § 4 BImSchG und umfasst alle Handlungen vom tatsächlichen In-Funktion-Setzen nebst Probelauf über das In-Funktion-Halten einschließlich Wartungs- und Reparaturarbeiten bis zur völligen Stilllegung.[286] Die Errichtung der Anlage und ihre wesentliche Änderung gelten nicht als Betrieb.[287] Die Stilllegung von Deponien erfordert eine wirksame Sicherung gegen (auch unbefugte) Nachnutzung durch Dritte.[288]

[278] *Saliger*, Umweltstrafrecht, Rn.400; TK StGB/*Schittenhelm* § 325 Rn.4; MüKoStGB/*Alt* § 325 Rn.14.

[279] Lackner/Kühl/Heger/*Heger* StGB § 325 Rn.2; *Klopfer/Heger*, Umweltstrafrecht, Rn.234; krit.NK-StGB/*Ransiek* § 325 Rn.8.

[280] Lackner/Kühl/Heger/*Heger* StGB § 325 Rn.2.

[281] Vgl. § 3 V Nr. 3 BImSchG; *Saliger*, Umweltstrafrecht, Rn.401.

[282] NK-StGB/*Ransiek*, § 325 Rn.8; Lackner/Kühl/Heger/*Heger* StGB § 325 Rn.2.

[283] *Saliger*, Umweltstrafrecht, Rn.400; Lackner/Kühl/Heger/*Heger* StGB § 325 Rn.2.

[284] *Saliger*, Umweltstrafrecht, Rn.402.

[285] BT-Dr.12/192, 18; Lackner/Kühl/Heger/*Heger* StGB § 325 Rn.2. Beispiele für Anlage und nicht-Anlage siehe bei *Saliger*, Umweltstrafrecht, Rn.401–402.

[286] *Saliger*, Umweltstrafrecht, Rn.403; Lackner/Kühl/Heger/*Heger* StGB § 325 Rn.2; *Klopfer/Heger*, Umweltstrafrecht, Rn.234.

[287] MüKoStGB/*Alt* § 324a Rn.21; *Saliger*, Umweltstrafrecht, Rn.403.

[288] *Saliger*, Umweltstrafrecht, Rn.403; krit. Lackner/Kühl/Heger/*Heger* StGB § 325 Rn.2.

Die Tathandlung des § 325 II StGB ist das anlagenbezogene[289] Freisetzen von Schadstoffen in bedeutendem Umfang außerhalb des Betriebsgeländes unter Verletzung verwaltungsrechtlicher Pflichten.[290] Tatmittel sind Schadstoffe, die nach Abs. 6 geeignet sind, 1. die Gesundheit eines anderen, Tiere, Pflanzen oder andere Sachen von bedeutendem Wert zu schädigen oder 2. nachhaltig ein Gewässer, die Luft oder den Boden zu verunreinigen oder sonst nachteilig zu verändern.[291] Sie müssen entweder feste Stoffe in Form feinster Partikel (z. B. Rauch, Ruß, Staub, Gase, Aerosole, Dämpfe und Geruchstoffe gemäß § 3 Abs. 4 BImSchG) sein oder bereits gasförmig sein oder müssen in einen solchen übergehen können.[292] Freisetzen (wie in § 324a StGB) bedeutet, dass sich die Stoffe ganz oder teilweise unkontrollierbar in die Luft ausbreiten können, unabhängig auf welche Weise dies geschieht,[293] z. B. das Ablassen von Dämpfen, das Versprühen in flüssiger Form oder das staubförmige Verbreiten kleinster Partikel in die Luft.[294] Die Stoffe müssen in bedeutendem Umfang in die Luft außerhalb des Betriebsgeländes freigesetzt werden. „Der bedeutende Umfang" ist in Relation zur Art, Beschaffenheit oder Menge der Schadstoffe festzustellen.[295] Als Orientierung kann § 29 BImSchG herangezogen werden.[296] Der Begriff „außerhalb des Betriebsgeländes" ist nicht lediglich als „außerhalb der Anlage" zu verstehen,[297] sondern als der gesamte Bereich außerhalb der Grenzen des Betriebsgeländes.[298]

Die Tathandlung des § 325 III StGB ist anders als die in § 325 II StGB (mit Ausnahme des „Freisetzens von Schadstoffen"). Zum einen beschränkt sie sich nicht auf einen Anlagenbetrieb.[299] Zum anderen bezieht sie sich nicht auf

[289] Wie in § 325 I StGB „Beim Betrieb einer Anlage", aber hier werden Verkehrsfahrzeuge gemäß Abs. 7 nicht ausgenommen.

[290] Fischer/*Fischer/Lutz* StGB §325 Rn.14.

[291] Die „Schädigungseignung" wird im Teil „Taterfolg" ausführlich behandelt, wobei §§ 325 II, III als tatmittelbezogene Eignungsdelikt angesehen werden können.

[292] MüKoStGB/*Alt* § 325 Rn.49; LK-StGB/*Heghmanns* § 325 Rn.44.

[293] MüKoStGB/*Alt* § 325 Rn.5; *Saliger*, Umweltstrafrecht, Rn.409; LK-StGB/*Heghmanns* § 325 Rn.44.

[294] LK-StGB/*Heghmanns* § 325 Rn.44.

[295] LK-StGB/*Heghmanns* § 325 Rn.45.

[296] BT-Drs. 12/192,19; *Saliger*, Umweltstrafrecht, Rn.410.

[297] Insbesondere wenn mehrere Anlagen auf einem Betriebsgelände liegen. Vgl. *Möhrenschlager*, NStZ 1994, 513 (518); *Saliger*, Umweltstrafrecht, Rn.411.

[298] Das Betriebsgelände findet seine räumliche Begrenzung an der Grenze derjenigen Grundstücke, die dem Betrieb zuzuordnen sind. Vgl. SK-StGB/*Schall* § 325 Rn.73; MüKoStGB/*Alt* § 325 Rn.54.

[299] MüKoStGB/*Alt* § 325 Rn.57.

den Bereich außerhalb eines Betriebsgeländes.[300] Beispiele dafür sind einmalige erhebliche Emissionen außerhalb einer Anlage wie das Entweichenlassen von Giftstoffen aus einem Vorratsbehälter.[301] Nach dem Willen des Gesetzgebers gilt § 325 III StGB nicht für Verkehrsfahrzeuge (Abs. 6), da sie unter Abs. 2 fallen.[302]

3.1.2.1.1.1.4 Gefährdung schutzbedürftiger Gebiete nach § 329

Die Tathandlung des § 329 I StGB umfasst den Betrieb einer Anlage innerhalb des Gebietes. Der „Betrieb einer Anlage" deckt sich mit dem Begriff in § 325 I StGB. Die Anlagen fallen jedoch lediglich unter § 3 V BImSchG.[303] Tatorte sind luftreinhaltungs- und geräuschfreihaltungsbedürftige Gebiete im Sinne von § 49 I BImSchG.[304] Diese Gebiete benötigen gemäß den landesrechtlichen Vorschriften einen besonderen Schutz gegen schädliche Umwelteinflüsse wie Luftverschmutzung oder Lärm, z. B. Kurorte, Klinikbereiche, Landschaftsschutzgebiete wie Naturpark.[305] Darüber hinaus zählen auch die Smog-Gebiete im Sinne von § 49 II BImSchG dazu, in denen bei bereits vorhandener hoher Umweltbelastung unter bestimmten Wetterbedingungen die Gefahr unerwünschter Umweltbelastungen bestehen kann.[306] Beide Gebietsformen müssen durch Rechtsverordnungen der Länder festgelegt sein und die austauscharme Wetterlage muss von der zuständigen Behörde bekannt gegeben worden sein, z. B. durch Rundfunk, Fernsehen oder Smartphone-Applikationen.[307]

Gemäß § 329 II StGB macht sich strafbar, „wer entgegen einer zum Schutz eines Wasser- oder Heilquellenschutzgebietes erlassenen Rechtsvorschrift oder vollziehbaren Untersagung, betriebliche Anlagen zum Umgang mit wassergefährdenden Stoffen betreibt (Nr. 1), Rohrleitungsanlagen zum Befördern wassergefährdender Stoffe betreibt oder solche Stoffe befördert (Nr. 2)."[308] Wasserschutz-

---

[300] *Saliger*, Umweltstrafrecht, Rn.417.

[301] BT-Drs. 17/5391, 16; *Saliger*, Umweltstrafrecht, Rn.417.

[302] BT-Drs. 17/5391, 17; NK-StGB/*Ransiek* § 325 Rn.16; *Saliger*, Umweltstrafrecht, Rn.417.

[303] BT-Drs. 8/3633,31; 8/2382,21; *Saliger*, Umweltstrafrecht, Rn.454; *Klopfer/Heger*, Umweltstrafrecht, Rn.273.

[304] TK StGB/*Schittenhelm* § 329 Rn.3–6.

[305] BeckOK StGB/*Witteck* § 329 Rn.5.

[306] MüKoStGB/*Alt* § 329 Rn.10; BeckOK StGB/*Witteck* § 329 Rn.5.

[307] MüKoStGB/*Alt* § 329 Rn.10; BeckOK StGB/*Witteck* § 329 Rn.5; NK-StGB/*Ransiek* § 329 Rn.3.

[308] *Kloepfer/Heger*, Umweltstrafrecht, Rn.205. Die Tathandlung „Betreiben einer Anlage" ist gleich zu verstehen wie in § 325 I StGB. In Bezug auf die Definition wassergefährdender

und Heilquellenschutzgebiete sind Schutzgegenstände[309] und keine Tatorte. Das bedeutet, dass die Tätigkeit auch außerhalb dieser Gebiete durchgeführt werden kann[310]. „Betrieblich" im Sinne von Nr. 1 ist im weiteren Sinne als gewerblich zu verstehen und umfasst neben Wirtschaftsunternehmen, Gewerbe und Dienstleitungsbetrieben auch Organisationsformen der öffentlichen Verwaltung und Betriebe Selbstständiger (z. B. Arztpraxen) und Urproduktion (insbes. Landwirtschaft) unabhängig von einer Gewinnerzielungsabsicht, jedoch ausschließlich dem privaten Gebrauch dienende Anlagen.[311] „Umgang" im Sinne von Nr. 1 erfasst das Lagern[312], Abfüllen[313], Herstellen[314], Behandeln[315], Verwenden[316] und Umschlagen[317] (vgl. § 62 I 1 WHG)[318]. In § 2 Abs. 20–27 AwSV sind diese Vorgänge beschrieben.[319] Nr. 2 überschneidet sich mit § 327 II 1 Nr. 2.[320]

Stoffe sei auf die Ausführungen zu § 327 II 1 Nr. 2 StGB verwiesen, vgl. MüKoStGB/*Alt* § 329 Rn.15, 17.

309 SSW-StGB/*Saliger/Lienert* § 329 Rn.4.

310 BT-Drs. 12/192, 25; SSW-StGB/*Saliger/Lienert* § 329 Rn.4.

311 Matt/Renzikowski/*Rettenmaier/Gehrmann* StGB § 329 Rn.6; SSW-StGB/*Saliger/Lienert* § 329 Rn.5;TK StGB/*Schittenhelm* § 329 Rn.16; MüKoStGB/*Alt* § 329 Rn.14.

312 In der Praxis wird unter Lagern (§ 2 Abs. 20 AwSV) häufig die vorübergehende Aufbewahrung zur späteren Verwendung oder Übergabe an Dritte verstanden, vgl. MüKoStGB/*Alt* § 326 Rn.52; SK-StGB/*Schall* §329 Rn.21.

313 Abfüllen bedeutet das „Befüllen von Behältern oder Verpackungen mit wassergefährdenden Stoffen" (§ 2 Abs. 22 AwSV), nämlich das Überleiten des Stoffes, z. B. das Befüllen von Anlagen, Umfüllen und das Beladen von Transportmitteln, vgl. MüKoStGB/*Alt* § 329 Rn.16; TK StGB/*Schittenhelm* § 329 Rn.20; SK-StGB/*Schall* § 329 Rn.22.

314 Herstellen (§ 2 Abs. 25 AwSV) ist das Gewinnen oder Anfertigen von Stoffen, ausschlaggebend ist die Wassergefährlichkeit des Endprodukts, vgl. MüKoStGB/*Alt* § 329 Rn.16; LK-StGB/*Heghmanns* § 329 Rn.25.

315 Behandeln (§ 2 Abs. 26 AwSV) ist das physikalische, chemische oder biologische Einwirken auf einen wassergefährdenden Stoff. Vgl. MüKoStGB/*Alt* § 329 Rn.16; LK-StGB/*Heghmanns* § 329 Rn.26.

316 Verwenden (§ 2 Abs. 27 AwSV) ist jede Art von Nutzung eines wassergefährdenden Stoffes unter Ausnutzung seiner Eigenschaften, selbst wenn er sich in einem geschlossenen Kreislauf befindet, vgl. MüKoStGB/*Alt* § 329 Rn.16; SK-StGB/*Schall* § 329 Rn.23; LK-StGB/ *Heghmanns* § 329 Rn.27.

317 Beim Umschlagen (§ 2 Abs. 23 AwSV) wird ein Stoff in Transportanlagen, Beförderungsanlagen oder von diesen in Festanlagen überführt. Darunter scheidet das Betanken aus, vgl. MüKoStGB/*Alt* § 329 Rn.16; TK StGB/*Schittenhelm* § 329 Rn.21.

318 MüKoStGB/*Alt* § 329 Rn.14.

319 SK-StGB/*Schall* §329 Rn.21.

320 SK-StGB/*Schall* §329 Rn.26.

Der Unterschied liegt jedoch darin, dass sich ihr Tatobjekt „Rohrleitungsanlagen“ nicht nur auf Rohrleitungen im Sinne des UVPG beschränkt.[321] Vielmehr ist der Begriff weiter gefasst und umfasst jede technische Vorrichtung, die funktional in den Beförderungsvorgang eingebunden ist.[322] Dabei wird nicht nur die Rohrleitung selbst, sondern auch das notwendige Zubehör mit einbezogen.[323] Die Tathandlung des Beförderns in Nr. 2 Alt. 2 umfasst jede Form des Verbringens wassergefährdender Stoffe, welche eine Ortsveränderung herbeiführt.[324] Anders als in § 328 Abs. 3 Nr. 1 StGB beschränkt sich das Befördern nach restriktiver Auslegung lediglich auf den Vorgang des Transports.[325]

3.1.2.1.1.2 Handlung zur Verletzung der primär anthropozentrischen Rechtsgüter

Zu den primär anthropozentrischen Tatbeständen gehören das unerlaubte Verursachen von Lärm (§ 325a I) und das Freisetzen von Giften (§ 330a).[326]

3.1.2.1.1.2.1 Das unerlaubte Verursachen von Lärm nach § 325a I

Die Tathandlung des § 325a I StGB ist jede Verursachung von Lärm durch den Betrieb einer Anlage.[327] Das Merkmal „anlagenbezogen“ ist wie in § 325 I StGB zu verstehen.[328] Als Anlagen gelten insbesondere: kirchliche Glockentürme und Kirchturmuhren,[329] örtliche Grillplätze, Musikkonzerte, inklusive der Geräte, die menschliche Tonerzeugung technisch verstärken können, wie Megaphone, Lautsprechereinrichtungen, Rundfunk- und Fernsehgeräte.[330] Nicht erfasst ist Lärmverursachung durch Handwerkzeuge (z. B. Hämmer, Sägen), die als bloße „Hilfsmittel“ menschlicher Werkzeuge dienen, und Verkehrsfahrzeuge gemäß Abs. 4. Ebenso nicht erfasst ist rein menschliches Verhalten (z. B. Schreien,

---

[321] MüKoStGB/Alt § 329 Rn.18.

[322] SK-StGB/*Schall* §329 Rn.27.

[323] SK-StGB/*Schall* § 329 Rn.27.

[324] SK-StGB/*Schall* § 329 Rn.28; MüKoStGB/*Alt* § 329 Rn.20.

[325] SK-StGB/*Schall* § 329 Rn.28; MüKoStGB/*Alt* § 329 Rn.20; weiter BeckOK StGB/*Wittek* § 329 Rn.13: Be- und Entladen, soweit dies innerhalb der Schutzgebiete erfolgt.

[326] Ausführlich unter Teil 2.2.2.

[327] MüKoStGB/*Alt* § 325a Rn.8.

[328] Vgl. Saliger, Umweltstrafrecht, Rdn.429.

[329] VGH München NVwZ-RR 2004, 829; dazu *Schall,* NStZ-RR, 2008, 100 f.; *Saliger*, Umweltstrafrecht, Rn.429.

[330] Vgl. MüKoStGB/*Alt* § 325a Rn.8.

Rufen, Husten, Händeklatschen),[331] das sich nicht eines technischen Hilfsmittels bedient.[332]

3.1.2.1.1.2.2 Das Freisetzen von Giften nach § 330a

Mit einer rein anthropozentrischen Schutzrichtung werden bei § 330a StGB weder Umweltmedien als Rechtsgüter geschützt noch wird Verwaltungsakzessorietät als Voraussetzung formuliert.[333] Die Tathandlung des § 330a ist das Verbreiten oder Freisetzen der Giftstoffe.[334] Der Giftbegriff ist wie in §§ 224, 326 StGB definiert.[335] Nicht zu Giften gehören Stoffe, die mechanisch wirken (wie Asbest[336]), und Strahlen[337]. Bei „Hervorbringen" genügt ein einziger Giftstoff, auch in geringer Menge, sofern dieser Stoff erst unter besonderen Bedingungen durch chemische Reaktion das Gift erzeugt oder zum Gift wird,[338] z. B. das Zünden einer Rauchbombe mittels Rauchpulvers während eines Fußballspiels.[339] Durch Verbreiten oder Freisetzen kann sich ein Stoff unkontrollierbar in die Umwelt ausbreiten.[340] Das Verbreiten meint eine absichtliche und zielgerichtete Ausdehnung, während das Freisetzen auch unwillkürliche Geschehensabläufe erfasst, z. B. durch unsachgemäßes Lagern oder Liegenlassen.[341] Die Abgrenzung zwischen beiden Tatalternativen ist nicht notwendig, da sie zu gleichen Rechtsfolgen führen.[342] Entscheidend dafür ist die unkontrollierte oder unkontrollierbare Verbreitungsmöglichkeit.[343]

---

[331] Fischer/*Fischer/Lutz* StGB § 325a Rn.2c.

[332] MüKoStGB/*Alt* § 325a Rn.9.

[333] *Saliger*, Umweltstrafrecht, Rn.502; NK-StGB/*Ransiek* § 330a Rn.1; SK-StGB/*Schall* § 330a Rn.4; MüKoStGB/Alt § 330a Rn.1.

[334] *Saliger*, Umweltstrafrecht, Rn.505.

[335] Näher unten Teil 3.1.1.1.2.4.3.1.

[336] *Kuchenbauer*, NJW 1997, 2009 (2011); MüKoStGB/*Alt* § 330a Rn.7

[337] BeckOK StGB/*Wittek* § 330a Rn.7; SK-StGB/*Schall* § 330a Rn.12; LK-StGB/*Heghmanns § 330a* Rn.6; TK StGB/*Schittenhelm* § 330a Rn.2/3.

[338] MüKoStGB/*Alt* § 330a Rn.7; TK StGB/*Schittenhelm* § 330a Rn.5.

[339] AG Dortmund SpuRt 2005, 257 f.; *Saliger*, Umweltstrafrecht, Rn.504; krit. *Schall*, NStZ-RR, 2008, 137.

[340] *Saliger*, Umweltstrafrecht, Rn.505; NK-StGB/*Ransiek* § 330a Rn.4.

[341] MüKoStGB/*Alt* § 330a Rn.8; *Saliger*, Umweltstrafrecht, Rn.505.

[342] MüKoStGB/*Alt* § 330a Rn.8; SK-StGB/*Schall* § 330a Rn.6; *Saliger*, Umweltstrafrecht, Rn.505; TK StGB/*Schittenhelm* § 330a Rn.4; Lackner/Kühl//Heger/*Heger* StGB § 330a Rn.3.

[343] Gleichgültig ist, z. B. ob sich der Giftstoff noch im Gewahrsam oder Einwirkungsbereich des Täters befindet (str.); ob eine Zwischenvergiftung eines Umweltmediums vorliegt, sofern die Giftausbreitung über die Pflanzen- oder Tierwelt erfolgt; ob sich der Giftstoff in

3.1.2.1.1.3 Handlung zur Verletzung der doppelten Rechtsgüter

Als Tatbestände mit doppelter Schutzrichtung im eigentlichen Sinne gelten z. B. die unerlaubte Abfallbeseitigung (§ 326), Unerlaubtes Betreiben von Anlagen (§ 327), der unerlaubte Umgang mit gefährlichen Stoffen und Gütern (§ 328) oder § 325a II.[344]

3.1.2.1.1.3.1 Unerlaubter Umgang mit Abfällen in § 326

Als mögliche Tathandlungen werden gemäß § 326 I StGB das Sammeln, Befördern, Behandeln, Verwerten, Ablagern, Ablassen, Beseitigen, Handeln, Makeln oder anderes Bewirtschaften der Abfälle betrachtet.[345] Darunter wurden das Sammeln, Befördern, Handeln, Makeln oder anderes Bewirtschaften in Anpassung an die europäische AbfRRL durch das 45. StrÄG neu hinzugefügt.[346] Ihre Begriffe sind durch das neue KrWG in § 3 KrWG umgesetzt worden.[347] Gemäß dem Willen des Gesetzgebers können nahezu alle Formen des Umgangs mit gefährlichen Abfällen erfasst werden, sofern diese entgegen den vorgeschriebenen Verfahren in einer Weise bewirtschaftet werden, die die Rechtsgüter des § 326 schädigt, unabhängig davon, ob dies gewerbsmäßig oder im Rahmen wirtschaftlicher Betätigung erfolgt.[348] Sie werden im Einzelnen formuliert:

Sammeln ist gemäß § 3 XV KrWG „das Einsammeln von Abfällen, einschließlich ihrer vorläufigen Sortierung und vorläufigen Lagerung zum Zwecke der Beförderung zu einer Abfallbehandlungsanlage".[349] Dazu wird die gemeinnützige Sammlung[350] außerhalb der gewerblichen Sammlung[351] auch umfasst.[352]

Giftfässern befindet, sofern die Verbreitungsmöglichkeit durch z. B. Korrosion an den Behältern besteht, vgl. *Saliger*, Umweltstrafrecht, Rn.505; TK StGB/*Schittenhelm* § 330a Rn.4; Lackner/Kühl//Heger/*Heger* StGB § 330a Rn.3.

[344] Ausführlich unter Teil 2.2.2.

[345] MüKoStGB/*Alt* § 326 Rn.49.

[346] RL 2008/98/EG, ABI. EU L 312, 9; BT-Drs. 17/5391, 17 f.; MüKoStGB/*Alt* § 326 Rn.49; *Saliger*, Umweltstrafrecht, Rn.310; Fischer/*Fischer/Lutz* StGB § 326 Rn.27, 27a.

[347] Vgl. BT-Drs. 17/6052, 10 ff., 71ff; *Saliger*, Umweltstrafrecht, Rn.310.

[348] Denn der unprofessionelle Umgang mit Abfällen kann zu Umweltgefahren führen. Vgl. *Pfohl*, ZWH 2013, 95, 98; SK-StGB/*Schall* § 326 Rn.90; *Saliger*, Umweltstrafrecht, Rn.310.

[349] *Kloepfer/Heger*, Umweltstrafrecht, Rn.298.

[350] Definiert in § 3 Abs. 17 KrWG.

[351] Definiert in § 3 Abs. 18 KrWG.

[352] MüKoStGB/*Alt* § 326 Rn.50; Lackner/Kühl/Heger//*Heger* StGB § 326 Rn.7c; *Saliger*, Umweltstrafrecht, Rn.311; SK-StGB/*Schall* § 326 Rn.92.

Befördern bezieht sich im Gegensatz zu § 326 II StGB auf die rechtswidrige innerstaatliche Beförderung.[353] Dazu werden auch die nicht gewerblichen Beförderungen einbezogen.[354] Sein Begriff ist nach der herrschenden Meinung restriktiver als die gleichlautenden Begriffe in § 328 I und III Nr. 2 und beschränkt sich lediglich auf die Ortsveränderung.[355] Allerdings können die mit der Ortsveränderung zusammenhängenden Vorgänge (z. B. Be- und Entladen) als Versuch gewertet werden.[356] Behandeln meint jede qualitative oder quantitative Veränderung von Abfällen, die sich auf die Abfälle im Rahmen eines Verwertungs- oder Beseitigungsverfahrens einschließlich der Vorbereitung bezieht,[357] z. B. Aufbereiten, Zerkleinern, Kompostieren, Verdichten, Entwässern, Entgiften[358], Vermischen[359], Ausschlachten von Autowracks[360] oder Verbrennen[361]. Der verfolgte Zweck wirtschaftlicher Verwertung ist dabei irrelevant.[362] Unter dem Begriff des Verwertens fallen in Anlehnung an § 3 XXIII KrWG solche Verfahren, bei deren Ergebnis Abfälle einem sinnvollen Zweck zugeführt werden, z. B.

[353] Tathandlung des § 326 II StGB ist das Verbringen, also jede Beförderung, die mit einem Überschreiten der Bundesgrenze verbunden ist, „im Sinne einer Ortsveränderung über verschiedene staatliche Hoheitsgebiete." Vgl. MüKoStGB/*Alt* § 326 Rn.51, 83; TK StGB/*Schittenhelm* § 326 Rn.12c, 12c; SK-StGB/*Schall* § 326 Rn.93, 129; *Saliger*, Umweltstrafrecht, Rn.311, 320.

[354] MüKoStGB/*Alt* § 326 Rn.51; *Saliger*, Umweltstrafrecht, Rn.311.

[355] Zu h.M.: MüKoStGB/*Alt* § 326 Rn.51; SK-StGB/*Schall* § 326 Rn.94; LK-StGB/*Heghmanns* § 326 Rn.75; TK StGB/*Schittenhelm* § 326 Rn.10; a.A.: *Saliger*, Umweltstrafrecht, Rn.311; *Kloepfer/Heger*, Umweltstrafrecht, Rn.298; BeckOK StGB/*Witteck* § 326 Rn.22.

[356] MüKoStGB/Alt § 326 Rn.51.

[357] TK StGB/*Schittenhelm* § 326 Rn.10; *Saliger*, Umweltstrafrecht, Rn.311; SK-StGB/*Schall* § 326 Rn.95. Die Einwirkung auf die Abfälle muss zielgerichtet sein, Liegenlassen ist kein Behandeln, vgl. MüKoStGB/*Alt* § 326 Rn.52.

[358] BT-Drs. 8/2382, 18; TK StGB/*Schittenhelm* § 326 Rn.10; *Saliger*, Umweltstrafrecht, Rn.311; *Maurach/Schroeder/Maiwald*, Strafrecht BT 2 § 58 Rn.70.

[359] BGH NJW 1990, 2477 (2478); 2021 3735 (3736); BeckOK StGB/*Witteck* § 326 Rn.23.

[360] *Henzler/Pfohl*, wistra 2004, 331 (333); BayObLG NVwZ-RR 1995, 513; LG Stuttgart NStZ 2006, 291 (292); BayObLG BeckRS 2022, 3279; BeckOK StGB/*Witteck* § 326 Rn.23; *Saliger*, Umweltstrafrecht, Rn.311.

[361] *Franzheim/Pfohl*, Umweltstrafrecht, Rn.282; *Saliger*, Umweltstrafrecht, Rn.311; TK StGB/*Schittenhelm* § 326 Rn.10.

[362] MüKoStGB/*Alt* § 326 Rn.52.

die Vorbereitung zur Wiederverwendung, das Recycling und die sonstige Verwertung.[363] Lagern bezeichnet jede vorübergehende Aufbewahrung einer Sache, die sich auf die spätere Weiterverwendung, Verwertung oder endgültige Beseitigung richtet.[364] Ob dieses Ziel tatsächlich verwirklicht wird, spielt keine Rolle, soweit keine konkrete alsbaldige Verwertungsmöglichkeit vorliegt.[365] Dazu ist noch nicht zu beachten, ob die Abfälle auf dem Erdboden liegen,[366] soweit das Zwischenlagern in seiner Gefährlichkeit den anderen Handlungsalternativen in etwa entspricht, z. B. Eindringen von Schadstoffen in Böden.[367] Ein nur ganz gelegentliches Lagern genügt deshalb auch nicht, z. B. Ansammeln von Abfall für einen Zeitraum von wenigen Tagen.[368] Dagegen gehört mehrjähriges Zwischenlagern vor der Beseitigung oder Verwertung zum Lagern.[369] Denn § 326 StGB ist kein Dauerdelikt,[370] sodass auch Umlagern erfasst wird, auch wenn dieses keine Gefahrsteigerung bewirkt.[371] Im Gegensatz dazu ist das Ablagern ein dauerhaftes Liegenlassen des Abfalls in der Absicht, sich ihm auf diese Weise endgültig zu entledigen[372]. Ablassen bedeutet jegliches Ausfließen einer Flüssigkeit,[373] von Gas oder fester, rieselfähiger Stoffe,[374] ohne Rücksicht auf seine Ursache.[375] Beseitigen ist in Anlehnung an § 3 XXVI KrWG lediglich negativ als Verfahren mit dem Ziel einer dauerhaften Entfernung oder Vernichtung zu betrachten,[376] das keine Verwertung ist,[377] z. B. das Verbrennen (Substanzvernichtung), das Einbringen in Gewässer und die Behandlung im Boden (Aufgabe der Sachherrschaft),

---

363 BeckOK StGB/*Witteck* § 326 Rn.22; *Saliger*, Umweltstrafrecht, Rn.311; TK StGB/*Schittenhelm* § 326 Rn.10; ferner einzelne Verwertungsverfahren sind in der Anlage 2 zum KrWG aufgezählt.

364 TK StGB/*Schittenhelm* § 326 Rn.10a.

365 Matt/Renzikowski/*Rettenmaier/Gehrmann* StGB § 326 Rn.18.

366 Köln NStZ 1987, 462; TK StGB/*Schittenhelm* § 326 Rn.10a.

367 Näher *Heine*, NJW 1998, 3665, 3670; TK StGB/*Schittenhelm* § 326 Rn.10a.

368 Weiter nicht zum Lagern: MüKoStGB/*Alt* § 326 Rn.55.

369 MüKoStGB/*Alt* § 326 Rn.54.

370 OLG Celle NStZ-RR 2012, 75; *Saliger*, Umweltstrafrecht, Rn.311.

371 Fischer/*Fischer/Lutz* StGB § 326 Rn.32; *Saliger*, Umweltstrafrecht, Rn.311.

372 Fischer/*Fischer/Lutz* StGB § 326 Rn.33; *Saliger*, Umweltstrafrecht, Rn.311.

373 NJW 1988, 2391; MüKoStGB/*Alt* § 326 Rn.58.

374 LK-StGB/*Heghmanns* Rn.84; SK-StGB/*Schall* Rn.102; MüKoStGB/*Alt* § 326 Rn.58.

375 BT-Drs. 8/2382, 18; *Saliger*, Umweltstrafrecht, Rn.311.

376 Fischer/*Fischer/Lutz* StGB § 326 Rn.35; SK-StGB/*Schall* Rn.103.

377 TK StGB/*Schittenhelm* § 326 Rn.10.

der Einbau in ein Produkt (Substanzveränderung).[378] Nicht nur das Beseitigen selbst, sondern auch Vorgänge, bei denen Abfälle nach der Entsorgung als Stoffe ganz oder teilweise wieder dem Wirtschaftskreislauf zugeführt werden, werden erfasst.[379] Ihre Formen sind dabei unbeachtlich. Entscheidend ist vielmehr die Schaffung eines Zustands, in dem der Abfall der gesetzlich vorgesehenen Entsorgung entzogen ist.[380] Beispielsweise ist Beseitigung beim innerbetrieblichen Einbinden der Abfälle in Erzeugnisse oder der Verwertung bestimmter Produktionsrückstände als Rekultivierungsmaterial zu verneinen.[381] Handeln ist unter der Definition des § 3 XII KrWG zu verstehen. Es erfasst den Erwerb und die Weiterveräußerung von Abfall, ohne dass der Händler den Abfall tatsächlich in Besitz nehmen muss,[382] solange er zwischendurch Eigentum erlangt hat.[383]

Makeln ist in Anlehnung an § 3 XIII KrWG das Vermitteln von Handelsgeschäften.[384] Die tatsächliche Sachherrschaft ist dabei auch nicht erforderlich.[385] Das Makeln ist dann vollendet, wenn diese Vermittlungsgeschäfte tatsächlich abgeschlossen sind.[386] Das Sonst-Bewirtschaften ist der neue Oberbegriff und Auffangtatbestand für sämtliche andere Tathandlungen.[387] In Anlehnung an § 3 XIV KrWG ist dabei maßgeblich, dass durch die Bewirtschaftungshandlung Abfälle der gesetzlichen Abfallentsorgung entzogen sind oder dort vorgesehene, ordnungsgemäße Verfahren jedenfalls erheblich gefährdet sind und damit die Gefahr einer unkontrollierten Freisetzung von Schadstoffen erhöht wird.[388] Ausgenommen hiervon ist die Abfallvermeidung, die alle Maßnahmen umfasst, die der Entstehung der Abfalleigenschaft eines Stoffes oder Gegenstandes vorgelagert sind.[389]

---

[378] Aus der Anlage 1 des KrWG, TK StGB/*Schittenhelm* § 326 Rn.10; NK-StGB/*Ransiek* § 326 Rn.33; MüKoStGB/*Alt* § 326 Rn.53.

[379] Matt/Renzikowski/*Rettenmaier/Gehrmann* StGB § 326 Rn.18; Fischer/*Fischer/Lutz* StGB § 326 Rn.35; Lackner/Kühl/Heger/*Heger* StGB § 326 Rn.7a.

[380] *Heine,* NJW 1998, 3665, 3666; Fischer/*Fischer/Lutz* StGB § 326 Rn.35.

[381] *Saliger*, Umweltstrafrecht, Rn.312.

[382] *Saliger*, Umweltstrafrecht, Rn.312; Fischer/*Fischer/Lutz* StGB § 326 Rn.36.

[383] MüKoStGB/*Alt* § 326 Rn.59.

[384] BeckOK StGB/*Witteck* § 326 Rn.22; Fischer/*Fischer/Lutz* StGB § 326 Rn.37.

[385] BeckOK StGB/*Witteck* § 326 Rn.22.

[386] *Saliger*, Umweltstrafrecht, Rn.312.

[387] *Saliger*, Umweltstrafrecht, Rn.312; Fischer/*Fischer/Lutz* StGB, § 326 Rn.38.

[388] *Heine,* NJW 1998, 3665, 3669; BeckOK StGB/*Witteck* § 326 Rn.26; *Saliger*, Umweltstrafrecht, Rn.312; SK-StGB/*Schall* § 326 Rn.108; Fischer/*Fischer/Lutz* StGB § 326 Rn.38; LK-StGB/*Heghmanns* § 326 Rn.87.

[389] BT-Drs. 17/6052, 73; *Saliger*, Umweltstrafrecht, Rn.312.

3.1.2.1.1.3.2 Unerlaubtes Betreiben von Anlagen in § 327

Bei § 327 I Nr. 1 liegen vier Tathandlungen vor, nämlich das Betreiben, Innehaben, Abbauen oder wesentliche Ändern einer kerntechnischen Anlage.[390] Darunter steht das Betreiben im Vordergrund. Denn es birgt das höchste Gefahrenpotential.[391] Das Betreiben (wie bei § 325 I StGB) umfasst alle Betriebsweisen vom Ingangsetzen bis zur vollständigen Stilllegung, einschließlich Wartung und Unterhaltung, Probeläufe und Abbau.[392] Erforderlich ist, dass alle Handlungen mit dem Ziel der bestimmungsgemäßen Nutzung ausgeübt werden (enger als bei § 325 I StGB).[393] Folglich wird die Wiederinbetriebnahme nach einer zwischenzeitlichen Stilllegung erfasst,[394] während der Transport von Kernbrennstoffen zur Anlage,[395] das bloße Liegenlassen von Abfällen oder deren Entfernen aus einer Anlage nicht erfasst werden.[396] Dazu gehört auch nicht die Handlung, mit der die Anlage „unmittelbar in Gang gesetzt werden soll".[397] Denn es handelt sich auch um eine Vorverlagerung der Strafbarkeit, mithin lediglich um einen straflosen Versuch.[398] Darüber hinaus wird das ungenehmigte Errichten auch nicht erfasst,[399] sondern wird als Ordnungswidrigkeit gemäß § 46 I Nr. 2 AtG oder als fehlerhafte Herstellung von § 312 I StGB bestraft.[400] Mit dem Innehaben einer betriebsbreiten oder stillgelegten Anlage sollen nach der herrschenden Meinung alle weiteren Möglichkeiten des Besitzes im Sinne der

---

[390] *Saliger*, Umweltstrafrecht, Rn.462. Bei Innehaben, Abbauen und wesentlicher Änderung muss die kerntechnische Anlage betriebsbereit oder stillgelegt (bei wesentlicher Änderung auch betrieben) sein. Andernfalls können von einer solchen Anlage keine Gefahren ausgehen, vgl. TK StGB/*Schittenhelm* § 327 Rn.7; SK-StGB/*Schall* § 327 Rn.25.

[391] *Saliger*, Umweltstrafrecht, Rn.464.

[392] MüKoStGB/*Alt* § 327 Rn.10; *Saliger*, Umweltstrafrecht, Rn.464.

[393] Vgl. BayObLG NStZ 1998, 465; TK StGB/*Schittenhelm* § 327 Rn.5; *Saliger*, Umweltstrafrecht, Rn.464; SK-StGB/*Schall* § 327 Rn.19.

[394] MüKoStGB/*Alt* § 327 Rn.10; LK-StGB/*Heghmanns* § 327 Rn.12.

[395] OVG Lüneburg NVwZ-RR 1994, 17; LK-StGB/*Heghmanns* § 327 Rn.12; MüKoStGB/*Alt* § 327 Rn.10.

[396] BayObLG NStZ 1998, 465; Lackner/Kühl/Heger/*Heger* StGB § 327 Rn.4; LK-StGB/*Heghmanns* § 327 Rn.12.

[397] MüKoStGB/*Alt* § 327 Rn.10.

[398] SK-StGB/*Schall* § 327 Rn.19; MüKoStGB/*Alt* § 327 Rn.10; TK StGB/*Schittenhelm* § 327 Rn.5; *Saliger*, Umweltstrafrecht, Rn.464.

[399] BT-Drs. 8/2382, 20; *Saliger*, Umweltstrafrecht, Rn.464.

[400] MüKoStGB/*Alt* § 327 Rn.10; *Saliger*, Umweltstrafrecht, Rn.464.

tatsächlichen Sachherrschaft abgedeckt werden, die nicht bereits durch die Errichtung und den Betrieb erfasst werden.[401] Der Abbau bedeutet einen Eingriff in die Sachsubstanz solcher Anlagen und scheidet das bloße Stilllegen des Reaktors selbst aus.[402] Veränderung kann auf technischer, baulicher oder räumlicher Weise geschehen.[403] Dazu gehören auch Betriebsänderungen, z. B. Erhöhung der Reaktorleistung, Verwendung anderer Brennelemente oder auch Verzicht auf betriebsbezogene Sicherheitsvorkehrungen.[404] Eine Änderung ist wesentlich, wenn sie zu einer Erhöhung des Strahlungsrisikos führt.[405] Änderungen, die sich als Verbesserung der Schutz- und Sicherheitseinrichtungen erweisen oder nur eine offensichtlich unerhebliche Auswirkung auf das Sicherheitsniveau haben, werden daher nicht berücksichtigt.[406] Diese Wesentlichkeit der Änderung gilt auch bei Nr. 2. Die Änderung in Nr. 2 ist dadurch gekennzeichnet, dass sie sich auf eine Betriebsstätte bezieht. Diese Änderung kann innerhalb der Betriebsstätte erfolgen, beispielsweise durch Manipulation an technischen Apparaturen oder Entfernung von Schutzvorrichtungen.[407] Auch eine Änderung der Lage der Betriebsstätte (nicht die bloße Grundstückserweiterung) kann darunter fallen.[408] Eine bloße Änderung der Betriebsweise stellt jedoch keine Änderung im Sinne der Nr. 2

[401] Zu h.M.: MüKoStGB/*Alt* § 327 Rn.11; TK StGB/*Schittenhelm* § 327 Rn.6; Matt/Renzikowski/*Rettenmaier/Gehrmann* StGB § 327 Rn.5; *Saliger*, Umweltstrafrecht, Rn.464; SK-StGB/*Schall* Rn.19; LK-StGB/*Heghmanns* § 327 Rn.10; Demgegenüber wird teilweise die Auffassung vertreten, die nach h.M. dem Gesetzeswortlaut widerspricht, dass das Verbot des Innehabens einer stillgelegten Anlage als Gebot an den Inhaber zu verstehen ist, sich der Anlage vorschriftsgemäß zu entledigen (echtes Unterlassungsdelikt) und damit den rechtswidrigen Zustand zu beseitigen. Vgl. NK-StGB/*Ransiek* § 327 Rn.7; BeckOK StGB/*Witteck* § 327 Rn.11.

[402] Matt/Renzikowski/*Rettenmaier/Gehrmann* StGB § 327 Rn.5; MüKoStGB/*Alt* § 327 Rn.12; *Saliger*, Umweltstrafrecht, Rn.464.

[403] *Saliger*, Umweltstrafrecht, Rn.464; Matt/Renzikowski/*Rettenmaier/Gehrmann* StGB § 327 Rn.5.

[404] SK-StGB/*Schall* § 327 Rn.25; LK-StGB/*Heghmanns* § 327 Rn.15; *Saliger*, Umweltstrafrecht, Rn.464;TK StGB/*Schittenhelm* § 327 Rn.9; *Kutscheidt,* NVwZ 1997, 111.

[405] MüKoStGB/*Alt* § 327 Rn.14; LK-StGB/*Heghmanns* § 327 Rn.16; TK StGB/*Schittenhelm* § 327 Rn.10; SK-StGB/*Schall* § 327 Rn.26; *Saliger*, Umweltstrafrecht, Rn.464.

[406] MüKoStGB/*Alt* § 327 Rn.14; TK StGB/*Schittenhelm* § 327 Rn.10; NK-StGB/*Ransiek* § 327 Rn.8; Matt/Renzikowski/*Rettenmaier/Gehrmann* StGB § 327 Rn.5; SK-StGB/*Schall* § 327 Rn.25; LK-StGB/*Heghmanns* § 327 Rn.16; *Saliger*, Umweltstrafrecht, Rn.464; *Kutscheidt,* NVwZ 1997, 111.

[407] SK-StGB/*Schall* § 327 Rn.37; *Saliger*, Umweltstrafrecht, Rn.465.

[408] Matt/Renzikowski/*Rettenmaier/Gehrmann* StGB § 327 Rn.5; *Saliger*, Umweltstrafrecht, Rn.465.

dar, kann jedoch gegebenenfalls nach § 328 StGB beurteilt werden.[409] § 327 II StGB betrifft allein das Betreiben einer tatbestandlich genannten Anlage.[410] Das Betreiben umfasst alle Handlungen wie bei § 327 I StGB, die der bestimmungsgemäßen Nutzung dienen.[411] § 327 II 2 StGB setzt zusätzlich voraus, dass das Betreiben in irgendeiner Form geeignet ist, außerhalb der Anlage Leib oder Leben eines anderen Menschen zu schädigen oder erhebliche Schäden an Tieren oder Pflanzen, Gewässern, Luft oder Boden herbeizuführen.[412]

3.1.2.1.1.3.3 Unerlaubter Umgang mit radioaktiven Stoffen und anderen gefährlichen Stoffen und Gütern nach § 328

Als mögliche Tathandlungen werden in § 328 I StGB das Herstellen, Aufbewahren, Befördern, Bearbeiten, Verarbeiten oder sonstige Verwenden, Einführen oder Ausführen in Anlehnung an §§ 3–6, 9 AtG und StrlSchV betrachtet.[413] Das Herstellen meint die Produktion von Stoffen im natürlichen Zustand,[414] wobei der gesamte Zeitraum von der Rohstoffauswahl bis zur Fertigstellung umfasst wird.[415] Das Aufbewahren ist im Sinne des Innehabens der Sachherrschaft entgegen §§ 5, 6 AtG zu verstehen und meint unmittelbarer Besitz.[416] Das Befördern bedeutet die Herbeiführung einer Ortsveränderung einschließlich Be- und Entladung entgegen § 4 AtG bis zum Übergehen in eine andere genehmigungsbedürftige Tätigkeit.[417] Das sonstige Verwenden ist ein dynamisches (mechanisches, metallurgisches oder chemisches) Behandeln mit dem Ziel der

---

409 LK-StGB/*Heghmanns* § 327 Rn.18.

410 Ausführlich im Teil 3.1.1.1.2.5.

411 SK-StGB/*Schall* § 327 Rn.50; LK-StGB/*Heghmanns* § 327 Rn.42; Fischer/*Fischer/Lutz* StGB § 327 Rn.12; *Kloepfer/Heger*, Umweltstrafrecht, Rn.265; BeckOK StGB/*Witteck* § 327 Rn.18; NK-StGB/*Ransiek* § 327 Rn.5, 11; TK StGB/*Schittenhelm* § 327 Rn.14; Lackner/Kühl/Heger/*Heger* StGB § 327 Rn.4; a.A.: der Begriff des Betreibens ist noch weit zu fassen, wie dies bei § 325 I StGB der Fall ist, vgl. *Saliger*, Umweltstrafrecht, Rn.445; MüKoStGB/*Alt* § 327 Rn.23.

412 Die „Schädigungseignung“ wird im Teil „Taterfolg“ ausführlich behandelt, wobei § 327 II 2 als potenzielles Gefährdungsdelikt oder Eignungsdelikt angesehen wird.

413 *Saliger*, Umweltstrafrecht, Rn.470; TK StGB/*Schittenhelm* § 328 Rn.4.

414 Art.2 Nr. 14 EU-Verordnung v. 16.12.2008 (EG) Nr. 1272/2008.

415 *Saliger*, Umweltstrafrecht, Rn.470; Graf/Wittig/Jäger/*Book* StGB § 328 Rn.9a.; MüKoStGB/*Alt* StGB § 328 Rn.13.

416 NK-StGB/*Ransiek* § 328 Rn.4; Matt/Renzikowski/*Rettenmaier/Gehrmann* StGB § 328 Rn.8; MüKoStGB/*Alt* StGB § 328 Rn.13; *Saliger*, Umweltstrafrecht, Rn.470.

417 LK-StGB/*Heghmanns* § 328 Rn.14; MüKoStGB/*Alt* StGB § 328 Rn.13; Matt/Renzikowski/*Rettenmaier/Gehrmann* StGB § 328 Rn.8; bezüglich des bloßen Beladens abgelehnt von NK-StGB/*Ransiek* § 328 Rn.4.

Nutzbarmachung[418] einschließlich des Be- und Verarbeitens als Beispielsfälle.[419] Ein bestimmtes Ziel der Verwendung ist nicht erforderlich.[420] Jedoch wird die Beseitigung von Atommüll nicht erfasst.[421] Einfuhr und Ausfuhr bedeutet das grenzüberschreitende Verbringen wie in § 326 II StGB.[422]

Bei § 328 II StGB werden drei weitere Fälle[423] des unerlaubten Umgangs mit Kernbrennstoffen und sonstigen radioaktiven Stoffen formuliert. Als Tathandlung des Nr. 2 gilt die Abgabe an Unberechtigte oder die Vermittlung der Abgabe an Unberechtigte.[424] Abgabe dient als die bewusste Übertragung des Gewahrsams (auch Mitgewahrsams) von einem Berechtigten an einen Unberechtigten entgegen § 5 VI AtG.[425] Die Berechtigung des Empfängers zum Innehaben von Kernbrennstoffen wird gemäß § 5 I 1 in Verbindung mit §§ 4, 6, 7, 9, 9a–c AtG, zum Innehaben von sonstigen radioaktiven Stoffen gemäß § 94 I StrlSchV begründet.[426] Als Vermitteln gilt das Herstellen von Geschäftsbeziehungen zwischen dem Abgebenden und dem unberechtigten Empfänger mit dem Ziel, die Abgabe bzw. das konkrete Abgabegeschäft zu ermöglichen.[427] Eine tatsächliche Abgabe ist für die Vollendung nicht erforderlich.[428] Das bloße Nennen einer Beschaffungsmöglichkeit oder die Werbung für die Vollendung reicht jedoch im Hinblick auf die Versuchsstrafbarkeit nach Abs. 4 nicht aus.[429] Es muss zumindest eine Einigung über Abgabe zwischen dem Abgebenden und dem unbefugten Empfänger vorliegen.[430] Bei Nr. 3 kommt diese Tathandlung in Betracht, eine Explosion von Kernbrennstoffen im Sinne des § 2 Abs. 1 AtG

---

[418] LK-StGB/*Heghmanns* § 328 Rn.17; TK StGB/*Schittenhelm* § 328 Rn.5.

[419] LK-StGB/*Heghmanns* § 328 Rn.17; MüKoStGB/*Alt* StGB § 328 Rn.14.

[420] TK StGB/*Schittenhelm* § 328 Rn.5.

[421] LK-StGB/*Heghmanns* § 328 Rn.17; MüKoStGB/*Alt* StGB § 328 Rn.14.

[422] MüKoStGB/*Alt* StGB § 328 Rn.14; TK StGB/*Schittenhelm* § 328 Rn.8.

[423] § 328 II Nr.1 StGB wird als echtes Unterlassen im Folgenden erläutert.

[424] *Saliger*, Umweltstrafrecht, Rn.473; *Michalke*, Umweltstrafsachen, Rn.366; SK-StGB/*Schall* § 328 Rn.26.

[425] MüKoStGB/*Alt* StGB § 328 Rn.23; *Saliger*, Umweltstrafrecht, Rn.473.

[426] *Saliger*, Umweltstrafrecht, Rn.473; LK-StGB/*Heghmanns* § 328 Rn.28.

[427] *Saliger*, Umweltstrafrecht, Rdn.473; MüKoStGB/*Alt* § 328 Rn.24.

[428] *Saliger*, Umweltstrafrecht, Rn.473; TK StGB/*Schittenhelm* § 328 Rn.13; NK-StGB/*Ransiek* § 328 Rn.7; SK-StGB/*Schall* § 328 Rn.29.

[429] MüKoStGB/*Alt* StGB § 328 Rn.24; TK StGB/*Schittenhelm* § 328 Rn.13; NK-StGB/*Ransiek* § 328 Rn.7.

[430] LK-StGB/*Heghmanns* § 328 Rn.29; SK-StGB/*Schall* § 328 Rn.29; NK-StGB/*Ransiek* § 328 Rn.7.

zu verursachen.[431] Eine Nuklearexplosion ist ein Ereignis, bei dem aufgrund der unkontrollierbaren Freisetzung von Energie bei der Kernspaltung oder Kernfusion Druckwellen mit außergewöhnlicher Beschleunigung, Wärmestrahlung und radioaktive Strahlung ausgelöst werden (wie in § 307 StGB).[432] Die kontrollierten Vorgänge in einem Atomreaktor, Laborexperimente im Teilchenbereich[433] sowie Implosionen[434] fallen nicht darunter. Verleiten (Anstiftung nach § 26 StGB und mittelbare Täterschaft nach § 25 I Alt. 2 StGB)[435] und Fördern (Beihilfe nach § 27 StGB)[436] der Verursachung einer Nuklearexplosion in Nr. 4 sind als täterschaftliches Strafunrecht verselbstständigt, um im Wesentlichen Fälle zu umfassen, in denen die mit Beteiligung Deutscher als Anstifter oder Beihilfe im Ausland begangene Haupttat nicht rechtswidrig ist.[437] Das Verleiten oder Fördern muss ursächlich (wenigstens mitursächlich) sein[438] und die relevante Gefahr geschaffen haben.[439]

Die Tathandlung des § 328 III Nr. 1 ist das Verwenden, wobei als dessen Unterfälle das Lagern sowie das Be- und Verarbeiten bezeichnet werden können.[440] Als Oberbegriff wird das Verwenden weit ausgelegt und erfasst die in § 3 Nr. 10 ChemG aufgezählten Modalitäten, insbesondere das Ab- und Umfüllen sowie das innerbetriebliche Befördern.[441] Das Merkmal „anlagebezogene" ist wie in § 325 StGB zu verstehen.[442] Die Tathandlung des § 328 III Nr. 2 ist die Beförderung nebst aller Vorbereitungs- und Abschlusshandlungen, die sich

---

[431] Matt/Renzikowski/*Rettenmaier/Gehrmann* StGB § 328 Rn.12.

[432] MüKoStGB/*Alt* StGB § 328 Rn.25; Matt/Renzikowski/*Rettenmaier/Gehrmann* StGB § 328 Rn.12.

[433] TK StGB/*Schittenhelm* § 328 Rn.13b; NK-StGB/*Ransiek* § 328 Rn.9; Fischer/*Fischer/Lutz* StGB § 328 Rn.9.

[434] NK-StGB/*Ransiek* § 328 Rn.8; MüKoStGB/*Alt* § 328 Rn.25.

[435] TK StGB/*Schittenhelm* § 328 Rn.13d; *Saliger*, Umweltstrafrecht, Rn.475; MüKoStGB/*Alt* StGB § 328 Rn.28.

[436] TK StGB/*Schittenhelm* § 328 Rn.13e; *Saliger*, Umweltstrafrecht, Rn.475; MüKoStGB/*Alt* StGB § 328 Rn.28.

[437] BT-Drs. 13/10076, 11; *Saliger*, Umweltstrafrecht, Rn.475.

[438] *Saliger*, Umweltstrafrecht, Rn.475; TK StGB/*Schittenhelm* § 328 Rn.13d, 13e; MüKoStGB/*Alt* § 328 Rn.29.

[439] MüKoStGB/*Alt* § 328 Rn.29.

[440] *Saliger*, Umweltstrafrecht, Rn.480.

[441] BT-Drs. 12/192, 24; näher MüKoStGB/*Alt* § 328 Rn.33; *Saliger*, Umweltstrafrecht, Rn.480.

[442] NK-StGB/*Ransiek* StGB § 328 Rn.11; MüKoStGB/*Alt* § 328 Rn.33.

grundsätzlich in § 2 II GGBefG wiederfinden.[443] Erfasst wird nicht nur die Ortsveränderung, sondern auch das Versenden, Verpacken, Auspacken, Verladen, Entladen, Entgegennehmen und Überlassen an andere.[444] Nicht einbezogen ist in Übereinstimmung mit § 1 I 2 Nr. 1 GGBefG der innerbetriebliche Transport.[445]

3.1.2.1.1.3.4 Das anlagebezogene Verursachen von Lärm, Erschütterungen oder nichtionisierenden Strahlen nach § 325a II

Tathandlung des § 325a II StGB ist das anlagebezogene Verursachen von Lärm (wie in § 325 I StGB), Erschütterungen oder nichtionisierenden Strahlen.[446] Das Merkmal „anlagenbezogen" ist wie in § 325 I StGB bestimmt. Bei Erschütterung handelt es sich um „stoßartige, periodische oder regellose niederfrequente mechanische Schwingungen, die von festen Körpern, auch Lautsprechern, ausgehen",[447] z. B. bei Sprengungen, Rammarbeiten oder dem Betreiben schwerer Maschinen.[448] Unter nichtionisierender Strahlung gemäß § 1 II NiSG versteht man elektrische, magnetische und elektromagnetische Felder sowie optische Strahlung und Ultraschall in bestimmten Frequenzbereichen.[449] Dazu zählen beispielsweise Lichtstrahlen, Laserstrahlen, Ultraschall, UV-Strahlen, Radarstrahlen, Mikrowellen.[450] Als wichtige Quelle kommen auch Mobilfunksendeanlagen

---

[443] *Saliger*, Umweltstrafrecht, Rn.486; NK-StGB/*Ransiek* StGB § 328 Rn.12; BT-Drs. 8/2382, 24.

[444] *Saliger*, Umweltstrafrecht, Rn.486; BeckOK StGB/*Witteck* § 328 Rn.22.

[445] BT-Drs. 12/192, 25; *Saliger*, Umweltstrafrecht, Rn.486; MüKoStGB/*Alt* StGB § 328 Rn.37.

[446] Indirekt abgeleitet aus dem Erfordernis der Verletzung verwaltungsrechtlicher Pflichten mit entsprechendem Schutzzweck, vgl. *Saliger*, Umweltstrafrecht, Rn.436; *Kloepfer/Heger*, Umweltstrafrecht, Rn.256; LK-StGB/*Heghmanns* § 325a Rn.18.

[447] *Rockitt*, NVwZ 2019, 1318 (1319); Landmann/Rohmer UmweltR/*Thiel* BImSchG § 3 Rn.64; SK-StGB/*Schall* § 325a Rn.30; *Jarass*, BImSchG § 3 Rn.10; *Saliger*, Umweltstrafrecht, Rn.436; *Krell*, Umweltstrafrecht, Rn.230; ausführlich zu Begriff und Auswirkungen LK-StGB/*Heghmanns* § 325a Rn.19; MüKoStGB/*Alt* § 325a Rn.21.

[448] *Saliger*, Umweltstrafrecht, Rn.436; BeckOK StGB/*Witteck* § 325a Rn.14; SK-StGB/*Schall* § 325a Rn.30; LK-StGB/*Heghmanns* § 325a Rn.19.

[449] MüKoStGB/*Alt* § 325a Rn.22; ausführlich zu Begriff und Erscheinungsformen BT-Drs. 16/12276, 6 ff.; *Schwertfeger*, Die Reform des Umweltstrafrechts, S. 223 ff.; LK-StGB/*Heghmanns* § 325a Rn.20.

[450] Vgl. BT-Drs. 8/3633, 34; MüKoStGB/*Alt* § 325a Rn.22; *Saliger*, Umweltstrafrecht, Rn.436.

(nach 26. BImSchV)[451] und Lichtimmissionen (z. B. bei Werbeanlegen oder im Scheinwerferlicht)[452] in Betracht.

3.1.2.1.2 In China: Ableiten, Abladen oder Behandeln nach § 338 chStGB

In § 338 chStGB wird das „Tun" explizit geregelt: „Wer unter Verstoß gegen Bestimmungen des Staates, radioaktive Abfälle, Krankheitserreger enthaltende Abfälle, giftige Stoffe oder andere schädliche Stoffe ableitet, ablädt oder behandelt (...)." Die Tathandlungen des § 338 chStGB lassen sich in drei Kategorien unterteilen, nämlich Ableiten, Abladen und Behandeln.[453]

Das Ableiten bezieht sich auf das Verhalten bei der Freisetzung von Schadstoffen in Umweltmedien (Boden, Wasser, Luft), einschließlich Überlaufen, Pumpen, Abfließen, Ausstoßen, Ausgießen und andere Methoden.[454] Beim Abladen handelt es sich um das Entsorgen oder Einbringen von Schadstoffen in die Umwelt durch ein Transportmittel wie Schiffe, Flugzeuge, Plattformen.[455] Der Begriff „Behandeln" bezeichnet die Aktivität der Behandlung von Schadstoffen durch Verbrennung, Deponierung oder andere Methoden, welche die physikalischen, chemischen oder biologischen Eigenschaften von Schadstoffen verändern und schließlich deren Platzierung in der Umwelt bewirken.[456]

Die Gemeinsamkeit der obigen drei Arten ist dadurch gekennzeichnet, dass sie Schadstoffe in der Umwelt (z. B. Boden, Wasser, Luft) freisetzen.[457] Darüber hinaus lässt es sich bei der Identifizierung des illegalen Ableitens, Abladens und Behandlungsverhaltens in der Justizpraxis gemäß den relevanten Bestimmungen[458] umfassend prüfen, ob das Verhalten gegen nationale Vorschriften

---

[451] *Schall,* NStZ-RR 2006, 161 (167); *Saliger*, Umweltstrafrecht, Rn.436; LK-StGB/*Heghmanns* § 325a Rn.20.

[452] Vgl. Landmann/Rohmer UmweltR/*Heilshorn/Sparwasser* BImSchG § 22 Rn.27, 28; OVG Lüneburg NVwZ-RR 2003, 820 (822 f.); MüKoStGB/*Alt* § 325a Rn.22; SK-StGB/*Schall* § 325a Rn.31; LK-StGB/*Heghmanns* § 325a Rn.20.

[453] In diesem Fall sind radioaktive Abfälle, die Krankheitserreger enthaltende Abfälle, giftige Stoffe oder sonstige schädliche Stoffe als Tatmittel anzusehen. Näher unten Teil 3.1.1.2.3.5.

[454] Vgl. *Gao Mingxuan/Ma Kechang*, Strafrecht (刑法学), S. 581.

[455] Vgl. *Gao Mingxuan/Ma Kechang*, Strafrecht (刑法学), S. 581.

[456] Vgl. *Li Xihui/Dong Wenhui/Li Guanyu*, Forschung zur Umweltdelikte (环境犯罪研究), S. 189.

[457] Vgl. *Zhang Mingkai*, Strafrecht (刑法学), Bd.2, S. 1483.

[458] z. B. Das Gesetz der Volksrepublik China über die Vermeidung und Kontrolle der Verschmutzung durch feste Abfälle (中华人民共和国固体废物污染环境防治法) (2020) und

oder Branchenbetriebsspezifikationen verstößt, ob Schadstoffe mit dem externen Umfeld in Kontakt stehen und ob es zu einem Risiko oder einer Gefahr der Umweltverschmutzung führt.[459] Insbesondere werden der Transport, die Lagerung und Verwendung, die tatsächlich als Ableiten, Abladen und Behandeln dienen würden, als illegales Ableiten, Abladen und Behandlungsverhalten eingestuft und ihre strafrechtliche Verantwortung gemäß dem Gesetz verfolgt, z. B. die gefährlichen Abfälle, die keinen Gebrauchswert haben, ohne entsprechende Präventionsmaßnahmen lange gelagert und ihre giftigen oder schädlichen Bestandteile verstreut, verloren, ausgelaufen oder in großen Mengen verflüchtigt werden und letztlich eine Umweltverschmutzung verursacht wird.[460] Wer unbefugt gefährliche Abfälle sammelt, lagert, verwendet oder beseitigt und dadurch die Umwelt erheblich belastet, wird zudem nach § 338 chStGB bestraft.[461] Die Gewinnung von Stoffen aus gefährlichen Abfällen als Roh- oder Brennstoffe mit Gewinnabsicht ohne Betriebsgenehmigung für gefährliche Abfälle, bei der eine übermäßige Einleitung von Schadstoffen, eine illegale Ablagerung von Schadstoffen oder andere Umstände, die zu einer illegalen Umweltverschmutzung führen, vorliegen, wird auch als „illegales Behandeln von gefährlichen Abfällen" bezeichnet.[462]

3.1.2.2 Unterlassen

Im Gegensatz zum aktiven Tun stellt das Unterlassen eine negative Handlung dar, die ausgeführt werden sollte und ausgeführt werden könnte, aber nicht ausgeführt

„Justizauslegung zu einigen Fragen der Rechtsanwendung bei der Behandlung von Strafsachen im Zusammenhang mit Umweltverschmutzung" (关于办理环境污染刑事案件适用法律若干问题的解释) (2023).

459 Vgl. Nr. 8 „Protokoll der Sitzung zu Fragen der Bearbeitung von Strafsachen im Zusammenhang mit Umweltverschmutzung" (关于办理环境污染刑事案件有关问题座谈会纪要) (2019).

460 Vgl. Nr. 8 „Protokoll der Sitzung zu Fragen der Bearbeitung von Strafsachen im Zusammenhang mit Umweltverschmutzung" (关于办理环境污染刑事案件有关问题座谈会纪要) (2019). Mit einer entsprechenden Verpflichtung kann die Lagerung ohne entsprechende Vorsorgemaßnahmen als unechtes Unterlassen der Herbeiführung einer Umweltverschmutzung angesehen werden.

461 Gemäß § 7 „Justizauslegung zu einigen Fragen der Rechtsanwendung bei der Behandlung von Strafsachen im Zusammenhang mit Umweltverschmutzung" (关于办理环境污染刑事案件适用法律若干问题的解释) (2023).

462 Gemäß § 18 „Justizauslegung zu einigen Fragen der Rechtsanwendung bei der Behandlung von Strafsachen im Zusammenhang mit Umweltverschmutzung" (关于办理环境污染刑事案件适用法律若干问题的解释) (2023).

wird.[463] In der Strafrechtstheorie wird zwischen echten und unechten Formen des Unterlassens differenziert. Dafür werden zwei grundsätzlich unterschiedliche Ansätze diskutiert.[464] Der formale Ansatz[465] besagt, dass jedes strafbare Unterlassen als „echt" zu werten ist, welches im Gesetz ausdrücklich oder implizit beschrieben ist. Demgegenüber liegt ein „unechtes strafbares Unterlassen" dann vor, wenn das strafbare Verhalten im Gesetz nur als aktives Verhalten beschrieben ist, sich jedoch durch Unterlassen erledigt. Dem materiellen Ansatz[466] zufolge erschöpft sich ein echtes Unterlassen in der bloßen Nichtvornahme eines Handlungsgebots, während beim unechten Unterlassen stets der Eintritt eines Verletzungs- oder Gefährdungserfolges vorausgesetzt wird. In China überwiegt der formale Ansatz,[467] während in der deutschen Rechtsprechung und Literatur der materielle Ansatz am weitesten verbreitet ist.[468] Diese Meinungsverschiedenheit hat jedoch kaum Auswirkungen auf die Umweltverschmutzungsdelikte, insbesondere im Hinblick auf ihre konkrete Tatbestandsmäßigkeit.[469] Wichtig

---

[463] Vgl. TK StGB/*Bosch* vor § 13 Rn.139; Matt/Renzikowski/*Haas* StGB §13 Rn.2. Nach herrschender Meinung (in Rechtsprechung und Teilen der Literatur) erfolgt die Abgrenzung von Tun und Unterlassen normativ, wobei unter Beachtung des sozialen Handlungssinns auf den Schwerpunkt der strafrechtlichen Vorwerfbarkeit abgestellt wird. Allerdings muss zuvor eruiert werden, ob der Täter aktiv oder passiv in Bezug auf den konkreten Deliktserfolg gehandelt hat (naturalistischer Ansatz), vgl. *Tofahrn*, Strafrecht AT II Rn.59; *Hilgendorf/Valerius*, Strafrecht AT, § 11 Rn.11.

[464] Andere Ansätze ausführlich in *Roxin*, Strafrecht AT II, § 31 Rn.21 ff.

[465] Vgl. *Kaufmann*, Unterlassungsdelikt, S. 206 ff, 275 ff.; *Heinrich*, Strafrecht AT, Rn.875 ff; *Jakobs*, Strafrecht AT, Abschn.28, Rn.12; TK StGB/*Bosch* vor § 13 Rn.137.

[466] Vgl. SSW-StGB/*Kudlich* § 13 Rn.2; *Tofahrn*, Strafrecht AT II Rn.51 f.; *Hilgendorf/Valerius*, Strafrecht AT, § 11 Rn.4; ähnlich *Roxin*, Strafrecht AT II § 31 Rn.17 ff.; Lackner/Kühl/Heger/*Heger* StGB § 13 Rn.5.

[467] Vgl. *Gao Mingxuan/Ma Kechang*, Strafrecht (刑法学), S. 66; *Zhang Mingkai*, Strafrecht (刑法学), Bd.1, S. 149.

[468] *Roxin*, Strafrecht AT II § 31 Rn.21.

[469] Grund: Nach beiden Ansätzen lässt sich in China kein echtes Unterlassen bei Umweltverschmutzungsdelikten gemäß § 338 chStGB feststellen. In Deutschland hingegen besteht eine Ausnahme, also § 324a I Var. 2 „Eindringenlassen". Nach dem formellen Ansatz kann dies zweifellos als echtes Unterlassen gelten, während nach dem materiellen Ansatz umstritten ist, ob es sich um eine unechte Unterlassung handelt. Diese Streitigkeit kann jedoch offenbleiben, da sich das Tatbestandsmerkmal „verwaltungsrechtliche Pflichten" mit der Garantenpflicht decken kann. Vgl. MüKoStGB/*Alt* StGB § 324a Rn.17; BeckOK StGB/*Witteck* § 324a Rn.10.1; NK-StGB/*Ransiek* StGB § 324a Rn.12; *Kloepfer/Heger*, Umweltstrafrecht, Rn.215, abgelehnt aber von SK-StGB/*Schall* § 324a Rn.34, da die Garantenstellung nur bei unechten Unterlassungsdelikten zusätzlich zu prüfen ist.

und schwierig ist die Bestimmung der Garantenstellung bei unechten Unterlassungsdelikten.[470]

3.1.2.2.1 In Deutschland

Nach dem materiellen Ansatz liegt ein echtes Unterlassen vor, wenn eine gesetzlich gebotene Tätigkeit nicht vorgenommen wird, ohne dass es auf einen bestimmten Erfolg ankommt.[471] Dies gilt nicht nur für Fälle, in denen allgemeine Handlungspflichten statuiert sind, wie etwa in §§ 138, 323c StGB, sondern auch für Vorschriften, die bestimmte Personenkreise näher bezeichnen, denen Sonderpflichten obliegen.[472] Beispiele sind im Bereich der Umweltverschmutzungsdelikte § 326 III „Nichtablieferung radioaktiver Abfälle" und § 328 II Nr. 1 „Nicht unverzügliche Ablieferung von Kernbrennstoffen".[473] Umweltverschmutzungsdelikte, die sich im Regelfall auf erfolgsbezogene Begehungsdelikte beziehen, können auch durch (unechtes) Unterlassen verwirklicht werden, sofern der Täter gemäß § 13 I StGB rechtlich dafür einzustehen hat, den Erfolg zu verhindern, und sein Unterlassen dem aktiven Tun gleichwertig ist, z. B. §§ 324a I Var.2 „Eindringen lassen" StGB (str.) und andere.

3.1.2.2.1.1 Echtes Unterlassen

Als echte Unterlassungsdelikte sind § 326 III und § 328 II Nr. 1 StGB mit der Sonderpflicht der Ablieferungspflicht ausgestattet.[474] Ein Unterschied besteht darin, dass sich die Ablieferungspflicht des § 326 III umfassender aus verwaltungsrechtlichen Pflichten (im Sinne des § 330d I Nr. 4 StGB) ableitet. Dies kann auf Grundlage von Gesetzen, wie beispielsweise § 9a II AtG, oder auf Basis von vollziehbaren Verwaltungsakten, wie etwa nach § 19 Abs. 3 Nr. 2 AtG, erfolgen.[475] Die Ablieferungspflicht des § 328 II Nr. 1 ergibt sich dagegen lediglich

---

[470] Obwohl die traditionelle Strafrechtslehre in China keinen Garantenbegriff kennt, wird die Quelle der Pflicht zum aktiven Tun ausführlich diskutiert. Vgl. *Zhang Mingkai*, Strafrecht (刑法学), Bd.1, S. 152.

[471] Fischer/*Fischer/Anstätz* StGB vor § 13 Rn.16.

[472] SSK-StGB/*Kudlich* § 13 Rn.2.

[473] Fischer/*Fischer/Lutz* StGB § 326 Rn.50; Graf/Jäger/Wittig/*Bock* StGB § 328 Rn.14.

[474] Vgl. *Saliger*, Umweltstrafrecht, Rn.324, 472. Strafbarkeitsbefreiende Ausnahme von der Ablieferungspflicht bei § 326 III StGB wie behördliche Genehmigung oder behördliche Freigabe ausführlich in LK-StGB/*Heghmanns* § 326 Rn.115; die Ablieferungspflicht nach § 328 II Nr. 1 StGB entfällt z. B. nach § 5 II S. 2 AtG für denjenigen, der nicht weiß, dass es sich um Kernbrennstoffe handelt, die sich in seinem Gewahrsam befinden, vgl. NK-StGB/*Ransiek* StGB § 328 Rn.6.

[475] Vgl. z. B. MüKoStGB/*Alt* StGB § 326 Rn.89; TK StGB/*Schittenhelm* § 326 Rn.13.

aus dem Atomgesetz, wie §§ 5, 19 III 2 Nr. 2 AtG.[476] Die Ablieferung nach dem Atomrecht bedeutet das Hinbringen an eine Sammelstelle oder an einen berechtigten Besitzer.[477] Ein bloßes Bereitstellen ist demnach nicht ausreichend.[478] Das Merkmal „unverzüglich" in § 328 II Nr. 1 ist im Sinne von § 121 I 1 BGB zu verstehen.[479] Strafbar ist daher auch die schuldhaft verspätete oder unvollständige Ablieferung.[480] Demgegenüber ist der Zeitpunkt der Ablieferung bei § 326 III StGB zwar nicht festgelegt, aber so zu interpretieren, dass die Ablieferungspflicht entsteht, sobald der Täter den Besitz erlangt hat und es ihm möglich und zumutbar ist, zu liefern (unverzüglich).[481]

3.1.2.2.1.2 Unechtes Unterlassen

Bei unechten Unterlassungsdelikten gemäß § 13 I StGB unterlässt es der Täter, der eine Garantenstellung innehat, den Eintritt des Erfolges zu verhindern. Das Unterlassen soll dabei dem aktiven Tun zur Verwirklichung des gesetzlichen Tatbestandes gleichwertig sein. Die Notwendigkeit einer Garantenstellung bei unechten Unterlassungsdelikten reflektiert auch den wesentlichen Unterschied zwischen diesen und echten Unterlassungsdelikten. In diesem Kontext stellt sich insbesondere die Frage, ob beim „Eindringen lassen" gemäß § 324a I Var. 2 StGB eine Garantenstellung gegeben sein muss. In der herrschenden Meinung[482] wird angenommen, dass das „Eindringenlassen" eine Garantenstellung im Sinne des § 13 I StGB voraussetzt und somit alle Fälle umfasst, in denen der Täter pflichtwidrig nicht abwendet, dass der Boden durch Stoffe verunreinigt wird. Die Funktionszuweisung durch den Gesetzgeber impliziert, dass das „Eindringenlassen" als abschließender Unterlassungstatbestand zu verstehen ist, welcher

---

[476] Vgl. Graf/Jäger/Wittig/*Bock* StGB § 328 Rn.13.

[477] MüKoStGB/*Alt* StGB § 326 Rn.88; LK-StGB/*Heghmanns* § 326 Rn.112; NK-StGB/*Ransiek* StGB § 326 Rn.61

[478] Matt/Renzikowski/*Rettenmaier/Gehrmann* StGB § 326 Rn.24; MüKoStGB/*Alt* StGB § 326 Rn.88.

[479] LK-StGB/*Heghmanns* § 328 Rn.26.

[480] BeckOK StGB/*Witteck* § 328 Rn.12; LK-StGB/*Heghmanns* § 328 Rn.26; MüKoStGB/*Alt* StGB § 328 Rn.21.

[481] Der Hinweis in BT-Drs. 8/2382, 19, die Ablieferung habe „so rechtzeitig zu erfolgen, dass der Eintritt von Gefahren vermieden wird" wird hier abgelehnt, vgl.TK StGB/*Schittenhelm* § 326 Rn.13; ebenso SK-StGB/*Schall* § 326 Rn.141; MüKoStGB/*Alt* StGB § 326 Rn.88; Fischer/*Fischer/Lutz* StGB § 326 Rn.51.

[482] *Saliger*, Umweltstrafrecht, Rn.372; Fischer/*Fischer/Lutz* StGB § 324a Rn.4a; MüKoStGB/*Alt* StGB § 324a Rn.17; BeckOK StGB/*Witteck* StGB § 324a Rn.7; TK StGB/*Schittenhelm* § 324a Rn.7; Lackner/Kühl/Heger/*Heger* StGB § 324a Rn.6; SK StGB/*Schall* § 324a Rn.34.

folglich auch das Einbringen und Freisetzen von Stoffen durch Unterlassen erfasst.[483] Demgegenüber vertreten einige die Auffassung, dass sich „Eindringenlassen" nach Wortlaut wie Systematik als echtes Unterlassen (Pendant zum Einbringen) von unechtem Unterlassen des Freisetzens unterscheiden lässt.[484] Dieser Streit wurde von einigen als unerheblich für die Tatbestandsmäßigkeit der Nichtverhinderung einer Bodenverunreinigung angesehen, da die Verwaltungspflicht mit einer Garantenpflicht einhergehe.[485] Meiner Auffassung nach stellt das Eindringen lassen ein unechtes Unterlassen dar, das weit auszulegen ist, da § 324a ein erfolgsbezogenes Delikt ist. Ein echtes Unterlassungsdelikt stellt demgegenüber lediglich das Pendant zum Tätigkeitsdelikt dar.[486] Der vorliegende Streit ist durchaus als sinnvoll anzusehen, da ein unechtes Unterlassungsdelikt nach § 13 II StGB unstreitig zu einer Strafmilderung für den Unterlassungstäter führen kann.[487] Beim unechten Unterlassen schließlich ist nicht die bloße Nichtbeseitigung einer bereits eingetretenen Bodenverunreinigung tatbestandsmäßig, sondern eine erneute Belastung oder weitere nachteilige Veränderung eines bereits belasteten Bodens erforderlich.[488]

Andere erfolgsbezogene Umweltverschmutzungsdelikte (etwa als Allgemeindelikte[489]), wie §§ 324, 326 I[490], 328 II Nr. 3, 330a StGB, können (nur und unumstritten) durch unechtes Unterlassen verwirklicht werden, sofern dabei eine

[483] *Laski,* Die strafrechtlichen Bezüge, S. 53, 105 f.; *Saliger*, Umweltstrafrecht, Rn.372; TK StGB/*Schittenhelm* § 324a Rn.7; NK-StGB/*Ransiek* StGB § 324a Rn.13.

[484] *Franzheim/Pfohl*, Umweltstrafrecht, Rn.165; LK-StGB/*Heghmanns* § 324a Rn.40; *Michalke*, Umweltstrafsachen, Rn.137.

[485] NK-StGB/*Ransiek* § 324a Rn.12; *Kloepfer/Heger*, Umweltstrafrecht, Rn.215.

[486] Vgl. *Roxin*, Strafrecht AT II § 31 Rn.21.

[487] MüKoStGB/*Alt* StGB § 324a Rn.17; dagegen NK-StGB/*Ransiek* § 324a Rn.12.

[488] Ähnlich wie bei § 324 Gewässerverunreinigung, vgl. NK-StGB/*Ransiek* § 324 Rn.20 und § 324a Rn.13,14.

[489] Allgemeindelikte sind von jedermann begehbare Straftaten, vgl. LK-StGB/*Heghmanns* vor § 324a Rn.46; SK-StGB/*Schall* vor § 324 Rn.41.

[490] Obgleich ein Verletzungs- oder Gefährdungserfolg im Rahmen des § 326 I StGB nicht erforderlich ist, besteht gleichwohl eine Erfolgsabwendungspflicht gemäß § 13 StGB, die dem Gesetzeszweck entspricht. Diese Pflicht zur Erfolgsabwendung ist dabei nicht auf die Verhinderung der erstmaligen Herbeiführung der abstrakten Gefahr beschränkt, sondern erstreckt sich auch auf die Verhinderung der Realisierung dieser Gefahr. Vgl. SK-StGB/*Schall* § 326 Rn.111.

Garantenstellung vorliegt. Heutzutage sind die Garantenstellungen nach materiellen Kriterien, namentlich ihrer Funktion, einzuteilen.[491] Demnach ist zwischen „Beschützergarant“ und „Überwachergarant“ zu unterscheiden. Der Beschützergarant trägt die umfassende Obhutspflicht für bestimmte Rechtsgüter und muss dafür sorgen, dass diese Rechtsgüter nicht verletzt werden.[492] Im Umweltstrafrecht steht der Amtsträger in Umweltverwaltungsbehörden im Vordergrund. Seine Aufgabe besteht gemäß überwiegender, jedoch umstrittener Meinung in der Sicherstellung des Schutzes der Umweltgüter.[493] Daher kann er im Falle der Nichtrücknahme einer fehlerhaften Genehmigung oder des Nichteinschreitens gegen bestimmte rechtswidrige Umwelttaten Dritter strafbar sein.[494] Der Überwachergarant übernimmt die Sicherungspflicht bzw. Überwachungspflicht, indem er bestimmte (menschliche oder gegenständliche) Gefahrenquellen überwacht, damit sich diese nicht realisieren.[495] Kerngedanke ist dabei, dass der Täter eine Gefahrenquelle geschaffen hat oder beherrscht und daher verpflichtet ist, schädliche Auswirkungen zu verhindern.[496] Darunter fällt insbesondere die tatsächliche Sachherrschaft über Gefahrenquellen, z. B. Inhaber eines Betriebs,[497] Eigentümer oder Besitzer eines Grundstücks.[498] Darüber hinaus ist die Verantwortlichkeit für das Verhalten Dritter (als menschliche Gefahrenquellen) im Einzelfall zu prüfen, insbesondere bei Aufsichtsverhältnissen gegenüber vollverantwortlichen Beaufsichtigten, z. B. die strafrechtliche Verantwortlichkeit

---

[491] *Hilgendorf/Valerious*, Strafrecht AT, § 11, Rn.37; *Tofahrn*, Strafrecht AT II, Rn.66.

[492] Vgl. *Tofahrn*, Strafrecht AT II, Rn.66.

[493] Vgl. *Hilgendorf/Valerious*, Strafrecht AT, § 11, Rn.56.

[494] Umfassend dazu LK-StGB/*Heghmanns* vor § 324 Rn.84, 85; SK-StGB/*Schall* vor § 324 Rn.111 f., 121 f;

[495] *Hilgendorf/Valerious*, Strafrecht AT, § 11, Rn.38, 40.

[496] *Hilgendorf/Valerious*, Strafrecht AT, §11, Rn.40.

[497] Er ist verpflichtet, die von seinem Betrieb ausgehenden Gefahren zu überwachen und daraus resultierende Umweltverschmutzungen zu verhindern. Vgl. SK-StGB/*Schall* § 324 Rn.42.

[498] Es obliegt ihm, die von den auf bzw. in seinem Grundstück lagernden Altlasten für Boden und Gewässer ausgehenden Gefahren zu überwachen. Vgl. SK-StGB/*Schall* § 324 Rn.42; *Franzheim/Pfohl*, Umweltstrafrecht, Rn.185; TK StGB/*Schittenhelm* § 324 Rn.10 und § 324a Rn.7. Insbesondere die Beseitigungspflicht des Grundstücksbesitzers für wilde Müllablagerungen, vgl. SK-StGB/*Schall* § 324 Rn.42, § 324a Rn.36 und § 326 Rn.110.

von Unternehmensinhabern[499] bzw. der Betriebsbeauftragten für den Umweltschutz.[500] Eine Überwachergarantenstellung kann sich schließlich aus einem gefährdenden Vorverhalten ergeben (sog. Ingerenz), z. B. durch Abstellen eines noch Betriebsflüssigkeiten enthaltenden Autowracks[501], unkontrollierbare Freisetzung von Giftstoffen durch Zersetzung der Umhüllung, wodurch andere gefährdet werden.[502]

Bei anderen anlagenbezogenen Umweltverschmutzungsdelikten ist zunächst zu differenzieren, ob es sich um Sonderdelikte handelt oder nicht, da der Täterkreis bei Sonderdelikten enger ist. Nach der herrschenden Meinung gelten Delikte gemäß §§ 327 I und II, 329 I und II Nr. 1 und Nr. 2 StGB als Sonderdelikte,[503] weil ihre Formulierung „wer eine Anlage betreibt" darauf hinweist, dass sich die Täterschaft auf den Betreiber im rechtlichen Sinne beschränkt.[504] Im Gegensatz dazu ist umstritten, ob es sich bei §§ 325 I und II, 325a, 328 III Nr. 1 StGB um Sonderdelikte handelt. Ich stimme der Ansicht zu, dass bei diesen Delikten, bei denen die Umweltverschmutzung „beim Betrieb einer Anlage" erfolgt, kein bestimmter Täterkreis hervorgehoben wird.[505] Denn die Formulierung „beim Betrieb einer Anlage" stellt lediglich eine räumlich-gegenständliche Begrenzung der Tathandlung dar.[506] So können insbesondere Umweltschutzbeauftragte aufgrund ihrer Überwachungspflicht nach §§ 325, 325a, 328 III Nr. 1 StGB strafbar sein,[507] während sie bei §§ 327 I und II, 329 I und II Nr. 1 und Nr. 2 StGB

[499] Die Unternehmensinhaber – bei juristischen Personen die vertretungsberechtigten Organe – sind aufgrund ihrer gesellschaftsrechtlichen Stellung und der tatsächlichen Sachherrschaft dafür verantwortlich, dass von ihrem Betrieb keine Gefahren für die Umwelt ausgehen, z. B. die Auswahl-, Instruktions-, und Aufsichtspflicht. Vgl. SK-StGB/*Schall* § 324 Rn.44; LK-StGB/*Heghmanns* § 324 Rn.69.

[500] Seine Garantenpflicht ist durch umweltverwaltungsrechtliche Regelungen zu konkretisieren und einzugrenzen. Sofern ihm weitergehende innerbetriebliche Entscheidungsbefugnisse übertragen wurden, bemisst sich der Umfang seiner Garantenpflicht nach dem Umfang dieser Befugnisse, insbesondere als Compliance-Beauftragten. Vgl. MüKoStGB/*Alt* StGB § 324 Rn.111.

[501] Vgl. MüKoStGB/*Alt* StGB § 324 Rn.111.

[502] LK-StGB/*Heghmanns* § 330a Rn.12.

[503] LK-StGB/*Heghmanns* vor § 324 Rn.46; *Saliger*, Umweltstrafrecht, Rn.149 ff.

[504] SK-StGB/*Schall* vor § 324 Rn.44.

[505] SK-StGB/*Schall* vor § 324 Rn.43;

[506] SK-StGB/*Schall* vor § 324 Rn.43; *Saliger*, Umweltstrafrecht, Rn.149, 151.

[507] Beispiele dazu SK-StGB/*Schall* § 325 Rn.28, 29.

keine Täter sind. In der Praxis ist die Verwirklichung anlagenbezogener Umweltverschmutzungsdelikte durch unechtes Unterlassen jedoch selten möglich,[508] da der tatbestandsmäßige Erfolg regelmäßig durch aktiven Anlagenbetrieb verursacht worden sein muss.[509] Auch die Nichterfüllung einer Auflage durch den Anlagenbetreiber stellt eine Begehung der Tat dar.[510] Ein Betreiben durch Unterlassen ist jedoch bei den Tatbeständen der §§ 327 I und II, 329 I und II Nr. 1 und Nr. 2 StGB zu berücksichtigen, sofern der Anlageinhaber außenstehende Dritte (ausgenommen Angestellte des Anlageninhabers) pflichtwidrig nicht an der Nutzung der Anlage hindert, z. B. Nichtvornahme der geeigneten Gegenmaßnahmen zur wilden Müllablagerungen durch Dritte.[511]

3.1.2.2.2 In China: unechtes Unterlassen

Nach der Vorschrift des § 338 chStGB liegt kein echtes Unterlassen bei Umweltverschmutzungsdelikten vor, weil diese lediglich drei Handlungsmodalitäten regelt. Allerdings kann ein unechtes Unterlassen dieser Handlungen in Betracht kommen, sofern der Täter verpflichtet und in der Lage ist, die Umweltverschmutzung abzuwenden.[512]

Nach der traditionellen Strafrechtstheorie wird die Quelle der Pflicht durch einen formellen Ansatz klassifiziert.[513] In diesem Kontext sind zunächst die gesetzlichen Bestimmungen zu nennen. Als Gesetz gilt die Gesamtheit aller Verhaltensnormen, die vom Staat festgelegt oder anerkannt und durch die Staatsgewalt durchgesetzt werden. Voraussetzung hierfür ist, dass diese Pflicht auch strafrechtlich anerkannt ist.[514] Ein Beispiel dafür ist, dass gemäß § 40 des Gesetzes zur Verhütung und Bekämpfung der Wasserverschmutzung der Volksrepublik China das Unternehmen verpflichtet ist, Maßnahmen zur Verhinderung

---

[508] SK-StGB/*Schall* § 325 Rn.28, § 325a Rn.12 und § 327 Rn.52.

[509] SK-StGB/*Schall* § 325 Rn.28 und § 327 Rn.52.

[510] SK-StGB/*Schall* § 325 Rn.28 und § 327 Rn.52.

[511] SK-StGB/*Schall* § 327 Rn.53; SSW-StGB/*Saliger/Lienert* § 327 Rn.15; LK-StGB/*Heghmanns* § 327 Rn.44.

[512] Die Voraussetzung der „Entsprechungsklausel" ist in China gesetzlich nicht gefordert. Denn eine Vorschrift wie § 13 des deutschen Strafgesetzbuches gibt es im chinesischen Strafgesetzbuch nicht. Einige chinesische Strafrechtswissenschaftler sind der Ansicht, dass die „Entsprechungsklausel" keine konkrete Voraussetzung, sondern ein Auslegungsgrundsatz des Tatbestandsmerkmals der unechten Unterlassung ist. Vgl. *Zhang Mingkai*, Strafrecht (刑法学), Bd.1, S. 161.

[513] Vgl. *Gao Mingxuan/Ma Kechang*, Strafrecht (刑法学), S. 63 f.; *Zhang Mingkai*, Strafrecht (刑法学), Bd.1, S. 152.

[514] Vgl. *Gao Mingxuan/Ma Kechang*, Strafrecht (刑法学), S. 64.

von Leckagen zu ergreifen, um eine Verunreinigung des Grundwassers zu verhindern. Ein Unterlassen dieser Verpflichtung, das zur Umweltverschmutzung führt, kann in der Rechtsprechung nach § 338 chStGB strafbar sein.[515] Darüber hinaus ergibt sich die Pflicht aus beruflichen oder geschäftlichen Anforderungen oder Rechtsgeschäften (z. B. Verträgen). Hierbei kommt ein Amtsträger mit Aufsichtspflichten im Bereich des Umweltschutzes in Betracht. Allerdings ist dessen Strafbarkeit gemäß § 408 chStGB[516] besonders geregelt. Das Unterlassen seiner Pflicht wird demnach nicht mehr als Umweltverschmutzungsdelikt bestraft. Außerdem gibt es in China keinen speziellen Betriebsbeauftragten für den Umweltschutz wie in Deutschland.[517] Eine Ähnlichkeit besteht darin, dass gemäß § 23 des Gesetzes zur Verhütung und Bekämpfung der Wasserverschmutzung der Volksrepublik China die Unternehmen, Institutionen und andere Produktions- und Geschäftseinheiten, die eine Genehmigung für die Einleitung von Schadstoffen umsetzen, eigenständig die von ihnen eingeleiteten Wasserschadstoffe überwachen und die ursprünglichen Überwachungsdaten speichern sollen. Gemäß § 24 des gleichen Gesetzes obliegt es ihnen, die Authentizität und Genauigkeit der Überwachungsdaten sicherzustellen. In Bezug auf die Wartung und den Betrieb von Umweltüberwachungsgeräten besteht für die betroffenen Einheiten die Möglichkeit, geeignetes Personal zu beauftragen. Wenn dieses Personal seine Pflicht (insb. Informationspflicht) nicht erfüllt, bzw. Handlungen gemäß § 11 S. 3 Justizauslegung 2023 wie die Manipulation oder Fälschung von automatischen Überwachungsdaten, die Störung automatischer Überwachungseinrichtungen oder die Zerstörung von Umweltqualitätsüberwachungssystemen begeht oder daran beteiligt ist, wird es nach dem Strafgesetzbuch mit höheren Strafen (Vergleich zwischen dem Umweltverschmutzungsdelikt und der Straftat

---

515 Vgl. Nr. 8 „Protokoll der Sitzung zu Fragen der Bearbeitung von Strafsachen im Zusammenhang mit Umweltverschmutzung“ (关于办理环境污染刑事案件有关问题座谈会纪要) (2019).

516 § 408 chStGB: „Wenn ernste und schwerwiegende Verantwortungslosigkeit von Mitarbeitern staatlicher Behörden, denen amtliche Pflichten der Überwachung und Verwaltung des Umweltschutzes auferlegt sind, dazu führt, dass ein Vorfall gravierender Umweltverschmutzung eintritt, wodurch öffentliches oder privates Eigentum gravierende Verluste erleidet oder die ernste und schwerwiegende Folge der Körperverletzung oder der Tod von Personen verursacht wird, ergeht (gegen den betreffenden Mitarbeiter) zeitige Freiheitsstrafe bis zu drei Jahren oder Gewahrsam“.

517 In Deutschland kann die Verantwortung für die Überwachung der Einhaltung von Umweltschutzstandards nicht länger allein beim Betriebsinhaber liegen. Dieser muss vielmehr zwingend einen Betriebsbeauftragten bestellen, der die Einhaltung der Standards überwacht. Vgl. *Böse*, NStZ 2003, 638. Im Gegensatz dazu findet sich im chinesischen Recht keine ausdrückliche Erwähnung des Betriebsbeauftragten.

der Beschädigung des Computerinformationssystems[518]) belegt. Die Pflicht kann schließlich aus einem gefährdenden Vorverhalten (sog. Ingerenz) abgeleitet werden, bei fehlenden wirksamen Maßnahmen zur Verhinderung der Ausbreitung eines Waschöl-Austritts und -Überlaufs.

3.1.2.3 Vergleichende Zusammenfassung

3.1.2.3.1 Einführung von anlagenbezogenen Handlungen bzw. der Verursachung von Lärm in das chinesische Strafgesetzbuch

Im Gegensatz zur deutschen Gesetzgebung ist das chinesische Umweltstrafrecht eher grob gefasst. Während in Deutschland verschiedene umweltverschmutzende Verhaltensweisen differenziert geregelt sind, werden in China nahezu alle Fälle von Umweltverschmutzung in einer einzigen Strafvorschrift behandelt,[519] nämlich in § 338 chStGB. Dieser Paragraph deckt drei Verhaltensweisen ab, nämlich das Ableiten, Abladen und Behandeln. Die Analyse der Bedeutung dieser drei Verhaltensweisen sowie deren Justizauslegung[520] verdeutlicht, dass § 338 StGB eine integrative Regelung darstellt, welche den Schwerpunkt auf den direkten Kontakt mit Umweltmedien legt. Es geht also weniger um vorangehende Handlungen, die indirekt die Umwelt verschmutzen könnten, wie etwa Handeln, Makeln oder Vermitteln, wie es im deutschen Umweltstrafrecht der Fall ist. Aus dieser Perspektive kann § 338 chStGB mit den deutschen §§ 324, 324a und 325 StGB verglichen werden, da auch das chinesische Strafgesetzbuch Umweltmedien wie Gewässer, Boden und Luft schützt, wenngleich in einer weniger detaillierten und differenzierten Form. Eine gewisse Ähnlichkeit zu den deutschen § 326 („Unerlaubter Umgang mit Abfällen“) und § 328 StGB („Unerlaubter Umgang

[518] Da sich ihre Pflicht unmittelbar auf die Daten bezieht, kann bspw. die Manipulation oder Fälschung von automatisierten Überwachungsdaten selbst den Straftatbestand der Beschädigung eines Computerinformationssystems erfüllen. Vgl. § 11 S. 1 der „Justizauslegung zu einigen Fragen der Rechtsanwendung bei der Behandlung von Strafsachen im Zusammenhang mit Umweltverschmutzung“ (关于办理环境污染刑事案件适用法律若干问题的解释) (2023).

[519] Als weiteres Umweltverschmutzungsdelikt wird auch § 339 chStGB erfasst. Die Tathandlungen umfassen nicht nur das Ableiten, Abladen und Behandeln, sondern auch das Einführen.

[520] Gemäß § 7 „Justizauslegung zu einigen Fragen der Rechtsanwendung bei der Behandlung von Strafsachen im Zusammenhang mit Umweltverschmutzung“ (关于办理环境污染刑事案件适用法律若干问题的解释) (2023) werden in der chinesischen Praxis der Transport, die Lagerung und Verwendung unter bestimmten Umständen als Ableiten, Abladen und Behandeln ausgelegt.

mit radioaktiven Stoffen und anderen gefährlichen Stoffen und Gütern“) ist ebenfalls in § 338 chStGB zu erkennen, da unterschiedliche Formen von Abfällen vom Tatmittel des § 338 chStGB erfasst sind. Im Gegensatz dazu finden sich für den deutschen § 330a StGB („Schwere Gefährdung durch Freisetzen von Giften“) sowie für die §§ 325a, 327 und 329 Abs. 1, 2 Nr. 1 und 2 StGB, die anlagenbezogene Handlungen und die Verursachung von Lärm betreffen, keine entsprechenden Regelungen in § 338 chStGB. Während der deutsche § 330a StGB mit den §§ 114 und 115 chStGB[521] („Vergiftung“) verglichen werden kann, finden anlagenbezogene Handlungen oder Lärmschutz keine Anwendung im chinesischen Strafgesetzbuch. Dieser Unterschied könnte darauf zurückzuführen sein, dass China ein Entwicklungsland ist und seine Industrialisierung im Vergleich zu Deutschland noch weniger fortgeschritten ist. Auch die chinesische Gesetzgebung im Bereich der Anlagenhaftung und des Lärmschutzes hinkt hinterher. Bei der Anlagenhaftung liegt der Schwerpunkt in China auf dem Schutz der öffentlichen Sicherheit und weniger auf dem Umweltschutz. Dies zeigt sich beispielsweise im „Gesetz der Volksrepublik China über die Sicherheit von Spezialanlagen“, das erst 2014 in Kraft trat, sowie im „Gesetz über nukleare Sicherheit“, das 2018 in Kraft trat. Obwohl Letzteres den Umweltschutz als Ziel einschließt, wird bei Verstößen im Zusammenhang mit Anlagen primär verwaltungsrechtliche Verantwortung verfolgt. Diesbezüglich sei auf § 86 Nr. 3 verwiesen: „Wer bei einer Anlage zur Beseitigung radioaktiver Abfälle, die stillgelegt werden sollte, das Stilllegungsverfahren nicht in Übereinstimmung mit dem Gesetz durchführt, und dadurch eine Umweltverschmutzung verursacht, wird angeordnet, Maßnahmen zur Beseitigung der Verschmutzung innerhalb einer bestimmten Frist zu ergreifen“. Die strafrechtliche Verantwortung bezieht sich erst auf den Umgang mit radioaktiven Abfällen. Im Bereich des Lärmschutzes begann die Gesetzgebung in China früher. Das erste „Gesetz der Volksrepublik China über die Verhütung und Bekämpfung von Lärmbelästigung“ trat 1997 in Kraft und wurde 2018 überarbeitet. Eine umfassende Neufassung erfolgte 2022,

[521] § 114 chStGB: „Wer… giftige, radioaktive oder Krankheitserreger enthaltende Stoffe freisetzt… und dadurch die öffentliche Sicherheit gefährdet, wird unter der Voraussetzung, dass keine ernsten und schwerwiegenden Folgen verursacht worden sind, mit zeitiger Freiheitsstrafe von drei Jahren bis zu zehn Jahren bestraft.“

§ 115 chStGB gilt für den besonders schweren Fall einer Vergiftung und für fahrlässige Vergiftung, z. B. wird der Eintritt, „einer schweren Verletzung oder des Todes eines Menschen oder gravierender Verluste an öffentlichem oder privatem Eigentum“ (sog. qualifizierter Erfolg) mit zeitiger Freiheitsstrafe von mindestens zehn Jahren, mit lebenslanger Freiheitsstrafe oder mit dem Tod bestraft.

die den Begriff der Lärmbelästigung neu definierte und den Anwendungsbereich des Gesetzes erweiterte. Laut § 87 dieses Gesetzes werden Verstöße, die Straftaten darstellen, strafrechtlich verfolgt. Allerdings findet sich keine entsprechende Regelung im chinesischen Strafgesetzbuch, die eine Beantwortung dieser Anweisung im Falle einer Umweltverschmutzung vorschreibt.

Mit der fortschreitenden Industrialisierung und dem wachsenden Bedürfnis der Bevölkerung nach einem harmonischen Lebensumfeld wäre es meiner Meinung nach sinnvoll, anlagenbezogene Handlungen und Lärmschutz, ähnlich wie im deutschen Strafgesetzbuch, ins chinesische Strafgesetzbuch aufzunehmen. Die umfassende verwaltungsrechtliche Renovierung sowie die Lücken in § 338 chStGB, der keine spezifischen Regelungen für unterschiedliche Verhaltensweisen der Umweltverschmutzung trifft, verdeutlichen die Notwendigkeit einer solchen Ergänzung im chinesischen Umweltstrafrecht.

3.1.2.3.2 Anerkennung der materiellen Kriterien an der Quelle der Pflicht (China) bei unechtem Unterlassen

Im chinesischen Strafgesetzbuch findet sich keine explizite Regelung für das Unterlassen, wie sie in § 13 des deutschen Strafgesetzbuchs („Begehen durch Unterlassen") normiert ist. Die Entwicklung der Forschung zu Unterlassungsdelikten, insbesondere zum unechten Unterlassen, wurde in der Vergangenheit maßgeblich von sowjetischen Einflüssen geprägt. Gegenwärtig lässt sich jedoch eine Beeinflussung durch japanische und deutsche Ansätze beobachten. Obgleich ein Begriff des Garanten nach der chinesischen traditionellen Strafrechtstheorie nicht existiert, wird die Quelle der Pflicht zum Tun erörtert. Derjenige, der die Pflicht zum Tun hat, ist tatsächlich der Garant.[522] Ein wesentlicher Unterschied zur deutschen Rechtsauffassung besteht jedoch darin, dass die Quelle der Pflicht zum Tun in China nach einem formellen Ansatz klassifiziert wird, während in Deutschland vermehrt materielle Kriterien zur Anwendung kommen. Der formelle Ansatz, bei dem die Pflicht zum Tun beispielsweise aus gesetzlichen Bestimmungen oder Verträgen abgeleitet wird, ist jedoch nicht unproblematisch. Ein zentrales Problem besteht darin, dass dieser Ansatz möglicherweise zu einer ungerechten Ausweitung der Garantenstellung führt. Dies impliziert, dass eine Person, die eine Pflicht aus einem Gesetz oder einem Vertrag hat, automatisch als Garant für das Unterlassen gilt und somit strafrechtlich zur Verantwortung gezogen werden kann. Dies wirft die Frage auf, warum das bloße Unterlassen einer Pflicht aus anderen Rechtsgebieten, beispielsweise dem Zivilrecht, direkt

[522] Vgl. *Zhang Mingkai*, Strafrecht (刑法学), Bd.1, S. 152.

ein Unterlassungsdelikt darstellen sollte, insbesondere, wenn ein Tun gegen dieses Recht normalerweise nicht als Verbrechen gewertet wird. In anderen Worten: Das bloße Unterlassen von Pflichten aus anderen Gesetzen führt nicht automatisch zu einem strafbaren Unterlassungsdelikt.[523] Als Beispiel kann hier § 6 des Gesetzes der Volksrepublik China zum Schutz der Umwelt angeführt werden, welcher besagt, dass jeder Einzelne die Pflicht hat, die Umwelt zu schützen. Dazu ist jeder Einzelne aufgerufen, sich der Verantwortung zum Schutz der Umwelt bewusst zu sein und einen kohlenstoffarmen und sparsamen Lebensstil zu pflegen. Personen, die dieser Pflicht nicht nachkommen, beispielsweise indem sie täglich ein Auto mit hohen Abgaswerten zur Arbeit nutzen, sollen aber trotz ihrer Beiträge zur Luftverunreinigung nicht unter dem Vorwurf der Umweltverschmutzung strafrechtlich verfolgt werden. Der formelle Ansatz weist daher klare Schwächen auf und sollte aufgegeben werden. Im Gegensatz dazu sollte die Quelle der Pflicht zum Tun nach materiellen Kriterien eingeteilt werden. Diese Einteilung in Schutzpflicht für bestimmte Rechtsgüter und Überwachungspflicht für Gefahrenquellen könnte die Nachteile des formellen Ansatzes ausgleichen und dazu beitragen, die Anwendung der strafrechtlichen Verantwortlichkeit auf Fälle zu beschränken, in denen tatsächlich eine Pflicht zum Tun besteht. Die Anwendung materieller Kriterien erweist sich auch in der Praxis als vorteilhaft, weil in den meisten Fällen von Umweltverschmutzungsdelikten durch Unterlassen eine Überwachungspflicht besteht.

3.1.3 Taterfolg

Der Erfolg manifestiert sich in einer tatbestandsmäßigen Veränderung der Außenwelt und spielt eine zentrale Rolle bei der Feststellung und Bestrafung der Delikte. Alle Delikte weisen einen tatbestandsmäßigen Erfolg auf.[524] Nach unterschiedlichen Kriterien lassen sich die vollendeten vorsätzlichen Begehungsdelikte in verschiedene Gruppen einteilen. Darunter spielen zwei Gruppen eine besonders wichtige Rolle, nämlich zum einen Erfolgsdelikt und Tätigkeitsdelikt und zum anderen Verletzungsdelikt und Gefährdungsdelikt. Nach der Beziehung zwischen Handlung und Erfolg können die Delikte in Tätigkeitsdelikte und Erfolgsdelikte unterschieden werden. Bei den Erfolgsdelikten handelt es

[523] Vgl. *Bechtel*, NStZ 2020, 386.

[524] Vgl. *Roxin/Greco*, Strafrecht AT I, § 10 Rn.104; *Zhang mingkai*, Modern Law Science (现代法学) 1/2023, 164, aber str., nach anderer Auffassung liegt bei Tätigkeitsdelikten kein Erfolg vor, vgl. *Qi Wenyuan/Renagu Apaer*, Police Science Research (警学研究) 4/2022, 9.

sich um Tatbestände, bei denen der Erfolgseintritt eine erforderliche Voraussetzung ist, der in einer von der Tathandlung räumlich und zeitlich getrennten Verletzungs- oder Gefährdungswirkung besteht.[525] Bei den Tätigkeitsdelikten ist dagegen der getrennte Erfolgseintritt nicht notwendig. Die Tätigkeitsdelikte beziehen sich auf Tatbestände, bei denen die Tatbestandserfüllung mit dem letzten Handlungsakt schon zusammentritt.[526] In Bezug auf die Angriffsintensität auf die Rechtsgüter lassen sich Delikte in Verletzungsdelikte und Gefährdungsdelikte differenzieren. Bei den Verletzungsdelikten müssen die Rechtsgüter tatsächlich beeinträchtigt sein, während bei den Gefährdungsdelikten nur eine Bedrohung für die Rechtsgüter erforderlich ist.[527] Je nach Bedrohungsintensität lassen sich die Gefährdungsdelikte weiter unterteilen in konkrete Gefährdungsdelikte, bei denen sich die Gefahr für das Rechtsgut im Einzelfall tatsächlich verwirklicht, und abstrakte Gefährdungsdelikte (einschließlich der Delikte mit Geeignetheitsformel),[528] bei denen die typische Gefährlichkeit einer Handlung den Strafgrund bildet.[529] Ein Delikt, dessen Deliktsart sich in beide Gruppen einordnen lässt, z. B. ein Erfolgsdelikt, kann weiterhin als Verletzungsdelikt oder als konkretes Gefährdungsdelikt angesehen werden. Diese Klassifizierungen gelten auch für Umweltverschmutzungsdelikte in Deutschland und China.

3.1.3.1 In Deutschland: Deliktstyp der §§ 324-330a StGB

In den §§ 324-330a StGB sind die Umweltverschmutzungsdelikte in neun verschiedenen Straftatbeständen geregelt, wobei die Gefährdungsdelikte überwiegen und die Verletzungsdelikte eine Minderheit darstellen.[530] Im Folgenden erfolgt eine Erörterung der Taterfolge dieser Straftatbestände unter Berücksichtigung ihrer unterschiedlichen Deliktsarten.[531]

---

[525] *Roxin/Greco*, Strafrecht AT I, § 10 Rn.102.

[526] *Roxin/Greco*, Strafrecht AT I, § 10 Rn.103.

[527] Vgl. *Roxin/Greco*, Strafrecht AT I, § 10 Rn.123.

[528] Die Einordnung der Art der Delikte mit Geeignetheitsformel ist aber umstritten, siehe im Einzelnen unter 3.1.3.1.4 Potentielle Gefährdungsdelikte oder Eignungsdelikte.

[529] Vgl. *Roxin/Greco*, Strafrecht AT I, § 10 Rn.123, 124; *Liang*, Abstrakte Gefährdungsdelikte, S. 13.

[530] Vgl. TK StGB/*Schittenhelm* vor § 324 ff. Rn.9.

[531] Sowohl die Erfolgsqualifikation nach § 330a II, 330 II 2 Nr. 2 (Verursachung des Todes eines Menschen) wegen Offenkundigkeit als auch die besonders schweren Fälle einer vorsätzlichen Umweltstraftat der §§ 324 bis 329 nach § 330 I als Strafzumessungsregelung; Regelbeispiele wegen fehlender abschließender Bindungswirkung werden hier nicht mehr erörtert, vgl. TK StGB/*Schittenhelm* § 330 Rn.1, 10; § 330a Rn.7a.

3.1.3.1.1 Verletzungsdelikte

Bei Verletzungsdelikten manifestiert sich der Taterfolg in einer Verletzungswirkung, bei der das Rechtsgut tatsächlich beeinträchtigt wird.[532] Dazu zählen die Straftatbestände nach §§ 324[533] und 324a[534] StGB.

3.1.3.1.1.1 Verletzungswirkung auf Gewässer gemäß § 324

Die Taterfolge des § 324 StGB umfassen die Gewässerverunreinigung sowie die sonstige nachteilige Veränderung der Gewässereigenschaften. In Bezug auf das Wort „sonstige" lässt sich ableiten, dass die nachteilige Veränderung einen Oberbegriff darstellt, welcher die Verunreinigung als dessen Unterfall beinhaltet.[535] Der wesentliche (wenn auch in der Praxis bedeutungslose) Unterschied

---

[532] Vgl. *Roxin/Greco*, Strafrecht AT I, § 10 Rn.102, 123.

[533] H.M.: BT-Drs. 17/5391, 12; BGH NJW 1992, 122 (123); OLG Frankfurt NJW 1987, 2753 (2754); SK-StGB/*Schall* § 324 Rn.9; *Sack*, Umweltschutz-Strafrecht, § 324, Rn.6d; MüKoStGB/*Alt* StGB § 324 Rn.5; Fischer/*Fischer/Lutz* StGB § 324 Rn.2; TK StGB/*Schittenhelm* vor § 324 ff. Rn.9; Matt/Renzikowski/*Rettenmaier/Gehrmann* StGB § 324 Rn.1; SSW-StGB/*Saliger/Lienert* § 324 Rn.3; BeckOK StGB/*Witteck* § 324 Rn.2; LK-StGB/*Heghmanns* § 324 Rn.12; *Kloepfer/Heger*, Umweltstrafrecht, Rn.181; *Heinz*, NStZ 1981, 256. Andere Einordnung als potentielles Gefährdungsdelikt: *Rogall*, FS Uniköln, S. 519; Lackner/Kühl/Heger/*Heger* StGB § 324 Rn.1; NK-StGB/*Ransiek* § 324 Rn.12; AnwK-StGB/*Szesny* § 324 Rn.1; *Zieschang*, Die Gefährdungsdelikte, S. 236; als abstraktes Gefährdungsdelikt: *Winkelbauer*, Verwaltungsakzessorietät, S. 49; *Hohnmann*, Rechtsgut, S. 187, 197; als Kumulationsdelikt: *Kuhlen*, GA 1986, 389, 399 f.; ZStW 105 (1993) 4, 716 ff.; *Krell*, Umweltstrafrecht, Rn.72. Anerkannt ist aber, dass § 324 StGB – unabhängig von seiner Deliktsart – eine Erfolgskomponente enthält.

[534] Nach der h.M. gilt § 324a I Nr.2 als reines Verletzungsdelikt, § 324a I Nr.1 als eine Kombination von Verletzungs- und potenziellem Gefährdungsdelikt: LK-StGB/*Heghmanns* § 324a Rn.6; SSW-StGB/*Saliger/Lienert* § 324a Rn.3; *Kloepfer/Heger*, Umweltstrafrecht, Rn.209; TK StGB/*Schittenhelm* § 324a Rn.1; SK-StGB/*Schall* § 324a Rn.11; *Sack*, Umweltschutz-Strafrecht, § 324a, Rn.6; *Franzheim/Pfohl*, Umweltstrafrecht, Rn.155; *Bartholme*, Boden, S. 207; *Laski*, Die strafrechtlichen Bezüge, S. 45 f.; Lackner/Kühl/Heger/*Heger* StGB § 324a Rn.1; Matt/Renzikowski/*Rettenmaier/Gehrmann* StGB § 324a Rn.2; MüKoStGB/*Alt* StGB § 324a Rn.6; BeckOK StGB/*Witteck* § 324a Rn.2; *Krell*, Umweltstrafrecht, Rn.208; AnwK-StGB/*Szesny* § 324a Rn.1; a.A. *Otto*, Jura 1995, 142: Nr.1 als abstraktes Gefährdungsdelikt; *Sanden*, wistra 1996, 284: Nr.2 als abstraktes Gefährdungsdelikt. NK-StGB/*Ransiek* § 324 Rn.12: Obwohl § 324a ein Erfolgsdelikt ist, kommt es nicht auf die „Verletzung" des Bodens an sich an, sondern auf die dadurch geschaffene Gefahr für menschliche Umweltinteressen.

[535] SSW-StGB/*Saliger/Lienert* § 324 Rn.9; *Michalke*, Umweltstrafsachen, Rn.28; TK StGB/*Schittenhelm* § 324 Rn.9.

besteht darin, dass die Verunreinigung äußerlich erkennbar ist, während andere nachteilige Veränderungen dies nicht unbedingt sein müssen.[536]

Eine nachteilige Veränderung der Gewässereigenschaften umfasst gemäß einer ökologisch orientierten Auslegung jede Verschlechterung der physikalischen, chemischen, biologischen oder thermischen Eigenschaften des Gewässers, die über unbedeutende, vernachlässigende kleine Beeinträchtigungen hinausgeht.[537] Diesbezüglich ist zumindest ein Minus an Wassergüte erforderlich, nämlich der Negativsaldo, welcher sich aus dem Vergleich des Zustandes des Gewässers vor und nach der Tathandlung ergibt.[538] Der Eintritt konkreter Nachteile für Menschen, Tiere oder Pflanzen ist dagegen nicht notwendig.[539] Eine Veränderung wird bereits dann als nachteilig erachtet, wenn die objektiven Benutzungsmöglichkeiten des Gewässers beeinträchtigt werden oder wenn die Veränderung die Entstehung materieller Nachteile zur Folge haben kann.[540] Folglich werden gemäß § 324 StGB weder konkrete noch abstrakte Gefahren für Lebewesen und Pflanzen zusätzlich gefordert.[541] Es genügt die Eignung der Tathandlung, materielle Nachteile, wie ökologische Beeinträchtigungen (Regenerationsfähigkeit)

---

536 OLG Frankfurt NJW 1987, 2754; OLG Köln NJW 1988, 2120; SSW-StGB/*Saliger/Lienert* § 324 Rn.9; BT-Drs. 8/2382, 14; LK-StGB/*Heghmanns* § 324 Rn.18; MüKoStGB/*Alt* StGB § 324 Rn.22; NK-StGB/*Ransiek* § 324 Rn.16.

537 BGH NStZ 1987, 324; OLG Köln NJW 1988, 2120; BT-Drs. 8/2382, 14; SSW-StGB/*Saliger/Lienert* § 324 Rn.10; *Sack,* Umweltschutz-Strafrecht, § 324 Rn.28; BeckOK StGB/*Witteck* § 324 Rn.16.

538 BT-Drs. 17/5391, 12; OLG Celle NJW 1986, 2327; OLG Frankfurt NJW 1987, 2754 f.; OLG Köln NJW 1988, 2120; OLG Frankfurt NStZ-RR 1996, 103; Fischer/*Fischer/Lutz* StGB § 324 Rn.6; *Saliger*, Umweltstrafrecht, Rn.347; SK-StGB/*Schall* § 324 Rn.25, 34 mit Kritik an der Verwendung des Begriffs der Wassergüte; TK StGB/*Schittenhelm* § 324 Rn.9; *Franzheim/Pfohl*, Umweltstrafrecht, Rn.53 ff.; Matt/Renzikowski/*Rettenmaier/Gehrmann* StGB § 324 Rn.10; NK-StGB/*Ransiek* § 324 Rn.10; kritisch *Sack,* Umweltschutz-Strafrecht, § 324 Rn.28.

539 Matt/Renzikowski/*Rettenmaier/Gehrmann* StGB § 324 Rn.10; *Saliger*, Umweltstrafrecht, Rn.348.

540 BT-Drs. 8/2382, 14 unter Berufung auf BayObLG BayVBI 1974, 590 und OLG Stuttgart ZfW 1977, 179; SK-StGB/*Schall* § 324 Rn.32 f.; *Sack,* Umweltschutz-Strafrecht, § 324 Rn.27; *Saliger*, Umweltstrafrecht, Rn.348; Matt/Renzikowski/*Rettenmaier/Gehrmann* StGB § 324 Rn.10; einschränkend TK StGB/*Schittenhelm* § 324 Rn.9. Anders NK-StGB/*Ransiek* § 324 Rn.12, nachteilig ist eine Veränderung der Gewässereigenschaften dann, wenn sie geeignet ist, die ökologische Funktion des Gewässers zu beeinträchtigen, insbesondere Menschen, Tiere oder Pflanzen zu schädigen, oder wenn die Handlung zumindest eine abstrakte Gefahr für die Gewässerfunktionen darstellt. § 324 ist daher als abstraktes oder potenzielles Gefährdungsdelikt zu verstehen; krit. AnwK-StGB/*Szesny* § 324 Rn.13.

541 OLG Köln NJW 1988, 2120; *Sack,* Umweltschutz-Strafrecht, § 324 Rn.28; TK StGB/*Schittenhelm* § 324 Rn.9; SK-StGB/*Schall* § 324 Rn.5, 22; *Saliger*, Umweltstrafrecht,

oder finanzielle Aufwendungen (erhebliche Kosten bei der Wasseraufbereitung), zu verursachen.[542] Auch eine nur vorübergehende oder einen Teil des Gewässers betreffende Veränderung erfüllt den Tatbestand, unabhängig davon, ob das Gewässer bereits vorbelastet ist.[543] Unschädliche Wasserentnahmen, Grundwasserabsenkungen sowie Veränderungen des Gewässerverlaufs werden nicht als nachteilige Veränderungen der Gewässereigenschaften gewertet.[544] Allerdings wird die vollständige Beseitigung eines Gewässers als nachteilige Veränderung im Hinblick auf den umfassenden Schutz der Gewässer betrachtet.[545]

Die Ermittlung von Taterfolg und Minima-Grenze bei § 324 erfordert eine Gesamtbetrachtung der Umstände des Einzelfalls.[546] Die Größe und Tiefe des Gewässers, dessen Fließgeschwindigkeit, die Wasserführung, die Vorbelastung sowie die Menge und Gefährlichkeit der belastenden Stoffe sind dabei zu berücksichtigen.[547] So wird beispielsweise die Einleitung eines wassergefährdenden Stoffes in einen kleinen Teich eher als erhebliche Beeinträchtigung angesehen als die gleiche Menge in der Hohen See.[548] Geringfügige und unbedeutende Beeinträchtigungen sind jedoch ausgenommen.[549]

Rn.348; AnwK-StGB/*Szesny* § 324 Rn.13; a.A. für abstrakte Gefahr i.S. einer Schadeneignung *Kleine-Cosack*, Kausalitätsprobleme im Umweltstrafrecht, S. 120 f.; *Kulen*, GA 1986, 394 f.

[542] H.M.: OLG Frankfurt NJW 1987, 2755; OLG Stuttgart NJW 1977, 1407; *Sack*, Umweltschutz-Strafrecht, § 324 Rn.28; Fischer/*Fischer/Lutz* StGB § 324 Rn.6; *Saliger*, Umweltstrafrecht, Rn.348; TK StGB/*Schittenhelm* § 324 Rn.9; LK-StGB/*Heghmanns* § 324 Rn.20 ff.; *Triffterer/Schmoller*, JR 1983, 341 ff.; a.A. NK-StGB/*Ransiek* §324 Rn.10, in diesem Kontext sei § 324 „nahezu" ein potenzielles Gefährdungsdelikt.

[543] SSW-StGB/*Saliger/Lienert* § 324 Rn.11; *Michalke*, Umweltstrafsachen, Rn.29.

[544] BT-Drs. 12/196, 16; *Saliger*, Umweltstrafrecht, Rn.351.

[545] Vgl. SSW-StGB/*Saliger/Lienert* § 324 Rn.11; LK-StGB/*Heghmanns* § 324 Rn.20; *Sack*, Umweltschutz-Strafrecht, § 324 Rn.31b; NK-StGB/*Ransiek* § 324 Rn.17; SK-StGB/*Schall* § 324 Rn.32. Weicher AnwK-StGB/*Szesny* § 324 Rn.12; a.A. *Horn*, JZ 1994, 1098; Lackner/Kühl/Heger/*Heger* StGB § 324 Rn.5, die zu eng allein § 329 Abs. 3 Nr.3 Var.3 anwenden wollen.

[546] *Saliger*, Umweltstrafrecht, Rn.349.

[547] BT-Drs. 8/2382, 14; SSW-StGB/*Saliger/Lienert* § 324 Rn.11; AnwK-StGB/*Szesny* § 324 Rn.8; Lackner/Kühl/Heger/*Heger* StGB § 324 Rn.4.

[548] BT-Drs. 8/2382, 14; SSW-StGB/*Saliger/Lienert* § 324 Rn.11.

[549] BT-Drs. 8/2382, 14; BGH NStZ 1991, 282; OLG Köln NJW 1988, 2120; AnwK-StGB/*Szesny* § 324 Rn.8; *Saliger*, Umweltstrafrecht, Rn.349;TK StGB/*Schittenhelm* § 324 Rn.8.

Eine Verunreinigung als Unterfall der nachteiligen Veränderung manifestiert sich in einer äußerlich erkennbaren Beeinträchtigung, die insbesondere durch das Einbringen von Stoffen induziert wird.[550] Für die Verunreinigung gelten dieselben Voraussetzungen wie für sonstige nachteilige Veränderungen, darunter die weite ökologisch orientierte Auslegung, die Minimalgrenze und die Gesamtbetrachtung.[551] Maßgeblich für die Bewertung einer Verunreinigung ist der Ist-Zustand des Gewässers und nicht ein hypothetischer Verlust absoluter Reinheit.[552] Das Merkmal „äußerlich erkennbar" impliziert nicht, dass die Gesamtbetrachtung des Einzelfalls durch rein ästhetische Gesichtspunkte ersetzt werden kann.[553] Eine lediglich den Anblick störende Verfärbung des Gewässers, ohne Beeinträchtigung der Wasserqualität, genügt demnach nicht.[554]

3.1.3.1.1.2 Verletzungswirkung auf den Boden gemäß § 324a

Der Taterfolg nach § 324a liegt darin, dass der Boden durch bestimmte Handlungen verunreinigt oder sonst nachteilig verändert wird. Ähnlich wie in § 324 wird der Begriff der nachteiligen Veränderung als Oberbegriff verwendet, wobei die Verunreinigung mit dem in der Praxis bedeutungslosen Merkmal „äußerlich erkennbar" als dessen besonders herausgehobener Unterfall betrachtet wird.[555] Eine nachteilige Veränderung ist jede Verschlechterung der physikalischen, chemischen oder biologischen Bodeneigenschaften, welche dessen ökologische

---

[550] Teilweise wird die Verunreinigung auf das Einbringen von Stoffen, also Eingriffe „von außen" beschränkt: MüKoStGB/*Alt* StGB § 324 Rn.24; OLG Karlsruhe NVwZ 1982, 702; Fischer/*Fischer/Lutz* StGB § 324 Rn.5a; NK-StGB/*Ransiek* § 324 Rn.16; TK StGB/*Schittenhelm* § 324 Rn.8; LK-StGB/*Heghmanns* § 324 Rn.18; BeckOK StGB/*Witteck* § 324 Rn.15; Matt/Renzikowski/*Rettenmaier/Gehrmann* StGB § 324 Rn.9; abgelehnt von SSW-StGB/*Saliger/Lienert* § 324 Rn.13, da diese Einschränkung dem Willen des Gesetzgebers widerspricht und nicht erforderlich ist.

[551] BT-Drs. 8/2382, 14; OLG Köln NJW 1988, 2119, 2120; SSW-StGB/*Saliger/Lienert* § 324 Rn.13.

[552] *Triffterer/Schmoller*, JR 1983, 341; SSW-StGB/*Saliger/Lienert*, § 324 Rn.13; SK-StGB/*Schall* § 324 Rn.25; TK StGB/*Schittenhelm* § 324 Rn.8.

[553] *Triffterer/Schmoller*, JR 1983, 341; *Sack*, Umweltschutz-Strafrecht, § 324 Rn.34; SK-StGB/*Schall* § 324 Rn.28; SSW-StGB/*Saliger/Lienert* § 324 Rn.14.

[554] LK-StGB/*Heghmanns* § 324 Rn.19; SSW-StGB/*Saliger/Lienert* § 324 Rn.14.

[555] BeckOK StGB/*Witteck* § 324a Rn.11; *Sanden*, wistra 1996, 284; SSW-StGB/*Saliger/Lienert* § 324a Rn.12; MüKoStGB/*Alt* StGB § 324a Rn.20; SK-StGB/*Schall* § 324 Rn.18; LK-StGB/*Heghmanns* § 324 Rn.15.

Funktion (vgl. § 2 II BBodG) beeinträchtigt.[556] Als Unterfall bezeichnet die Verunreinigung jede sichtbare Veränderung der Bodenzusammensetzung, die sich ökologisch nachteilig auswirkt.[557] Wie im Falle des § 324 ist zur Feststellung einer nachteiligen Veränderung ein Vergleich der Bodenqualität vor und nach der Tathandlung erforderlich.[558] § 324a schützt demnach keine absolute Reinheit des Bodens, sondern dessen tatsächlichen Ist-Zustand,[559] sodass auch bereits belastete Böden einer weiteren nachteiligen Veränderung unterworfen werden können.[560] Ob die Bodenveränderung dauerhaft oder vorübergehend (etwa als Zwischenstadium einer späteren Gewässerverunreinigung) ist, ist unerheblich, sofern die Verschlechterung bereits nach Art und Umfang von Bedeutung ist.[561]

Im Unterschied zu § 324 muss die nachteilige Veränderung des Bodens nicht nur dessen ökologische Funktionen beeinträchtigen, sondern auch erheblich sein (mit geringeren Anforderungen als § 330 Abs. 1), was in Abs. 1 Nr. 1 und Nr. 2 konkretisiert wird.[562] In Nr. 1 muss die Bodenveränderung geeignet sein, die Gesundheit eines anderen, Tiere, Pflanzen oder andere Sachen von

[556] MüKoStGB/*Alt* StGB § 324a Rn.20; SSW-StGB/*Saliger/Lienert* § 324a Rn.12; TK StGB/*Schittenhelm* § 324a Rn.9; Fischer/*Fischer/Lutz* StGB § 324a Rn.5; LK-StGB/*Heghmanns* § 324a Rn.16; AnwK-StGB/*Szesny* § 324a Rn.8; krit. *Hofmann*, Bodenschutz durch Strafrecht? 1996, S. 74, 91, der eine restriktive Auslegung fordert; zur Problematik der Erfolgsdefinition anhand ökologisch-naturwissenschaftlicher Parameter: *Hofmann*, wistra 1997,92 f.

[557] BT-Drs. 12/192, 16; TK StGB/*Schittenhelm* § 324a Rn.9; *Saliger*, Umweltstrafrecht, Rn.374; *Bartholme*, Boden S. 206; Lackner/Kühl/Heger/*Heger* StGB § 324a Rn.3; AnwK-StGB/*Szesny* § 324a Rn.8.

[558] BT-Drs. 12/192, 16; Fischer/*Fischer/Lutz* StGB § 324a Rn.5; BeckOK StGB/*Witteck* § 324a Rn.12; SK-StGB/*Schall* § 324 Rn.18; krit. *Hofmann*, Bodenschutz durch Strafrecht? S. 91.

[559] H.M.: LK-StGB/*Heghmanns* § 324a Rn.17; *Kloepfer/Heger*, Umweltstrafrecht, Rn.211; SK-StGB/*Schall* § 324 Rn.18; Matt/Renzikowski/*Rettenmaier/Gehrmann* StGB § 324a Rn.7; SSW-StGB/*Saliger/Lienert* § 324a Rn.12; MüKoStGB/*Alt* StGB § 324a Rn.20; NK-StGB/*Ransiek* § 324a Rn.6.

[560] MüKoStGB/*Alt* StGB § 324a Rn.20; SSW-StGB/*Saliger/Lienert* § 324a Rn.12; NK-StGB/*Ransiek* § 324a Rn.6; LK-StGB/*Heghmanns* § 324a Rn.17; *Möhrenschlager*, NStZ 1994, 517.

[561] BeckOK StGB/*Witteck* § 324a Rn.12; SK-StGB/*Schall* § 324 Rn.18; MüKoStGB/*Alt* StGB § 324a Rn.20; *Hofmann*, wistra 1997, 95; vgl. auch AnwK-StGB/*Szesny* § 324a Rn.8.

[562] BT-Drs. 12/192, 16, 17; SSW-StGB/*Saliger/Lienert* § 324a Rn.12, 13.

bedeutendem Wert oder ein Gewässer zu schädigen. Sie setzt den tatsächlichen Eintritt eines Schadens oder einer konkreten Gefahr nicht voraus.[563] Auch bloße Belästigungen oder zeitweise Störungen sind für diese Schädigungseignung nicht ausreichend.[564] Vielmehr reicht eine nach gesicherter naturwissenschaftlicher Erfahrung bestehende generelle Gefährlichkeit der Bodenveränderung für die genannten Schutzgüter aus, die nach der Gesamtbetrachtung des Einzelfalls wie Menge, Konzentration und Ausbreitung des Schadstoffes, Bodenart und -zustand, Bewuchs und weiteren Faktoren, konkret mit hinreichender Wahrscheinlichkeit festzustellen ist.[565] Für diese Feststellung ist in der Regel die Einbeziehung von Sachverständigen erforderlich.[566] Als Indikatoren für die Schädigungseignung können (aber nicht verbindlich) die Prüf- und Maßnahmewerte gemäß § 8 Abs. 1 Nr. 1, 2 BBodSchG oder, sofern diese noch nicht festgesetzt wurden, die Bodenwerte der Bodenschutzgesetze der Länder herangezogen werden.[567]

Der Begriff „Gesundheit“ entspricht dem Gesundheitsbegriff von Straftaten gegen die körperliche Unversehrtheit.[568] Eine Gesundheitsschädigung liegt in jeder Hervorrufung oder Steigerung eines pathologischen Zustands, der von der normalen Körperfunktion nachteilig abweicht.[569] Dafür genügen bereits Hustenreiz, Übelkeit, Kopfschmerzen sowie psychische Belastungen, sofern sie eine nicht unerhebliche körperliche Auswirkung haben.[570] Gemäß der klassischen Definition werden unter dem Begriff „Tiere und Pflanzen“ alle mehrzelligen

563 SSW-StGB/*Saliger/Lienert* § 324a Rn.14; SK-StGB/*Schall* § 324a Rn.25; NK-StGB/*Ransiek* § 324a Rn.7; AnwK-StGB/*Szesny* § 324a Rn.9; MüKoStGB/*Alt* StGB § 324a Rn.22.

564 BT-Drs. 12/192, 17; AnwK-StGB/*Szesny* § 324a Rn.9; SSW-StGB/*Saliger/Lienert* § 324a Rn.14; SK-StGB/*Schall* § 324 Rn.19; MüKoStGB/*Alt* StGB § 324a Rn.22; *Sanden,* wistra 1996, 284.

565 TK StGB/*Schittenhelm* § 324a Rn.11; MüKoStGB/*Alt* StGB § 324a Rn.22, 23; AnwK-StGB/*Szesny* § 324a Rn.9; LK-StGB/*Heghmanns* § 324a Rn.21 f.; *Michalke*, Umweltstrafsachen, Rn.146, 147; SK-StGB/*Schall* § 324a Rn.25.

566 SSW-StGB/*Saliger/Lienert* § 324a Rn.14; MüKoStGB/*Alt* StGB § 324a Rn.23; *Michalke*, Umweltstrafsachen, Rn.148.

567 MüKoStGB/*Alt* StGB § 324a Rn.23; SSW-StGB/*Saliger/Lienert*, § 324a Rn.14; *Sack*, Umweltschutz-Strafrecht, § 324a Rn.15; *Laskl*, Die Strafrechtlichen Bezuge, S. 57; *Sanden,* wistra 1996, 287; a.A. *Michalke*, Umweltstrafsachen, Rn.148.

568 SSW-StGB/*Saliger/Lienert* § 324a Rn.14; SK-StGB/*Schall* § 324a Rn.19.

569 MüKoStGB/*Alt* StGB § 324a Rn.24.

570 SK-StGB/*Schall* § 324a Rn.19; MüKoStGB/*Alt* StGB § 324a Rn.24; SSW-StGB/*Saliger/Lienert* § 324a Rn.14; LK-StGB/*Heghmanns* § 324a Rn.24; *Sack,* Umweltschutz-Strafrecht, § 324a Rn.16.

Lebewesen außer dem Menschen zusammengefasst, somit auch Pilze, Flechten, Bodenfauna und Bodenflora.[571] Der Begriff „Sache" umfasst gemäß § 90 BGB sowohl bewegliche als auch unbewegliche Gegenstände.[572] Die Eigentumslage von Tieren, Pflanzen und anderen Sachen ist für die Schädigungseignung irrelevant.[573] Der Wert dieser Objekte kann sich nach wirtschaftlichen, ökologischen oder kulturellen Gesichtspunkten bemessen.[574] Folglich genießt auch eine an sich wertlose Sache, die für die Umwelt von Bedeutung ist, aufgrund dieser Vorschrift Schutz.[575] Auch ein Boden ohne Verkehrswert ist in den Schutzbereich eingeschlossen.[576] Eine bloße Verdrängung der Tierpopulation aus ihrem Lebensraum ist jedoch erst dann tatbestandsmäßig, wenn sie sich mittelbar auf andere Tier- und Pflanzenarten auswirkt.[577] Gewässer sind explizit als Schutzobjekte einbezogen, da Bodenveränderungen oft auch das Grundwasser beeinträchtigen.[578] Dies kann beispielsweise der Fall sein, wenn Schadstoffe nicht den Boden selbst, sondern durch unmittelbares Versickern ein Gewässer schädigen.[579]

Nr. 2 erfordert eine nachteilige Bodenveränderung in bedeutendem Umfang. Das bedeutet, dass die nachteilige Bodenveränderung tatsächlich in einem

---

[571] MüKoStGB/*Alt* StGB § 324a Rn.25.

[572] MüKoStGB/*Alt* StGB § 324a Rn.26.

[573] MüKoStGB/*Alt* StGB § 324a Rn.25, 26; SSW-StGB/*Saliger/Lienert* § 324a Rn.14; TK StGB/*Schittenhelm* § 324a Rn.11.

[574] BT-Drs. 12/7300, 22; *Bratholme,* Boden, S. 214; SSW-StGB/*Saliger/Lienert* § 324a Rn.14; MüKoStGB/*Alt* StGB § 324a Rn.25, 26; Fischer/*Fischer/Lutz* StGB § 324a Rn.8 f.; BeckOK StGB/*Witteck* § 324a Rn.19; Matt/Renzikowski/*Rettenmaier/Gehrmann* StGB § 324a Rn.8; AnwK-StGB/*Szesny* § 324a Rn.9.

[575] BT-Drs. 12/192, 17; BT-Drs. 12/7300, 22; SSW-StGB/*Saliger/Lienert* § 324a Rn.14; AnwK-StGB/*Szesny* § 324a Rn.9;

[576] *Bratholme,* Boden, S. 214; *Sack,* Umweltschutz-Strafrecht, § 324a Rn.17; SSW-StGB/*Saliger/Lienert* § 324a Rn.14; Matt/Renzikowski/*Rettenmaier/Gehrmann* StGB § 324a Rn.8.

[577] LK-StGB/*Heghmanns* § 324a Rn.27; Matt/Renzikowski/*Rettenmaier/Gehrmann* StGB § 324a Rn.8; Fischer/*Fischer/Lutz* StGB § 324a Rn.8; MüKoStGB/*Alt* StGB § 324a Rn.25; SSW-StGB/*Saliger/Lienert* § 324a Rn.14.

[578] SSW-StGB/*Saliger/Lienert* § 324a Rn.14; MüKoStGB/*Alt* StGB § 324a Rn.27.

[579] BT-Drs. 12/192, 17; SSW-StGB/*Saliger/Lienert* § 324a Rn.14; *Möhrenschlager,* NStZ 1994, 517; MüKoStGB/*Alt* StGB § 324a Rn.27.

bedeutenden Umfang eintreten muss.[580] Die bloße Gefahr einer umfangreichen Bodenveränderung ist hingegen ohne das Hinzutreten einer Schädigungseignung gemäß Abs. 1 Nr. 1 nicht tatbestandsmäßig.[581] Der bedeutende Umfang einer Bodenveränderung lässt sich nicht allein anhand quantitativer Kriterien bestimmen, sondern erfordert auch die Berücksichtigung qualitativer Aspekte.[582] Dazu zählen unter anderem die Intensität oder zeitliche Dauer der Verunreinigung, ihre räumliche Ausdehnung, die Menge der eingebrachten Stoffe, der Umfang des Beseitigungsaufwandes sowie die ökologische Wertigkeit des beeinträchtigten Bodens.[583] Im Gegensatz zu den in § 326 I Nr. 4a definierten „nachhaltigen Veränderungen" ist hier weder eine langfristige Dauer noch ein erheblicher Beseitigungsaufwand erforderlich.[584]

3.1.3.1.2 Konkrete Gefährdungsdelikte

Der Taterfolg bei den konkreten Gefährdungsdelikten ist an die tatsächliche Gefahr geknüpft, welche die Handlung für das Rechtsgut darstellt.[585] Diese Gefahr muss demnach konkret und realistisch sein, nicht abstrakt oder hypothetisch.[586] „Konkret" bedeutet, dass der Eintritt des Gefährdungserfolgs unter Berücksichtigung aller Umstände des Einzelfalls als wahrscheinlich angenommen

[580] *Kloepfer/Heger,* Umweltstrafrecht, Rn.219; BeckOK StGB/*Witteck* § 324a Rn.21.

[581] *Kloepfer/Heger,* Umweltstrafrecht, Rn.219; BeckOK StGB/*Witteck* § 324a Rn.21. Anders NK-StGB/*Ransiek* § 324a Rn.7: Es genügt, wenn gravierende, zumindest abstrakte Gefahren für das menschliche Interesse am Erhalt der Bodenfunktionen entstehen.

[582] BT-Drs. 12/7300, 22; *Kloepfer/Heger,* Umweltstrafrecht, Rn.219; SSW-StGB/*Saliger/Lienert*, § 324a Rn.15; BeckOK StGB/*Witteck* StGB § 324a Rn.21; TK StGB/*Schittenhelm* § 324a Rn.12; Lackner/Kühl/Heger/*Heger* StGB § 324a Rn.5; *Schmidt/Schöne,* NJW 1994, 2517; a.A. *Bratholme,* Boden, S. 215, der den Wortlaut hier zwingend anders versteht; Matt/Renzikowski/*Rettenmaier/Gehrmann* StGB § 324a Rn.9: streng quantitativ.

[583] SSW-StGB/*Saliger/Lienert* § 324a Rn.15; LK-StGB/*Heghmanns* § 324a Rn.34; MüKoStGB/*Alt* StGB § 324a Rn.28; *Kloepfer/Heger,* Umweltstrafrecht, Rn.219; NK-StGB/*Ransiek* § 324a Rn.11.

[584] *Möhrenschlager*, NStZ 1994, 517; MüKoStGB/*Alt* StGB § 324a Rn.28; a.A. NK-StGB/*Ransiek* § 326 Rn.28:Die Eignung, den Boden nachhaltig zu verunreinigen des § 326 I Nr.4a, stimmt mit § 324a Abs. 1 Nr. 2 (in bedeutendem Umfang) überein. Zur Regelung krit. AnwK-StGB/*Szesny* § 324a Rn.10; TK StGB/*Schittenhelm* § 324a Rn.12; SK-StGB/*Schall* § 324a Rn.29 ff.; Fischer/*Fischer/Lutz* StGB § 324a Rn.10; BeckOK StGB/*Witteck* § 324a Rn.21.

[585] Vgl. *Roxin/Greco*, Strafrecht AT I, § 10 Rn.123; *Brehm*, Zur Dogmatik, S. 9; *Horn*, Konkrete Gefährdungsdelikte, S. 11 f.

[586] Vgl. *Brehm*, Zur Dogmatik, S. 16; *Horn*, Konkrete Gefährdungsdelikte, S. 211 f.

werden kann, während das Ausbleiben des Erfolges lediglich als zufällig betrachtet werden kann.[587] Dazu gehören die Straftatbestände nach §§ 325a II[588], 328 III[589], 330a I[590], 330 II Nr.1[591] StGB.

3.1.3.1.2.1 Konkrete Gefährdung der doppelten Rechtsgüter

Nach § 325a II und § 328 III StGB werden jeweils doppelte Rechtsgüter geschützt. Gemäß § 325a II StGB wird die Gesundheit eines anderen, ihm nicht gehörende Tiere oder fremde Sachen von bedeutendem Wert durch das anlagebezogene Verursachen von Lärm, Erschütterungen oder nichtionisierenden Strahlen gefährdet. Der Begriff der Gesundheit ist im Kontext von Straftaten gegen die körperliche Unversehrtheit zu definieren.[592] Als Gesundheitsschädigung gilt jedes Hervorrufen oder Steigern eines vom Normalzustand der Körperfunktionen nachteilig abweichenden (pathologischen) Zustandes.[593] Ausreichend sind dafür

---

[587] Vgl. *Roxin/Greco*, Strafrecht AT I, § 10 Rn.124; *Zieschang*, Die Gefährdungsdelikte, S. 38 f.

[588] BT-Drs. 12/7300, 23; MüKoStGB/*Alt* StGB § 325a Rn.2; BeckOK StGB/*Witteck* § 325a Rn.3; Lackner/Kühl/Heger/*Heger* StGB § 325a Rn.1; *Möhrenschlager*, NStZ 1994, 518; LK-StGB/*Heghmanns* § 325a Rn.1; NK-StGB/*Ransiek* § 325a Rn.2; SK-StGB/*Schall* § 325a Rn.3; SSW-StGB/*Saliger/Lienert* § 325a Rn.1; AnwK-StGB/*Szesny* § 325a Rn.3; *Kloepfer/Heger*, Umweltstrafrecht, Rn.255; Fischer/*Fischer/Lutz* StGB § 325a Rn.6; *Krell*, Umweltstrafrecht, Rn.230; *Franzheim/Pfohl*, Umweltstrafrecht, Rn.233, 238.

[589] BT-Drs. 12/7300, 24; *Möhrenschlager*, NStZ 1994, 567; *Bartholme*, JA 1996, 734; SSW-StGB/*Saliger/Lienert* § 328 Rn.1; SK-StGB/*Schall* § 328 Rn.4; MüKoStGB/*Alt* StGB § 328 Rn.2; Matt/Renzikowski/*Rettenmaier/Gehrmann* StGB § 328 Rn.3; TK StGB/*Schittenhelm* § 328 Rn.1; BeckOK StGB/*Witteck* § 328 Rn.3; Lackner/Kühl/Heger/*Heger* StGB § 328 Rn.1; Fischer/*Fischer/Lutz* StGB § 328 Rn.12; LK-StGB/*Heghmanns* § 328 Rn.35; NK-StGB/*Ransiek* § 328 Rn.2; *Kloepfer/Heger*, Umweltstrafrecht, Rn.327; *Sack*, Umweltschutz-Strafrecht, § 328, Rn.77; AnwK-StGB/*Szesny* § 328 Rn.8.

[590] BT-Drs. 13/8587, 52; SSW-StGB/*Saliger/Lienert* § 330a Rn.1; NK-StGB/*Ransiek* § 330a Rn.2; BeckOK StGB/*Witteck* StGB § 330a Rn.2; TK StGB/*Schittenhelm* § 330a Rn.1; Matt/Renzikowski/*Rettenmaier/Gehrmann* StGB § 330a Rn.3; Lackner/Kühl/Heger/*Heger* StGB § 330a Rn.1; MüKoStGB/*Alt* StGB § 330a Rn.2; LK-StGB/*Heghmanns* § 330a Rn.2; Fischer/*Fischer/Lutz* StGB § 330a Rn.1; *Kloepfer/Heger*, Umweltstrafrecht, Rn.363; SK-StGB/*Schall* § 330a Rn.3; *Michalke*, Umweltstrafsachen Rn.414.

[591] SSW-StGB/*Saliger/Lienert* § 330 Rn.1; BeckOK StGB/*Witteck* § 330 Rn.3; MüKoStGB/*Alt* StGB § 330 Rn.2.

[592] BT-Drs. 8/3633, 27; SSW-StGB/*Saliger/Lienert* § 325 Rn.1; *Sack*, Umweltschutz-Strafrecht, § 325 Rn.32.

[593] Lackner/Kühl/Heger/*Heger* StGB § 223 Rn.5; TK StGB/*Schittenhelm* § 325 Rn.14; MüKoStGB/*Alt* StGB § 324a Rn.24.

insbesondere Hustenreiz, Übelkeit, Kopfschmerzen sowie psychische Einwirkungen, sofern diese eine nicht unerhebliche körperliche Auswirkung haben.[594] Unter den Begriff der nicht dem Täter gehörenden Tiere fallen sowohl herrenlose als auch wildlebende Tiere[595]. Sachen werden als „fremd“ klassifiziert, sofern sie nach Maßgabe des Zivilrechts nicht im Alleineigentum des Täters oder des Teilnehmers stehen und nicht herrenlos sind.[596] Das Merkmal „bedeutender Wert“ bezieht sich nicht nur auf die Tiere, sondern auch auf fremde Sachen.[597] Es richtet sich nach dem Umfang des eingetretenen Schadens und umfasst ökonomische, ökologische und/oder kulturelle Aspekte.[598] Der Schutzumfang des § 328 III StGB ist weiter gefasst als der des § 325a II StGB. In § 328 III StGB wird nicht nur die Gefährdung von Pflanzen, Gewässern (wie in § 324 StGB), der Luft (wie in § 325 StGB) und des Bodens (wie in § 324a StGB) ergänzt, sondern auch die Beschränkung der Gefährdung von Tieren auf dem Täter nicht gehörende (fremde und herrenlose) Tiere und auf Tiere von bedeutendem Wert gestrichen.[599]

---

[594] BT-Drs. 8/3633, 27; SSW-StGB/*Saliger/Lienert* § 325 Rn.1; *Sack,* Umweltschutz-Strafrecht, § 325 Rn.32; MüKoStGB/*Alt* StGB § 324a Rn.24; TK StGB/*Schittenhelm* § 325 Rn.14.

[595] SSW-StGB/*Saliger/Lienert* § 325a Rn.10; LK-StGB/*Heghmanns* § 325a Rn.23; MüKoStGB/*Alt* StGB § 324a Rn.24; TK StGB/*Schittenhelm* § 325a Rn.10; SK-StGB/*Schall* § 325a Rn.28; a.A. „fremde Tiere“: *Fischer* § 325a Rn.8.

[596] SSW-StGB/*Saliger/Lienert* § 325a Rn.10; MüKoStGB/*Alt* StGB § 325a Rn.25; SK-StGB/*Schall* § 325a Rn.26; Matt/Renzikowski/*Rettenmaier/Gehrmann* StGB § 325a Rn.4; *Sack,* Umweltschutz-Strafrecht, § 325a Rn.152; LK-StGB/*Heghmanns* § 328 Rn.62. Fremde Sachen in § 325a II und § 328 III werden gleich verstanden. Anders BT-Drs. 12/192,25; SSW-StGB/*Saliger/Lienert* § 328 Rn.10, unter den Begriff der fremden Sachen bei § 328 III fallen auch herrenlose Sachen.

[597] H.M.: SSW-StGB/*Saliger/Lienert* § 325a Rn.10; LK-StGB/*Heghmanns* § 325a Rn.24; TK StGB/*Schittenhelm* § 325a Rn.10; MüKoStGB/*Alt* StGB § 324a Rn.24; *Kloepfer/Heger,* Umweltstrafrecht, Rn.255; NK-StGB/*Ransiek* § 325a Rn.8; Matt/Renzikowski/*Rettenmaier/Gehrmann* StGB § 325a Rn.4; AnwK-StGB/*Szesny* § 325a Rn.14.

[598] SSW-StGB/*Saliger/Lienert* § 325a Rn.10; *Sack,* Umweltschutz-Strafrecht, § 325a Rn.152; LK-StGB/*Heghmanns* § 325a Rn.24; Fischer/*Fischer/Lutz* StGB § 325a Rn.8; MüKoStGB/*Alt* StGB § 325a Rn.25; a.A. bzw. enger TK StGB/*Schittenhelm* § 325a Rn.10; Matt/Renzikowski/*Rettenmaier/Gehrmann* StGB § 325a Rn.4; AnwK-StGB/*Szesny* § 325a Rn.14, der kulturelle Wert ausschließt.

[599] TK StGB/*Schittenhelm* § 328 Rn.20; LK-StGB/*Heghmanns* § 328 Rn.60.

3.1.3.1.2.2 Konkrete Gefährdung der primär anthropozentrischen Rechtsgüter

§ 330a I und § 330 II Nr. 1 StGB setzen jeweils die Gefährdung anthropozentrischer Rechtsgüter voraus. Die tatbestandlichen Erfolge bestehen in der konkreten Gefahr des Todes oder einer schweren Gesundheitsschädigung eines anderen Menschen oder der konkreten Gefahr einer Gesundheitsschädigung einer großen Zahl von Menschen. Eine schwere Gesundheitsschädigung erfordert keine schwere Körperverletzung im Sinne des § 226 StGB, sondern liegt vor, wenn die Gefahr einer langwierigen schweren Erkrankung oder einer erheblichen Beeinträchtigung der Arbeitsfähigkeit über einen langen Zeitraum besteht.[600] Bei der einfachen Gesundheitsschädigung kommt es auf die Gefahr einer großen Zahl von Menschen an.[601] Eine große Zahl ist weniger als die in § 309 StGB vorausgesetzte unübersehbare Zahl[602] und als nicht sofort überschaubare Personenvielzahl tatbestandsspezifisch auszulegen[603] und dürfte aufgrund der deutlichen Straferhöhung in Abs. 2 bei 20 Personen beginnen.[604]

[600] BT-Drs. 12/192, 28; Matt/Renzikowski/*Rettenmaier/Gehrmann* StGB § 330 Rn.11; SSW-StGB/*Saliger/Lienert* § 330 Rn.9; Lackner/Kühl/Heger/*Heger* StGB § 330 Rn.6.

[601] TK StGB/*Schittenhelm* § 330 Rn.9a; Lackner/Kühl/Heger/*Heger* StGB § 330 Rn.6; Matt/Renzikowski/*Rettenmaier/Gehrmann* StGB § 330 Rn.11; MüKoStGB/*Alt* StGB § 330 Rn.15.

[602] Lackner/Kühl/Heger/*Heger* StGB § 330 Rn.6; MüKoStGB/*Alt* StGB § 330 Rn.15.

[603] BGH NStZ 1999, 85; SSW-StGB/*Saliger/Lienert* § 330 Rn.9; TK StGB/*Schittenhelm* StGB § 330 Rn.9a.

[604] SSW-StGB/*Saliger/Lienert* § 330 Rn.9; Fischer/*Fischer/Lutz* StGB § 330 Rn.8; TK StGB/*Schittenhelm* § 330 Rn.9a; SK-StGB/*Schall* § 330 Rn.19; *Nagel*, Jura 2001, 591; MüKoStGB/*Alt* StGB § 330 Rn.15; LK-StGB/*Heghmanns* § 330 Rn.22: 40 – 50 Personen; NK-StGB/*Ransiek* § 330 Rn.7: ab 40 Personen. Weicher Lackner/Kühl/Heger/*Heger* StGB § 330 Rn.6 und *Sack,* Umweltschutz-Strafrecht, § 330 Rn.78. Auf das Element der Unüberschaubarkeit verzichten will AnwK-StGB/*Szesny* § 330 Rn.9; NK-StGB/*Ransiek* § 330 Rn.7.

3.1.3.1.3 Abstrakte Gefährdungsdelikte

Im Gegensatz zu den konkreten Gefährdungsdelikten setzen die abstrakten Gefährdungsdelikte keinen tatsächlichen Gefährdungserfolg als Tatbestandsmerkmal voraus.[605] Die Strafbarkeit richtet sich folglich ausschließlich nach der Handlung des Täters, welche vom Gesetzgeber als typischerweise gefährlich eingestuft wird.[606] Im Mittelpunkt stehen hier die abstrakten Gefährdungsdelikte im Bereich des unerlaubten Umgangs mit Abfällen. Dies umfasst insbesondere den unerlaubten Umgang mit Abfällen nach § 326 I Nr. 1, Nr. 2, Nr. 3 StGB, den unbefugten Abfallexport nach § 326 II StGB sowie die Nichtablieferung radioaktiver Abfälle nach § 326 III StGB.[607] Zu beachten ist dabei die sogenannte „Minimal-Klausel" nach § 326 VI StGB, die Fälle geringer Abfallmengen ausschließt, da hier keine schädlichen Umwelteinwirkungen zu erwarten sind.[608] Darüber hinaus zählen auch das unerlaubte Betreiben bestimmter Anlagen zu den abstrakten Gefährdungsdelikten. Dies betrifft nicht nur das unerlaubte Betreiben kerntechnischer Anlagen nach § 327 I StGB, sondern auch das Betreiben von Anlagen nach dem BImSchG (Nr. 1), Rohrleitungsanlagen (Nr. 2), Abfallentsorgungsanlagen (Nr. 3) und Abwasserbehandlungsanlagen (Nr. 4) gemäß § 327 II 1 StGB.[609] Weitere Beispiele abstrakter Gefährdungsdelikte sind der unerlaubte

---

[605] Vgl. *Roxin/Greco*, Strafrecht AT I, § 11 Rn.153; *Brehm*, Zur Dogmatik, S. 144; *Liang*, Abstrakte Gefährdungsdelikte, S. 17. Anders *Martin*, ZRP 1992, 20, der Erfolg eines abstrakten Gefährdungsdelikts besteht in der Schaffung eines rechtlich missbilligten Risikos für die Verletzung des geschützten Rechtsguts. Jedoch ergibt sich dies aus einer einschränkenden Auslegung der Tatbestandshandlung. Vgl. dazu auch *Satzger*, NStZ 1998, 115 ff.

[606] Vgl. *Roxin/Greco*, Strafrecht AT I, § 11 Rn.153; *Satzger*, NStZ 1998, 114 ff.; *Brehm*, Zur Dogmatik, S. 144; *Liang*, Abstrakte Gefährdungsdelikte, S. 13.

[607] *Schall*, NJW 2021, 3735; *Beukelmann/Heim*, NJW-Spezial 2021, 761; *Eidam*, NStZ 2022, 232; SSW-StGB/*Saliger/Lienert* § 326 Rn.2; BeckOK StGB/*Witteck* § 326 Rn.3; Matt/Renzikowski/*Rettenmaier/Gehrmann* StGB § 326 Rn.4; TK StGB/*Schittenhelm* § 326 Rn.1a; NK-StGB/*Ransiek* § 326 Rn.3; *Zieschang*, Gefährdungsdelikte, S. 222; Lackner/Kühl/Heger/*Heger* StGB § 326 Rn.1; MüKoStGB/*Alt* StGB § 326 Rn.5; AnwK-StGB/*Szesny* § 326 Rn.1; SK-StGB/*Schall* § 326 Rn.9; *Franzheim/Pfohl*, Umweltstrafrecht, Rn.247; Fischer/*Fischer/Lutz* StGB § 326 Rn.2.

[608] Vgl. *Saliger*, Umweltstrafrecht, Rn.315.

[609] BT Drs. 8/2382, 19; *Pfohl*, ZWH 2013, 99; SSW-StGB/*Saliger/Lienert* § 327 Rn.1; AnwK-StGB/*Szesny* § 327 Rn.1; BeckOK StGB/*Witteck* § 327 Rn.6; TK StGB/*Schittenhelm* § 327 Rn.1; NK-StGB/*Ransiek* § 327 Rn.3; Matt/Renzikowski/*Rettenmaier/Gehrmann* StGB § 327 Rn.2; Fischer/*Fischer/Lutz* StGB § 327 Rn.2; Lackner/Kühl/Heger/*Heger* StGB § 327

Umgang mit radioaktiven Stoffen nach § 328 I Nr. 1 StGB, die Nichtablieferung von Kernstoffen (§ 328 II Nr. 1 StGB), die Abgabe von Kernbrennstoffen an Unbefugte (§ 328 II Nr. 2 StGB) und das Verleiten oder Fördern einer Handlung nach Nr. 3 (§ 328 II Nr. 4 StGB).[610] Ebenso umfasst dies das unerlaubte Betreiben einer Anlage innerhalb schutzbedürftiger Gebiete des § 329 I StGB, das unerlaubte Betreiben betrieblicher Anlagen zum Umgang mit wassergefährdenden Stoffen des § 329 II Nr. 1 StGB und das unerlaubte Betreiben einer Rohrleitungsanlage zum Befördern wassergefährdender Stoffe oder das unerlaubte Befördern solcher Stoffe des § 329 II Nr. 2 StGB.[611] In all diesen Fällen ist bereits die Vollendung der geregelten Tathandlungen[612] strafbar, wobei ein Gefährdungserfolg nicht erforderlich ist. Eine Ausnahme dafür ist das Verursachen einer nuklearen Explosion im Sinne von § 328 II Nr. 3, der trotz seiner Erfolgskomponente (hier: Explosion) als abstraktes Gefährdungsdelikt gilt, da bei diesem kein spezifischer Verletzungs- oder konkreter Gefährdungserfolg verlangt wird.[613]

Rn.1; MüKoStGB/*Alt* StGB § 327 Rn.2; LK-StGB/*Heghmanns* § 327 Rn.1; *Kloepfer/Heger,* Umweltstrafrecht, Rn.318; SK-StGB/*Schall* § 327 Rn.5.

[610] BeckOK StGB/*Witteck* § 328 Rn.3; Fischer/*Fischer/Lutz* StGB § 328 Rn.2; NK-StGB/*Ransiek* § 328 Rn.2; Lackner/Kühl/Heger/*Heger* StGB § 328 Rn.1; *Kloepfer/Heger,* Umweltstrafrecht, Rn.324; *Michalke,* Umweltstrafsachen, Rn.354; SSW-StGB/*Saliger/Lienert,* § 328 Rn.1; TK StGB/*Schittenhelm* § 328 Rn.1; AnwK-StGB/*Szesny* § 328 Rn.2; Matt/Renzikowski/*Rettenmaier/Gehrmann* StGB § 328 Rn.3; MüKoStGB/*Alt* StGB § 328 Rn.2; LK-StGB/*Heghmanns* § 328 Rn.2 f.; *Krell,* Umweltstrafrecht, Rn.236.

[611] SSW-StGB/*Saliger/Lienert* § 329 Rn.1; Matt/Renzikowski/*Rettenmaier/Gehrmann* StGB § 329 Rn.2; Lackner/Kühl/Heger/*Heger* StGB § 329 Rn.1; NK-StGB/*Ransiek* § 329 Rn.1; TK StGB/*Schittenhelm* § 329 Rn.2, 12; BeckOK StGB/*Witteck* § 329 Rn.2.

[612] Ausführlich in Teil 3.1.2.1.1 und 3.1.2.2.1.

[613] SK-StGB/*Schall* § 328 Rn.5; TK StGB/*Schittenhelm* § 328 Rn.13b; MüKoStGB/*Alt* StGB § 328 Rn.2; LK-StGB/*Heghmanns* § 328 Rn.23; auch als Erfolgsdelikt: Matt/Renzikowski/*Rettenmaier/Gehrmann* StGB § 328 Rn.3; krit. SSW-StGB/*Saliger/Lienert* § 328 Rn.1, die mit einer solchen Nuklearexplosion verbundenen Beeinträchtigung zumindest von Umweltgütern nicht ausgeschlossen werden kann.

3.1.3.1.4 Potentielle Gefährdungsdelikte oder Eignungsdelikte

Bei den Gefährdungsdelikten gibt es einige besondere Tatbestände, die eine Geeignetheitsklausel enthalten. Im Gegensatz zu konkreten Gefährdungsdelikten erfordert die Strafbarkeit dieser Delikte keinen Eintritt einer konkreten Gefahr, sondern knüpft an die generelle Gefährlichkeit der Tathandlung an.[614] Anders als bei rein abstrakten Gefährdungsdelikten wird die generelle Gefährlichkeit der Handlung nicht pauschal vom Gesetzgeber angenommen, sondern durch das Erfordernis der „Eignung" zur Herbeiführung eines bestimmten Erfolges konkretisiert, welches im Einzelfall richterlich zu prüfen ist.[615] Der Gefährdungsunwert solcher Taten lässt sich dabei weder konkret noch rein abstrakt fassen, sondern beruht vielmehr auf einer potenziellen oder geeigneten Gefährlichkeit.[616] Von daher werden Delikte mit einer Geeignetheitsklausel als „potentielle Gefährdungsdelikte" oder „Eignungsdelikte" bezeichnet.[617] Nach herrschender Meinung zählen sie trotz ihrer Besonderheiten zu den abstrakten Gefährdungsdelikten,[618] da ein konkreter Gefahreneintritt nicht erforderlich ist. Beispiele aus

---

[614] Vgl. *Roxin/Greco*, Strafrecht AT I, § 11 Rn.162; Fischer/*Fischer/Anstötz* StGB vor § 13 Rn.19; Lackner/Kühl/Heger/*Heger* StGB vor § 13 Rn.32; *Gallas*, FS Heinitz, S. 181; BGH NJW 1999, 2129; 2011, 3591; BGH MMR 2001, 229; a.A. *Zieschang*, Die Gefährdungsdelikte, S. 158: der die Herbeiführung eines konkret gefährlichen Zustandes verlangt.

[615] Vgl. *Roxin/Greco*, Strafrecht AT I, § 11 Rn.162; *Schröder*, JZ 1967, 522; *ders.*, ZStW 1969, 22; *Fischer*, GA 1989, 447; *Gallas*, FS Heinitz, S. 181; Lackner/Kühl/Heger/*Heger* StGB vor § 13 Rn.32; BGH NJW 1999, 2129; 2011, 3591; BGH MMR 2001, 229.

[616] Vgl. *Zieschang*, Die Gefährdungsdelikte, S. 101; *Gallas*, FS Heinitz, S. 181; *Hoyer*, Die Eignungsdelikte, S. 16.

[617] Neben den zwei Bezeichnungen gibt es auch andere, z. B. abstrakt-konkretes Gefährdungsdelikt, konkret-abstraktes Gefährdungsdelikt, potentielles Gefährlichkeitsdelikt etc., vgl. *Zieschang*, Die Gefährdungsdelikte, S. 162 f.

[618] H.M.: *Gallas*, FS Heinitz, S. 175; *Roxin/Greco*, Strafrecht AT I, § 11 Rn.162; Lackner/Kühl/Heger/*Heger* StGB vor § 13 Rn.32; BGH NJW 1999, 2129; 2011, 3591; BGH MMR 2001, 229; Fischer/*Fischer/Anstötz* StGB vor § 13 Rn.19; *ders.*, GA 1989, 448; a.A. *Schröder*, JZ 1967, 522, 523; *ders.*, ZStW 1969, 22: als Untergruppe von konkreten Gefährdungsdelikte; *Zieschang*, Die Gefährdungsdelikte, S. 158: als eigenständige Gefährdungsdeliktskategorie; weiter *Hoyer*, Die Eignungsdelikte, S. 201: als Eignungsdelikt.

dem Umweltstrafrecht sind die Tatbestände der §§ 325[619], 325a I[620], 326 I Nr. 4[621], 327 II 2[622], und 328 I Nr. 2[623] StGB.

---

[619] Meinungsstand: § 325 I als potentielles Gefährdungsdelikt: TK StGB/*Schittenhelm* § 325 Rn.1; Matt/Renzikowski/*Rettenmaier/Gehrmann* StGB § 325 Rn.1; *Schall*, NStZ 1997, 421; Lackner/Kühl/Heger/*Heger* StGB § 325 Rn.1; MüKoStGB/*Alt* StGB § 325 Rn.5; *Rogall*, FS Uniköln, S. 515; Fischer/*Fischer/Lutz* StGB § 325 Rn.2a; *Kloepfer/Heger*, Umweltstrafrecht, Rn.233; AnwK-StGB/*Szesny* § 325 Rn.2; *Zieschang*, Gefährdungsdelikte S. 206, der jedoch den Eintritt eines konkret gefährlichen Zustands verlangt. Oder § 325 I als Eignungsdelikt: BT-Drs. 12/192, 18; *Franzheim/Pfohl*, Umweltstrafrecht, Rn.201; § 325 I als eine Kombination von Verletzungs- und potentiellem Gefährdungsdelikt: *Hecker*, ZStW 115 (2003) 4, 883; SSW-StGB/*Saliger/Lienert* § 325 Rn.1; BeckOK StGB/*Witteck* § 325 Rn.3; SK-StGB/*Schall* § 325 Rn.10; § 325 I als Erfolgsdelikt mit einer abstrakt-konkreten Gefährdungskomponente: LK-StGB/*Heghmanns* § 325 Rn.5.

§ 325 II, III als rein abstraktes Gefährdungsdelikt (h.M.): *Hecker*, ZStW 115 (2003) 4, 883; BeckOK StGB/*Witteck* § 325a Rn.3; TK StGB/*Schittenhelm* § 325 Rn.1; Matt/Renzikowski/*Rettenmaier/Gehrmann* StGB § 325 Rn.1; Lackner/Kühl/Heger/*Heger* StGB § 325 Rn.1; AnwK-StGB/*Szesny* § 325 Rn.2; § 325 II, III als abstraktes Gefährdungsdelikt und auch als Eignungsdelikt: SK-StGB/*Schall* § 325 Rn.10; MüKoStGB/*Alt* StGB § 325 Rn.5; LK-StGB/*Heghmanns* § 325 Rn.5; § 325 II, III als tatmittelbezogene Eignungsdelikte: SSW-StGB/*Saliger/Lienert* § 325 Rn.1; § 325 II, III als potentielles Gefährdungsdelikt: *Kloepfer/Heger*, Umweltstrafrecht, Rn.55; *Franzheim/Pfohl*, Umweltstrafrecht, Rn.201; Fischer/*Fischer/Lutz* StGB § 325 Rn.2a.

[620] H.M.: BT-Drs. 12/192, 18; TK StGB/*Schittenhelm* § 325a Rn.1; *Krell*, Umweltstrafrecht, Rn.227; SSW-StGB/*Saliger/Lienert* § 325a Rn.1; Lackner/Kühl/Heger/*Heger* StGB § 325a Rn.1; *Kloepfer/Heger*, Umweltstrafrecht, Rn.254; Matt/Renzikowski/*Rettenmaier/Gehrmann* StGB § 325a Rn.1; AnwK-StGB/*Szesny* § 325a Rn.3; SK-StGB/*Schall* § 325a Rn.3; Fischer/*Fischer/Lutz* StGB § 325a Rn.2a; als Erfolgsdelikt mit potentieller bzw. abstrakt-konkreter Gefährdungskomponente: LK-StGB/*Heghmanns* § 325a Rn.1; BeckOK StGB/*Witteck* § 325a Rn.2; MüKoStGB/*Alt* StGB § 325a Rn.2; *Michalke*, Umweltstrafsachen, Rn.219; a.A. als rein abstraktes Gefährdungsdelikt: NK-StGB/*Ransiek* § 325a Rn.2; *Franzheim/Pfohl*, Umweltstrafrecht, Rn.232; *Zieschang*, Gefährdungsdelikte, S. 210. Umfassend zum Meinungsstand *Sack*, Umweltschutz-Strafrecht, § 325a, Rn.13.

[621] OLG Braunschweig NStZ-RR 2001, 43; *Zieschang*, Gefährdungsdelikte, S. 222; *Franzheim/Pfohl*, Umweltstrafrecht, Rn.247; SK-StGB/*Schall* § 326 Rn.9; SSW-StGB/*Saliger/Lienert*, § 326 Rn.2; TK StGB/*Schittenhelm* § 326 Rn.1a; Matt/Renzikowski/*Rettenmaier/Gehrmann* StGB § 326 Rn.4; Lackner/Kühl/Heger/*Heger* StGB § 326 Rn.1; MüKoStGB/*Alt* StGB § 326 Rn.5; AnwK-StGB/*Szesny* § 326 Rn.1; a.A. als rein abstraktes Gefährdungsdelikt: BayObLG NStZ-RR 2002, 76; NK-StGB/*Ransiek* § 326 Rn.3; *Sack*, Umweltschutz-Strafrecht, § 326, Rn.23; Fischer/*Fischer/Lutz* StGB § 326 Rn.2; als konkretes Gefährdungsdelikt: *Rittiens*, Der Abfallbegriff im Strafrecht, S. 165 f., 171; umfassend *Henzler*, NStZ 2006, 293.

[622] *Pfohl*, ZWH 2013, 99; SSW-StGB/*Saliger/Lienert* § 327 Rn.1; AnwK-StGB/*Szesny* § 327 Rn.1; BeckOK StGB/*Witteck* StGB § 327 Rn.6; TK StGB/*Schittenhelm* § 327 Rn.1; Matt/Renzikowski/*Rettenmaier/Gehrmann* StGB § 327 Rn.2; MüKoStGB/*Alt* StGB § 327 Rn.2; LK-StGB/*Heghmanns* § 327 Rn.1; SK-StGB/*Schall* § 327 Rn.5; a.A. als rein abstraktes Gefährdungsdelikt: NK-StGB/*Ransiek* § 327 Rn.3; Lackner/Kühl/Heger/*Heger* StGB § 327 Rn.1; Fischer/*Fischer/Lutz* StGB § 327 Rn.2

[623] H.M.: BT-Drs. 8/2382, 20; 12/7300, 24; 13/10076, 1; SSW-StGB/*Saliger/Lienert* § 328 Rn.1; TK StGB/*Schittenhelm* § 328 Rn.1; AnwK-StGB/*Szesny* § 328 Rn.2; Matt/Renzikowski/*Rettenmaier/*

3.1.3.1.4.1 Spezifische Schädigungseignung durch Luftveränderung nach § 325

Der Taterfolg des § 325 I besteht im Eintritt einer Luftveränderung, die geeignet ist, außerhalb des zur Anlage gehörenden Bereichs die Gesundheit eines anderen, Tiere, Pflanzen oder andere Sachen von bedeutendem Wert zu schädigen. In Anlehnung an § 324 umfasst die nachteilige Luftveränderung jede Verschlechterung der physikalischen, chemischen, biologischen oder thermischen Eigenschaften der Luft, die über unbedeutende, vernachlässigte kleine Beeinträchtigungen hinausgeht.[624] Maßgeblich ist dabei der Status quo der Luft, wobei auch bereits vorbelastete Luft weiter nachteilig verändert werden kann.[625] Irrelevant ist dabei die Art und Weise des Bewirkens der Luftveränderung, sei es durch das Hinzufügen von Stoffen, sei es durch das Entziehen von Luftbestandteilen.[626] Beispiele hierfür sind das Freisetzen von Staub, Gasen, Dämpfen, Geruchsstoffen, Rauch, Ruß und Aerosolen oder die radioaktive Kontaminierung von Luftbestandteilen.[627]

Spezifische Schädigungseignung setzt weder Schadenseintritt noch den Eintritt eines konkreten Gefährdungserfolgs voraus.[628] Eine hinreichende Schädigungseignung liegt vor, wenn die Veränderung der Luft eine generelle Gefährlichkeit

---

Gehrmann StGB § 328 Rn.3; MüKoStGB/*Alt* StGB § 328 Rn.2; LK-StGB/*Heghmanns* § 328 Rn.2 f.; *Krell*, Umweltstrafrecht, Rn.236; a.A. als rein abstraktes Gefährdungsdelikt: BeckOK StGB/*Witteck* § 328 Rn.3; Fischer/*Fischer/Lutz* StGB § 328 Rn.2; NK-StGB/*Ransiek* § 328 Rn.2; Lackner/Kühl/Heger/*Heger* StGB § 328 Rn.1; *Kloepfer/Heger*, Umweltstrafrecht, Rn.324; *Michalke*, Umweltstrafsachen, Rn.354.

[624] Vgl. *Saliger*, Umweltstrafrecht, Rn.395; MüKoStGB/*Alt* StGB § 325 Rn.39; TK StGB/*Schittenhelm* § 325 Rn.2; BeckOK StGB/*Witteck* § 325 Rn.6; LK-StGB/*Heghmanns* § 325 Rn.8; *Kloepfer/Heger*, Umweltstrafrecht, Rn.234; SK-StGB/*Schall* § 325 Rn.14, 15.

[625] LK-StGB/*Heghmanns* § 325 Rn.8; TK StGB/*Schittenhelm* § 325 Rn.2; NK-StGB/*Ransiek* § 325 Rn.4; AnwK-StGB/*Szesny* § 325 Rn.19; *Saliger*, Umweltstrafrecht, Rn.395; *Sack*, Umweltschutz-Strafrecht, § 325 Rn.27.

[626] SK-StGB/*Schall* § 325 Rn.15; TK StGB/*Schittenhelm* § 325 Rn.2; SSW-StGB/*Saliger/Lienert* § 325 Rn.4; aber auch *Sack*, Umweltschutz-Strafrecht, § 325 Rn.27: Temperaturveränderungen und radioaktive Kontaminierungen beschränken sich auf die Zuführung von Stoffen.

[627] BT-Drs. 12/192, 18; *Möhrenschlager*, NStZ 1994, 517; AnwK-StGB/*Szesny* § 325 Rn.19; *Saliger*, Umweltstrafrecht, Rn.395; MüKoStGB/*Alt* StGB § 325 Rn.39; TK StGB/*Schittenhelm* § 325 Rn.2; BeckOK StGB/*Witteck* § 325 Rn.6; LK-StGB/*Heghmanns* § 325 Rn.8; *Kloepfer/Heger*, Umweltstrafrecht, Rn.234; *Sack*, Umweltschutz-Strafrecht § 325 Rn.27.

[628] BT-Drs. 8/2382, 16; MüKoStGB/*Alt* StGB § 325 Rn.41; SSW-StGB/*Saliger/Lienert* § 325 Rn.5; Lackner/Kühl/Heger/*Heger* StGB § 325 Rn.13; Matt/Renzikowski/*Rettenmaier/Gehrmann* StGB § 325 Rn.11; TK StGB/*Schittenhelm* StGB § 325 Rn.18; SK-StGB/*Schall* § 325 Rn.30.

für die betroffenen Rechtsgüter aufweist.[629] Dies ist der Fall, wenn die veränderte Luftzusammensetzung nach zum Urteilszeitpunkt[630] naturwissenschaftlich gesicherten Erfahrungssätzen eine generell schädliche Wirkung auf die Schutzgüter mit hinreichender Wahrscheinlichkeit befürchten lässt.[631] Bloße Vermutungen oder rein theoretische Möglichkeiten genügen hierfür nicht.[632] Die Feststellung der Schädigungseignung erfordert lediglich die Berücksichtigung statischer Tatumstände wie beispielsweise die Art und Beschaffenheit der emittierenden Anlage (beispielsweise die Höhe des Schornsteins), die Lage des Emissionsherdes, die Siedlungsdichte sowie die umliegende Industriestruktur.[633] Dagegen bleiben variable Umstände wie Wind- und Wetterlage oder die zufällige Abwesenheit von Schädigungsobjekten im Tatzeitpunkt außer Betracht.[634] Für diese Feststellung ist regelmäßig sachverständige Beratung erforderlich.[635] Als Indikatoren für die Schädigungseignung können (aber nicht verbindlich) die Grenzwerte aus Verwaltungsvorschriften wie der TA-Luft herangezogen werden, sofern diese auch zum Schutz vor Gesundheitsgefahren aufgestellt wurden.[636] Die Schädigungseignung muss sich auf die abschließend aufgezählten Schutzgüter beziehen,

[629] BT-Drs. 8/2382, 16; MüKoStGB/*Alt* StGB § 325 Rn.41; SSW-StGB/*Saliger/Lienert* § 325 Rn.5; Lackner/Kühl/Heger/*Heger* StGB § 325 Rn.13; Matt/Renzikowski/*Rettenmaier/Gehrmann* StGB § 325 Rn.11; TK StGB/*Schittenhelm* § 325 Rn.18; SK-StGB/*Schall* § 325 Rn.41; Fischer/*Fischer/Lutz* StGB § 325 Rn.7; *Sack*, Umweltschutz-Strafrecht, § 325 Rn.28;

[630] MüKoStGB/*Alt* StGB § 325 Rn.42; SSW-StGB/*Saliger/Lienert*, § 325 Rn.5; LK-StGB/*Heghmanns* § 325 Rn.13.

[631] Lackner/Kühl/Heger/*Heger* StGB § 325 Rn.13; Fischer/*Fischer/Lutz* StGB § 325 Rn.7; MüKoStGB/*Alt* StGB § 325 Rn.41; *Sack*, Umweltschutz-Strafrecht, § 325 Rn.28; SSW-StGB/*Saliger/Lienert* § 325 Rn.5; LK-StGB/*Heghmanns* § 325 Rn.10; strenger *Michalke*, Umweltstrafsachen, Rn.189 und *Rudolphi*, NStZ 1984, 250, nach denen der Ursachenzusammenhang bereits einmal naturgesetzlich erfahren worden sein muss.

[632] *Rudolphi*, NStZ 1984, 250; LK-StGB/*Heghmanns* § 325 Rn.10; MüKoStGB/*Alt* StGB § 325 Rn.41; SSW-StGB/*Saliger/Lienert* § 325 Rn.5.

[633] SSW-StGB/*Saliger/Lienert* § 325 Rn.5; MüKoStGB/*Alt* StGB § 325 Rn.42; LK-StGB/*Heghmanns* § 325 Rn.13.

[634] Matt/Renzikowski/*Rettenmaier/Gehrmann* StGB § 325 Rn.11; SSW-StGB/*Saliger/Lienert*, § 325 Rn.5; *Rudolphi*, NStZ 1984, 250; TK StGB/*Schittenhelm* § 325 Rn.18; LK-StGB/*Heghmanns* § 325 Rn.13; bzgl. der Wetter- und Windbedingungen bejahend aber *Rogall*, FS Uniköln, S. 516; NK-StGB/*Ransiek* § 325 Rn.5; *Triffterer*, Umweltstrafrecht, S. 191; strenger bejahend aber SK-StGB/*Schall* § 325 Rn.43, 44; MüKoStGB/*Alt* StGB § 325 Rn.42.

[635] Vgl. *Sack*, Umweltschutz-Strafrecht, § 325 Rn.28; SSW-StGB/*Saliger/Lienert* § 325 Rn.5; Fischer/*Fischer/Lutz* StGB § 325 Rn.7; AnwK-StGB/*Szesny* § 325 Rn.23.

[636] Vgl. BVerwG NVwZ 2004, 610; dazu *Schall*, NStZ-RR 2003, 67; *ders.*, NStZ 2008, 100; Matt/Renzikowski/*Rettenmaier/Gehrmann* StGB § 325 Rn.11; SSW-StGB/*Saliger/Lienert*

nämlich die Gesundheit einer anderen Person, Tiere, Pflanzen oder andere Sachen von bedeutendem Wert. In Bezug auf die Schutzgüter sind die Ausführungen zu § 324a entsprechend heranzuziehen. Schließlich muss die Schädigungseignung außerhalb des zur Anlage gehöhrenden Bereichs auftreten. Die Abgrenzung erfolgt ausgehend von der Einzelanlage, auf die sich die verletzten verwaltungsrechtlichen Pflichten beziehen,[637] und kann sich auch auf die gesamte Betriebsstätte erstrecken.[638] Die Abgrenzung erfolgt anhand des räumlichen Geltungsbereichs des Arbeitsschutzes.[639] Hierzu ist der gesamte Bereich in der Nähe der Anlage zu berücksichtigen, der unter gewöhnlichen Umständen von den Immissionen unmittelbar erfasst wird.[640]

Anknüpfungspunkt des Emissionstatbestandes des § 325 Absatz 2 und Absatz 3 ist nicht die potentielle Gefährlichkeit der Luftveränderung für die betroffenen Schutzgüter, sondern allein die abstrakte Gefährlichkeit der in die Luft freigesetzten Schadstoffe als Tatmittel.[641] Schadstoffe sind gemäß Abs. 6 Nr. 1 grundsätzlich Stoffe, die geeignet sind, die Gesundheit eines anderen, Tiere, Pflanzen oder andere Sachen von bedeutendem Wert zu schädigen. In Bezug auf solche Schutzgüter sind die Ausführungen zu § 324a entsprechend heranzuziehen. Darüber hinaus sind Schadstoffe gemäß Abs. 6 Nr. 2 Stoffe, die geeignet sind, nachhaltig ein Gewässer (wie in § 324 StGB), die Luft oder den Boden (wie in § 324a StGB) zu verunreinigen oder sonst nachteilig zu verändern. Eine Verunreinigung oder sonst nachhaltige Veränderung ist nachhaltig, wenn sie nach Intensität,

§ 325 Rn.5; SK-StGB/*Schall* § 325 Rn.46; *Kloepfer/Heger*, Umweltstrafrecht, Rn.235; MüKoStGB/*Alt* StGB § 325 Rn.43, 44.

[637] BT-Drs. 8/2382, 16; SSW-StGB/*Saliger/Lienert* § 325 Rn.7; LK-StGB/*Heghmanns* § 325 Rn.20; TK StGB/*Schittenhelm* § 325 Rn.17; MüKoStGB/*Alt* StGB § 325 Rn.46; SK-StGB/*Schall* Rn.47 f. (zusätzlich für Abgrenzung nach Funktions- bzw. Organisationsbereichen).

[638] BT-Drs. 8/2382, 16; SSW-StGB/*Saliger/Lienert* § 325 Rn.7; BeckOK StGB/*Witteck* § 325 Rn.12; TK StGB/*Schittenhelm* § 325 Rn.17; strikt dagegen NK-StGB/*Ransiek* § 325 Rn.7, der aufgrund eines Vergleichs mit Absatz 2 („außerhalb des Betriebsgeländes“) offenbar immer nur auf den Bereich der Einzelanlage abstellen soll; auch MüKoStGB/*Alt* StGB § 325 Rn.46.

[639] Vgl. *Kuchenbauer*, NJW 1997, 2010; BT-Drs. 8/2382, 16; SSW-StGB/*Saliger/Lienert* § 325 Rn.7; SK-StGB/*Schall* § 325 Rn.47; AnwK-StGB/*Szesny* § 325 Rn.30.

[640] Vgl. TK StGB/*Schittenhelm* § 325 Rn.17; BeckOK StGB/*Witteck* § 325 Rn.12; MüKoStGB/*Alt* StGB § 325 Rn.46.

[641] BT-Drs. 12/192, 19; BeckOK StGB/*Witteck* § 325 Rn.16; AnwK-StGB/*Szesny* § 325 Rn.31; MüKoStGB/*Alt* StGB § 325 Rn.48; SSW-StGB/*Saliger/Lienert* § 325 Rn.15; TK StGB/*Schittenhelm* § 325 Rn.21; NK-StGB/*Ransiek* § 325 Rn.11.

Umfang und Dauer eine erhebliche nachteilige Wirkung auf den Menschen und/oder die Umwelt mit sich bringt.[642]

3.1.3.1.4.2 Eignung zur Gesundheitsschädigung durch Lärmverursachung nach § 325a I

Der Taterfolg des § 325a I besteht im Eintritt einer Lärmverursachung, die geeignet ist, außerhalb des zur Anlage gehörenden Bereichs die Gesundheit eines anderen zu schädigen. Dem Wortlaut nach wird das vorgelagerte Zwischenrechtsgut der „rekreativen Ruhe" ausgeschlossen, während ausschließlich die menschliche Gesundheit als Rechtsgut betrachtet wird.[643] Lärm bezeichnet Geräusche, die als hörbare, durch Schallwellen verbreitete Einwirkungen wahrgenommen werden und die nach Art, Dauer oder Intensität objektiv geeignet sind, einen durchschnittlich lärmempfindlichen Menschen[644] zu stören oder zu belästigen.[645] Ob ein bestimmter Lärmpegel die erforderliche Eignung zur Gesundheitsschädigung aufweist, ist – wie bei § 325 I – in jedem Einzelfall gesondert nach dem Erfahrungsstand der Wissenschaft und nach der begründeten Überzeugung der jeweiligen naturwissenschaftlichen Fachkreise zu beurteilen.[646] Bei dieser Beurteilung sind beispielsweise Dauer und Intensität der bewirkten Geräuschemissionen sowie konstante Rahmenbedingungen wie bauliche Gegebenheiten und Tageszeit zu berücksichtigen.[647] Folglich stellt sich die Frage der Gesundheitsschädigung nicht erst bei einem Dauerschallpegel von 80 Dezibel (dB (A)) oder mehr, auf den sich die Krankheit der Lärmschwerhörigkeit zurückführen lässt,

---

[642] LK-StGB/*Heghmanns* § 325 Rn.42; AnwK-StGB/*Szesny* § 325 Rn.32; TK StGB/*Schittenhelm* § 325 Rn.22; MüKoStGB/*Alt* StGB § 325 Rn.51.

[643] Vgl. *Saliger*, Umweltstrafrecht, Rn.424 f.; a.A. *Rengier*, NJW 1990, 2512.

[644] Die Berücksichtigung einer übermäßigen Empfindlichkeit einzelner Personen ist gemäß dem Willen des Gesetzgebers nicht vorgesehen. Dazu: BT-Drs. 8/2382, 16; TK StGB/*Schittenhelm* § 325a Rn.3; *Saliger*, Umweltstrafrecht, Rn.427; BeckOK StGB/*Witteck* § 325a Rn.7; Matt/Renzikowski/*Rettenmaier/Gehrmann* StGB § 325a Rn.3; AnwK-StGB/*Szesny* § 325a Rn.8; dagegen *Steindorf*, Umwelt-Strafrecht, § 325a Rn.6; wohl auch LK-StGB/*Heghmanns* § 325a Rn.8; MüKoStGB/*Alt* § 325a Rn.16.

[645] *Saliger*, Umweltstrafrecht, Rn.427; *Sack*, Umweltschutz-Strafrecht § 325a Rn.24; Lackner/Kühl/Heger/*Heger* StGB § 325a Rn.5; TK StGB/*Schittenhelm* § 325a Rn.3; *Franzheim/Pfohl*, Umweltstrafrecht, Rn.236; BeckOK StGB/*Witteck* § 325a Rn.7; Matt/Renzikowski/*Rettenmaier/Gehrmann* StGB § 325a Rn.3; AnwK-StGB/*Szesny* § 325a Rn.8; weitergehend LK-StGB/*Heghmanns* § 325a Rn.4 f.; MüKoStGB/*Alt* § 325a Rn.15 f.

[646] TK StGB/*Schittenhelm* § 325a Rn.5; MüKoStGB/*Alt* § 325a Rn.17; AnwK-StGB/*Szesny* § 325a Rn.9, 10; *Steindorf*, Umwelt-Strafrecht, § 325a Rn.9;

[647] BeckOK StGB/*Witteck* § 325a Rn.8.2; MüKoStGB/*Alt* § 325a Rn.17; SK-StGB/*Schall* § 325a Rn.16. Für die variablen Faktoren gelten die Ausführungen des § 325 I entsprechend.

sondern unter Umständen bereits bei Einzeleinwirkungen mit einem Einzel- oder Gesamtschallpegel von 100 Dezibel (dB (A)) oder mehr, bei denen andere physiologische Störungen verursacht werden können,[648] wobei eine Intensität von 120 dB(A) in der Regel die Schmerzschwelle erreicht.[649] Da Lärm ein Risikofaktor für die psycho-physiologische Gesundheit des Menschen darstellt,[650] können in Einzelfällen bereits Schalleinwirkungen im Bereich von 65–90 dB(A) ausreichen, um psychovegetative Störungen wie Herz-Kreislauf-Beschwerden, Magen-Darm-Erkrankungen oder Durchblutungsstörungen zu verursachen.[651] Auch dauerhafter Schlafentzug ist dabei ausreichend.[652] Nicht tatbestandsmäßig sind dagegen bloße Belästigungen, wie einmaliger oder kurzzeitiger Schlafentzug[653] und rein psychisch-seelische Beeinträchtigungen.[654] Als Orientierungshilfe für die Festlegung der Zumutbarkeitsschwelle können die TA-Lärm, die Freizeitlärm-RL oder die VDI-RL 2058 für Betriebslärm herangezogen werden. Als Orientierungshilfe bei der Festlegung der Zumutbarkeitsschwelle kommt beispielsweise die TA-Lärm,[655] die Freizeitlärm-RL[656], die AVA Baulärm[657] oder die VDI-RL 2058

[648] BT-Drs. 8/3633, 28; *Saliger*, Umweltstrafrecht, Rn.428; Lackner/Kühl/Heger/*Heger* StGB § 325a Rn.5; TK StGB/*Schittenhelm* § 325a Rn.5; AnwK-StGB/*Szesny* § 325a Rn.9; LK-StGB/*Heghmanns* § 325a Rn.9; Matt/Renzikowski/*Rettenmaier/Gehrmann* StGB § 325a Rn.3.

[649] *Saliger*, Umweltstrafrecht, Rn.428; LK-StGB/*Heghmanns* § 325a Rn.9.

[650] BT-Drs. 8/3633, 28; *Saliger*, Umweltstrafrecht, Rn.428; AG Dieburg NStZ-RR 1998, 73; LK-StGB/*Heghmanns* § 325a Rn.9.

[651] *Kloepfer/Heger*, Umweltstrafrecht, Rn.253; *Saliger*, Umweltstrafrecht, Rn.428; näher LK-StGB/*Heghmanns* § 325a Rn.9; *Sack*, Umweltschutz-Strafrecht, 3 325a Rn.29; BeckOK StGB/*Witteck* § 325a Rn.8; SK-StGB/*Schall* § 325a Rn.15.

[652] AG Dieburg NStZ-RR 1998, 73 einer Industrienähmaschine; TK StGB/*Schittenhelm* § 325a Rn.5; BeckOK StGB/*Witteck* § 325a Rn.8; *Saliger*, Umweltstrafrecht, Rn.428.

[653] Vgl. StA Hannover NStZ 1987, 176; TK StGB/*Schittenhelm* § 325a Rn.5; *Saliger*, Umweltstrafrecht, Rn.428; MüKoStGB/*Alt* § 325a Rn.15; NK-StGB/*Ransiek* § 325a Rn.3.

[654] Vgl. BT-Drs. 8/3633, 28; MüKoStGB/*Alt* § 325a Rn.15; TK StGB/*Schittenhelm* § 325a Rn.5; BeckOK StGB/*Witteck* § 325a Rn.7; *Saliger*, Umweltstrafrecht, Rn.428.

[655] *Kutscheidt*, NVwZ 1999, 577; MüKoStGB/*Alt* § 325a Rn.17; TK StGB/*Schittenhelm* § 325a Rn.5; AnwK-StGB/*Szesny* § 325a Rn.11; *Saliger*, Umweltstrafrecht, Rn.428; BeckOK StGB/*Witteck* § 325a Rn.8.3.

[656] BVerwG NJW 2003, 3360; ferner *Schall*, NStZ-RR 2006, 167; TK StGB/*Schittenhelm* § 325a Rn.5; MüKoStGB/*Alt* § 325a Rn.17; *Saliger*, Umweltstrafrecht, Rn.428; BeckOK StGB/*Witteck* § 325a Rn.8.3.

[657] Vgl. BVerwG NVwZ 2012, 1394; MüKoStGB/*Alt* § 325a Rn.17.

für Betriebslärm[658] in Betracht. In Bezug auf das Merkmal „außerhalb des zur Anlage gehörenden Bereichs" ist auf die Auslegung des § 325 I zurückzugreifen.

3.1.3.1.4.3 Die Gefährdungseignung des Abfalls nach § 326 I Nr. 4

Gemäß § 326 I Nr. 4 müssen Abfälle aufgrund ihrer Art, Beschaffenheit oder Menge geeignet sein, a) nachhaltig Gewässer (wie in § 324), Luft (wie in § 325) oder Boden (wie in § 324a) zu verunreinigen oder anderweitig nachhaltig zu verändern oder b) einen Bestand von Tieren oder Pflanzen zu gefährden. Nur diese drei alternativen Kriterien – keine anderen Umstände – bilden die grundlegende Eignung des Abfalls für die Umweltgefährdung.[659] Das bedeutet, dass die Gefährdungseignung des Abfalls sich je nach seiner Art aus seiner Materie, unabhängig von seiner Menge; nach seiner Beschaffenheit als Träger besonders umweltgefährdender Stoffe, wobei allein der konkrete Schadstoffgehalt maßgeblich ist; oder ausschließlich aus seiner Menge ergibt.[660] Die Schädigungseignung setzt weder Schadeneintritt noch einen konkreten Gefährdungserfolg voraus.[661] Eine hinreichende Schädigungseignung liegt vor, wenn sich nach naturwissenschaftlich gesichertem Erfahrungssatz eine generell schädliche Wirkung solcher Abfälle auf die Schutzgüter nachweisen lässt,[662] wobei als ein Indiz Grenzwertüberschreitungen gelten.[663] Dabei genügt es auch, wenn der Abfall wenigstens noch vor Beendigung der Tathandlung die tatbestandsmäßig geforderte Gefährlichkeit erlangt hat, z. B. die an sich ungefährlichen Abfälle durch Verbrennen erst die entsprechende Gefährdungsneigung erlangen.[664]

---

[658] LK-StGB/*Heghmanns* § 325a Rn.9; *Saliger*, Umweltstrafrecht, Rn.428; MüKoStGB/*Alt* § 325a Rn.17.

[659] *Saliger*, Umweltstrafrecht, Rn.307; MüKoStGB/*Alt* StGB § 326 Rn.44; *Horn/Hoyer,* JZ 1991, 705; BeckOK StGB/*Witteck* § 326 Rn.21; TK StGB/*Schittenhelm* § 326 Rn.8.

[660] MüKoStGB/*Alt* StGB § 326 Rn.43; *Saliger*, Umweltstrafrecht, Rn.307; *Pfohl*, NStZ-RR 2021, 14; *Krell*, Umweltstrafrecht, Rn.172; *Schall,* NStZ 1997, 464 f.; SK-StGB/*Schall* § 326 Rn.83.

[661] *Saliger*, Umweltstrafrecht, Rn.307.

[662] MüKoStGB/*Alt* StGB § 326 Rn.44; SSW-StGB/*Saliger/Lienert*, § 326 Rn.33.

[663] *Saliger*, Umweltstrafrecht, Rn.307; *Sack*, Umweltschutz-Strafrecht, § 326 Rn.195; MüKoStGB/*Alt* StGB § 326 Rn.44.

[664] OLG Zweibrücken NStZ 1986, 411; AnwK-StGB/*Szesny* § 326 Rn.33; MüKoStGB/*Alt* StGB § 326 Rn.44; TK StGB/*Schittenhelm* § 326 Rn.8a; Matt/Renzikowski/*Rettenmaier/ Gehrmann* StGB § 326 Rn.17.

Im Sinne der Nr. 4a ist die Veränderung als nachhaltig anzusehen, wenn sie in quantitativer und zeitlicher Hinsicht den biologischen Wert der Umweltmedien in erheblichem Maße und für längere Zeit unumkehrbar vermindert.[665] Eine über die betroffenen Umweltmedien hinausgehende Gefährdung muss nicht nachgewiesen werden.[666] Es ist jedoch zu beachten, dass die Eignung für eine rein optische Beeinträchtigung des Bodens, der Gewässer bzw. der Ortsbilder oder des Landschaftsbildes nicht ausreicht.[667] Kurzfristige Belästigungen sowie länger andauernde Veränderungen mit nur geringfügigen Schadenswirkungen sind ebenfalls ausgenommen.[668] Denn bloße Bagatelle sind nach § 326 VI StGB ohnehin von der Strafbarkeit ausgenommen.[669]

Nach Nr. 4b gelten solche Abfälle als tatbestandmäßig, wenn sie dazu geeignet sind, einen Bestand von Tieren oder Pflanzen, nämlich in Anlehnung an § 39 PflSchG aF eine Tier- oder Pflanzenpopulation in einem bestimmten Gebiet, zu gefährden.[670] Dabei ist es nicht erforderlich, dass alle Tiere oder Pflanzen eines Gebiets gefährdet sind, sondern der Begriff Population bezieht sich auf einzelne Tier- oder Pflanzenarten.[671] Zudem gestaltet sich die Bestimmung der Gebietsgröße als schwierig, wobei es von Bedeutung ist, den ökologischen Wert des gefährdeten Bestandes sowie seine Schutzbedürftigkeit zu berücksichtigen.[672] Erfasst ist auch der Fall, dass mit Krankheitserregern kontaminierte Abfälle einen Pflanzenbestand schädigen können.[673]

---

[665] *Saliger*, Umweltstrafrecht, Rn.308; NK-StGB/*Ransiek* § 326 Rn.28; MüKoStGB/*Alt* StGB § 326 Rn.47; AnwK-StGB/*Szesny* § 326 Rn.38; SK-StGB/*Schall* § 326 Rn.78, 79; BeckOK StGB/*Witteck* § 326 Rn.8.

[666] BGH NJW 2014, 94; Lackner/Kühl/Heger/*Heger* StGB §326 Rn.6; LK-StGB/*Heghmanns* § 326 Rn.69; NK-StGB/*Ransiek* § 326 Rn.28.

[667] Vgl. *Saliger*, Umweltstrafrech, Rn.308; NK-StGB/*Ransiek* § 326 Rn.29.

[668] OLG Zweibrücken NStZ 1986, 411; NJW 1992, 2841; LK-StGB/*Heghmanns* § 326 Rn.67; *Horn*, JZ 1994, 1099; *Horn/Hoyer*, JZ 1991, 706; *Sack*, JR 1997, 255; *Schall*, NStZ 1997, 465; MüKoStGB/*Alt* StGB § 326 Rn.47.

[669] NK-StGB/*Ransiek* § 326 Rn.29.

[670] *Saliger*, Umweltstrafrecht, Rn.308; NK-StGB/*Ransiek* § 326 Rn.30.

[671] NK-StGB/*Ransiek* § 326 Rn.30.

[672] Beispiel: Die Gefährdung der Kartoffelkäferpopulation auf einem großen Kartoffelfeld kann von geringer Bedeutung sein. Die Gefährdung seltener Pflanzen, die nur noch an einem kleinen See wachsen, ist dagegen von großer Bedeutung, vgl. NK-StGB/*Ransiek* § 326 Rn.30; SK-StGB/*Schall* § 326 Rn.81; LK-StGB/*Heghmanns* § 326 Rn.71.

[673] BT-Drs. 12/192, 20; näher TK StGB/*Schittenhelm* § 326 Rn.7a; *Saliger*, Umweltstrafrecht, Rn.308.

3.1.3.1.4.4 Die Schädigungseignung des gefährlichen Anlagenbetriebs nach § 327 II 2

Gemäß § 327 II 2 muss der Anlagenbetrieb in einer Weise erfolgt sein, die geeignet ist, außerhalb der Anlage Leib oder Leben eines anderen Menschen zu schädigen oder erhebliche Schäden an Tieren oder Pflanzen, Gewässern, der Luft oder dem Boden herbeizuführen. Erforderlich ist lediglich, dass der Betrieb der Anlage in einem EU-Mitgliedstaat erfolgt, während die potentielle Gefährdung der Umweltgüter auch in Deutschland eintreten kann.[674] In Bezug auf die Schädigungseignung sowie die geschützten Rechtsgüter sei auf die Ausführungen in § 324a verwiesen. Das Merkmal „außerhalb der Anlage" bestimmt sich gemäß § 325 I. Der Begriff „erhebliche Schäden" ist in quantitativem Sinn zu verstehen.[675]

3.1.3.1.4.5 Die Schädigungseignung des sonstigen radioaktiven Stoffs nach § 328 I Nr. 2

Gemäß § 328 I Nr. 2 müssen sonstige radioaktive Stoffe nach ihrer Art, Beschaffenheit oder Menge geeignet sein, durch ionisierende Strahlen den Tod oder eine schwere Gesundheitsschädigung eines anderen oder erhebliche Schäden an Tieren, Pflanzen, Gewässern, der Luft oder dem Boden herbeizuführen. Hierbei ist zu prüfen, ob die Stoffe zunächst generell, aufgrund ihrer Zusammensetzung und anschließend in der konkreten Menge zur Herbeiführung dieser Schäden geeignet sind.[676] Unter Berücksichtigung des Merkmals „durch ionisierende Strahlen" kann eine Eignung jedoch ausgeschlossen werden, sofern eine sichere und mangelfreie Verpackung sowie entsprechende Sicherungsmaßnahmen gewährleistet sind.[677] Absolute Maßstäbe lassen sich hierfür nicht festlegen.[678] Der Tatbestand kann auch erfüllt sein, wenn die kritische Menge durch mehrere Tathandlungen erreicht wird[679]. Die schwere Gesundheitsschädigung ist wie bei § 330a I und § 330 II Nr. 1 StGB zu verstehen. Die Erheblichkeit eines Schadens kann sich

---

[674] TK StGB/*Schittenhelm* § 327 Rn.19; BeckOK StGB/*Witteck* § 327 Rn.30; a.A. Fischer/*Fischer/Lutz* StGB § 327 Rn.15: die potentielle Gefährdung muss vor Ort – also im Ausland – festgestellt werden; krit. *Pfohl*, ZWH 2013, 99.

[675] Fischer/*Fischer/Lutz* StGB § 327 Rn.15.

[676] MüKoStGB/*Alt* StGB § 328 Rn.11; AnwK-StGB/*Szesny* § 328 Rn.5.

[677] BGH NJW 1994, 672; Graf/Wittig/Jäger/*Book* StGB § 328 Rn.5; MüKoStGB/*Alt* StGB § 328 Rn.11.

[678] *Sack*, Umweltschutz-Strafrecht, § 328 Rn.42 ff.; MüKoStGB/*Alt* StGB § 328 Rn.11.

[679] MüKoStGB/*Alt* StGB § 328 Rn.11.

zudem aus dessen Umfang ableiten lassen,[680] z. B. ein nach Intensität und Dauer nicht ohne erheblichen Aufwand kompensierbarer Schaden.[681]

3.1.3.2 In China: Deliktstyp des § 338 chStGB

Gemäß § 338 chStGB (1997) wurde die Folge der Umweltverschmutzungsdelikte wie folgt geregelt, „Wer..., dadurch einen Vorfall gravierender Umweltverschmutzung verursacht, so dass ernste und schwerwiegende Folgen eintreten wie gravierende Verluste an öffentlichem oder privatem Eigentum oder Körperverletzung bzw. Tod eines Menschen, wird mit zeitiger Freiheitsstrafe...; sind die Folgen besonders ernst und schwerwiegend, ergeht zeitige Freiheitsstrafe...". Diese Formulierung ließ keinen Zweifel daran, dass es sich bei Umweltverschmutzungsdelikten um Erfolgsdelikte (bzw. Verletzungsdelikte[682]) handelt. Durch das Strafrechtsänderungsgesetz VIII (2011) wurde die Folge des Umweltverschmutzungsdelikts jedoch dahingehend geändert, dass der „Umweltverschmutzungsvorfall" durch „Wer..., die Umwelt schwer verschmutzt, wird mit Freiheitsstrafe...bestraft; sind die Folgen besonders schwerwiegend, erfolgt eine längere Freiheitsstrafe..." ersetzt wurde. Seitdem ergeben sich zwei umstrittene Fragen bezüglich der Art der Umweltverschmutzungsdelikte, welche auf unterschiedlichen Auslegungen des Satzes „schwere Umweltverschmutzung" basieren. Zum einen stellt sich die Frage, ob es sich bei diesen Delikten um Tätigkeitsdelikte oder Erfolgsdelikte handelt. Zum anderen bleibt unklar, ob sie als Verletzungsdelikte oder Gefährdungsdelikte einzustufen sind. Diese Kontroverse ist bis heute ungelöst und hat sich durch das Strafrechtsänderungsgesetz XI (2021) weiter verschärft, indem nun zusätzlich die Möglichkeit besteht, ein Umstandsdelikt (Qingjiefan), anzunehmen. Dies zeigt sich in der neu formulierten dreistufigen Strafbemessung, „Wer..., die Umwelt schwer verschmutzt, wird mit zeitiger Freiheitsstrafe...; sind die Umstände schwer, ergeht zeitige Freiheitsstrafe...; ist es einer der folgenden Umstände, ergeht zeitige Freiheitsstrafe...".

3.1.3.2.1 Tätigkeitsdelikte oder Erfolgsdelikte

Nachdem der gesetzgeberische Wortlaut des Taterfolges der Umweltverschmutzungsdelikte von „Umweltverschmutzungsvorfall" auf „die Umwelt schwer verschmutzt" umformuliert wurde, sind einige Wissenschaftler der Auffassung, dass

---

[680] Fischer/*Fischer/Lutz* StGB § 328 Rn.3; MüKoStGB/*Alt* StGB § 328 Rn.12.

[681] SK-StGB/*Schall* § 328 Rn.14; BeckOK StGB/*Witteck* § 328 Rn.8.

[682] Bei den Verletzungsdelikten soll das Rechtsgut tatsächlich beeinträchtigt werden. Hier: z. B. gravierende Verluste an öffentlichem oder privatem Eigentum oder Körperverletzung bzw. Tod eines Menschen.

es sich bei den reformierten Umweltverschmutzungsdelikten bereits um Tätigkeitsdelikte handelt. Denn bei den Umweltverschmutzungsdelikten ist der Grad der Schädigung von Personen oder Sachen nicht mehr Tatbestandsvoraussetzung, sondern beginnt bereits mit der Regelung der Verschmutzungshandlung.[683] Das Attribut „schwer" beschreibt lediglich den Grad eines solchen umweltverschmutzenden Verhaltens oder den Toxizitätsgrad des Handlungsobjekts (also radioaktive Abfälle, Krankheitserreger enthaltende Abfälle, giftige Stoffe und sonstige schädliche Stoffe).[684] Damit wird die Schwelle für das Inkriminieren der Umweltverschmutzungsdelikte abgesenkt. Dies entspricht dem Willen des Gesetzgebers.[685] Darüber hinaus erleichtert die Einordnung der Umweltverschmutzungsdelikte als Tätigkeitsdelikte auch die Rechtspraxis, da die Staatsanwaltschaft bei Tätigkeitsdelikten nicht mehr den komplexen Kausalzusammenhang zwischen der umweltverschmutzenden Handlung und dem umweltverschmutzenden Erfolg nachweisen muss.[686] Dies erleichtert die Strafverfolgung, was der Kriminalitätsbekämpfung und dem Umweltschutz dient.

Im Gegensatz dazu sind einige Strafrechtswissenschaftler der Meinung, dass die Streichung des „Umweltverschmutzungsvorfalls" keine Veränderung der Einstufung der Umweltverschmutzungsdelikte als Erfolgsdelikte bewirkt. Die Modifikation des Begriffs „Umweltverschmutzungsvorfall" zu „die Umwelt schwer verschmutzt" impliziert lediglich eine Reduktion des ursprünglich doppelten Taterfolgs auf einen einzigen Taterfolg, ohne jedoch eine Festlegung zu treffen, dass Handlungen, die die Umwelt verschmutzen, bereits eine Straftat darstellen.[687] Dies impliziert, dass der Ausdruck „die Umwelt schwer verschmutzt" nicht nur eine deklarative Funktion hinsichtlich der Senkung der Schwelle für die Kriminalisierung erfüllt, sondern auch eine essenzielle Tatbestandsvoraussetzung der Straftat darstellt. Eine bloße Klassifizierung der Umweltverschmutzungsdelikte als Tätigkeitsdelikte vernachlässigt den Status dieses Satzes.[688] Das Attribut „schwer" akzentuiert dann den umweltschädlichen Taterfolg.[689] Nach der herrschenden Meinung ist unter Umweltverschmutzung das Phänomen zu verstehen,

---

683 Vgl. *Yu Jun*, Law Science Magazine (法学杂志) 6/2011, 55.

684 Vgl. *Chen Hongbing*, Political Science and Law (政治与法律) 7/2015, 30.

685 Vgl. *Chai Yunle*, Political Science and Law (政治与法律) 7/2018, 63.

686 Vgl. *Li Anyue*, Environmental Protection (环境保护) 11/2011, 51.

687 Vgl. *Wang Pengxiang/Meng Yuhan*, Academic Journal of Zhongzhou (中州学刊) 6/2019, 65; *Yu Yang/Huang Ye*, Presentday Law Science (时代法学) 5/2021, 34; *Wang Weicai*, Law Science Magazine (法学杂志) 9/2020, 81.

688 Vgl. *Yu Yang/Huang Ye*, Presentday Law Science (时代法学) 5/2021, 35.

689 Vgl. *Chen Xingliang*, Peking University Law Journal (中外法学) 1/2014, 125; *Zhang Mingkai*, Qsinghua University Law Journal (清华法学) 1/2014, 21.

bei dem Menschen Stoffe oder Energie in die Umwelt abgeben, die deren Selbstreinigungskapazität übersteigt, wodurch die Qualität der Umwelt beeinträchtigt wird.[690] Das Wesen einer schweren Umweltverschmutzung besteht also darin, dass die Qualität der Umwelt in erheblichem Maße beeinträchtigt wird. Diese erhebliche Verschlechterung der Qualität der Umwelt ist eine objektive Veränderung, die als Folge der Umweltverschmutzungsdelikte betrachtet werden kann.[691]

Entsprechend des Strafrechtsänderungsgesetzes VIII (2011) und des Strafrechtsänderungsgesetzes XI (2021) haben das Oberste Volksgericht und die Oberste Volksstaatsanwaltschaft in den Jahren 2013, 2016 und 2023 gemeinsam Justizauslegungen herausgegeben, um Fragen der Rechtsanwendung bei der Behandlung von Strafsachen im Zusammenhang mit Umweltverschmutzung zu erläutern. Nach den drei Ausgaben der Justizauslegungen wird jedoch auch die Art der Umweltverschmutzungsdelikte nicht erklärt, sondern vermischt, da ein Nebeneinander von Normen der Erfolgs- und Tätigkeitsdelikte besteht, wie im Folgenden gezeigt wird:[692]

Justizauslegung 2016 (Inkrafttreten am 1.1.2017, Außerkraftsetzung am 15.8.2023) § 1 Die Tatbegehung von § 338 chStGB gilt als „schwere Umweltverschmutzung", wenn einer der folgenden Umstände zutrifft:	Justizauslegung 2023 (Inkrafttreten am 15.8.2023) § 1 Die Tatbegehung von § 338 chStGB gilt als „schwere Umweltverschmutzung", wenn einer der folgenden Umstände zutrifft:
1. Ableiten, Abladen oder Behandeln von radioaktiven Abfällen, der Krankheitserreger enthaltenden Abfällen oder giftigen Stoffen *in erstklassigen Schutzgebieten von Trinkwasserquellen oder Kerngebieten von Naturschutzgebieten.*	1. Ableiten, Abladen oder Behandeln von radioaktiven Abfällen, der Krankheitserreger enthaltenden Abfällen oder giftigen Stoffen *in gesetzlich festgelegten, wichtigen Schutzgebieten, wie Trinkwasserschutzgebieten und Kernschutzgebieten von Naturschutzgebieten*

(Fortsetzung)

[690] Vgl. *Zhao Bingzhi*, Das Verständnis und die Anwendung des Strafrechtsänderungsgesetzes VIII (刑法修正案 (八) 理解与适用), S. 407.

[691] Vgl. *Liu Weiqi*, Studies in Law and Business (法商研究) 3/2019, 94.

[692] Infolge der vollständigen Annahme und Ergänzung der Justizauslegung im Jahr 2013 durch die Justizauslegung im Jahr 2016 erfolgt an dieser Stelle lediglich die Darstellung der Justizauslegungen im Jahr 2016 und im Jahr 2023. Geänderte Inhalte sind kursiv markiert.

(Fortsetzung)

2. Illegales Ableiten, Abladen oder Behandeln von mehr als drei Tonen gefährlicher Abfälle	2. Illegales Ableiten, Abladen oder Behandeln von mehr als drei Tonen gefährlicher Abfälle
3. Ableiten, Abladen oder Behandeln von Schadstoffen, die Blei, Quecksilber, Kadmium, Chrom, Arsen, Thallium oder Antimon enthalten, in Mengen, die das Dreifache der nationalen oder lokalen Schadstoffeinleitungsstandards überschreiten	3. Ableiten, Abladen oder Behandeln von Schadstoffen, die Blei, Quecksilber, Kadmium, Chrom, Arsen, Thallium oder Antimon enthalten, in Mengen, die das Dreifache der nationalen oder lokalen Schadstoffeinleitungsstandards überschreiten
4. Ableiten, Abladen oder Behandeln von Schadstoffen, die Nickel, Kupfer, Zink, Silber, Vanadium, Mangan oder Kobalt enthalten, in Mengen, die das Zehnfache der nationalen oder lokalen Schadstoffeinleitungsstandards überschreiten	4. Ableiten, Abladen oder Behandeln von Schadstoffen, die Nickel, Kupfer, Zink, Silber, Vanadium, Mangan oder Kobalt enthalten, in Mengen, die das Zehnfache der nationalen oder lokalen Schadstoffeinleitungsstandards überschreiten
5. Ableiten, Abladen oder Behandeln von radioaktiven Abfällen, der Krankheitserreger enthaltenden Abfällen oder giftigen Stoffen durch geheime Rohre, Sickerschächte, Sickergruben, Risse, Hohlräume, Bewässerung und andere der Aufsicht entzogener Weise	5. Ableiten, Abladen oder Behandeln von radioaktiven Abfällen, der Krankheitserreger enthaltenden Abfällen oder giftigen Stoffen durch geheime Rohre, Sickerschächte, Sickergruben, Risse, Hohlräume, Bewässerung, *die Öffnung des Notfall-Ableitungswegs für atmosphärische Entladungen in Nicht-Notfallsituationen* und andere der Aufsicht entzogener Weise
6. Wer innerhalb von zwei Jahren mehr als zwei Verwaltungsakte wegen Verstoßes gegen nationale Vorschriften über Ableiten, Abladen oder Behandeln von radioaktiven Abfällen, der Krankheitserreger enthaltenden Abfällen oder giftigen Stoffen erhalten hat und eine der vorangegangenen Handlungen wieder begangen hat	8. Wer innerhalb von zwei Jahren mehr als zwei Verwaltungsakte wegen Verstoßes gegen nationale Vorschriften über Ableiten, Abladen oder Behandeln von radioaktiven Abfällen, der Krankheitserreger enthaltenden Abfällen oder giftigen Stoffen erhalten hat und eine der vorangegangenen Handlungen wieder begangen hat

(Fortsetzung)

(Fortsetzung)

	6. *Wer innerhalb von zwei Jahren mehr als zwei Verwaltungsakte wegen Verstoßes gegen nationale Vorschriften während einer Wetterwarnung vor starker Luftverschmutzung durch die übermäßige Emission von Schwefeldioxid, Stickoxiden oder anderen Luftschadstoffen, die einer vollständigen Emissionskontrolle unterliegen, erhalten hat und eine der vorangegangenen Handlungen wieder begangen hat*
7. Wichtige Schadstoffanleitungseinheiten automatische Überwachungsdaten manipulieren oder fälschen, oder automatische Überwachungsanlagen stören, und die Schadstoffe wie chemischen Sauerstoffbedarf, Ammoniakstickstoff, Schwefeldioxid und Stickoxide ableiten	7. Wichtige Schadstoffeinleitungseinheiten und *Einheiten, die der Schlüsselverwaltung von Schadstoffeinleitungsgenehmigungen unterliegen*, automatische Überwachungsdaten manipulieren oder fälschen, oder automatische Überwachungsanlagen stören, und die Schadstoffe wie chemischen Sauerstoffbedarf, Ammoniakstickstoff, Schwefeldioxid und Stickoxide ableiten
9. Illegale Gewinne oder Verursachung von Verlusten an öffentlichem oder privatem Eigentum von mehr als 300.000 (RMB)	9. Illegale Gewinne oder Verursachung von Verlusten an öffentlichem oder privatem Eigentum von mehr als 300.000 (RMB)
11. Verursachung einer Unterbrechung der Trinkwasserversorgung aus einer zentralen Trinkwasserquelle *oberhalb* der Gemeindeebene von mehr als 12 Stunden	10. Verursachung einer Unterbrechung der Trinkwasserentnahme aus einer zentralen Trinkwasserquelle *auf* Gemeindeebene von mehr als 12 Stunden
18. Andere Fälle von schwerer Umweltverschmutzung	11. Andere Fälle von schwerer Umweltverschmutzung

(Fortsetzung)

(Fortsetzung)

8. Illegale Reduzierung der Betriebskosten für Anlagen zur Verhinderung und Bekämpfung der Umweltverschmutzung um mehr als eine Million (RMB) 10. Verursachung schwerwiegender Schäden an der ökologischen Umwelt 12. Verursachung der Verluste oder dauerhafter Zerstörung der Grundfunktionen von landwirtschaftlichen Grundflächen, schützenden Waldflächen und Waldflächen mit besonderer Nutzung von jeweils mehr als 5 Mu[693], anderen landwirtschaftlichen Flächen von mehr als 10 Mu und sonstigen Landflächen von mehr als 20 Mu 13. Verursachung der Zerstörung des Waldes oder anderen Bäumen von mehr als 50 Kubikmetern, oder der Zerstörung von mehr als 2.500 jungen Bäumen 14. Verursachung der Notwendigkeit der Evakuierung oder Verlegung von mehr als 5.000 Menschen 15. Verursachung einer Vergiftung von mehr als 30 Menschen 16. Verursachung leichter Verletzungen oder leichter Behinderungen oder Organ- und Gewebeschäden, die allgemeine Funktionsbeeinträchtigungen verursachen, bei mehr als drei Personen 17. Verursachung einer schweren Verletzung oder einer mittelschweren Behinderung oder von Organ- und Gewebeschäden, die eine schwere Funktionsbeeinträchtigung verursachen, bei mehr als einer Person	Nr. 8 und Nr. 10 der Justizauslegung (2016) werden in der Justizauslegung (2023) weggestrichen. Nr. 12–17 der Justizauslegung (2016) werden in der Justizauslegung (2023) als schwere Umstände im Hinblick auf die gesetzliche Strafe festgelegt.

693 Mu: eine chinesische Einheit von Flächen, 1 Mu = 666.7 Quadratmeter.

Wie aus dem obigen Formular ersichtlich ist, listet § 1 der Justizauslegung von 2016 insgesamt 18 Umstände auf, die zu einer Verurteilung wegen „schwerer Umweltverschmutzung“ führen. Darunter gelten Nr. 1 bis Nr. 7 als Normen der Tätigkeitsdelikte, wobei der Fokus auf der Regelung von Tathandlungen liegt, ohne dass ein Taterfolg erforderlich wäre. Dagegen sind Nr.8 bis Nr. 17 als Normen der Erfolgsdelikte zu verstehen, wobei eine Verursachung der Verluste an öffentlichem oder privatem Eigentum oder eine Körperverletzung bzw. der Tod eines Menschen als Taterfolg erforderlich ist. Nr. 18 ist der Auffangtatbestand. Um dem legislativen Geist der Verschärfung der Strafen für Umweltverschmutzungsdelikte Rechnung zu tragen, nämlich an das Strafrechtsänderungsgesetz XI (2021) anzupassen, erfolgt in § 1 der Justizauslegung von 2023 eine Anpassung der Schwellenwerte für das Inkriminieren von „Kriminalisierung von Verhalten + Kriminalisierung von Erfolg“ auf hauptsächlich „Kriminalisierung von Verhalten“. Dabei werden lediglich zwei Umstände (Nr. 9 und Nr. 10) von insgesamt elf Umständen als Normen der Erfolgsdelikte aufgeführt, während acht Umstände (Nr. 1 bis Nr. 8) als Normen der Tätigkeitsdelikte gelten. Auch Nr. 11 ist als Auffangtatbestand zu werten.

Das Nebeneinander von Erfolgs- und Tätigkeitsdelikten in der Justizauslegung wird jedoch von einigen Strafrechtswissenschaftlern abgelehnt, da ihrer Ansicht nach zum einen ein und dieselbe Strafvorschrift nicht gleichzeitig als Tätigkeits- und Erfolgsdelikt angesehen werden kann.[694] Zum anderen könnte eine solche erweiterte Auslegung gegen das Gesetzlichkeitsprinzip verstoßen.[695] Jedoch sind wiederum einige andere Strafrechtswissenschaftler der Ansicht, dass die Koexistenz von Tätigkeits- und Erfolgsdelikten bei ein und derselben Straftat nicht ausgeschlossen ist. Der Grund liegt vor allem darin, dass die Differenzierung zwischen Tätigkeitsdelikt und Erfolgsdelikt durch die Konzeption des durch das Verbrechen geschützten Rechtsguts beeinflusst wird[696]: Eine Handlung, bei der die Umwelt verschmutzt wird, kann durchaus als ein Tätigkeitsdelikt in Bezug auf den Erfolg einer schweren Umweltverschmutzung klassifiziert werden, d. h. solange das illegale Ableiten, Abladen oder Behandeln gefährlicher Abfälle begangen wurde, tritt der Erfolg der Umweltverschmutzung concomitans ein (im

---

[694] Vgl. *Nie Chunyang*, The South Journal (南方论刊) 9/2020, 59; *Wang Zhixiang/Huang Yunbo*, Henan Social Science (河南社会科学) 9/2015, 6 f.

[695] Vgl. *Bo Xiaobo*, Environmental Economy (环境经济) 10/2013, 54 f; *Wang Shekun/Hu Lingling*, Journal of Nanjing Tech University (Social Science Edition) (南京工业大学学报社会科学版) 4/2016, 14 f.

[696] Vgl. *Yu Yang/Huang Ye*, Presentday Law Science (时代法学) 5/2021, 35; *Sun Rui*, Journal of Shenyang University of Technology (Social Science Edition) (沈阳工业大学学报社会科学版) 1/2019, 77 f.

Sinne des ökologischen Rechtsguts). Ob die Handlung jedoch einen Erfolg für das anthropozentrische Rechtsgut verursacht hat, erfordert eine weitere Beurteilung der Kausalität und der Zurechnung des Erfolgs. In anderen Worten: In Anbetracht der ökologisch-anthropozentrischen Theorie des Rechtsguts, welche zwei Arten von Rechtsgütern umfasst, ist es durchaus möglich, dass eine Handlung sowohl ein Tätigkeitsdelikt als auch ein Erfolgsdelikt in Bezug auf verschiedene Rechtsgüter darstellt.[697] Zudem kann es selbst in Bezug auf das ökologische Rechtsgut der Umwelt aufgrund der sehr breiten Inhalte, die das ökologische Rechtsgut der Umwelt umfasst, sowie der Komplexität der Umweltmedien dazu kommen, dass eine Straftat in Bezug auf eine bestimmte Umwelt als Tätigkeitsdelikt angesehen wird, während sie in Bezug auf eine andere konkrete Umwelt als Erfolgsdelikt betrachtet wird.[698] Sofern ein Täter beispielsweise illegal drei Tonnen gefährliche Abfälle (gemäß § 1 Nr. 2 Justizauslegung 2023) in einen Fluss leitet und diesen dadurch verschmutzt, liegt ein Tätigkeitsdelikt vor, bei dem die Handlung und der Erfolg gleichzeitig eintreten. Ob der Tod der Wasserlebewesen im Fluss jedoch durch die gefährlichen Abfälle verursacht wurde, erfordert eine Beurteilung der Kausalität und der Zurechnung des Erfolgs. In Bezug auf den Tod der Wasserlebewesen handelt es sich um ein Erfolgsdelikt, das nach dem Gesetz ein erfolgsqualifiziertes Delikt sein kann.

3.1.3.2.2 Verletzungsdelikte oder Gefährdungsdelikte

Die Frage ist auch, ob der Ausdruck „die Umwelt schwer verschmutzt“ so zu verstehen ist, dass die Umweltverschmutzungsdelikte von Verletzungsdelikten zu Gefährdungsdelikten geändert wurden. Die Auffassung des Befürworters besagt, dass eine „schwere Umweltverschmutzung“ einen gefährlichen Zustand darstellt, bei dem eine erhebliche Gefährdung der Rechtsgüter (beispielsweise Umwelt oder Mensch) durch die umweltverschmutzenden Handlungen herbeigeführt wird.[699] Allerdings bestehen diesbezüglich unterschiedliche Meinungen: Einige vertreten die Auffassung, dass die Gefahr einer schweren Umweltverschmutzung konkret ist, während andere sie als abstrakt und sogar geeignet betrachten. Als konkretes Gefährdungsdelikt des Umweltverschmutzungsdelikts

---

[697] Vgl. *Zhang Mingkai*, China Environment Supervision (中国环境监察) 1/2022, 46 f.; *Yang Wenhan*, Journal of Inner Mongolia Radio & TV University (内蒙古电大学刊) 5/2023, 31 f.

[698] Vgl. *Zhang Mingkai*, China Environment Supervision (中国环境监察) 1/2022, 46 f.

[699] Vgl. z. B. *Fu Lizhong*, Umweltstrafrecht (环境刑法学), S. 215; *Guo Jianan/Zhang Guirong*, Umweltdelikte und Umweltstrafrecht (环境犯罪与环境刑法), S. 41; *Meng Qinghua/Wang Fa*, Journal of Jiangsu Teachers University of Technology (南江苏技术师范学院学报) 11/2010, 17.

sind einige Strafrechtswissenschaftler der Ansicht, dass der Begriff der „schweren Umweltverschmutzung“ das Gefährdungsniveau des Umweltverschmutzungsdelikts und nicht dessen tatsächliches Schadensausmaß beschreibt.[700] In seiner Eigenschaft als abstraktes Gefährdungs- und sogar Eignungsdelikt des Umweltverschmutzungsdelikts hat der Befürworter ausführlich mit der Justizauslegung dargelegt, dass der Begriff der „schweren Umweltverschmutzung“ sowohl eine Anforderung an den Gefährdungsgrad der abgeleiteten, abgeladenen oder behandelten Stoffe als auch eine Einschränkung des illegalen Ableitens, Abladens oder Behandelns selbst beinhaltet,[701] z. B. bei § 1 Nr. 1-Nr. 5 Justizauslegung 2016 und Justizauslegung 2023 wird nicht nur die Rolle der „schweren Umweltverschmutzung“ als Folge geschwächt, sondern werden auch hohe Anforderungen an die Arten von umweltverschmutzenden Handlungen gestellt, nämlich hinsichtlich Ortes der Schadstoffemission, der Emissionsmenge, des Überschreitungsgrades und der Emissionsmethode, die als Gefahr im legislativen Sinne zur Identifikation von „schwerer Umweltverschmutzung“ dienen. So ist im Rahmen von § 1 Nr. 5 Justizauslegung 2023 beispielsweise nur dann von „schwerer Umweltverschmutzung“ auszugehen, wenn radioaktive Abfälle, Abfälle mit Krankheitserregern oder giftige Stoffe über illegal installierte geheime Rohre oder mittels Sickerschächte, Sickergruben, Risse, Hohlräume, Bewässerung, der Öffnung des Notfall-Ableitungswegs für atmosphärische Entladungen in Nicht-Notfallsituationen abgeleitet, abgeladen oder behandelt werden. Dies macht nicht nur spezifische Verhaltensweisen (geheime Rohre, Sickerschächte, Sickergruben, Risse, Hohlräume, Bewässerung, der Öffnung des Notfall-Ableitungswegs für atmosphärische Entladungen in Nicht-Notfallsituationen) erforderlich, sondern schränkt auch die Gefährlichkeit der freigesetzten Stoffe (radioaktive Abfälle, Abfälle mit Krankheitserregern oder giftige Stoffe) speziell ein. Diese Einschränkungen, wie beispielsweise die Bedeutung „geeignet“, können ein typisches Fallbeispiel für ein Eignungsdelikt darstellen.[702] Darüber hinaus würde eine fortgesetzte Auslegung des Umweltverschmutzungsdelikts als „Erfolgsdelikt bzw. Verletzungsdelikt“ der Zielsetzung und den Grundgedanken der Strafrechtsänderungsgesetze VIII (2011) bzw. XI (2021) zuwiderlaufen, da ein frühzeitiger

[700] Vgl. *Ouyang Benqi*, Global Law Review (环球法律评论) 6/2012, 70; *Gao Mingxuan/Chen Lu*, Strafrechtsänderungsgesetz VIII (刑法修正案八), S. 124.

[701] Vgl. *Chen Hongbing*, Political Science and Law (政治与法律) 7/2015, 30; *Wang Yong*, Contemporary Law Review (当代法学) 3/2014, 57 f.

[702] Vgl. *Chen Hongbing*, Political Science and Law (政治与法律) 7/2015, 30.

Schutz der Rechtsgüter der (ökologischen) Umwelt auf diese Weise nicht gewährleistet werden kann.[703]

Der Gegner vertritt jedoch die Auffassung, dass das Umweltverschmutzungsdelikt über den Wortlaut der Gesetzgebung hinaus als Gefährdungsdelikt zu werten sei.[704] Zum einen werden die üblichen Gesetzesformulierungen für Gefährdungsdelikte, wie beispielsweise „... gefährdet...", „führt zu... ernster Gefahr", „...geeignet ist, ...zu verursachen" oder „noch keine schwerwiegenden Folgen verursacht", in der vorliegenden Gesetzgebung nicht verwendet.[705] Zum anderen widerspricht es der Gesetzgebungstradition des Strafrechts, wonach innerhalb der Gefährdungsdelikte, sowohl der abstrakten als auch der konkreten Gefährdungsdelikte, keine Unterscheidung zwischen Gefahren von allgemeinem und schwerem Ausmaß vorgenommen wird.[706] Stattdessen erfolgt lediglich eine einzige Strafbemessung, z. B. § 114 chStGB „Wer die öffentliche Sicherheit durch Brandstiftung, Überschwemmung, Explosion, Freisetzung giftiger, radioaktiver oder krankheitserregender Stoffe oder andere gefährliche Methoden gefährdet, wird, wenn noch keine schwerwiegenden Folgen eingetreten sind, mit zeitiger Freiheitsstrafe von drei Jahren bis zu zehn Jahren bestraft." Die gestaffelte Strafbemessung findet sich aber entweder innerhalb der Verletzungsdelikte selbst oder zwischen abstrakten Gefährdungsdelikten, konkreten Gefährdungsdelikten und Erfolgsdelikten.[707] So kann zum Beispiel auf Ebene des Verletzungsdelikts ein erfolgsqualifiziertes Delikt, auf Ebene des abstrakten Gefährdungsdelikts ein konkretes Gefährdungsdelikt und weiter ein Verletzungsdelikt hinzugefügt werden. Wenn gemäß dem Wortlaut des § 338 Strafrechtsänderungsgesetzes VIII (2011) „...die Umwelt schwer verschmutzt, wird bestraft...; wenn die Folgen besonders schwerwiegend sind, wird bestraft..." die erste Hälfte als konkretes Gefährdungsdelikt zu verstehen wäre, dann sollte bei der zweiten Hälfte das Wort „besonders" nicht benutzt werden, weil das Wort „besonders" auf einen höheren Schweregrad als in der ersten Satzhälfte hinweist. Daher ist davon auszugehen, dass die Formulierung des § 338 Strafrechtsänderungsgesetzes

---

703 Vgl. *Chai Yunle*, Political Science and Law (政治与法律) 7/2018, 63.

704 Vgl. z. B. *Zhang Yong*, Social Sciences in Xinjiang (新疆社会科学) 6/2011, 92; *Yu Yang*, Journal of Henan University of Animal Husbandry and Economy (河南牧业经济学院学报) 6/2023, 66.

705 *Jiang Wenxiu*, Law Science Magazine (法学杂志) 11/2015, 74.

706 Vgl. *Jiang Wenxiu*, Law Science Magazine (法学杂志) 11/2015, 74–75.

707 Vgl. *Jiang Wenxiu*, Law Science Magazine (法学杂志) 11/2015, 74 f.; *Guo Shijie*, Criminal Science (中国刑事法杂志) 8/2013, 49.

VIII (2011) eine Abstufung der Strafbemessung innerhalb des Verletzungsdelikts vorsieht.[708] Dies hat der Befürworter aber bezweifelt, weil im Rahmen des Strafrechtsänderungsgesetzes XI (2021) eine Änderung der Formulierung der zweiten Hälfte von „wenn die Folgen besonders schwerwiegend sind, wird bestraft…" zu „sind die Umstände schwer, wird bestraft…" vorgenommen wurde. Der Verzicht des Wortes „besonders schwerwiegende Folgen" impliziert zumindest, dass das Umweltverschmutzungsdelikt sowohl als Verletzungsdelikt als auch als Gefährdungsdelikt zu verstehen sein sollte.[709] Dabei spielt auch der Inhalt des geschützten Rechtsguts eine wichtige Rolle[710]: So stellt eine umweltverschmutzende Handlung, welche ausschließlich die Umwelt schwer beeinträchtigt, ohne dabei menschliche Rechtsgüter zu verletzen, ein Verletzungsdelikt in Bezug auf das Rechtsgut der Umwelt dar. Demgegenüber liegt ein (abstraktes) Gefährdungsdelikt in Bezug auf das menschliche Rechtsgut vor. Folglich stellt eine Handlung, welche lediglich zu einer gravierenden Schädigung der Umwelt führt, sowohl ein Verletzungsdelikt als auch ein Gefährdungsdelikt dar. Dies begründet sich darin, dass die Gefährdung der menschlichen Rechtsgüter auf die erhebliche Umweltverschmutzung zurückzuführen ist.

3.1.3.2.3 Umstandsdelikt (Qingjiefan)

Das Umstandsdelikt stellt eine Besonderheit der chinesischen Strafgesetzgebung dar. Aber was unter dem Begriff des Umstandsdelikts zu verstehen ist, ist umstritten.[711] Nach der repräsentativen Auffassung bedeutet ein Umstandsdelikt eine im Besonderen Teil des Strafgesetzbuches ausdrücklich geregelte Art von Straftat, bei der die „schweren Umstände" oder „schlechten Umstände" als notwendige Tatbestandsmerkmale gelten.[712] Jedoch handelt es sich nicht um eine selbständige Tatbestandsvoraussetzung außerhalb des Vier-Elemente-Deliktsaufbaus, sondern um ein umfassendes Merkmal, das sich innerhalb der vier Voraussetzungen widerspiegeln kann.[713] Beispielsweise kann es sich sowohl auf die besonders schwere

---

708 Vgl. *Jiang Wenxiu*, Law Science Magazine (法学杂志) 11/2015, 75.

709 Vgl. *Li Qinghua*, Journal of Heilongjiang Administrative Cadre College of Politics And Law (黑龙江省政法管理干部学院学报) 1/2023, 57.

710 Vgl. *Zhang Mingkai*, China Environment Supervision (中国环境监察) 1/2022, 47.

711 Die Meinungsverschiedenheit ausführlich in *Zhang Qingli*, Journal of Shanghai Police College (上海公安学院学报) 5/2023, 31 f.

712 Vgl. *Zhang Qingli*, Journal of Shanghai Police College (上海公安学院学报) 5/2023, 33; *Jiang Min*, Law Review (法学评论) 6/2022, 36; *Liu Yanhong*, Modern Law Science (现代法学) 5/2002, 77.

713 Vgl. *Liu Yanhong*, Modern Law Science (现代法学) 5/2002, 77; *Zhang Zhihui/Jiang Jiao*, Journal of Political Science and Law (政法论丛) 6/2022, 111.

subjektive Bösartigkeit beziehen, wie etwa besonders niederträchtige Motive, als auch auf das objektive Verhalten, wie zum Beispiel besonders grausame Methoden. Zu den Elementen der „Umstände" gehören hauptsächlich: Menge, Mittel, Folgen, Gegenstand, Häufigkeit, Schaden, Rückfall, Subjektives, Schaden, Einfluss, Verweigerung, Zeit, Subjekt, Selbstverletzungen, Zweck, Person-Anzahl[714], Bedingungen, Gefahr und andere, insgesamt 20 Elemente.[715]

Aus sprachwissenschaftlicher Sicht lässt sich der Ausdruck „schwere Umweltverschmutzung" im Strafrechtsänderungsgesetz VIII (2011) auf verschiedene Weise interpretieren. Wenn man den Schwerpunkt auf das Verb „verschmutzen" legt, ist „schwer" ein Adverbial und beschreibt den Akt des „schweren Verschmutzens" – dies bezieht sich auf die Schwere der Umstände der Tathandlung. Wenn man hingegen den Schwerpunkt auf das Objekt „Umwelt" legt, ist „schwer" ein Adjektiv, das „schwer verschmutzte Umwelt" beschreibt und somit auf die Schwere der Verschmutzungsfolgen hinweist.[716] Der Ausdruck „schwere Umweltverschmutzung" kann also sowohl die Schwere der Umstände der Tathandlung als auch die Schwere der Folgen widerspiegeln, was zu dem Umfang der „Umstände" gehört.[717] Das Strafrechtsänderungsgesetz XI (2021) übernimmt nicht nur diesen Ausdruck, sondern überarbeitet diesen, indem es die zweite Strafbemessung von „wenn die Folgen besonders schwerwiegend sind, wird bestraft…" in „sind die Umstände schwer, wird bestraft…" geändert und eine dritte Strafbemessung „liegt eine der folgenden Umstände vor, ergeht zeitige Freiheitsstrafe…" hinzufügt. Dies impliziert auch, dass das erfolgsqualifizierte Delikt im Zusammenhang mit Umweltverschmutzung (die zweite Strafbemessung nach dem Strafrechtsänderungsgesetz VIII (2011)) zu einem „Umstandsdelikt" (die zweite Strafbemessung nach dem Strafrechtsänderungsgesetz XI (2021)) geändert wird.[718] Die entsprechenden Justizauslegungen 2016 und 2023 werden im Folgenden hinsichtlich ihrer Änderungen dargestellt:

---

[714] „Person-Anzahl" (人起次) ist eine Kombination aus den Elementen der Anzahl der Gegenstände und der Anzahl der Handlungen.

[715] Vgl. *Zhang Qingli*, Journal of Shanghai Police College (上海公安学院学报) 5/2023, 35.

[716] Vgl. *Liu Qingsheng*, Journal of Fuzhou University (Philosophy and Social Sciences) (福州大学学报哲学社会科学版) 5/2013, 70.

[717] Vgl. *Liu Qingsheng*, Journal of Fuzhou University (Philosophy and Social Sciences) (福州大学学报哲学社会科学版) 5/2013, 70 f.

[718] Vgl. *Yu Yang/Huang Ye*, Presentday Law Science (时代法学) 5/2021, 38.

Justizauslegung 2016 (Inkrafttreten am 1.1.2017, Außerkraftsetzung am 15.8.2023) § 3 Die Tatbegehung von §§ 338, 339chStGB gilt als „*besonders schwerwiegende Folge*", wenn einer der folgenden Umstände zutrifft:	Justizauslegung 2023 (Inkrafttreten am 15.8.2023) § 2 Die Tatbegehung von § 338 chStGB gilt als „*schwere Umstände*", wenn einer der folgenden Umstände zutrifft:
	1. Ableiten, Abladen oder Behandeln von radioaktiven Abfällen, Krankheitserreger enthaltenden Abfällen oder giftigen Stoffen in gesetzlich festgelegten, wichtigen Schutzgebieten, wie Trinkwasserschutzgebieten und Kernschutzgebieten von Naturschutzgebieten, was zur Verschlechterung der ökologischen Funktionen des betreffenden Gebiets oder zu schweren Schäden an den Wildtierressourcen führt; *2. Ableiten, Abladen oder Behandeln von radioaktiven Abfällen, Krankheitserreger enthaltenden Abfällen oder giftigen Stoffen in die vom Staat bestimmten wichtigen Flüsse und Seen, was zur Verschlechterung der ökologischen Funktionen der betreffenden Gewässer oder zu schweren Schäden an den aquatischen biologischen Ressourcen führt*
1. Verursachung einer Unterbrechung der Trinkwasserentnahme aus einer zentralen Trinkwasserquelle in städtischen Gebieten *oberhalb* der Kreisebene von mehr als 12 Stunden	5. Verursachung einer Unterbrechung der Trinkwasserentnahme aus einer zentralen Trinkwasserquelle in städtischen Gebieten *auf* der Kreisebene von mehr als 12 Stunden
2. Illegales Ableiten, Abladen oder Behandeln von mehr als ein Hundert Tonen gefährlicher Abfälle	3. Illegales Ableiten, Abladen oder Behandeln von mehr als ein Hundert Tonen gefährlicher Abfälle
3. Verursachung der Verluste oder dauerhafter Zerstörung der Grundfunktionen von landwirtschaftlichen Grundflächen, *schützenden Waldflächen* und Waldflächen mit besonderer Nutzung von jeweils mehr als *15* Mu, anderen landwirtschaftlichen Flächen von mehr als *30* Mu und sonstigen Landflächen von mehr als *60* Mu	6. Verursachung der Verluste oder dauerhafter Zerstörung der Grundfunktionen von landwirtschaftlichen Grundflächen und *öffentlichem Forstland* von jeweils mehr als *10* Mu, anderen landwirtschaftlichen Flächen von mehr als *20* Mu und anderen Landflächen von mehr als *50* Mu

(Fortsetzung)

(Fortsetzung)

4. Verursachung der Zerstörung von Wäldern oder anderen Bäumen von mehr als *150* Kubikmetern, oder der Zerstörung von mehr als *7.500* jungen Bäumen	7. Verursachung der Zerstörung von Wäldern oder anderen Bäumen von mehr als *50* Kubikmetern, oder der Zerstörung von mehr als *2.500* jungen Bäumen
5. Verursachung von Verlusten an öffentlichem oder privatem Eigentum von mehr als 1000.000 (RMB)	4. *Illegale Gewinne* oder Verursachung von Verlusten an öffentlichem oder privatem Eigentum von mehr als 1000.000 (RMB)
6. Verursachung besonders schwerer Schäden an der ökologischen Umwelt	
7. Verursachung der Evakuierung oder Verlegung von mehr als *15.000* Menschen	8. Verursachung der Evakuierung oder Verlegung von mehr als *5.000* Menschen
8. Herbeiführung einer Vergiftung von mehr als *100* Menschen	9. Herbeiführung einer Vergiftung von mehr als *30* Menschen
9. Verursachung leichter Verletzungen oder leichter Behinderungen, oder Organ- und Gewebeschäden, die allgemeine Funktionsbeeinträchtigungen verursachen, bei mehr als zehn Personen 10. Verursachung einer schweren Verletzung oder einer mittelschweren Behinderung, oder Organ- und Gewebeschäden, die eine schwere Funktionsbeeinträchtigung verursachen, bei mehr als drei Personen 11. Verursachung einer schweren Verletzung oder einer mittelschweren Behinderung, oder Organ- und Gewebeschäden, die eine schwere Funktionsbeeinträchtigung verursachen, bei mehr als einer Person, und Verursachung leichter Verletzungen oder leichter Behinderungen, oder Organ- und Gewebeschäden, die allgemeine Funktionsbeeinträchtigungen verursachen, bei mehr als fünf Personen 12. Verursachung des Todes oder einer schweren Behinderung von mehr als einer Person	*10. Verursachung schwerer Verletzungen oder schwerer Erkrankungen bei mehr als einer Person oder leichter Verletzungen bei mehr als drei Personen*
13. Andere Fälle von besonders schwerwiegenden Folgen	11. Andere Fälle von *schweren Umständen*

Justizauslegung 2023 (Inkrafttreten am 15.8.2023) § 3 Liegt bei Begehung von § 338 chStGB einer der folgenden Umstände vor, ergeht zeitige Freiheitsstrafe von mindesten sieben Jahren und gleichzeitig eine Geldstrafe:
1. Erfüllt das Ableiten, Abladen oder Behandeln von radioaktiven Abfällen, Krankheitserreger enthaltenden Abfällen oder giftigen Stoffen in gesetzlich festgelegten, wichtigen Schutzgebieten, wie Trinkwasserschutzgebieten und Kernschutzgebieten von Naturschutzgebieten, eine der folgenden Umstände: (1) Verursachung einer Unterbrechung der Trinkwasserentnahme aus einer zentralen Trinkwasserquelle in einem städtischen Gebiet mit Verwaltungsabteilungen auf Distriktebene von mehr als 12 Stunden; (2) Verursachung einer ernsthaften Verschlechterung des primär geschützten Ökosystems oder einer Zerstörung der primär geschützten Naturlandschaft des Naturschutzgebiets; (3) Verursachung schwerer Schäden an staatlich primär geschützten wildlebenden Tier- und Pflanzenressourcen oder an den Habitaten und Lebensräumen von staatlich primär geschützten Arten; (4) Andere Fälle von besonders schweren Umständen
2. Erfüllt das Ableiten, Abladen oder Behandeln von radioaktiven Abfällen, Krankheitserreger enthaltenden Abfällen oder giftigen Stoffen in die vom Staat bestimmten wichtigen Flüsse und Seen, eine der folgenden Umstände: (1) Verursachung einer schweren Verschlechterung des Ökosystems der vom Staat bestimmten wichtigen Flüsse und Seen (2) Verursachung schwerer Schäden an staatlich primär geschützten wildlebenden Tier- und Pflanzenressourcen; (3) Andere Fälle von besonders schweren Umständen
3. Verursachung der Verluste oder dauerhafter Zerstörung der Grundfunktionen von landwirtschaftlichen Grundflächen von mehr als 50 Mu
4. Verursachung schwerer Verletzungen oder schwerer Erkrankungen bei mehr als drei Personen oder Verursachung der schweren Behinderung oder des Todes bei mehr als einer Person

Wie aus den obigen Formularen ersichtlich ist, werden die „schweren Umstände“ des § 2 Justizauslegung 2023 sowie die neu hinzugefügten „besonders schweren Umstände“ des § 3 Justizauslegung 2023 grundsätzlich als eine abgestufte Ausprägung der „besonders schwerwiegenden Folgen“ des § 3 Justizauslegung 2016 betrachtet. Im Vergleich zur Justizauslegung 2016 erweitert die Justizauslegung 2023 den Umfang des geschützten Gegenstands. Dies erfolgt beispielsweise bei § 2 Nr. 1, § 3 Nr. 1 der Justizauslegung 2023, wo „gesetzlich festgelegte, wichtige Schutzgebiete, wie Trinkwasserschutzgebieten und Kernschutzgebieten von Naturschutzgebieten“ einbezogen werden, sowie bei § 2 Nr. 2, § 3 Nr. 2 der Justizauslegung 2023, wo „vom Staat bestimmte wichtige

Flüsse und Seen" hinzugefügt werden. Zudem wird die Schwere der Bestrafung des Umweltverschmutzungsdelikts erhöht, indem bei gleicher Strafbemessung die Anforderungen an die Umstände, beispielsweise die Menge, reduziert werden, z. B. § 3 Nr. 3 Justizauslegung 2016 und § 2 Nr. 6 Justizauslegung 2023; § 3 Nr. 4 Justizauslegung 2016 und § 2 Nr. 7 Justizauslegung 2023; § 3 Nr. 7 Justizauslegung 2016 und § 2 Nr. 8 Justizauslegung 2023; § 3 Nr. 8 Justizauslegung 2016 und § 2 Nr. 9 Justizauslegung 2023. Im Vergleich zu dem Verständnis bei „schwerer Umweltverschmutzung" bezieht sich nur § 2 Nr. 3 Justizauslegung 2023 auf die Schwere der Umstände der Tathandlung. Die anderen Fälle in § 2 Justizauslegung 2023 und § 3 Justizauslegung 2023 beziehen sich demgegenüber auf die Schwere der Umstände der Folgen.

3.1.3.2.4 Kurzzusammenfassung und Stellungnahme

Die Mehrdeutigkeit des Satzes „die Umwelt verschmutzt" (d. h. „schweres Verschmutzen" oder „schwer verschmutzte Umwelt") in § 338 StGB führt in der akademischen Welt und in der Rechtspraxis zu Meinungsverschiedenheiten hinsichtlich der Art des Umweltverschmutzungsdelikts. Strafrechtswissenschaftler, die die Umweltverschmutzungsdelikte als Erfolgs- oder Verletzungsdelikte einstufen, sind aus Perspektive der historischen Auslegung im Allgemeinen der Ansicht, dass die heutige Tatbestandsvoraussetzung „Verursachung einer schweren Umweltverschmutzung" und die „Verursachung eines schweren Umweltverschmutzungsvorfalls, der zu gravierenden Verlusten an öffentlichem oder privatem Eigentum Körperverletzung bzw. Tod eines Menschen führt" im ursprünglichen Tatbestand des schweren Umweltverschmutzungsvorfalls zwar unterschiedlich formuliert ist, dies jedoch nur einen Unterschied im Grad des durch die Straftat verursachten Schadens darstellt und nicht bedeutet, dass die Straftat durch die bloße Tathandlung der Umweltverschmutzung begründet werden kann. Strafrechtswissenschaftler, die die Umweltverschmutzungsdelikte als Tätigkeitsdelikte oder Gefährdungsdelikte betrachten, konzentrieren sich aus Perspektive der teleologischen Auslegung in der Regel auf die Handlung der illegalen Ableitung, des illegalen Abladens oder Behandelns selbst und nicht auf die tatsächlichen Folgen der Umweltverschmutzung, um frühzeitigen Schutz der Umwelt zu gewährleisten. Die Betrachtung der Umweltverschmutzungsdelikte als ein Nebeneinander von Erfolgs- und Tätigkeitsdelikt oder als ein Nebeneinander von Verletzungs- und Gefährdungsdelikt seitens einiger Strafrechtswissenschaftler stützt sich auf die Annahme einer doppelten Schutzrichtung der Rechtsgüter bei Umweltverschmutzungsdelikten. Auf dieser Grundlage werden auch die Justizauslegungen 2016 und 2023 begründet und erklärt, dass sie nicht gegen das Gesetzlichkeitsprinzip verstößt. Die Auffassung, bei denen das Umweltverschmutzungsdelikt zum Umstandsdelikt gehört, erfolgt durch die Übernahme der Mehrdeutigkeit des Satzes „die Umwelt verschmutzt“ und im Weiteren der Formulierung „sind die Umstände schwer, wird bestraft…“ bei der zweiten Strafbemessung der Umweltverschmutzungsdelikte nach dem Strafrechtsänderungsgesetz XI (2021).

Meiner Meinung nach ist vor allem das Umweltverschmutzungsdelikt als Umstandsdelikt auszuschließen. Ob ein Delikt zum Umstandsdelikt gehört, ist nicht von den (erfolgs)qualifizierten Umständen (d. h. der zweiten oder weiteren Strafbemessung) abhängig, sondern von seinem Grunddelikt.[719] Der Satz „die Umwelt verschmutzt“ im Grunddelikt der Umweltverschmutzungsdelikte ist zudem nicht als notwendiges Tatbestandsmerkmal des Umstandsdelikts zu betrachten, wie es etwa bei den „schweren Umständen“ oder den „schlechten Umständen“ der Fall ist, weil das Wort der „schweren Umstände“ in der zweiten Strafbemessung der Umweltverschmutzungsdelikte nach dem Strafrechtsänderungsgesetz XI (2021) ausdrücklich verwendet wird. Darüber hinaus ist die Art der Umweltverschmutzungsdelikte als Erfolgs- bzw. Verletzungsdelikte (zumindest die Rechtsgüter der ökologischen Umwelt tatsächlich beeinträchtigt) nach dem Wortlaut dem Strafrechtsänderungsgesetzes VIII (2011) bzw. dem Strafrechtsänderungsgesetz XI (2021) nicht geändert worden, obwohl es nach den Justizauslegungen von 2016 und 2023 Umstände wie § 1 Nr. 1, bei denen die Handlung des Ableitens, Abladens oder Behandelndens von bestimmten Stoffen in bestimmten Gebieten bereits als strafbar gilt, ohne dass ein Erfolg erforderlich wäre, als Tätigkeitsdelikt gibt. Ein wichtiger Grund liegt darin, dass das Gesetz nicht durch eine rückwirkende Interpretation der Justizauslegung bewiesen werden soll. Die Justizauslegung 2023 zielt darauf ab, die Fragen der Rechtsanwendung bei der Behandlung von Strafsachen im Zusammenhang mit Umweltverschmutzung zu erklären, wobei sie sich jedoch nicht mit den Inhalten des Gesetzes überschneiden darf. Die Justiz hat zur Erleichterung der Strafverfolgung zehn Umstände als „schwere Umweltverschmutzung“ kategorisiert (Nr. 11 als Auffangtatbestand). Darunter ist lediglich bei Nr. 9 und Nr. 10 ein Erfolg erforderlich, während bei den übrigen Umständen bereits die Handlung als strafbar gilt und diese somit als Tätigkeitsdelikt eingestuft werden können. Aber nach meiner Meinung ist die Prüfung, ob eine schwere Umweltverschmutzung vorliegt, bei den aufgeführten Umständen, die als Tätigkeitsdelikt gelten können, weiterhin erforderlich. In der Rechtspraxis ist es lediglich üblich, dass unter diesen Umständen eine schwere Umweltverschmutzung vorliegen kann, nicht aber, dass die Voraussetzung „schwere Umweltverschmutzung“ nicht mehr erforderlich

[719] Vgl. *Liu Yanhong*, Modern Law Science (现代法学) 5/2002, 81.

ist. Darüber hinaus kann ein und dieselbe Strafvorschrift als ein Nebeneinander von Verletzungs- und Gefährdungsdelikt, nicht jedoch als ein Nebeneinander von Erfolgs- und Tätigkeitsdelikt betrachtet werden. Dies liegt daran, dass die Kriterien für die Unterscheidung der beiden Gruppen unterschiedlich sind. Der Zustand des Rechtsguts spielt eine entscheidende Rolle lediglich bei der Unterscheidung von Verletzungs- und Gefährdungsdelikt, nicht jedoch bei der Differenzierung von Erfolgs- und Tätigkeitsdelikt. Obwohl lediglich die ökologische Umwelt beeinträchtigt wird, tritt die Folge des Umweltverschmutzungsdelikts bereits ein. Aufgrund der doppelten Schutzrichtung bei Umweltverschmutzungsdelikten kann es in diesem Fall jedoch auch zumindest zu einer abstrakten Gefährdung menschlicher Rechtsgüter kommen. Aus Gründen der Rechtsklarheit und Rechtsbestimmtheit sollten die Umweltverschmutzungsdelikte aber nicht in einer einheitlichen Vorschrift, sondern getrennt nach den konkreten Rechtsgütern geregelt werden.

3.1.3.3 Vergleichende Zusammenfassung: Betrachtung der verschiedenen Taterfolge im Hinblick auf konkrete Rechtsgüter im chinesischen Umweltstrafrecht

Im Gegensatz zum deutschen Strafgesetzbuch, das eine differenzierte Regelung von Umweltstraftaten vorsieht, existiert im chinesischen Strafgesetzbuch lediglich eine einheitliche Vorschrift für den Straftatbestand der Umweltverschmutzung, nämlich § 338. Die verschiedenen Ausprägungen der Verletzungsfolgen – wie etwa „schwere Umweltverschmutzung" – werden jedoch nicht im Gesetz selbst, sondern durch Justizauslegungen konkretisiert. Diese Praxis führt zu erheblichen Problemen: Die Unbestimmtheit des Gesetzes ermöglicht es den Justizbehörden, die Tatbestandsmerkmale des Umweltverschmutzungsdelikts durch unmittelbare Heranziehung von Justizauslegungen zu definieren. Dadurch wird die Justizauslegung faktisch in eine „quasi-legislative" Position erhoben. Dies untergräbt nicht nur das Prinzip der Gesetzmäßigkeit im Strafrecht (nulla poena sine lege), sondern überschreitet auch die ausschließliche Zuständigkeit der Legislative für die Bestimmung des strafbaren Bereichs. Gleichzeitig fehlen klare Grenzen für die Ausübung der richterlichen Gewalt, da die gesetzgeberische Wertabwägung über das Maß der Rechtsgutsverletzung durch richterliches Ermessen ersetzt wird.

Daher sollte die chinesische Umweltstrafgesetzgebung nach dem Vorbild der deutschen Gesetzgebung im Hinblick auf konkrete Rechtsgüter differenziert ausgestaltet werden. So sollten zunächst eigenständige Straftatbestände für Luftverschmutzung, Gewässerverunreinigung und Bodenverschmutzung geschaffen werden, die den jeweiligen Besonderheiten dieser Umweltbelastungen Rechnung tragen. Bei Gewässerverschmutzungen sollte insbesondere die Einbeziehung der Meeresumwelt berücksichtigt werden. Darüber hinaus sollten eigenständige Tatbestände für den Schutz besonderer Schutzgebiete, den Schutz vor Lärmbelästigung, Erschütterungen und nichtionisierender Strahlung sowie für das Betreiben gefährlicher Anlagen eingeführt werden.

Da Umweltverschmutzung oft erhebliche, nicht in wirtschaftlichen Werten messbare Schäden an der Umweltqualität und dem ökologischen Gleichgewicht verursacht, die langfristig bestehen, weitreichend sind und in manchen Fällen irreversibel sein können, sieht das deutsche Umweltstrafrecht nicht nur die Bestrafung von Verletzungsdelikten (tatsächlich eingetretene Umweltschäden) vor, sondern auch die Ahndung von Gefährdungsdelikten, um Straftaten präventiv zu verhindern. Dieses Vorgehen steht im Einklang mit dem in China verfolgten Präventionsprinzip im Umweltschutz. Dennoch fehlt im chinesischen Strafrecht bislang eine ausdrückliche Regelung von Gefährdungsdelikten im Bereich der Umweltvergehen. Angesichts der strukturellen Schwächen rein nachsorgender Sanktionen – insbesondere bei irreparablen ökologischen Schäden – erscheint eine Reform dringend erforderlich. Neben der Beibehaltung von Verletzungsdelikten bei Gewässer- und Bodenverunreinigung sollte die Einführung von strafbewehrten Gefährdungstatbeständen ermöglichen, Umweltverstöße bereits im Vorfeld schwerwiegender Folgen zu ahnden und damit dem Grundgedanken der Prävention effektiv Geltung zu verschaffen.

Die Gefährdungsdelikte lassen sich in eine konkrete und eine abstrakte Form unterteilen. Bei ihrer Einführung in das chinesische Umweltstrafrecht ist zu prüfen, welche Art in welchem Kontext angemessen ist. Meiner Ansicht nach sollte zwischen verschiedenen Tathandlungen differenziert und eine konkrete Kategorisierung vorgenommen werden. Dies würde einerseits den Geist des Gesetzlichkeitsprinzips im Strafrecht wahren und andererseits die präzisierende Lenkungsfunktion des Strafrechts stärken. Abstrakte Gefährdungsdelikte sollten bei Tathandlungen wie dem Betreiben von Anlagen, insbesondere kerntechnischer Anlagen, sowie dem Umgang mit radioaktiven Stoffen Anwendung finden. Ihre Strafbarkeit richtet sich ausschließlich nach der Handlung des Täters, die vom Gesetzgeber als typischerweise gefährlich eingestuft wird. Im Gegensatz dazu sollten Handlungen wie das illegale Ableiten, Abladen und Behandeln schädlicher Stoffe eine konkrete Gefahr für das geschützte Rechtsgut aufweisen. Diese Gefahr muss real und objektiv bestimmbar sein und kann von den zuständigen Behörden anhand der Umwelttragfähigkeit eines bestimmten Gebiets unter Berücksichtigung von statistischen und umweltwissenschaftlichen Standards umfassend bewertet werden.

Besondere Bedeutung kommt den sogenannten Eignungsdelikten zu, die eine Geeignetheitsklausel enthalten. Dieser Deliktstyp eignet sich insbesondere für

Straftaten im Zusammenhang mit Luftverschmutzung, Lärmbelästigung, Erschütterungen und nichtionisierender Strahlung, weil diese Umweltbeeinträchtigungen oft schwer exakt zu messen sind und ihre schädlichen Auswirkungen nicht unmittelbar, sondern erst langfristig oder unter bestimmten Bedingungen nachweisbar werden. Dabei wird lediglich die generelle Gefährlichkeit der Tathandlung erforderlich.

Durch eine solche Ergänzung würde das chinesische Umweltstrafrecht nicht nur systematischer und präziser ausgestaltet, sondern auch seine Wirksamkeit im Sinne einer effektiven Prävention erheblich gesteigert werden.

3.1.4 Tatsubjekt

In Bezug auf das Tatsubjekt stehen natürliche Personen im Vordergrund, also die Personen, die die Tathandlung begehen. Grundsätzlich kann jedermann Täter sein (sog. Allgemeindelikt).[720] In bestimmten Fällen ist jedoch die Täterschaft auf Personen beschränkt, die über die im Gesetz festgelegten besonderen Eigenschaften („Täterqualifikation“) verfügen (sog. Sonderdelikt).[721] Solche Eigenschaften bestehen in der Regel in einer besonderen Pflichtenstellung, weshalb es auch als „Pflichtdelikt“ bezeichnet wird.[722] Im Hinblick auf Sonderdelikte ist eine Differenzierung zwischen echten und unechten Sonderdelikten erforderlich. Im Falle echter Sonderdelikte stellt die geforderte Täterqualifikation eine wesentliche Voraussetzung für die Strafbarkeit dar, während sie bei unechten Sonderdelikten lediglich als strafschärfender Anhaltspunkt dient.[723] Die Unterscheidung zwischen Allgemein- und (echten) Sonderdelikten ist von entscheidender Bedeutung dafür, ob der Amtsträger als Täter bei Umweltdelikten betrachtet werden kann. Des Weiteren kann gemäß chinesischem Strafrecht auch eine juristische Person als Tatsubjekt in Betracht kommen,[724] während im deutschen Strafrecht

---

[720] Vgl. *Hilgendorf/Valerius*, Strafrecht AT, § 1 Rn.57; *Roxin/Greco*, Strafrecht AT I, § 10 Rn.129; *Gao Mingxuan/Ma Kechang*, Strafrecht (刑法学), S. 79.

[721] Vgl. *Hilgendorf/Valerius*, Strafrecht AT, § 1 Rn.58; *Roxin/Greco*, Strafrecht AT I, § 10 Rn.129; *Gao Mingxuan/Ma Kechang*, Strafrecht (刑法学), S. 91.

[722] *Roxin/Greco*, Strafrecht AT I, § 10 Rn.129.

[723] Vgl. *Hilgendorf/Valerius*, Strafrecht AT, § 1 Rn.58; *Roxin/Greco*, Strafrecht AT I, § 10 Rn.130; *Gao Mingxuan/Ma Kechang*, Strafrecht (刑法学), S. 91.

[724] § 30 chStGB: „(Handels-)Gesellschaften, Unternehmen, institutionelle Einheiten, Behörden und Körperschaften sind für die von ihnen vorgenommenen gesellschaftlich schädlichen Handlungen strafrechtlich verantwortlich, soweit diese nach den gesetzlichen Bestimmungen als Straftaten gelten, die von Einheiten begangen werden (können)“.

ihre Verantwortlichkeit mit Ausnahme der Verbandsgeldbuße im Ordnungswidrigkeitenrecht (§ 30 OWiG) verneint wird.[725] Alternativ besteht die Möglichkeit, die Strafbarkeit der natürlichen Personen innerhalb der juristischen Personen (z. B. Unternehmensangehörige bei unternehmensbezogenen Umweltdelikten) auf Basis ihrer individuellen Schuld (z. B. gemäß §§ 13, 14 StGB) zu begründen.[726] Die allgemeinen Regeln des jeweiligen Landes finden auch im jeweiligen Umweltstrafrecht Anwendung.

3.1.4.1 In Deutschland

Im deutschen Umweltstrafrecht gelten die §§ 324, 326 I, 328 II und 330a StGB nach weitgehender Übereinstimmung als (rein) allgemeine Delikte.[727] Dies manifestiert sich sowohl in der Verwendung des Wortes „Wer“ für den Täterkreis als auch in der relativen Unwichtigkeit der Verwaltungsakzessorietät.[728] Nicht verwaltungsakzessorisch ausgestaltet sind die Tatbestände §§ 328 II Nr. 3, 4 und 330a.[729] Auch bei den §§ 324 und 326 Abs. 1 ist das Merkmal der „Unbefugtheit“ nicht als Sonderdeliktsmerkmal zu werten, weil die in Bezug genommenen verwaltungsrechtlichen Pflichten – selbst bei einer Einzelfallkonkretisierung durch Verwaltungsakt – stets Ausdruck allgemeiner Jedermannpflichten gemäß § 8

---

§ 31 chStGB: „Im Falle von Straftaten, die von Einheiten begangen werden (können), wird gegen die Einheit Geldbuße verhängt, während gegen die für die betreffende Einheit unmittelbar verantwortlichen leitenden Personalangehörigen und gegen sonstige unmittelbar haftende Personalangehörige Kriminalstrafe verhängt wird. Falls im Besonderen Teil des vorliegenden Gesetzes und in sonstigen Gesetzen anderweitige Bestimmungen vorgesehen sind, wird gemäß der (entsprechenden anderen) Bestimmung verfahren“.

§ 346 chStGB: „Wenn eine Einheit eine der im vorliegenden Abschnitt in den §§ 338 (Umweltverschmutzungsdelikt) bis 345 bestimmten Straftaten begeht, wird gegen die betreffende Einheit Geldbuße verhängt, zugleich werden die für diese Einheit unmittelbar verantwortlichen leitenden Personalangehörigen und sonstige unmittelbar haftende Personalangehörige nach Maßgabe der Bestimmungen in den jeweils einschlägigen Paragraphen des vorliegen Abschnitts bestraft“.

[725] *Saliger*, Umweltstrafrecht, Rn.157.

[726] Vgl. *Saliger*, Umweltstrafrecht, Rn.157 ff.; *Krell*, Umweltstrafrecht, Rn.107 ff.

[727] Vgl. z. T. *Martin*, Sonderdelikte, S. 149; BVerfG NJW 1995, 186; Fischer/*Fischer/Lutz* StGB vor § 324 Rn.14 (ohne § 328); Matt/Renzikowski/*Rettenmaier/Gehrmann* StGB vor § 324 Rn.14 (ohne § 328); *Rogall*, Amtsträger, S. 156; *Kloepfer/Heger*, Umweltstrafrecht, Rn.128; *Franzheim/Pfohl*, Umweltstrafrecht, Rn.573; *Saliger*, Umweltstrafrecht, Rn.146; SK-StGB/*Schall* vor § 324 Rn.41; a.A. AnwK-StGB/*Szesny* vor § 324 Rn.61: alle Umweltdelikte gelten grundsätzlich ausschließlich als Allgemeindelikte.

[728] Vgl. *Saliger*, Umweltstrafrecht, Rn.146.

[729] *Saliger*, Umweltstrafrecht, Rn.146.

Abs. 1 WHG bzw. § 28 Abs. 1 KrWG sind.[730] Im Gegensatz dazu werden sogenannte Betreiberdelikte, die sich auf den Betrieb von Anlagen beziehen, sowie Delikte, die eine „Verletzung verwaltungsrechtlicher Pflichten" voraussetzen, als Sonderdelikte klassifiziert.[731] Allerdings ist umstritten, welche spezifischen Sonderdeliktsmerkmale hierbei eine Rolle spielen.

3.1.4.1.1 Sonderdeliktsmerkmale: „wer eine Anlage betreibt" und „unter Verletzung verwaltungsrechtlicher Pflichten"

Vor allem sind innerhalb der Betreiberdelikte die eigentlichen Betreiberdelikte mit dem Merkmal „wer eine Anlage betreibt" (§§ 327 I Nr. 1, II 1 Nr. 1–4, 329 I 1 und 2, II Nr. 1, 2) von solchen Delikten mit dem Merkmal „wer beim Betrieb einer Anlage" (§§ 325 I, II, 325a I, II und 328 III Nr. 1) zu unterscheiden.[732] Diese Unterscheidung lässt sich nicht nur anhand des Wortlauts, sondern auch anhand der Schutzrichtung der beiden Deliktsgruppen begründen.[733] In Bezug auf die letztgenannte Fallgruppe lässt sich sprachlich deutlich kein Erfordernis hinsichtlich eines bestimmten Täterkreises erkennen, sondern es wird lediglich die Anforderung einer kausalen Verknüpfung des jeweiligen Taterfolges mit dem Betrieb einer Anlage umgeschrieben.[734] Dies impliziert, dass die Reichweite der Tathandlung durch das Merkmal „beim Betrieb einer Anlage" lediglich in räumlich-gegenständlicher Hinsicht begrenzt wird.[735] Demgegenüber beschränkt sich der Täter der Delikte mit dem Merkmal „wer eine Anlage betreibt" durch die spezifische Handlungsbeschreibung auf einen begrenzten Personenkreis.[736] Darüber hinaus ist eine strengere Schutzrichtung bei den Delikten mit dem Merkmal „wer eine Anlage betreibt" festzustellen, welche als abstrakte Gefährdungsdelikte

[730] *Martin*, Sonderdelikte, S. 85 ff.; *Saliger*, Umweltstrafrecht, Rn.146.

[731] TK StGB/*Schittenhelm* vor § 324 Rn.25; Fischer/*Fischer/Lutz* StGB vor § 324 Rn.14; Matt/Renzikowski/*Rettenmaier/Gehrmann* StGB vor § 324 Rn.14; SK-StGB/*Schall* vor § 324 Rn.41a; drei Meinungsgruppen zur Unterscheidung zwischen Allgemein- und Sonderdelikten bei *Saliger*, Umweltstrafrecht, Rn.147.

[732] *Saliger*, Umweltstrafrecht, Rn.148; SK-StGB/*Schall* vor § 324 Rn.43.

[733] Vgl. *Saliger*, Umweltstrafrecht, Rn.149; SK-StGB/*Schall* vor § 324 Rn.44.

[734] SK-StGB/*Schall* vor § 324 Rn.43; NK-StGB/*Ransiek* § 325 Rn.9.

[735] SK-StGB/*Schall* vor § 324 Rn.43; *Krell*, Umweltstrafrecht, Rn.103; *Saliger*, Umweltstrafrecht, Rn.149; *Martin*, Sonderdelikte, S. 53 f.; LK-StGB/*Möhrenschlager*, vor § 324 Rn.29, 12.Aufl.

[736] Vgl. *Martin*, Sonderdelikte, S. 25, 31; *Saliger*, Umweltstrafrecht, Rn.149; *Rengier*, FS Kohlmann, S. 236 f.

ausgestaltet sind.[737] Diese inkriminieren bereits den schieren, ungenehmigten Anlagenbetrieb im Vorfeld einer konkreten Gefahr für die Umweltgüter.[738] In Konsequenz dessen rückt die Gewährleistung der behördlichen Vorkontrolle in den Fokus des strafrechtlichen Rechtsgüterschutzes.[739] Daraus ergibt sich, dass die eigentlichen Betreiberdelikte mit dem Merkmal „wer eine Anlage betreibt" (§§ 327 I Nr. 1, II 1 Nr. 1–4, 329 I 1 und 2, II Nr. 1, 2) als reine Sonderdelikte anzusehen sind.[740] Als Täter solcher Fallgruppe kommt daher nicht jeder Mitarbeiter in Betracht, der eine Anlage oder Maschine faktisch in Gang setzt und hält, sondern nur der Anlagenbetreiber im rechtlichen Sinne (so nach organisationsbezogener Lesart).[741] Im Gegensatz dazu stellt das Merkmal „wer beim Betrieb einer Anlage" kein Sonderdeliktsmerkmal dar.[742] Die Einordnung dieser Betreiberdelikte als Allgemein- oder Sonderdelikte ist zudem abhängig von der Interpretation des Merkmals „unter Verletzung verwaltungsrechtlicher Pflichten" im jeweiligen Tatbestand.[743]

Das Merkmal „unter Verletzung verwaltungsrechtlicher Pflichten" findet sich zum einen bei den „Betreiberdelikten" mit dem Merkmal „wer beim Betrieb der Anlage" (§§ 325 I, II, 325a I, II, 328 III Nr. 1) und zum anderen bei sonstigen Umweltdelikten (§§ 324a, 326 III, 328 III Nr. 2).[744] In Bezug auf Umweltdelikte, die auf Pflichten aus Rechtsvorschriften des Umweltverwaltungsrechts gemäß § 330d I Nr. 4a verweisen, ist der Täterkreis davon abhängig, ob die umweltverwaltungsrechtliche Pflicht als Jedermannspflicht oder als Sonderpflicht

---

[737] Vgl. BT-Drs. 8/2382, 19 und 20; *Saliger*, Umweltstrafrecht, Rn.150; *Rengier*, FS Kohlmann, S. 236 f.

[738] *Saliger*, Umweltstrafrecht, Rn.150; *Rengier*, FS Kohlmann, S. 236; *Krell*, Umweltstrafrecht, Rn.103.

[739] *Saliger*, Umweltstrafrecht, Rn.150; SK-StGB/*Schall* vor § 324 Rn.44; *Krell*, Umweltstrafrecht, Rn.103.

[740] *Saliger*, Umweltstrafrecht, Rn.151; SK-StGB/*Schall* vor § 324 Rn.44; *Martin*, Sonderdelikte, S. 55; a.A. *Rengier*, FS Kohlmann, S. 236 f.: § 329 I 1 und 2, II Nr. 1, 2 kann als Allgemeindelikt gelten, soweit dort im verwaltungsrechtlichen Oberbau Rechtsvorschriften normiert sind, aus denen sich von jedermann zu beachtende Betriebsverbote ergeben.

[741] *Saliger*, Umweltstrafrecht, Rn.149, 150; SK-StGB/*Schall* vor § 324 Rn.44.

[742] *Saliger*, Umweltstrafrecht, Rn.151; *Martin*, Sonderdelikte, S. 31 ff., 53 ff.

[743] *Saliger*, Umweltstrafrecht, Rn.151; LK-StGB/*Möhrenschlager*, vor § 324 Rn.29, 12.Aufl.

[744] *Saliger*, Umweltstrafrecht, Rn.152.

des bestimmten Adressatenkreises klassifiziert wird.[745] Dies kann beispielsweise bei den konkreten Pflichten für den Betreiber einer Anlage[746] oder für einzelne Funktionsträger[747] der Fall sein. Pflichtverstöße gegen Einzelfallentscheidungen der Verwaltung gemäß § 330d I Nr. 4b–e stellen demgegenüber stets Sonderdelikte dar, da durch diese Einzelfallentscheidung (etwa vollziehbarer Verwaltungsakt oder andere Akte singulärer Rechtssetzung) jeweils nur der unmittelbare Adressat in Betracht kommt, nämlich regelmäßig der Anlagenbetreiber und seine Vertreter (§ 14).[748] Umstritten ist, welche Rolle die Nichteinhaltung von Genehmigungspflichten bei dem Täterkreis der Umweltdelikte mit dem Merkmal „unter Verletzung verwaltungsrechtlicher Pflichten" spielt. Es besteht Konsens darüber, dass eine täterschaftliche Verletzung von nicht anlagebezogenen Genehmigungspflichten durch Jedermann möglich ist (etwa bei 324a),[749] während die Meinungen über die Einordnung der anlagebezogenen Genehmigungspflichten divergieren. Teilweise wird die Verletzung anlagebezogener Genehmigungspflichten als Allgemeindelikt eingestuft, da solche Genehmigungen sich auf die Anlagen beziehen und dadurch eine Legalisierungswirkung für alle Mitarbeiter des Betriebs entfalten.[750] Teilweise wird die Verletzung anlagebezogener Genehmigungspflichten jedoch als Sonderdelikt betrachtet, da hinter dem Verbot eines Handelns ohne die erforderliche Genehmigung die strafbewehrte Pflicht zur Einholung der entsprechenden Genehmigung steht.[751] Die Sonderdeliktsthese

---

745 *Saliger*, Umweltstrafrecht, Rn.152; *Krell*, Umweltstrafrecht, Rn.104; SK-StGB/*Schall* vor § 324 Rn.45;TK StGB/*Schittenhelm* vor § 324 Rn.25.

746 z. B. die Pflicht zur Bestellung und Instruktion eines Immissionsschutzbeauftragten (§§ 53, 55 BImSchG i.V.m. 5.BImSchV). Zu weiteren Betreiberpflichten bei *Martin*, Sonderdelikte, S. 72 ff.

747 So die den jeweiligen Umweltschutzbeauftragten obliegenden Pflichten (z. B. § 33 StrlSchV, § 65 WHG, § 54 BImSchG), SK-StGB/*Schall* vor § 324 Rn.46.

748 h.M.: *Kemme*, Das Tatbestandsmerkmal der Verletzung verwaltungsrechtlicher Pflichten, S. 485 f.; *Martin*, Sonderdelikte, S. 77 ff.; *Saliger*, Umweltstrafrecht, Rn.153; *Rengier*, FS Kohlmann, S. 233 ff.; TK StGB/*Schittenhelm* vor § 324 Rn.25; SK-StGB/*Schall* vor § 324 Rn.46; *Krell*, Umweltstrafrecht, Rn.104; *Witteck*, Der Betreiber, S. 207 f.

749 *Martin*, Sonderdelikte, S. 63 f.; *Rengier*, FS Kohlmann, S. 231 ff.; *Saliger*, Umweltstrafrecht, Rn.155; *Kemme*, Das Tatbestandsmerkmal der Verletzung verwaltungsrechtlicher Pflichten, S. 486.

750 *Rengier*, FS Kohlmann, S. 231 ff.; *Börner*, Umweltstrafrecht, § 5 Rn.4 ff.; *Winkelbauer*, FS Lenckner, S. 652 f.; *Ransiek*, FS Widmaier, S. 735.

751 *Martin*, Sonderdelikte, S. 64 ff.; *Saliger*, Umweltstrafrecht, Rn.156; SK-StGB/*Schall* vor § 324 Rn.48; *Krell*, Umweltstrafrecht, Rn.106; *Witteck*, Der Betreiber, S. 207 f.; *Schall*, FS Schöch, S. 630 ff.; LK-StGB/*Möhrenschlager* vor § 324 Rn.29, 12.Aufl.; *Kemme*, Das Tatbestandsmerkmal der Verletzung verwaltungsrechtlicher Pflichten, S. 485 f.

erweist sich als plausibel. Denn die Reichweite der positiven Legalisierungswirkung einer Genehmigung erlaubt demnach keine umgekehrte Schlussfolgerung, nämlich dass eine Genehmigungspflicht für Jedermann besteht.[752] Folglich kann lediglich derjenige als Täter bezeichnet werden, der durch die jeweilige Verwaltungsvorschrift zu dieser Genehmigungseinholung verpflichtet wird, nämlich regelmäßig der Anlagenbetreiber und seine Vertreter (§ 14).[753]

3.1.4.1.2 Strafbarkeit von Amtsträgern

Bei natürlichen Personen ist eine besondere Tätergruppe zu berücksichtigen, nämlich die Amtsträger. Diese sind gesetzlich in § 11 I Nr. 2 StGB definiert und dadurch auf einen bestimmten Personenkreis beschränkt. Allerdings findet sich im deutschen Umweltstrafrecht keine spezifische, ausdrückliche Regelung zur Strafbarkeit von Amtsträgern.[754] Aus diesem Grund erfolgt eine Differenzierung der Haftung von Amtsträgern anhand ihrer Aufgaben in zwei Fallgruppen[755]: zum einen die uneigentliche Amtsträgerhaftung, die Fälle umfasst, in denen der Amtsträger für den rechtswidrigen Betrieb kommunaler oder kreiseigener Einrichtungen verantwortlich ist, nämlich Amtsträger als Anlagenbetreiber; zum anderen betrifft die eigentliche Amtsträgerhaftung Fälle, in denen Bedienstete von Umweltgenehmigungs- und Überwachungsbehörden sich durch umweltbelastendes Fehlverhalten in Ausübung ihrer hoheitlichen Aufgaben strafbar machen. Beispiele hierfür sind die Erteilung einer materiell fehlerhaften Genehmigung, die Nichtbeseitigung einer rechtswidrigen Genehmigung oder das Nichteinschreiten gegen rechtswidrige Umweltbeeinträchtigungen Dritter.[756] Darüber hinaus findet die zuvor erwähnte Differenzierung zwischen Allgemein- und Sonderdelikt Anwendung bei der Feststellung der Frage, ob der Amtsträger als Täter zu betrachten ist. Selbstverständlich können Amtsträger Täter eines Allgemeindelikts sein, da hierfür keine besonderen persönlichen Merkmale erforderlich sind. Im Anschluss ist zu eruieren, ob der Amtsträger die spezifischen Merkmale des Sonderdelikts erfüllt. Die eigentliche Haftung eines Amtsträgers betrifft daher primär Allgemeindelikte, während sie für reine Sonderdelikte ausgeschlossen ist, da

---

[752] *Saliger*, Umweltstrafrecht, Rn.156; SK-StGB/*Schall* vor § 324 Rn.48; *Schall*, FS Schöch, S. 631.

[753] *Saliger*, Umweltstrafrecht, Rn.155; *Martin*, Sonderdelikte, S. 69 f.; SK-StGB/*Schall* vor § 324 Rn.48; *Schall*, FS Schöch, S. 632.

[754] *Saliger*, Umweltstrafrecht, Rn.174 ff; *Franzheim/Pfohl*, Umweltstrafrecht, Rn.536 ff.

[755] *Saliger*, Umweltstrafrecht, Rn.176; *Franzheim/Pfohl*, Umweltstrafrecht, Rn.533.

[756] *Saliger*, Umweltstrafrecht, Rn.176; *Rogall*, Amtsträger, S. 140 ff.; *Schall*, JuS 1993, 720; *Martin*, Sonderdelikte, S. 123 ff.; *Krell*, Umweltstrafrecht, Rn.128 ff.; *Franzheim/Pfohl*, Umweltstrafrecht, Rn.533.

die spezifischen Merkmale nicht vorliegen und eine Teilnahmestrafbarkeit mangels Haupttat infolge des verwaltungsrechtlich wirksamen Verwaltungsakts nicht gegeben sein kann.[757] Im Rahmen der uneigentlichen Haftung kann sich hingegen auch ein (reines) Sonderdelikt auf den Amtsträger beziehen, sofern dieser die Merkmale eines Sonderdelikts erfüllt bzw. Adressat anstatt Absender der entsprechenden verwaltungsrechtlichen Pflichten ist.[758]

3.1.4.1.2.1 Amtsträger als Anlagenbetreiber

Wenn Amtsträger wie private Betreiber agieren und selbst umweltbelastende Anlagen von Körperschaften oder Anstalten des öffentlichen Rechts betreiben, ergeben sich grundsätzlich keine wesentlichen Besonderheiten.[759] Amtsträger sind in solchen Betreiberfällen ebenso wie private Anlagenbetreiber unmittelbare Adressaten der jeweiligen Umweltstrafnormen und können daher Täter der §§ 324 ff. StGB sein.[760] Beispiele hierfür sind kommunale Schwimmbäder, Mülldeponien, Kläranlagen, Müllverbrennungsanlagen oder Schlachthöfe.[761] Sofern dabei Sonderdelikte einschlägig sind, kann eine strafrechtliche Zurechnung an die zuständigen Amtsträger über die Merkmalsüberwälzung gemäß § 14 StGB erfolgen.[762] Zum Beispiel könnten sich ein Baubürgermeister und ein Abteilungsleiter eines städtischen Tiefbauamts nach § 327 Abs. 2 S. 1 Nr. 1 StGB i.V.m. § 35 Abs. 1 KrWG strafbar machen, wenn sie ohne die erforderliche Genehmigung eine Sondermüllsammelstelle (etwa für Arzneimittel, Lack- und Farbreste, Altbatterien) in einer ehemaligen Garage des städtischen Bauhofs betreiben.[763]

Besonderheiten gegenüber privaten Anlagebetreibern ergeben sich in den Betreiberfällen im Hinblick auf die Abwasser- und Abfallbeseitigungspflichten

---

[757] *Schall*, NJW 1990, 1269; *Meurer*, NJW 1988, 2070; *Papier*, NJW 1988, 1114; Fischer/*Fischer/Lutz* StGB vor § 324 Rn.14; Matt/Renzikowski/*Rettenmaier/Gehrmann* StGB vor § 324 Rn.14; *Franzheim/Pfohl*, Umweltstrafrecht, Rn.577.

[758] Vgl. *Saliger*, Umweltstrafrecht, Rn.145; *Martin*, Sonderdelikte, S. 129.

[759] *Krell*, Umweltstrafrecht, Rn.124; *Saliger*, Umweltstrafrecht, Rn.177.

[760] MüKoStGB/*Schmitz* StGB vor § 324 Rn.113; LK-StGB/*Möhrenschlager* vor § 324 Rn.50, 12.Aufl.; *Rogall*, Amtsträger, S. 147 ff.; *Schall*, NJW 1990, 1269; *Schall*, JuS 1993, 720; *Saliger*, Umweltstrafrecht, Rn.177; *Kloepfer/Heger*, Umweltstrafrecht, Rn.123.

[761] Aus der Rspr. Vgl. BGH NStZ 1997, 189 (Schlachtbetrieb); OLG Stuttgart NStZ 1989, 122 und OLG Saarbrücken NStZ 1991, 531 (Klärwerk); OLG Köln NJW 1988, 2119 (Schwimmbad); LG Koblenz NStZ 1987, 281 (wilde Müllkippe auf Gemeindeeigentum).

[762] LK-StGB/*Möhrenschlager*, vor § 324 Rn.50, 12.Aufl.; *Rogall*, Amtsträger, S. 147 ff.; *Martin*, Sonderdelikte, S. 124 f.; *Saliger*, Umweltstrafrecht, Rn.178; *Krell*, Umweltstrafrecht, Rn.124.

[763] Zum Sachverhalt näher *Franzheim/Pfohl*, Umweltstrafrecht, Rn.547; *Saliger*, Umweltstrafrecht, Rn.178.

von Städten und Gemeinden.[764] Diese Pflichten können bei Unterlassungsdelikten eine entscheidende Rolle spielen, da eine mögliche Garantenstellung aus der Amtsträgereigenschaft hergeleitet werden kann.[765] Werden erforderliche Maßnahmen durch kommunale Gremien unterlassen – etwa, wenn der Gemeinderat gegen den notwendigen Ausbau einer Kläranlage stimmt –, kann eine strafrechtliche Verantwortlichkeit nicht nur die Mitglieder des Gemeinderats,[766] sondern auch den Bürgermeister treffen. Denn der Bürgermeister ist grundsätzlich verpflichtet, kommunalrechtliche Maßnahmen zu ergreifen, um rechtswidrige Beschlüsse des Gemeinderats zu verhindern oder aufzuheben.[767]

3.1.4.1.2.2 Amtsträger in Umweltverwaltungsbehörden

Die tatsächlich relevanteren Fragen betreffen die Strafbarkeit von Amtsträgern in Umweltverwaltungsbehörden, wenn diese nicht als Anlagenbetreiber, sondern in ihrer Funktion als Bedienstete von Umweltgenehmigungs- und Überwachungsbehörden[768] handeln. Dabei ist zunächst festzustellen, dass ihre Strafbarkeit in der Regel auf Allgemeindelikte im Umweltstrafrecht beschränkt ist.[769] Dies liegt daran, dass sie üblicherweise als Absender verwaltungsrechtlicher Pflichten auftreten und nicht als Adressaten, sodass die spezifischen Tatbestandsmerkmale von Sonderdelikten nicht erfüllt sein können.[770] So kann sich der Amtsträger einer Wasserbehörde durch Erteilung einer rechtswidrigen Einleiterlaubnis nach §§ 324 Abs. 2, 25 Abs. 1 Var. 2 strafbar machen, während der zuständige Amtskollege, der eine rechtswidrige atomrechtliche Genehmigung erteilt,

---

764 *Saliger*, Umweltstrafrecht, Rn.179; näher *Franzheim/Pfohl*, Umweltstrafrecht, Rn.535 f., 546 f.

765 Für Bürgermeister und Gemeinräte kommt im Bereich der Abwasserbeseitigung neben einer Überwachergarantenstellung für die Gefahrenquelle „Gemeindebetrieb“ auch eine Beschützergarantenstellung in Betracht, s. *Nappert*, Haftung, S. 64 ff. (80 f.).

766 *Franzheim/Pfohl*, Umweltstrafrecht, Rn.558 ff.; *Pfohl*, NJW 1994, 420 f.; *Saliger*, Umweltstrafrecht, Rn.180; MüKoStGB/*Schmitz* StGB vor § 324 Rn.139; *Nappert*, Haftung, S. 37 ff. (48 ff.; 65 ff.).

767 *Franzheim/Pfohl*, Umweltstrafrecht, Rn.562; MüKoStGB/*Schmitz* StGB vor § 324 Rn.138; *Saliger*, Umweltstrafrecht, Rn.180.

768 Dazu *Franzheim/Pfohl*, Umweltstrafrecht, Rn.603 ff.: Auch Amtsträger in fachtechnischen Behörden wird erfasst.

769 *Saliger*, Umweltstrafrecht, Rn.183; *Krell*, Umweltstrafrecht, Rn.125.

770 MüKoStGB/*Schmitz* StGB vor § 324 Rn.110; SK-StGB/*Schall* vor § 324 Rn.101; *Franzheim/Pfohl*, Umweltstrafrecht, Rn.573 ff.; *Schall*, JuS 1993, 720 f.; *Rogall*, Amtsträger, S. 155 ff.; LK-StGB/*Möhrenschlager,* § 325 Rn.65, 12.Aufl.; *Saliger*, Umweltstrafrecht, Rn.183.

nicht nach dem Sonderdelikt des § 327 bestraft werden kann.[771] Darüber hinaus beschränkt sich das umweltbelastende Fehlverhalten des Amtsträgers nur auf signifikante Verwaltungsfehler, bei denen der verwaltungsrechtliche Beurteilungs- und Ermessensspielraum offenkundig und/oder schwerwiegend überschritten wurde.[772] Für Handlungspflichten lässt sich demnach ableiten, dass eine Strafbarkeit des Amtsträgers nur dann in Betracht kommt, wenn er eine zwingende verwaltungsrechtliche Verpflichtung zur Vornahme der Handlung missachtet (Ermessensreduzierung auf Null).[773] Diese enge Auslegung[774] ist erforderlich, um sicherzustellen, dass bei der Sanktionierung von Verwaltungsfehlern stets die strafrechtlich erforderliche Unrechtshöhe erreicht wird und dass die Strafjustiz Zweckmäßigkeitsüberlegungen des Amtsträgers nicht durch eigene ersetzt.[775]

In Anknüpfung an die zuvor dargelegten Beschränkungen lässt sich die eigentliche Haftung des Amtsträgers in drei praxisrelevante Fallgruppen unterteilen. Zunächst ist der Fall der Erteilung einer fehlerhaften Genehmigung zu erwähnen. Dabei ist zu unterscheiden, ob die erteilte Genehmigung unwirksam oder wirksam, jedoch rechtswidrig ist. Eine Genehmigung gilt als unwirksam, wenn sie entweder gemäß §§ 43 Abs. 3, 44 VwVfG nichtig ist oder durch Rechtsmissbrauch gemäß § 330d I Nr. 5 StGB erlangt wurde.[776] Die Strafbarkeit des Amtsträgers hängt in diesem Fall davon ab, ob der Genehmigungsempfänger gut- oder bösgläubig ist. Ist der Genehmigungsempfänger bösgläubig, kann der Amtsträger grundsätzlich als Teilnehmer bestraft werden, sofern er nicht aufgrund

---

[771] Beispiel nach *Saliger*, Umweltstrafrecht, Rn.183.

[772] *Saliger*, Umweltstrafrecht, Rn.187; *Krell*, Umweltstrafrecht, Rn.127.

[773] Beispiel aus BGH 38, 325: „Angesichts dieser Rechtslage verdichtete sich die allgemeine Pflicht der Gemeinde, Gewässerverunreinigungen zu verhüten, hier für die Stadt zu dem Handlungsgebot… Einen Ermessensspielraum hatte sie insoweit nicht. Ein Entschließungsermessen stand ihr nicht zu, weil sie an die Erlaubnisbescheide des Landrats, die ihre Pflicht zur schadlosen Abwasserbeseitigung konkretisierten, gebunden war… Ebenso wenig besaß sie, was die zu ergreifenden Maßnahmen anbetraf, ein Auswahlermessen. Denn weitere Gewässerverunreinigungen ließen sich nur durch – notfalls zwangsweise – Einwirkung auf die Grundstückseigentümer verhüten.“ Vgl. auch *Saliger*, Umweltstrafrecht, Rn.186, 187; *Krell*, Umweltstrafrecht, Rn.126, 127; *Schall*, NStZ-RR 2006, 264.

[774] Im Gegensatz dazu kommt nach der extensiven Auffassung eine Strafbarkeit bei jedem im Sinne der §§ 40 VwVfG, 114 VwGO ermessensfehlerhaften Entscheidungen in Betracht, also unter anderem bei Ermessensüber- und Ermessensunterschreitung, Ermessensnicht- und Ermessensfehlgebrauch, vgl. OLG Frankfurt NJW 1987, 2757; *Rogall*, Amtsträger, S. 168 f.; *Nappert*, Haftung, S. 235 f.; *Zeitler*, NStZ 1984, 220; *Horn*, NJW 1981, 7; *Saliger*, Umweltstrafrecht, Rn.186.

[775] *Saliger*, Umweltstrafrecht, Rn.187.

[776] *Saliger*, Umweltstrafrecht, Rn.191; *Krell*, Umweltstrafrecht, Rn.128.

einer Drohung oder Täuschung handelt, da in solchen Fällen eine vorsätzliche, rechtswidrige und damit teilnahmefähige Haupttat vorliegen kann.[777] Auch eine mittelbare Täterschaft des Amtsträgers scheidet mangels Strafbarkeitsdefizits aus.[778] In Ausnahmefällen (z. B. bei Kollusion) kann der Amtsträger aber als Mittäter bestraft werden.[779] Sofern der Genehmigungsempfänger gutgläubig ist (ein eher unwahrscheinlicher Fall), scheidet eine Teilnahme des Amtsträgers mangels vorsätzlicher, rechtswidriger Haupttat aus.[780] Eine mittelbare Täterschaft kraft Wissensherrschaft des Amtsträgers ist jedoch denkbar.[781] Gilt die Genehmigung als umweltrechtlich rechtswidrig, aber wirksam, kommt für den Amtsträger nur eine Strafbarkeit als mittelbarer Täter (aber str.)[782] in Betracht. Eine Strafbarkeit des Amtsträgers als Teilnehmer ist nicht gegeben, da eine teilnahmefähige Haupttat aufgrund des Grundsatzes der Verwaltungsakzessorietät nicht existiert.[783] Auch eine unmittelbare Täterschaft ist ausgeschlossen, da der Amtsträger nicht

[777] *Krell*, Umweltstrafrecht, Rn.128, 129; *Saliger*, Umweltstrafrecht, Rn.191, 193.

[778] *Krell*, Umweltstrafrecht, Rn.129.

[779] Beispiel aus BGHSt 39, 381: „Vorliegend war der Beitrag des Angeklagten von entscheidender Bedeutung, weil es ohne seine befürwortende Stellungnahme nicht zur Zustimmung des Regierungspräsidenten, die allein der H. AG die unmittelbare Tatausführung ermöglichte, gekommen wäre. Der Angeklagte hatte auch ein eigenes Interesse am Erfolg; er war ‚bestrebt, seinem Ruf als effizienter ‚Abfallmanager', den er bei Industrie- und Behördenvertretern genoss und der bereits viele drängende Abfallprobleme praktikabel und ‚unbürokratisch' schnell zu lösen verstanden hatte, ‚koste es was es wolle', gerecht zu werden". Vgl. auch *Saliger*, Umweltstrafrecht, Rn.193; *Krell*, Umweltstrafrecht, Rn.129.

[780] *Krell*, Umweltstrafrecht, Rn.130.

[781] *Saliger*, Umweltstrafrecht, Rn.193; *Krell*, Umweltstrafrecht, Rn.130; *Rogall*, Amtsträger, S. 173; *Horn*, NJW 1981, 4; *Schall*, Jus 1993, 721.

[782] Gegner: z. B. *Immel*, Umweltuntreue, S. 144 ff.; *Rogall*, Amtsträger, S. 196 ff.; *Otto*, Jura 1991, 314 f. 1995, 140; *Wohlers*, ZStW 108 (1996), 69 f., 85. Befürworter (h.M.): z. B. *Saliger*, Umweltstrafrecht, Rn.196 f.; *Horn*, NJW 1981, 4 f.; *Krell*, Umweltstrafrecht, Rn.130 f.; *Nappert*, Haftung, S. 228; *Rudolphi*, NStZ 1994, 433 f.; auch aus BGHSt 39, 381: „Dann fehlt es ... was die ... unmittelbar Ausführende angeht entweder schon an einer tatbestandsmäßigen Handlung ... oder sie handelte bei Anwendung der Grundsätze über die Verwaltungsaktakzessorietät, wie sie überwiegend vertreten werden ‚befugt', mithin nach herrschender Meinung objektiv gerechtfertigt ..., oder sie befand sich zumindest in einem Verbotsirrtum ..., wenn nicht in einem Vorsatz ausschließenden Irrtum über das Vorliegen eines Erlaubnistatbestandes... In diesem Falle ist der Angeklagte mittelbarer Täter".

[783] *Saliger*, Umweltstrafrecht, Rn.194; *Krell*, Umweltstrafrecht, Rn.131.

aktiv an der Rechtsgutsverletzung mitwirkt.[784] Die Konstruktion einer Mittäterschaft ist außerhalb von Kollusionsfällen auch nicht möglich.[785] Eine mittelbare Täterschaft ist gegeben, sofern der Taterfolg objektiv und subjektiv als Erfolg der Handlung des Amtsträgers und damit als „sein Werk" erscheint,[786] wobei die Gut- oder Bösgläubigkeit des Genehmigungsempfängers nach der herrschenden Meinung irrelevant ist,[787] da der Amtsträger dem Adressaten durch die Erteilung der rechtswidrigen Genehmigung die „Rechts-Schranke" beseitige und ihm für das tatbestandsmäßige Verhalten damit gleichsam „grünes Licht" gebe.[788]

In den übrigen beiden Fallgruppen, der Nichtbeseitigung einer rechtswidrigen Genehmigung sowie dem Nichteinschreiten gegen rechtswidrige Umweltbeeinträchtigungen Dritter, kommt eine Unterlassungsstrafbarkeit des Amtsträgers gemäß § 13 StGB in Betracht[789]. Dabei steht die Garantenstellung[790] des Amtsträgers im Vordergrund. Im Falle der Nichtbeseitigung einer rechtswidrigen Genehmigung – unabhängig davon, ob diese Genehmigung von Anfang an oder

---

[784] *Saliger*, Umweltstrafrecht, Rn.194.

[785] *Saliger*, Umweltstrafrecht, Rn.194; *Krell*, Umweltstrafrecht, Rn.131; ferner *Rogall*, Amtsträger, S. 192 f.

[786] *Rudolphi*, NStZ 1994, 433; Matt/Renzikowski/*Rettenmaier/Gehrmann* StGB vor § 324 Rn.15; auch aus BGHSt 39, 381: „Unter welchen Voraussetzungen die Begehung einer Straftat ‚durch einen anderen' vorliegt, ist ein offenes Wertungsproblem... Bei wertender Beurteilung ... ist aber kein überzeugender Grund dafür ersichtlich, es einem Amtsträger, mit dessen Genehmigung die Durchführung eines Umweltverstoßes steht und fällt, nicht als Täterschaft zuzurechnen, wenn er vorsätzlich unter Verstoß gegen das Umweltrecht die Tatbestandsverwirklichung durch einen gutgläubigen Unternehmer ‚freigibt'. Denn dadurch stellt sich aus der Sicht des Amtsträgers und auch objektiv der in Gang gesetzte Umweltverstoß als ‚sein Werk' dar; er ist zwar nicht unbedingt die treibende Kraft, aber infolge seines tatsächlichen und rechtlichen Überblicks über das Geschehen dessen Zentralgestalt. Normativ bestätigt wird diese Sicht durch die Erwägung, dass der Amtsträger, der eine mit dem materiellen Recht nicht zu vereinbarende Genehmigung erteilt hat, im Rahmen des rechtlich Möglichen zu deren Beseitigung verpflichtet ist, sobald er die Rechtswidrigkeit erkennt; bleibt er untätig, kann er sich ebenfalls als Täter, wenn auch durch Unterlassen, strafbar machen."

[787] LK-StGB/*Möhrenschlager* vor § 324 Rn.53, 12.Aufl.; Lackner/Kühl/Heger/*Heger* StGB vor § 324 Rn.10; Fischer/*Fischer/Lutz* StGB vor § 324 Rn.16; NK-StGB/*Ransiek* § 324 Rn.74; *Kloepfer/Heger*, Umweltstrafrecht, Rn.131; *Horn*, NJW 1981, 4; *Nappert*, Haftung, S. 226 ff.; *Saliger*, Umweltstrafrecht, Rn.198.

[788] *Horn*, NJW 1981, 4; Fischer/*Fischer/Lutz* StGB, vor § 324 Rn.16; Lackner/Kühl/Heger/*Heger* StGB vor § 324 Rn.10; NK-StGB/*Ransiek* § 324 Rn.74; *Saliger*, Umweltstrafrecht, Rn.198; *Krell*, Umweltstrafrecht, Rn.132.

[789] *Saliger*, Umweltstrafrecht, Rn.203, 214.

[790] Ausführlich sehe Teil 3 A. II. 2. bb).

nachträglich rechtswidrig ist[791] – ergibt sich eine Garantenpflicht des Amtsträgers nach herrschender Ansicht zum einen aus seiner Ingerenz (neben dem Urheber der fehlerhaften Genehmigung trifft diese auch dessen Amtsnachfolger),[792] zum anderen aus seiner Beschützergarantenstellung (str.) für das jeweilige Umweltgut.[793] Im Falle des Nichteinschreitens gegen rechtswidrige Umweltbeeinträchtigungen Dritter ergibt sich die Garantenpflicht des Amtsträgers aus seiner Beschützer- oder Überwachungsgarantenstellung (keine Ingerenz) für das betroffene Umweltgut.[794]

3.1.4.1.3 Strafrechtliche Verantwortlichkeit in Unternehmen und Betrieben

Die Begehung von Umweltdelikten erfolgt, ähnlich wie die von Wirtschaftsdelikten, häufig durch Unternehmen und Betriebe.[795] Im geltenden deutschen Strafrecht ist jedoch die Strafbarkeit juristischer Personen – abgesehen von der

---

[791] OLG Frankfurt NJW 1987, 2757; *Saliger*, Umweltstrafrecht, Rn.204 f.; Lackner/Kühl/Heger/*Heger* StGB vor § 324 Rn.10; *Horn*, NJW 1981, 6; *Nappert*, Haftung, S. 252 ff. (256 f.); a.A.: *Rogall*, Amtsträger, S. 208 f.; MüKoStGB/*Schmitz* StGB vor § 324 Rn.132.

[792] LK-StGB/*Möhrenschlager* vor § 324 Rn.54, 12.Aufl.; Lackner/Kühl/Heger/*Heger* StGB vor § 324 Rn.11; Fischer/*Fischer/Lutz* StGB vor § 324 Rn.20; *Horn*, NJW 1981, 6; *Schall*, Jus 1993, 721; *Saliger*, Umweltstrafrecht, Rn.204, 207; a.A.: *Rogall*, Amtsträger, S. 208; *Otto*, Jura 1991, 315 f; NK-StGB/*Ransiek* § 324 Rn.70; MüKoStGB/*Schmitz* StGB vor § 324 Rn.133; *Nappert*, Haftung, S. 257 ff. (260).

[793] *Saliger*, Umweltstrafrecht, Rn.204 ff. (208 ff.). Die Kontroverse bei der Beschützergarantenstellung des Amtsträgers im Umweltbereich bei *Saliger*, Umweltstrafrecht, Rn.209.

[794] *Saliger*, Umweltstrafrecht, Rn.214 f.; *Krell*, Umweltstrafrecht, Rn.139; auch aus BGHSt 38, 325: „Zutreffend hat das Landgericht angenommen, dass die Unterlassung des Angeklagten Gewässerverunreinigungen insoweit verursacht hat, als ... dass der Angeklagte bei pflichtgemäßem Vorgehen in der Zeit von Januar 1982 bis Mitte 1983 Grundstückseigentümer, die den Teilortkanalisationen nicht vorgeklärtes häusliches Abwasser zuführten, ermittelt hätte, ab Mitte 1983 in der Lage gewesen wäre, gegen die so ermittelten Grundstückseigentümer im Wege des Verwaltungszwangs vorzugehen, und spätestens 1985 durch diese Maßnahmen selbst diejenigen Grundstückseigentümer, die sich dagegen gerichtlich gewehrt hätten, zum Einbau der die Gewässerverunreinigung beendenden Kleinkläranlagen bestimmt worden wären... Richtig ist zwar, daß die hypothetische Bestimmung der Dauer und des Ausgangs von Verwaltungswie Verwaltungsgerichtsverfahren zumeist mit schwer zu behebenden Unsicherheiten belastet ist. Im vorliegenden Fall konnte sich das Gericht aber für seine entsprechenden Feststellungen auf einen Vergleich mit dem Verlauf und Ergebnis des gegen F. geführten Verwaltungsgerichtsverfahrens stützen."

[795] *Saliger*, Umweltstrafrecht, Rn.157.

Verbandsgeldbuße im Ordnungswidrigkeitenrecht (§ 30 OWiG) – ausgeschlossen.[796] Daher können Unternehmen und Betriebe selbst strafrechtlich nicht zur Verantwortung gezogen werden.[797] Stattdessen kommen als strafrechtlich Verantwortliche unter den Unternehmensangehörigen folgende Personen infrage: der/die Letztverantwortliche(n) aufgrund seiner/ihrer Entscheidungsmacht und Organisationsherrschaft (bei Sonderdelikten § 14 I), daneben diejenigen Personen, an die diese Verantwortung wirksam delegiert worden ist (bei Sonderdelikten § 14 II), sowie alle Personen, die selbst tatbestandsmäßig gehandelt haben.[798] Die Feststellung dieser individuellen Schuld erweist sich jedoch als komplex.

3.1.4.1.3.1 Die strafrechtliche Verantwortlichkeit von Unternehmensmitarbeitern

Die Frage der individuellen Zurechnung unternehmensbezogener Umweltdelikte ist in der Praxis mit tatsächlichen und rechtlichen Schwierigkeiten verbunden.[799] Die tatsächliche Schwierigkeit resultiert aus der Komplexität von Unternehmensstrukturen und betrieblich organisierter Arbeitsteilung.[800] Diese erschwert nicht nur die Feststellung klarer individueller Zuständigkeiten mit entsprechendem Fehlverhalten, sondern macht bei Unübersichtlichkeit der Reichweite und Folgen der (Arbeits-)Handlungen für den einzelnen Arbeitnehmer eine individuelle Zurechnung häufig unmöglich.[801] Rechtliche Schwierigkeiten ergeben sich aus der arbeitsteiligen Zusammenarbeit von Unternehmensangehörigen bei der Begehung von Rechtsgutsverletzungen.[802] Dies erschwert zunächst, inwieweit man mit allgemeinen Regeln der Beteiligungsdogmatik zu sachgerechten Ergebnissen kommt.[803] Hinzu kommt, dass umweltstrafrechtlich relevante Entscheidungen in Unternehmen und Betrieben häufig von Gremien getroffen werden, wodurch

---

[796] *Saliger*, Umweltstrafrecht, Rn.157.

[797] *Kloepfer/Heger,* Umweltstrafrecht, Rn.139.

[798] *Saliger*, Umweltstrafrecht, Rn.162.

[799] *Saliger*, Umweltstrafrecht, Rn.158; MüKoStGB/*Schmitz* StGB vor § 324 Rn.140.

[800] *Saliger*, Umweltstrafrecht, Rn.158; *Krell*, Umweltstrafrecht, Rn.107.

[801] MüKoStGB/*Schmitz* StGB vor § 324 Rn.140; *Saliger*, Umweltstrafrecht, Rn.158; *Rotsch,* Haftung S. 23 ff., 207 ff.; *Bosch,* Organisationsverschulden, S. 13 ff.; *Heine,* Die strafrechtliche Verantwortlichkeit von Unternehmen, S. 27 ff.; *Schünemann,* Unternehmenskriminalität und Strafrecht, S. 30 ff.

[802] *Schmidt-Salzer*, NJW 1990, 2967; 1996, 1 ff.; *Heine,* Die strafrechtliche Verantwortlichkeit von Unternehmen, S. 27 ff., 95 ff.; *Saliger*, Umweltstrafrecht, Rn.158.

[803] *Krell*, Umweltstrafrecht, Rn.107; vgl. auch *Rudolphi*, FS Lackner, S. 864 ff.; *Meier*, NJW 1992, 3194 f.; *Saliger*, Umweltstrafrecht, Rn.158.

sich die Frage stellt, wie die Konsequenzen solcher Gremienentscheidungen individuell strafrechtlich zugerechnet werden können.[804]

Zur Lösung dieser Probleme ist zunächst zu klären, auf welcher Ebene die Prüfung ansetzt: auf der oberen oder der unteren Ebene.[805] Dies richtet sich nach der Tatnähe und dem Unrechtsschwerpunkt im Einzelfall.[806] Die Bottom-up-Betrachtungsweise, welche mit der Prüfung der Strafbarkeit des tatnächsten Unternehmensangehörigen auf der unteren Ebene beginnt,[807] erweist sich als sinnvoll, sofern es um einzelne Umweltstraftaten von Mitarbeitern geht, bei denen sich die Frage stellt, ob auch die Betriebsleitung strafrechtlich verantwortlich ist, etwa wegen Auswahl- oder Überwachungsverschuldens.[808] Je stärker hingegen eine unternehmerische Entscheidung im Vordergrund steht, desto näher liegt die Anwendung der Top-Down-Betrachtungsweise, die auf der Leistungsebene des Unternehmens ansetzt.[809]

Danach wird die konkrete individuelle Zurechnung auf Basis der allgemeinen Regeln von Täterschaft und Teilnahme nach einer normativen Abschichtung der Verantwortungsbereiche der Beteiligten bestimmt, wobei zwischen einer horizontalen und einer vertikalen Abschichtung unterschieden wird.[810] Die horizontale Abschichtung wirft die Frage auf, wie die Verantwortungsbereiche auf derselben Hierarchiestufe voneinander abzugrenzen sind, insbesondere wenn mehrere Unternehmensangehörige derselben Hierarchiestufe bei der Tatbestandsverwirklichung arbeitsteilig – aufgeteilt nach verschiedenen Ressorts, z. B. Forschung, Produktion, Vertrieb, Marketing, Personalwesen usw. – zusammenwirken.[811] Grundsätzlich gelten das Prinzip der individuellen Zuständigkeitsverantwortung und das Vertrauensprinzip.[812] Dies impliziert, dass jeder Unternehmensmitarbeiter im Rahmen seiner betriebsinternen Aufgabenzuständigkeit – unabhängig

---

804 *Saliger*, Umweltstrafrecht, Rn.158.

805 *Krell*, Umweltstrafrecht, Rn.107.

806 *Saliger*, Umweltstrafrecht, Rn.161.

807 *Saliger*, Umweltstrafrecht, Rn.160.

808 *Saliger*, Umweltstrafrecht, Rn.161; *Krell*, Umweltstrafrecht, Rn.107.

809 *Saliger*, Umweltstrafrecht, Rn.160, 161; *Krell*, Umweltstrafrecht, Rn.107; *Franzheim/Pfohl*, Umweltstrafrecht, Rn.504; *Hassemer*, Produktverantwortung, S. 64 ff.

810 *Saliger*, Umweltstrafrecht, Rn.162; MüKoStGB/*Schmitz* StGB vor § 324 Rn.141, 148; *Kloepfer/Heger*, Umweltstrafrecht, Rn.143 ff.

811 *Saliger*, Umweltstrafrecht, Rn.163; *Krell*, Umweltstrafrecht, Rn.108.

812 *Saliger*, Umweltstrafrecht, Rn.163; SK-StGB/*Schall* vor § 324 Rn.153; vgl. mit Unterschieden im Ergebnis *Rudolphi*, FS Lackner, S. 867 ff.; *Schmidt-Salzer*, NJW 1988, 1938 f.; *Schünemann*, Unternehmenskriminalität und Strafrecht, S. 107 ff.; TK StGB/*Schittenhelm* vor § 324 Rn.28 b.

davon, ob diese formell oder faktisch ist[813] – für einen mitursächlichen Beitrag zum Betriebsablauf (vorsätzlich oder fahrlässig) strafrechtlich zur Verantwortung gezogen wird, sofern der Betriebsablauf einen strafrechtlich relevanten Erfolg herbeiführt.[814] Hinweise auf betriebsinterne Aufgabenverteilungen im Umweltbereich liefern Regelungen wie § 58 KrWG und § 52b BImSchG.[815] Diese Beschränkung der strafrechtlichen Verantwortung auf den individuellen Zuständigkeitsbereich bedeutet auch, dass Unternehmensangehörige grundsätzlich darauf vertrauen können, dass andere ihre Pflichten ordnungsgemäß erfüllen.[816] Es besteht daher keine Pflicht zur wechselseitigen Kontrolle.[817] Demgegenüber greift nach der Lederspray-Entscheidung das Prinzip der Gesamtverantwortung und Allzuständigkeit der Geschäftsleitung ein, wenn in Krisen- und Ausnahmesituationen aus besonderem Anlass das Unternehmen als Ganzes betroffen ist,[818] bzw. in Bezug auf die Gremienentscheidung.[819]

---

[813] BGH NStZ 1997, 545, 546; *Saliger*, Umweltstrafrecht, Rn.163.

[814] *Saliger*, Umweltstrafrecht, Rn.163; *Krell*, Umweltstrafrecht, Rn.156.

[815] *Franzheim/Pfohl*, Umweltstrafrecht, Rn.505; *Saliger*, Umweltstrafrecht, Rn.163.

[816] BGH NStZ 1997, 546; *Saliger*, Umweltstrafrecht, Rn.163.

[817] *Krell*, Umweltstrafrecht, Rn.108.

[818] *Saliger*, Umweltstrafrecht, Rn.164 f.; *Krell*, Umweltstrafrecht, Rn.108; auch aus BGHSt 37, 106: „Im Prinzip bleibt eine Aufteilung der Geschäftsbereiche unter mehreren Geschäftsführern einer GmbH ohne Einfluss auf die Verantwortung jedes einzelnen für die Geschäftsführung insgesamt … Ob dieser gesellschaftsrechtliche Grundsatz, der für die Zurechnung zivilrechtlicher Haftungsfolgen maßgebend ist, auch über den Umfang der strafrechtlichen Pflichtenstellung entscheidet, kann freilich zweifelhaft sein. Doch braucht dieser Frage nicht weiter nachgegangen zu werden. Zwar knüpft die Pflichtenstellung des Geschäftsführers im Allgemeinen an den von ihm betreuten Geschäfts- und Verantwortungsbereich an… Doch greift der Grundsatz der Generalverantwortung und Allzuständigkeit der Geschäftsleitung ein, wo – wie etwa in Krisen- und Ausnahmesituationen – aus besonderem Anlass das Unternehmen als Ganzes betroffen ist; dann ist die Geschäftsführung insgesamt zum Handeln berufen“.

[819] Aus BGHSt 37, 106: „Von der Pflicht zum Rückruf, die allen Geschäftsführern gemeinsam oblag, war allerdings das den einzelnen Geschäftsführer treffende Handlungsgebot zu unterscheiden… Einer Entscheidung der gesamten Geschäftsführung bedurfte es hiernach jedenfalls dann, wenn es sich – wie gerade bei einer Rückrufaktion – um eine ressortübergreifende, die Gesellschaft als Ganzes betreffende Maßnahme handelte. War demgemäß – entgegen der vom Landgericht vertretenen Ansicht – der einzelne Geschäftsführer nicht berechtigt, aus eigener Machtvollkommenheit den in Rede stehenden Rückruf anzuordnen, so änderte dies zwar nichts am Fortbestand seiner umfassenden, zur Schadensabwendung verpflichtenden Garantenstellung; wohl aber erfuhren dadurch seine aus dieser Garantenstellung fließenden, konkreten Handlungspflichten eine Begrenzung. Jeder war hiernach nur dazu verpflichtet, unter vollem Einsatz seiner Mitwirkungsrechte das ihm Mögliche und Zumutbare zu tun, um einen Beschluss der Gesamtgeschäftsführung über Anordnung und Vollzug des

Die Zurechnungsfrage kann innerhalb von Organisationen auch vertikal gestellt werden, d. h. wie in hierarchisch strukturierten Unternehmen und Betrieben die Verantwortlichkeiten beim arbeitsteiligen Zusammenwirken mehrerer Personen auf unterschiedlichen Entscheidungsebenen zu bestimmen sind.[820] Dabei sind drei Grundkonstellationen zu unterscheiden. Die erste Konstellation ist dadurch gekennzeichnet, dass eine arbeitsrechtliche Anweisung des Vorgesetzten an den Untergebenen erfolgt, welche eine Verletzung von Rechtsgütern zur Folge hat.[821] In diesem Zusammenhang ist nach den allgemeinen Regeln zur Täterschaft und Teilnahme zu verfahren.[822] In der Regel wird der Vorgesetzte als Anstifter gemäß § 26 StGB betrachtet, sofern er keine Wissensherrschaft über einen Untergebenen ausübt.[823] Auch Mittäterschaft (§ 25 II StGB) ist denkbar, wenngleich mit zunehmender Hierarchiedistanz die Wahrscheinlichkeit hierfür abnimmt.[824] Die zweite Konstellation ist nach der BGH-Rechtsprechung die mittelbare Täterschaft kraft Organisationsherrschaft („Täter hinter dem Täter").[825] Diese ursprünglich für die Beurteilung von „Schreibtischtätern" im Rahmen rechtsgelöster organisatorischer Machtapparate entwickelte Lehre wurde vom BGH explizit auf Sachverhalte aus dem Bereich der Wirtschaft angewandt, wobei mittelbare Täterschaft in Wirtschaftsunternehmen angenommen wurde.[826] Es genügte dem BGH, dass der Hintermann „durch Organisationsstrukturen bestimmte Rahmenbedingungen ausnutzt, die regelhafte Abläufe auslösen".[827] Allerdings wird diese Anwendung wegen der Vermischung von Täterschaft und

gebotenen Rückrufs zustandezubringen. Keiner der Angeklagten hat dieser Handlungspflicht genügt – sie alle haben das ihnen abzuverlangende Tun unterlassen." Vgl. auch *Saliger*, Umweltstrafrecht, Rn.166.

[820] *Saliger*, Umweltstrafrecht, Rn.167; *Krell*, Umweltstrafrecht, Rn.110.

[821] *Saliger*, Umweltstrafrecht, Rn.168; *Krell*, Umweltstrafrecht, Rn.110.

[822] *Saliger*, Umweltstrafrecht, Rn.168.

[823] *Saliger*, Umweltstrafrecht, Rn.168; *Krell*, Umweltstrafrecht, Rn.110, 111.

[824] *Saliger*, Umweltstrafrecht, Rn.168; MüKoStGB/*Schmitz* StGB vor § 324 Rn.141.

[825] *Saliger*, Umweltstrafrecht, Rn.169; eingehend *Witteck*, FS Heine, S. 371 ff.

[826] *Saliger*, Umweltstrafrecht, Rn.169; *Krell*, Umweltstrafrecht, Rn.112 f.

[827] Aus BGHSt 40, 218: „Derartige Rahmenbedingungen mit regelhaften Abläufen kommen insbesondere bei staatlichen, unternehmerischen oder geschäftsähnlichen Organisationsstrukturen und bei Befehlshierarchien in Betracht. Handelt in einem solchen Fall der Hintermann in Kenntnis dieser Umstände, nutzt er insbesondere auch die unbedingte Bereitschaft des unmittelbar Handelnden, den Tatbestand zu erfüllen, aus und will der Hintermann den Erfolg als Ergebnis seines eigenen Handelns, ist er Täter in der Form mittelbarer Täterschaft. Er besitzt die Tatherrschaft. Er beherrscht das Geschehen tatsächlich weit mehr, als dies bei anderen Fallgruppen erforderlich ist ... Eine so verstandene mittelbare Täterschaft wird nicht nur beim Missbrauch staatlicher Machtbefugnisse ... in Betracht kommen... Auch

Teilnahme sowie der Gefahr einer ausufernden Täterbestrafung überwiegend kritisch gesehen.[828] Die Anwendung mit den Kategorien von Mittäterschaft, Anstiftung oder Garantenhaftung wird hier als ausreichend angesehen.[829] Als dritte Konstellation der vertikalen Verantwortungsbestimmung sind die vertikal wirkenden Pflichten der Leitungsebene bzw. der Vorgesetzten zu nennen.[830] Dies betrifft zum einen fortwährende Pflichten aus einer wirksamen Delegation.[831] Es besteht Einigkeit darüber, dass derjenige, der eine Aufgabe delegiert, neben dem ausführenden Mitarbeiter als Garant haftet, wenn ihn ein Verschulden bei Aufsicht, Organisation, Kontrolle oder Auswahl des beauftragten Mitarbeiters trifft.[832] Zum anderen besteht eine Verantwortung von Leitungspersonen oder Vorgesetzten für das Unterlassen der Verhinderung von Straftaten, die aus dem Unternehmen heraus gegenüber Dritten begangen werden (sog. Geschäftsherrenhaftung).[833] Inwiefern die Geschäftsleitung als Garant für solches Unterlassen einstehen muss, lässt sich entweder aufgrund einer Beschützergarantenstellung des Vorgesetzten des Geschäftsherrn gegenüber dem Tatopfer oder aufgrund einer Überwachergarantenstellung gegenüber dem Täter begründen.[834]

---

das Problem der Verantwortlichkeit beim Betrieb wirtschaftlicher Unternehmen lässt sich so lösen." Näher *Ransiek*, Unternehmensstrafrecht, S. 46 ff.

[828] Vgl. *Rotsch*, NStZ 2005, 13 ff.; *Rotsch*, Haftung, S. 146 f.; *Krell*, Umweltstrafrecht, Rn.113 f.; *Saliger*, Umweltstrafrecht, Rn.169.

[829] Im Ergebnis wie hier *Saliger*, Umweltstrafrecht, Rn.169; *Bosch*, Organisationsverschulden, S. 264 ff.; *Schünemann*, FS Schroeder, S. 411 f.; *Roxin*, FS Schroeder, S. 397; a.A. *Wolf*, FS Schroeder, S. 415 ff.: auf Basis eines radikalen Neuansatzes der gestuften Täterschaft.

[830] *Saliger*, Umweltstrafrecht, Rn.170.

[831] *Saliger*, Umweltstrafrecht, Rn.170.

[832] *Saliger*, Umweltstrafrecht, Rn.170.

[833] *Witteck*, FS Heine, S. 376 ff.; *Saliger*, Umweltstrafrecht, Rn.170a. Auch aus BGHSt 57, 42: „Zwar kann sich aus der Stellung als Betriebsinhaber bzw. Vorgesetzter je nach den Umständen des einzelnen Falls eine Garantenpflicht zur Verhinderung von Straftaten nachgeordneter Mitarbeiter ergeben. Diese beschränkt sich indes auf die Verhinderung betriebsbezogener Straftaten und umfasst nicht solche Taten, die der Mitarbeiter lediglich bei Gelegenheit seiner Tätigkeit im Betrieb begeht… Betriebsbezogen ist eine Tat dann, wenn sie einen inneren Zusammenhang mit der betrieblichen Tätigkeit des Begehungstäters oder mit der Art des Betriebs aufweist".

[834] *Saliger*, Umweltstrafrecht, Rn.170 b; die Geschäftsleitung kann aber durch innerbetriebliche Umweltmanagementsysteme – also z. B. durch das freiwillige Eco Management and Audit Scheme (EMAS) – das strafrechtliche Haftungsrisiko senken, vgl. *Krell*, Umweltstrafrecht, Rn.119.

3.1.4.1.3.2 Die strafrechtliche Verantwortlichkeit von Betriebsbeauftragten

Im Kontext der strafrechtlichen Verantwortlichkeit von Unternehmensangehörigen für betriebsbezogene Umweltdelikte erlangt die strafrechtliche Verantwortlichkeit von Betriebsbeauftragten im Umweltrecht besondere Relevanz.[835] Eine Vielzahl von Umweltgesetzen verpflichtet die Betreiber von umweltbelastenden Anlagen unter bestimmten Voraussetzungen dazu, einen Betriebsbeauftragten zu bestellen (vgl. §§ 53 ff., 58a ff. BImSchG, 64 ff. WHG, 59 f. KrWG, 3 I Nr. 14 GGbefG).[836] Der Betriebsbeauftragte fungiert als Instrument der betrieblichen Eigenüberwachung und ist daher kein Amtsträger.[837] Seine strafrechtliche Verantwortlichkeit hängt maßgeblich davon ab, ob er als „Nur-Betriebsbeauftragter" oder als „Auch-Betriebsbeauftragter" tätig ist und ob ein Allgemein- oder Sonderdelikt vorliegt.[838]

Der „Nur-Betriebsbeauftragte" ist ausschließlich für die Aufgaben eines Betriebsbeauftragten (z. B. Kontroll-, Initiativ-, Aufklärungs- und Informationsaufgaben) zuständig[839] und wird, sofern er Betriebsangehöriger ist, von seinen sonstigen arbeitsvertraglichen Pflichten entbunden.[840] Seine Garantenpflicht beschränkt sich daher auf das umweltrechtliche Aufgabenprogramm.[841] Vertraut der Unternehmensinhaber vollständig auf den Betriebsbeauftragten, was häufig der Fall ist, kann dessen Täterschaft anzunehmen sein.[842] Eine mittelbare Täterschaft des Nur-Betriebsbeauftragten kommt nur ausnahmsweise in Betracht, etwa wenn er die Unternehmensleitung absichtlich falsch informiert.[843] Im Falle von Sonderdelikten ist eine täterschaftliche Strafbarkeit des Nur-Betriebsbeauftragten lediglich dann gegeben, wenn neben der Garantenstellung

---

835 *Saliger*, Umweltstrafrecht, Rn.171.

836 *Saliger*, Umweltstrafrecht, Rn.171; *Krell*, Umweltstrafrecht, Rn.120; *Kloepfer/Heger*, Umweltstrafrecht, Rn.135.

837 *Saliger*, Umweltstrafrecht, Rn.171; *Kloepfer/Heger*, Umweltstrafrecht, Rn.135.

838 *Kloepfer/Heger*, Umweltstrafrecht, Rn.135; *Rudolphi*, FS Lachner, S. 876 ff.; *Martin*, Sonderdelikte, S. 130 ff.; *Saliger*, Umweltstrafrecht, Rn.171.

839 *Krell*, Umweltstrafrecht, Rn.120; *Saliger*, Umweltstrafrecht, Rn.171.

840 *Saliger*, Umweltstrafrecht, Rn.172.

841 *Krell*, Umweltstrafrecht, Rn.120; *Saliger*, Umweltstrafrecht, Rn.172.

842 MüKoStGB/*Schmitz* StGB vor § 324 Rn.146; *Rudolphi*, FS Lachner, S. 877 ff.; *Saliger*, Umweltstrafrecht, Rn.172.

843 NK-StGB/*Ransiek* § 324 Rn.66; *Saliger*, Umweltstrafrecht, Rn.172.

zusätzlich eine Merkmalsübertragung gemäß § 14 StGB vorliegt.[844] Eine Leitungsverantwortung des Nur-Betriebsbeauftragten nach § 14 II 1 Nr. 1 StGB scheidet mangels betrieblicher Entscheidungs- und Anordnungsbefugnisse aus.[845] Da der Nur-Betriebsbeauftragte jedoch eigenverantwortlich übertragene Überwachungsaufgaben wahrnimmt, kann bei Sonderdelikten eine Merkmalsüberwälzung gemäß § 14 II 1 Nr. 2 StGB gegeben sein.[846]

Der „Auch-Betriebsbeauftragte" übernimmt dagegen zusätzlich zu seinen spezifischen Aufgaben als Betriebsbeauftragter weitere Verantwortlichkeiten im Betrieb, die ihn nicht von seinen allgemeinen betrieblichen Pflichten entbinden.[847] Seine strafrechtliche Verantwortlichkeit ergibt sich bereits aus seiner leitenden Stellung im Betrieb und nicht erst aus seiner Funktion als Betriebsbeauftragter.[848] Bei Sonderdelikten ermöglicht § 14 II eine Merkmalsüberwälzung.[849]

3.1.4.2 In China

Im chinesischen Umweltstrafrecht können nicht nur natürliche Personen, sondern auch Einheiten (§§ 30, 346 chStGB) als Tatsubjekte definiert werden.

3.1.4.2.1 Natürliche Personen

Im Gegensatz zur „Schuld" als eigenständige dritte Stufe im deutschen dreistufigen Deliktsaufbau wird die Schuldfähigkeit im chinesischen horizontalen Vier-Elemente-Deliktsaufbau bereits im Element „Tatsubjekt" geprüft. Dabei müssen natürliche Personen als Tatsubjekte von Umweltverschmutzungsdelikten nicht nur die umweltverschmutzende Handlung begangen haben, sondern auch strafmündig und schuldfähig sein. Gemäß § 17 S. 1 chStGB ist eine Person strafrechtlich verantwortlich, sofern sie das 16. Lebensjahr vollendet hat. Eine

---

844 *Saliger*, Umweltstrafrecht, Rn.172; zur Notwendigkeit einer getrennten Beurteilung von Garantenstellung und § 14 bei *Martin*, Sonderdelikte, S. 132, 99; TK StGB/*Perron/Eisele* § 14 Rn.6; MüKoStGB/*Radtke* StGB§ 14 Rn.41 ff. (43).

845 *Martin*, Sonderdelikte, S. 132; *Kloepfer/Heger*, Umweltstrafrecht, Rn.136; *Saliger*, Umweltstrafrecht, Rn.172.

846 *Martin*, Sonderdelikte, S. 132 ff. (135); *Kloepfer/Heger*, Umweltstrafrecht, Rn.136; *Saliger*, Umweltstrafrecht, Rn.172; a.A. *Michalke*, Umweltstrafsachen, Rn.83, 175, 296.

847 *Saliger*, Umweltstrafrecht, Rn.173; *Krell*, Umweltstrafrecht, Rn.120.

848 *Rudolphi*, FS Lachner, S. 876; *Saliger*, Umweltstrafrecht, Rn.173; LK-StGB/*Möhrenschlager*, § 324 Rn.48, 12.Aufl.; NK-StGB/*Ransiek* § 324 Rn.66; MüKoStGB/*Schmitz* StGB vor § 324 Rn.146; *Kloepfer/Heger*, Umweltstrafrecht, Rn.138.

849 *Martin*, Sonderdelikte, S. 135; *Saliger*, Umweltstrafrecht, Rn.173.

Ausnahme gemäß § 17 S. 2 chStGB gilt jedoch für bestimmte Straftaten, darunter vorsätzliche Tötung, vorsätzliche Körperverletzung mit schwerer Verletzungs- oder Todesfolge, Vergewaltigung, Raub, Drogenhandel, Brandstiftung, Herbeiführen einer Explosion oder Giftbeibringung. In diesen Fällen kann bereits eine Person strafmündig sein, die das 14., aber noch nicht das 16. Lebensjahr vollendet hat. In Anlehnung an § 18 chStGB ist ein Täter schuldfähig, wenn er in der Lage ist, sein eigenes Handeln einzusehen und zu steuern. Da Umweltverschmutzungsdelikte nicht zu den genannten Ausnahmetatbeständen gehören, muss das Tatsubjekt dieser Delikte das 16. Lebensjahr vollendet haben und die Fähigkeit besitzen, sein eigenes Handeln zu erkennen und zu kontrollieren.

Nach der Formulierung des § 338 chStGB ist das Umweltverschmutzungsdelikt grundsätzlich als Allgemeindelikt zu betrachten. Allerdings bleibt im Einzelfall zu klären, wie der Ausdruck „Verstoß gegen Bestimmungen des Staats" auszulegen ist und ob, ähnlich wie in Deutschland, eine Sonderpflicht besteht.

3.1.4.2.1.1 „Verstoß gegen Bestimmungen des Staats" als Sonderdeliktsmerkmal?

Das Umweltverschmutzungsdelikt gemäß § 338 chStGB ist verwaltungsakzessorisch ausgestaltet und setzt den „Verstoß gegen Bestimmungen des Staats" als Voraussetzung voraus. Gemäß § 96 chStGB meint „Verstoß gegen staatliche Bestimmungen" einen Verstoß gegen Gesetze und Beschlüsse, die vom Nationalen Volkskongress sowie von seinem Ständigen Ausschluss festgelegt bzw. gefasst werden, und gegen vom Staatsrat festgelegte Verwaltungsvorschriften, von ihm verordnete Verwaltungsverfügungen und von ihm erlassene Beschlüsse und Dekrete. Diese staatlichen Bestimmungen beim Umweltverschmutzungsdelikt umfassen in erster Linie Gesetze wie das Gesetz zur Verhütung und Bekämpfung der Luftverschmutzung, das Gesetz zur Verhütung und Bekämpfung der Verschmutzung durch feste Abfälle, das Gesetz zum Schutz vor Wasserverschmutzung, das Gesetz zum Schutz der Meeresumwelt, das Umweltschutzgesetz sowie die vom Staatsrat der Volksrepublik China erlassenen Durchführungsverordnungen.[850] In ähnlicher Weise wie in Deutschland, wo eine verwaltungsrechtliche Pflicht aus einer Rechtsvorschrift gemäß § 330d I Nr. 4a StGB besteht, ist auch in China der Täterkreis davon abhängig, ob die umweltverwaltungsrechtliche Pflicht als Jedermannspflicht oder als Sonderpflicht für einen bestimmten Adressatenkreis klassifiziert wird. Anders als in Deutschland gibt es in China jedoch weder Betreiberdelikte noch spezielle Betriebsbeauftragte für den Umweltschutz. Eine ähnliche Regelung besteht darin, dass gemäß §

[850] Vgl. *Zhang Mingkai*, Strafrecht (刑法学), Bd.2, S. 1482.

23 des Gesetzes zur Verhütung und Bekämpfung der Wasserverschmutzung der Volksrepublik China die Unternehmen, Institutionen und andere Produktions- und Geschäftseinheiten, die eine Genehmigung für die Einleitung von Schadstoffen umsetzen, eigenständig die von ihnen eingeleiteten Wasserschadstoffe überwachen und die ursprünglichen Überwachungsdaten speichern sollen. Gemäß § 24 des gleichen Gesetzes obliegt es ihnen, die Authentizität und Genauigkeit der Überwachungsdaten sicherzustellen. Gemäß § 1 Nr. 7 Justizauslegung 2023 wird der Täterkreis bei Umweltverschmutzungsdelikten auf wichtige Schadstoffeinleitungseinheiten und Einheiten beschränkt, die der Schlüsselverwaltung von Schadstoffeinleitungsgenehmigungen unterliegen, wenn die Tathandlungen wie Manipulation oder Fälschung automatischer Überwachungsdaten, oder Störung von Überwachungsanlagen, und gleichzeitig das Ableiten von Schadstoffen wie chemischer Sauerstoffbedarf, Ammoniakstickstoff, Schwefeldioxid und Stickoxide betroffen sind. Außerdem können betroffene Einheiten für die Wartung und den Betrieb von Umweltüberwachungsanlagen entsprechendes Fachpersonal beauftragen, das entweder von spezialisierten Organisationen oder aus der betroffenen Einheit selbst kommen kann. Wenn dieses Personal seine Pflichten, insbesondere Informationspflichten, nicht erfüllt oder Handlungen gemäß § 11 S. 3 der Justizauslegung 2023 vornimmt – etwa die Manipulation oder Fälschung von automatischen Überwachungsdaten, die Störung automatischer Überwachungsanlagen oder die Zerstörung von Umweltqualitätsüberwachungssystemen –, wird es nach dem Strafgesetzbuch mit verschärften Strafen (Vergleich zwischen dem Umweltverschmutzungsdelikt und die Straftat der Beschädigung des Computerinformationssystems) belegt.

Darüber hinaus ist ein täterschaftlicher Verstoß gegen Genehmigungspflichten beim chinesischen Umweltverschmutzungsdelikt ebenso wie bei nicht anlagenbezogenen Genehmigungspflichten in Deutschland grundsätzlich durch jedermann möglich. Ein Beispiel hierfür ist § 7 der Justizauslegung 2023: „Wer ohne Genehmigung für den Umgang mit gefährlichen Abfällen Tätigkeiten wie Sammlung, Lagerung, Verwertung oder Entsorgung gefährlicher Abfälle ausübt und dabei die Umwelt schwerwiegend verschmutzt, wird wegen des Umweltverschmutzungsdelikts verurteilt und bestraft. Falls gleichzeitig das Verbrechen des illegalen Gewerbebetriebs vorliegt, erfolgt die Strafzumessung gemäß der schwereren Strafvorschrift.“ Ein weiteres Beispiel ist § 5 Nr. 5 der Justizauslegung 2023, in dem Sondermerkmale als strafverschärfende Faktoren betrachtet werden. Der Täterkreis wird dabei auf Unternehmen, Institutionen und andere Produktions- und Geschäftseinheiten beschränkt, die der Schwerpunktverwaltung von Emissionsgenehmigungen unterliegen. Diese Einheiten sollen strengere Strafen erhalten, wenn sie ohne rechtmäßig erworbene Emissionsgenehmigung radioaktive Abfälle,

Abfälle mit Krankheitserregern, giftige Stoffe oder andere schädliche Substanzen ableiten, abladen oder behandeln. Schließlich stellt ein Verstoß gegen eine Einzelfallentscheidung der Verwaltung, insbesondere einen Verwaltungsakt, stets ein Sonderdelikt dar, da ein solcher Verwaltungsakt nur den unmittelbaren Adressaten betrifft. Ein Beispiel hierfür findet sich in § 1 Nr. 6 und 8 der Justizauslegung 2023: „Wer innerhalb von zwei Jahren mehr als zwei Verwaltungsakte … erhalten hat …".

3.1.4.2.1.2 Strafbarkeit von Amtsträgern

Das Umweltverschmutzungsdelikt gemäß § 338 chStGB ist grundsätzlich als Allgemeindelikt zu betrachten, was bedeutet, dass jedermann Täter sein kann. Auch Amtsträger können eigenständig als Täter in Betracht kommen. Anders als in Deutschland gibt es in China keine Betreiberdelikte. Die Abwasser- und Abfallbeseitigungspflichten von Städten und Gemeinden in Deutschland sind in China die Pflicht der Umweltverwaltungsbehörden. Daher rückt in China die Strafbarkeit von Amtsträgern in Umweltverwaltungsbehörden in den Fokus.

Im chinesischen Umweltstrafrecht findet sich im Unterschied zum deutschen Umweltstrafrecht eine spezielle Regelung zur Strafbarkeit von Amtsträgern, nämlich in § 408 chStGB. Diese als Sonderdelikt ausgestaltete Vorschrift beschränkt den Täterkreis auf Mitarbeiter staatlicher Behörden, denen amtliche Pflichten zur Überwachung und Verwaltung des Umweltschutzes obliegen. Gemäß § 408 chStGB wird ein solcher Amtsträger, der durch ernste und schwerwiegende Verantwortungslosigkeit einen gravierenden Umweltschadensfall verursacht – etwa erhebliche Schäden an öffentlichem oder privatem Eigentum oder schwere Verletzungen bzw. Todesfälle –, mit einer Freiheitsstrafe von bis zu drei Jahren oder mit Gewahrsam bestraft.

Die Voraussetzung der „ernsten und schwerwiegenden Verantwortungslosigkeit" verdeutlicht, dass das strafbare Verhalten des Amtsträgers – ähnlich wie in Deutschland – auf signifikante Verwaltungsfehler beschränkt ist, bei denen die Überwachungs- und Verwaltungspflichten im Umweltschutz entweder gar nicht oder nicht ernsthaft erfüllt werden.[851] Nach herrschender Meinung handelt es sich bei diesem Delikt um ein Fahrlässigkeitsdelikt, das als „Aufsichts-Fahrlässigkeit" bezeichnet wird.[852] Typische praxisrelevante Fallgruppen der eigentlichen Haftung von Amtsträgern in Deutschland sind auch in China anzutreffen[853]. Ein

---

[851] Vgl. *Gao Mingxuan/Ma Kechang*, Strafrecht (刑法学), S. 657.

[852] Vgl. *Zhou Ya*, Environmental Economy (环境经济) 12/2020, 60.

[853] Bespiele aus Rspr.: (2015) 三刑终字第73号: „Der Berufungskläger Lin X wusste, dass das Unternehmen A ein besonders überwachungsbedürftiges Unternehmen ist. Obwohl er

Amtsträger wird gemäß § 408 chStGB bestraft, wenn er seine Sorgfaltspflichten nicht erfüllt oder diese nur unzureichend wahrnimmt. Handelt er jedoch vorsätzlich, ist seine strafrechtliche Verantwortlichkeit nicht mehr nach § 408 chStGB zu beurteilen, was zu einer komplexeren rechtlichen Einordnung führt.

---

monatliche Umweltinspektionen des Unternehmens gemäß den behördlichen Anforderungen durchführte, erfüllte er seine Aufsichtspflichten während des Überwachungsprozesses nicht gewissenhaft, ließ die erforderliche Sorgfalt außer Acht und beging schwerwiegende Arbeitsversäumnisse. Dies führte dazu, dass die illegalen Produktions- und Emissionspraktiken des Unternehmens A über einen langen Zeitraum nicht korrigiert wurden, was letztendlich zu einem schwerwiegenden Umweltschadensfall führte. Das ursprüngliche Urteil, Lin X wegen des Straftatbestands der Vernachlässigung der Umweltaufsicht strafrechtlich zu belangen, ist rechtlich fundiert und angemessen".

(2018) 冀0635刑初10号: „Die Angeklagten Wang Shulan und Zhang Lingjun haben während ihrer Vor-Ort-Prüfung der Geschäftstätigkeit und der tatsächlichen Entsorgungskapazitäten der Huanghua Jindong Chemical Co., Ltd. ihre Pflichten nicht gewissenhaft erfüllt. Sie beschränkten sich lediglich darauf, Dokumente und Firmenkennzeichnungen zu überprüfen, ohne ernsthaft zu prüfen, ob das Unternehmen über die tatsächliche Fähigkeit zur Entsorgung gefährlicher Abfälle verfügte. Daraufhin stellten sie den Bericht Huanghuanhan [2014] Nr. 25 aus, der die übergeordnete Behörde dazu veranlasste, die Genehmigung zur Verlagerung gefährlicher Abfälle zu erteilen. Anschließend schloss die Huanghua Jindong Chemical Co., Ltd. mit der Beijing Yanshan Petrochemical Company, einer Tochtergesellschaft der China Petroleum & Chemical Corporation, einen Vertrag über den Transport und die Entsorgung von alkalischen Abfällen. Der gesetzliche Vertreter der Huanghua Jindong Chemical Co., Ltd., Dong X, änderte eigenmächtig die Transportroute und ließ über 1.000 Tonnen alkalische Abfälle illegal in das Abwassernetz der Gemeinde Lixian einleiten, was zu schwerwiegenden Folgen führte, darunter auch zum Tod eines Dorfbewohners. Die Pflichtverletzung der beiden Angeklagten steht in einem strafrechtlich relevanten Kausalzusammenhang mit diesem schweren Umweltverschmutzungsfall und stellt eine der Ursachen für den Vorfall dar".

(2018) 晋1082刑初59号: „Nach Prüfung durch dieses Gericht wurde festgestellt, dass der Angeklagte Fan Xiaozhen eine besondere Täterqualität im Sinne des Strafgesetzbuches aufweist, nämlich ein staatlicher Beamter mit Pflichten zur Überwachung und Verwaltung des Umweltschutzes. Der Angeklagte versäumte es, die ihm durch nationale Gesetze und Verwaltungsvorschriften übertragenen Aufgaben der behördlichen Überwachung und Verwaltung im Umweltbereich gewissenhaft zu erfüllen. Er versäumte es, die illegalen Abfallentsorgungen der Sanwei-Gruppe rechtzeitig zu überwachen und zu verwalten, erkannte die bestehenden Umweltverschmutzungsrisiken nicht rechtzeitig und reagierte nicht ordnungsgemäß auf mehrfach eingegangene Berichte der Bevölkerung über die Entsorgung von Industrieabfällen durch die Sanwei-Gruppe in der Nähe der Grundschule Xinzhuang im Ort Zhaocheng. Auch unterließ er es, die zuständigen Vorgesetzten rechtzeitig über diese Vorfälle zu informieren. Dieses schwerwiegende pflichtwidrige Verhalten führte letztlich zu einem schweren Umweltverschmutzungsfall, der erhebliche Schäden an öffentlichem und privatem Eigentum in Höhe von 3.391.028 RMB verursachte. Damit erfüllt das Verhalten des Angeklagten sowohl die objektiven als auch die subjektiven Tatbestandsmerkmale des Straftatbestands der Vernachlässigung der Umweltaufsicht".

In Fällen, in denen ein Amtsträger mit dem unmittelbaren Täter eines umweltverschmutzenden Verhaltens kolludiert, wird der Amtsträger als Mittäter im Sinne des Umweltverschmutzungsdelikts betrachtet. Liegt jedoch lediglich Wissen über das umweltverschmutzende Verhalten anderer vor (aber keine Wissensherrschaft), kombiniert mit vorsätzlicher Nichterfüllung oder unzureichender Erfüllung seiner Überwachungspflichten, ist keine Mittäterschaft gegeben, da eine Kollusion fehlt. In solchen Fällen könnte jedoch eine Teilnahme am Umweltverschmutzungsdelikt gegeben sein, da der Amtsträger durch seine Unterlassung objektiv Hilfe geleistet hat.

3.1.4.2.2 Einheit: Juristische Personen und nicht rechtsfähige Organisationen

Anders als das deutsche Strafgesetzbuch ist die Strafbarkeit der juristischen Personen im chinesischen Strafgesetzbuch anerkannt. Um den engen Begriff der „juristischen Person" zu vermeiden, wurde der Begriff „Verbrechen der juristischen Person" im chinesischen Strafrecht in „Verbrechen der Einheit" umgewandelt,[854] wie es in den §§ 30, 31 chStGB geregelt ist. Die Einheit umfasst demnach nicht nur juristische Personen, sondern auch nicht rechtsfähige Organisationen.[855] Gemäß § 30 StGB muss das der Einheit zuzurechnende Verbrechen im Strafgesetzbuch ausdrücklich geregelt sein. Eine Besonderheit bei „Verbrechen der Einheit" besteht darin, dass nicht nur die Einheit selbst, sondern auch die für diese Einheit unmittelbar verantwortlichen leitenden Personalangehörigen und sonstige unmittelbar haftende Personalangehörige strafbar sind, was ein doppeltes Strafsystem schafft.[856] In der Praxis entstehen die meisten schweren Umweltverschmutzungsfälle im Zusammenhang mit den Produktions- und Geschäftstätigkeiten von Einheiten, insb. Unternehmen, da natürliche Personen in der Regel über einen kleineren Wirkungsbereich und eine geringere Umweltbelastung verfügen.[857] Nach § 346 chStGB kann das Umweltverschmutzungsdelikt auch als „Verbrechen der Einheit" betrachtet werden, bei denen nicht nur die

---

[854] Vgl. *Liu Binbin/Li Qingyu*, Forschung zu den grundlegenden Fragen der Umweltdelikte (环境犯罪基本问题研究), S. 80; *Wu Xianping*, Umweltdelikte und Umweltstrafrecht (环境犯罪与环境刑法), S. 51.

[855] Vgl. *Zhao Hongyan*, Analyse und Überlegungen zur Verurteilung von Umweltdelikten (环境犯罪定罪分析与思考), S. 67.

[856] Vgl. *Zhao Hongyan*, Analyse und Überlegungen zur Verurteilung von Umweltdelikten (环境犯罪定罪分析与思考), S. 67 ff.

[857] Vgl. *Zhao Hongyan*, Analyse und Überlegungen zur Verurteilung von Umweltdelikten (环境犯罪定罪分析与思考), S. 66.

Strafbarkeit der Einheit an sich, sondern auch die Strafbarkeit der für die Einheit verantwortlichen Personalangehörigen zu betrachten ist.

3.1.4.2.2.1 Strafbarkeit der Einheit an sich

Der Begriff der Einheit ist in einem weiteren Sinne zu verstehen als lediglich juristische Personen.[858] Gemäß § 30 chStGB umfasst der Begriff Einheiten wie (Handels-)Gesellschaften, Unternehmen, institutionelle Einheiten[859], Behörden[860] und Körperschaften.[861] Eine Präzisierung des Umfangs dieser Einheiten findet sich in § 1 der „Auslegung zu Fragen der Rechtsanwendung bei der Behandlung von Straftaten von Einheiten", die 1999 durch das Oberste Volksgericht herausgegeben wurde. Dazu zählen staatliche und kollektivwirtschaftliche Gesellschaften, Unternehmen und institutionelle Einheiten sowie nach geltendem Recht gegründete Joint-Venture- und Kooperationsunternehmen ebenso wie Einzelunternehmen, Privatunternehmen und andere Formen von Gesellschaften oder Unternehmen mit eigener Rechtspersönlichkeit. Die Feststellung, ob eine Einheit als Tatsubjekt zu gelten hat, erfordert eine Prüfung der strafrechtlichen Verantwortlichkeit der Einheit sowie ihrer internen Strukturen und Prozesse. Dabei

[858] Vgl. *Wu Xianping*, Umweltdelikte und Umweltstrafrecht (环境犯罪与环境刑法), S. 51.

[859] Eine institutionelle Einheit ist eine Organisation, die gemäß Gesetz oder durch administrative Anordnung gegründet wurde und verschiedene gesellschaftliche Aufgaben wahrnimmt. Vgl. *Jia Yu (Hrsg.)*, Strafrecht (刑法学), Bd.1, S. 167.

[860] Zu den Behörden zählen staatliche Verwaltungsorgane, Gesetzgebungsorgane, Justizorgane, das Militär sowie politische Parteien und andere Organisationen. In China übernehmen diese Behörden Funktionen der Staatsverwaltung und werden daher üblicherweise als staatliche Organe bezeichnet. Vgl. *Jia Yu (Hrsg.)*, Strafrecht (刑法学), Bd.1, S. 167 f; a.A. *Wang Lianhe*, Criminal Science (中国刑事法杂志) 6/2012, 18: Staatliche Organe sollen nicht als Tatsubjekt von Verbrechen der Einheit betrachtet werden, da sie keine eigenen Interessen außer dem uneingeschränkten Dienst am Volk haben.

[861] Unter „Körperschaften" versteht man verschiedene Massenorganisationen, darunter Volksorganisationen und soziale Organisationen. Volksorganisationen sind Massenorganisationen, die unter der Führung der Kommunistischen Partei Chinas entsprechend ihren jeweiligen Besonderheiten gebildet wurden, um spezifische gesellschaftliche Aktivitäten durchzuführen. Dazu gehören beispielsweise Industrie- und Handelskammern sowie Jugend-, Arbeiter- und Frauenverbände auf verschiedenen Ebenen. Soziale Organisationen sind gemeinnützige gesellschaftliche Organisationen, die von chinesischen Staatsbürgern freiwillig gegründet werden, um gemeinsame Ziele ihrer Mitglieder zu verwirklichen und gemäß ihrer Satzung tätig zu sein. Vgl. *Jia Yu (Hrsg.)*, Strafrecht (刑法学), Bd.1, S. 168; a.A. *Wang Lianhe*, Criminal Science (中国刑事法杂志) 6/2012, 19: Auch öffentliche Institutionen oder Organisationen mit gemeinnützigem Charakter können gemäß ihrem Gründungszweck, sofern sie keine eigenen Interessen verfolgen und nicht gewinnorientiert sind, nicht als Subjekte von Verbrechen der Einheit betrachtet werden.

ist die Legitimität der strafrechtlichen Verantwortlichkeit der Einheit sowie die Integrität der Einheit selbst von entscheidender Bedeutung.[862] Der Begriff der Legitimität impliziert, dass die Einheit rechtmäßig gegründet wurde und dass ihr umweltverschmutzendes Verhalten während ihres ordnungsgemäßen Bestehens begangen wurde.[863] Wird ein Umweltverschmutzungsdelikt im Namen einer illegal gegründeten Einheit (z. B. einer zum kriminellen Zweck gegründeten Einheit), einer nicht mehr existierenden Einheit oder unter missbräuchlicher Verwendung des Namens der Einheit begangen, so gilt dieses Delikt nicht länger als Verbrechen der Einheit.[864] In diesen Fällen kann nur die natürliche Person strafrechtlich zur Verantwortung gezogen werden. Der Begriff der Integrität bedeutet, die Einheit als Ganzes zu betrachten und nicht als einen Teil der Einheit oder einer anderen gesellschaftlichen Organisation.[865] Ein von der Einheit begangenes Verbrechen stellt zunächst den Ausdruck ihres Willens dar und muss mit diesem übereinstimmen.[866] Dies bedeutet, dass nur Straftaten, welche den Willen der Einheit widerspiegeln und von ihren Mitgliedern begangen werden, als Verbrechen der Einheit anerkannt werden können.[867] In der Regel spiegelt ein Verhalten den Willen der Einheit wider, wenn es entweder vom Entscheidungsorgan der Einheit oder von deren gesetzlichem Vertreter oder verantwortlicher Person beschlossen wurde.[868] Zudem gilt ein Verhalten auch dann als Ausdruck des Willens der Einheit, wenn es der Erfüllung von Pflichten im Rahmen des Geschäftsbetriebs der Einheit dient, auch wenn es ohne Zustimmung der verantwortlichen Person oder des Entscheidungsorgans der Einheit erfolgt ist.[869]

---

[862] Vgl. *Zhao Hongyan*, Analyse und Überlegungen zur Verurteilung von Umweltdelikten (环境犯罪定罪分析与思考), S. 67 ff.

[863] Vgl. *Zhao Hongyan*, Analyse und Überlegungen zur Verurteilung von Umweltdelikten (环境犯罪定罪分析与思考), S. 67; *Fu LiZhong*, Umweltstrafrecht (环境刑法学), S. 209.

[864] Vgl. *Liu Binbin/Li Qingyu*, Forschung zu den grundlegenden Fragen der Umweltdelikte (环境犯罪基本问题研究), S. 80; *Fu LiZhong*, Umweltstrafrecht (环境刑法学), S. 209; *Zhao Hongyan*, Analyse und Überlegungen zur Verurteilung von Umweltdelikten (环境犯罪定罪分析与思考), S. 67.

[865] Vgl. *Fu LiZhong*, Umweltstrafrecht (环境刑法学), S. 209; *Zhao Hongyan*, Analyse und Überlegungen zur Verurteilung von Umweltdelikten (环境犯罪定罪分析与思考), S. 67.

[866] Vgl. *Zhao Hongyan*, Analyse und Überlegungen zur Verurteilung von Umweltdelikten (环境犯罪定罪分析与思考), S. 68; *Fu LiZhong*, Umweltstrafrecht (环境刑法学), S. 209.

[867] Vgl. *Jia Yu (Hrsg.)*, Strafrecht (刑法学), Bd.1, S. 169; *Zhang Mingkai*, Strafrecht (刑法学), Bd.1, S. 135.

[868] Vgl. *Jia Yu (Hrsg.)*, Strafrecht (刑法学), Bd.1, S. 169; *Zhang Mingkai*, Strafrecht (刑法学), Bd.1, S. 135.

[869] Vgl. *Jia Yu (Hrsg.)*, Strafrecht (刑法学), Bd.1, S. 169.

Darüber hinaus muss ein von der Einheit begangenes Verbrechen im (rechtswidrigen) Interesse der Einheit erfolgen – es kann auch im Interesse einer anderen Einheit und nicht der eigenen, jedoch nicht im Interesse des Individuums erfolgen.[870] Bei Umweltverschmutzungsdelikten zeigt sich das Interesse der Einheit hauptsächlich in der Einsparung der Kosten, die für die gesetzlich vorgeschriebene Entsorgung von schädlichen Substanzen erforderlich wären.[871] Dies kann anhand der konkreten Übergabemethode der schädlichen Substanzen, der vereinbarten Behandlungspreise, der Herkunft der Zahlung und der Zahlungsmethoden erfolgen, z. B. wenn die Übergabe der Schadstoffe direkt innerhalb der Einheit zwischen dem Mitglied der Einheit und dem Behandler der Schadstoffe erfolgt; wenn der Behandlungspreis von mehreren Personen der Einheit oder den Hauptverantwortlichen festgelegt, bekannt und beschlossen wird; wenn die Zahlungen aus Mitteln der Einheit stammen oder, obwohl sie von dem Mitglied der Einheit stammen, durch Beweise belegt ist, dass es sich um Vorschüsse handelt, oder wenn die Zahlung im Namen der Einheit erfolgt.[872]

Das umweltverschmutzende Verhalten muss daher im Einklang mit dem Willen der Einheit stehen, im Interesse der Einheit erfolgen und in ihrem Namen begangen werden. Somit kann die Einheit als ein vollständig strafrechtlich verantwortliches Ganzes die entsprechende Verantwortung übernehmen, die in der Regel in Form von Geldstrafen besteht.[873] Laut dem im Jahr 2019 von der Obersten Volksstaatsanwaltschaft, dem Obersten Volksgericht, dem Ministerium für öffentliche Sicherheit, dem Justizministerium und dem Ministerium für Ökologie und Umwelt gemeinsam herausgegebenen Protokoll der Sitzung zu Fragen der Bearbeitung von Strafsachen im Zusammenhang mit Umweltverschmutzung (Protokoll von 2019) ist ein Umweltverschmutzungsvergehen als Verbrechen der Einheit anzusehen, wenn ein umweltverschmutzendes Verhalten im Interesse einer Einheit begangen wird und eine der folgenden Bedingungen vorliegt: (1) Das Verhalten wurde vom Entscheidungsorgan der Einheit entsprechend den internen Entscheidungsprozessen beschlossen; (2) Die Tat wurde von der tatsächlichen Kontrollperson, dem Hauptverantwortlichen oder einem autorisierten zuständigen Verantwortlichen der Einheit beschlossen oder genehmigt; (3) Die

[870] Die Unterscheidung zwischen „im Interesse der Einheit“ und „im Interesse des Individuums“ dient dazu, zu klären, ob es sich um ein Verbrechen einer Einheit oder ein Verbrechen einer natürlichen Person handelt, Dadurch kann auch im Interesse einer anderen Einheit gehandelt werden, vgl. *Zhang Mingkai*, Strafrecht (刑法学), Bd.1, S. 135.

[871] Vgl. *Hou Yanfang*, Political Science and Law (政治与法律) 8/2017, 102.

[872] Vgl. *Hou Yanfang*, Political Science and Law (政治与法律) 8/2017, 102.

[873] Vgl. *Zhao Hongyan*, Analyse und Überlegungen zur Verurteilung von Umweltdelikten (环境犯罪定罪分析与思考), S. 68; *Fu LiZhong*, Umweltstrafrecht (环境刑法学), S. 210.

tatsächliche Kontrollperson, der Hauptverantwortliche oder autorisierte zuständige Verantwortliche war sich dessen bewusst, dass ein Mitglied der Einheit eine Straftat im Zusammenhang mit Umweltverschmutzung begangen hatte. Dennoch griff sie nicht ein oder ergriff nicht rechtzeitig Maßnahmen, sondern billigte, tolerierte oder duldete die Tat stillschweigend; (4) Die Geschäftslizenz, der Vertrag, das offizielle Siegel, die Stempel usw. der Einheit wurden für die Durchführung von Aktivitäten außerhalb der Einheit verwendet und die Fahrzeuge, Schiffe, Produktionsanlagen, Roh- und Hilfsstoffe usw. der Einheit wurden für die Begehung von Straftaten im Zusammenhang mit Umweltverschmutzung mobilisiert.

Die im Protokoll von 2019 aufgelisteten Bedingungen sind in der Praxis nicht unproblematisch. Zum einen ist umstritten, ob die nachträgliche Anerkennung einer von einem Mitglied der Einheit begangenen Straftat durch die Einheit als Straftat der Einheit angesehen werden kann. Die herrschende Meinung bejaht dies, da kein Unterschied zwischen der „nachträglichen Anerkennung durch die Einheit" und einem „klassischen ex-ante-Beschluss der Einheit" im Hinblick auf die Konsequenzen als Ausdruck des Willens der Einheit besteht.[874] Einige Strafrechtler lehnen jedoch ab, dass eine nachträgliche Anerkennung durch die Einheit stets als Wille der Einheit gewertet werden kann. Dies liegt darin, dass das Verhalten eines Mitglieds der Einheit bereits abgeschlossen ist und eine nachträgliche Billigung oder Genehmigung durch die Einheit keinen tatsächlichen Einfluss auf die bereits begangene Straftat hat.[875] Insbesondere in Fällen, in denen ein Mitglied der Einheit ein Umweltstrafvergehen begangen hat und die Einheit daraufhin – etwa um einer Untersuchung zu entgehen oder sich der Verantwortung zu entziehen – ihren Leiter anweist, Beweismittel zu verbergen oder Spuren zu beseitigen, kann dieses Verhalten nicht als Ausdruck des Willens der Einheit betrachtet werden.[876] Anders liegt der Fall, wenn die Einheit nach Kenntnisnahme der Straftat keine Maßnahmen zur Verhinderung ergreift und das fortgesetzte Verbrechen stillschweigend duldet.[877] In einem solchen Fall kann das andauernde Verbrechen als Verbrechen der Einheit gewertet werden. Ich stimme der Auffassung des Gegners zu, dass hier eine klare Unterscheidung notwendig ist: Wird das umweltverschmutzende Verhalten durch die nachträgliche Anerkennung von der Einheit

---

[874] Vgl. *Jia Yu (Hrsg.)*, Strafrecht (刑法学), Bd.1, S. 169.

[875] Vgl. *Sun Guoxiang*, Journal of Soochow University Philosophy & Social Science Edition (苏州大学学报社会科学版) 5/2024, 84; *Ma Songjian*, Journal of Shandong Police College (山东警察学院学报) 6/2006, 44.

[876] Vgl. *Hou Yanfang*, Political Science and Law (政治与法律) 8/2017, 100.

[877] Vgl. *Sun Guoxiang*, Journal of Soochow University Philosophy & Social Science Edition (苏州大学学报社会科学版) 5/2024, 84.

fortgesetzt, sollte es als Verbrechen der Einheit betrachtet werden; ist das Verhalten jedoch bereits abgeschlossen, sollte es als Verbrechen der natürlichen Person angesehen werden, da Handlung und Verantwortung zusammenfallen sollten.

Zum anderen besteht Uneinigkeit darüber, ob das Fehlen einer Compliance-Kultur innerhalb einer Einheit als Grundlage für die Feststellung einer Straftat der Einheit – und damit als Ausdruck ihres Willens – dienen kann. Einige vertreten die Ansicht, dass eine Einheit subjektiv als schuldhaft angesehen werden kann, solange objektive Bedingungen wie ihre Struktur, Politik oder Kultur das kriminelle Verhalten ihrer Mitglieder hervorrufen, fördern oder dulden.[878] Andere argumentieren weiter, dass Straftaten, die unter dem Einfluss der Organisationskultur begangen werden, selbst dann in gewissem Maße auf Schwachstellen im Management hinweisen können, wenn sie nicht unmittelbar die Entscheidungen der Organisation widerspiegeln.[879] Daraus könne sich die strafrechtliche Verantwortung der Einheit ableiten lassen. Demgegenüber lehnen einige es ab, das Fehlen einer Compliance-Kultur als Grundlage für die Zurechnung von Straftaten einer Einheit heranzuziehen. Denn die strafrechtliche Verantwortung einer Einheit entsteht zu dem Zeitpunkt, an dem die Straftat begangen wird, und der Wille der Einheit manifestiert sich in spezifischen Formen zum Zeitpunkt der Tat.[880] Das Fehlen einer Compliance-Kultur reflektiert lediglich ein schwaches Rechtsbewusstsein im alltäglichen Management, jedoch indiziert das Vorliegen schädigender Handlungen nicht zwangsläufig den Willen der Einheit.[881] Zudem manifestiert sich eine Compliance-Kultur nicht innerhalb eines kurzen Zeitraums und es existiert kein einheitlicher Maßstab, um festzustellen, ob eine solche Kultur in einer Einheit vorhanden ist.[882] Die Berücksichtigung des Fehlens einer Compliance-Kultur als Grundlage für die Feststellung einer Straftat der Einheit würde eine unverhältnismäßige Erweiterung des Anwendungsbereichs von Strafen für Verbrechen der Einheit zur Folge haben, was aus strafrechtspolitischer

---

878 Vgl. *Li Hong*, Theorie der strafrechtlichen Verantwortung von Einheiten (单位刑事责任论), S. 292.

879 Vgl. *Huang Yixuan*, Journal of Heilongjiang Administrative Cadre College of Politics And Law (黑龙江省政法管理干部学院学报) 1/2022, 43 f.

880 Vgl. *Sun Guoxiang*, Journal of Soochow University Philosophy & Social Science Edition (苏州大学学报社会科学版) 5/2024, 84.

881 Vgl. *Sun Guoxiang*, Journal of Soochow University Philosophy & Social Science Edition (苏州大学学报社会科学版) 5/2024, 84.

882 Vgl. *Sun Guoxiang*, Journal of Soochow University Philosophy & Social Science Edition (苏州大学学报社会科学版) 5/2024, 84 f.

Sicht nicht zu rechtfertigen wäre.[883] Ich bin der Ansicht, dass bei Umweltstraftaten eine Einheit keine strafrechtliche Verantwortung trägt, wenn sie im Rahmen ihrer Produktions- und Geschäftstätigkeit keine Versäumnisse aufweist und ihrer Verantwortung zum Umweltschutz ordnungsgemäß nachgekommen ist – etwa durch Schulungen zur Verantwortung im Hinblick auf Verfahrensabläufe und den Umgang mit Schadstoffen sowie durch schriftliche Mitteilungen über Umweltpflichten – und wenn eine natürliche Person entgegen den geltenden Vorschriften handelt. Ebenso trägt die Einheit keine strafrechtliche Verantwortung, wenn sie ein strenges System zur Umsetzung der Umweltschutzverantwortung etabliert hat und die natürliche Person dieses System missachtet und entsprechend handelt. In solchen Fällen sollte die strafrechtliche Verantwortung von der natürlichen Person getragen werden. Umgekehrt kann das Versäumnis einer Einheit, ihrer Verantwortung zur Umsetzung des Umweltschutzes nachzukommen, als Ausdruck ihres Willens gewertet werden.[884] Sofern diese rechtswidrigen Handlungen im Interesse der Einheit erfolgen, sollte die Einheit die strafrechtliche Verantwortung für das Verbrechen der Umweltverschmutzung tragen.

3.1.4.2.2.2 Strafbarkeit der für die Einheit unmittelbar verantwortlichen Personalangehörigen

Im Falle von Verbrechen der Einheit werden die strafbaren Handlungen nicht durch die Einheit selbst, sondern durch natürliche Personen ausgeführt, da die Einheit selbst keine Handlungen vornehmen kann.[885] Dies wirft die Frage auf, ob die (bestimmte) natürliche Person innerhalb der Einheit auch als Tatsubjekt bei Verbrechen der Einheit betrachtet werden kann. Nach der herrschenden Meinung ist dies zu verneinen.[886] Ein wesentlicher Grund ist die eindeutige Regelung des § 30 chStGB, wonach als Täter des Verbrechens der Einheit ausschließlich die aufgeführten Einheitsformen in Betracht kommen. Dennoch kann die (bestimmte) natürliche Person innerhalb der Einheit auch strafrechtlich zur Verantwortung gezogen werden. Die Grundlage hierfür liegt darin, dass sie aus freiem Willen

[883] Vgl. *Sun Guoxiang*, Journal of Soochow University Philosophy & Social Science Edition (苏州大学学报社会科学版) 5/2024, 85.

[884] Vgl. *Li Hong*, Studies in Law and Business (法商研究) 4/2001, 48.

[885] Vgl. *Wang Lianhe*, Criminal Science (中国刑事法杂志) 6/2012, 14.

[886] Vgl. *Wang Lianhe*, Criminal Science (中国刑事法杂志) 6/2012, 15;*Li Hong*, Law Review (法学评论) 4/2000, 65.

heraus eine Straftat begangen hat und daher moralische Missbilligung verdient.[887] Zudem stützt sich diese Verantwortung auf utilitaristische Überlegungen.[888]

Auch im chinesischen Strafgesetzbuch wird der Status der (bestimmten) natürlichen Person innerhalb der Einheit als Subjekt strafrechtlicher Sanktionen anerkannt. Gemäß § 31 chStGB sind bei Verbrechen der Einheit in der Regel nicht nur die Einheit selbst, sondern auch die für diese Einheit unmittelbar verantwortlichen leitenden Personalangehörigen und sonstige unmittelbar haftende Personalangehörige strafbar, sofern keine besondere Regelung im besonderen Teil des Strafgesetzbuchs oder in anderen Gesetzen besteht. Gemäß § 346 chStGB wird bei der Qualifizierung eines Umweltverschmutzungsdelikts als Verbrechen der Einheit eine Geldstrafe für die Einheit sowie eine Strafe gemäß § 338 chStGB für die für diese Einheit unmittelbar verantwortlichen leitenden Personalangehörigen und sonstige unmittelbar haftende Personalangehörigen verhängt. Allerdings findet sich im chinesischen Strafgesetzbuch keine Präzisierung hinsichtlich des Umfangs der für diese Einheit unmittelbar verantwortlichen leitenden Personalangehörigen und sonstigen unmittelbar haftenden Personalangehörigen.

Nach dem Wortlaut der Formulierung „unmittelbar verantwortliche leitende Personalangehörige" muss die betreffende Person tatsächlich Führungsbefugnisse in der Einheit besitzen und eine direkte Verbindung zur Straftat aufweisen.[889] Je nach Managementsystem der Einheit lassen sich diese Systeme in dezentralisierte und zentralisierte Strukturen unterteilen. Bei einer dezentralen Organisationsform sind die Funktionen der Entscheidung, der Ausführung und der Kontrolle voneinander getrennt und werden von verschiedenen Institutionen wahrgenommen.[890] In solchen Organisationen sind die Entscheidungsprozesse sowie die Geschäftstätigkeit in hohem Maße dezentralisiert. In China haben viele große Unternehmen dieses Managementmodell übernommen.[891] In solchen Fällen sind die direkt verantwortlichen leitenden Personen in der Regel die Leiter der jeweiligen Abteilungen.[892] Anders als in Deutschland, wo das Führungskollektiv einer Organisation gemeinsam über die Begehung einer bestimmten Straftat entscheidet, ist

[887] Vgl. *Li Hong*, Law Review (法学评论) 4/2000, 66.

[888] Vgl. *Li Hong*, Law Review (法学评论) 4/2000, 66 f.

[889] Vgl. *Yang Shanliang*, People's Procuratorial Semimonthly (人民检察) 4/2005, 26.

[890] Vgl. *Ma Songjian*, Journal of Shandong Police College (山东警察学院学报) 6/2006, 43.

[891] Vgl. *Li Hong*, Law Review (法学评论) 4/2000, 68.

[892] Vgl. *Zhang Jun*, Business China (中国商界) 5/2010, 289.

es nicht angebracht, alle als „unmittelbar verantwortliche leitende Personalangehörige" aufzuführen.[893] Es genügt, die strafrechtliche Verantwortlichkeit auf die primär verantwortliche Person oder den Vorsitzenden des Führungskollektivs zu beschränken.[894] So kann beispielsweise in Fällen, in denen die Entscheidung durch Mehrheitsprinzipien getroffen wird, diejenige Person, die nicht an der Entscheidung beteiligt war oder explizit gegen die Straftat gestimmt hat, nicht als „unmittelbar verantwortliche leitende Personalangehörige" betrachtet werden.[895] Daneben gibt es auch zentralisierte Managementmechanismen, bei denen Entscheidungs- und Befehlsfunktionen in einer Einheit integriert sind.[896] Diese Struktur wird häufig von kleineren Unternehmen in China genutzt, bei denen der gesetzliche Vertreter der Einheit sowohl die Entscheidungs- als auch die Ausführungsbefugnisse innehat.[897] In einem solchen Fall ist der gesetzliche Vertreter regelmäßig die unmittelbar verantwortliche leitende Person.[898] Im Protokoll von 2019 wird der Begriff „unmittelbar verantwortliche leitende Personalangehörige" üblicherweise für Personen verwendet, die eine entscheidende Rolle bei der Begehung von Straftaten der Einheit spielen. Dazu gehören insbesondere Tätigkeiten wie Entscheidungen, Genehmigungen, Organisation, Planung, Leitung, Anregung oder Duldung. Zu diesen Personen zählen der tatsächliche Kontrollinhaber der Einheit, die Hauptverantwortlichen sowie bevollmächtigte stellvertretende Führungskräfte und hochrangige Manager.

In der Praxis gibt es unterschiedliche Ansichten darüber, ob Führungskräfte, die durch Nachlässigkeit oder schwerwiegende Verantwortungslosigkeit die Einhaltung von Vorschriften in ihrer Einheit oder Branche nicht sicherstellen und dadurch eine Straftat ermöglichen, als „unmittelbar verantwortliche leitende Personalangehörige" strafrechtlich zur Verantwortung gezogen werden sollten. Eine Gegenposition vertritt die Auffassung, dass unmittelbar verantwortliche leitende Personalangehörige, die bei der Entdeckung einer Straftat eingreifen oder diese zu verhindern versuchen, keine direkte Verantwortung für die Straftat tragen, auch

---

893 Vgl. *Li Hong*, Law Review (法学评论) 4/2000, 68.

894 Vgl. *Li Hong*, Law Review (法学评论) 4/2000, 68.

895 Vgl. *Liu Zhi*, Hebei Law Science (河北法学) 10/2009, 111.

896 Vgl. *Li Hong*, Law Review (法学评论) 4/2000, 68.

897 Vgl. *Zhang Jun*, Business China (中国商界) 5/2010, 289.

898 Vgl. *Li Hong*, Law Review (法学评论) 4/2000, 68.

wenn ihr Versagen zur Begehung der Straftat beigetragen hat.[899] In schwerwiegenden Fällen könnten sie jedoch wegen Pflichtverletzung gemäß § 397 chStGB strafrechtlich verfolgt werden.[900] Demgegenüber vertreten andere die Ansicht, dass es die Pflicht der unmittelbar verantwortlichen leitenden Personalangehörigen sei, die Einhaltung von staatlichen Gesetzen und Vorschriften durch ihre Einheit sicherzustellen.[901] Unterlässt er dies und lässt er zu, dass Untergebene im Namen der Einheit Straftaten begehen, sollte dies als direkte Verantwortung für die Straftat der Einheit betrachtet und er strafrechtlich zur Verantwortung gezogen werden.[902] Ich schließe mich der zweiten Auffassung an, da die leitende Ebene eine Überwachungs- und Aufsichtspflicht gegenüber den Untergebenen hat. Dabei ist jedoch zu beachten, dass nicht alle Führungskräfte in Betracht kommen, sondern nur diejenigen, die eine unmittelbare Verantwortung für die Handlungen ihrer Untergebenen tragen.

Gemäß dem Wortlaut bezieht sich der Begriff „sonstige unmittelbar haftende Personalangehörige“ auf Personen, die nicht leitend tätig sind, jedoch die Straftat der Einheit unmittelbar ausführen oder bei ihrer Ausführung maßgeblich mitwirken.[903] Das Protokoll von 2019 präzisiert diese Definition dahingehend, dass darunter Personen zu verstehen sind, die unter der Anleitung oder auf Anweisung von unmittelbar verantwortlichen leitenden Personalangehörigen aktiv an der Straftat der Einheit beteiligt sind oder eine wesentliche Rolle bei deren Durchführung spielen. Dies bedeutet, dass sich ihr Handeln in der Regel in der Befolgung von Anweisungen ihrer Vorgesetzten oder deren Genehmigungen manifestiert, wobei sie Straftaten im Rahmen ihrer dienstlichen Aufgaben ausführen.[904] Entscheidend dafür ist, dass ihr Verhalten einen wesentlichen Beitrag zur Verwirklichung der Straftat der gesamten Einheit leistet.[905] Beispielsweise zählen Mitarbeiter, die lediglich unterstützende Funktionen ausüben, spezifische Aufgaben in einem Teilbereich der kriminellen Aktivitäten der Einheit wahrnehmen oder aufgrund ihrer untergeordneten Stellung nur begrenzte Kenntnis von

---

[899] Vgl. *Li Hong*, Law Review (法学评论) 4/2000, 68; *Shi Lei*, Modern Law Science (现代法学) 1/2006, 110; *Ma Songjian*, Journal of Shandong Police College (山东警察学院学报) 6/2006, 44.

[900] Vgl. *Li Hong*, Law Review (法学评论) 4/2000, 68; *Shi Lei*, Modern Law Science (现代法学) 1/2006, 110.

[901] Vgl. *Wang Liangshun*, Studies in Law and Business (法商研究) 2/2007, 29;

[902] Vgl. *Wang Liangshun*, Studies in Law and Business (法商研究) 2/2007, 29 ff.; *Yang Shanliang*, People's Procuratorial Semimonthly (人民检察) 4/2005, 28.

[903] Vgl. *Yang Shanliang*, People's Procuratorial Semimonthly (人民检察) 4/2005, 27.

[904] Vgl. *Yang Shanliang*, People's Procuratorial Semimonthly (人民检察) 4/2005, 28.

[905] Vgl. *Shi Lei*, Modern Law Science (现代法学) 1/2006, 112.

den kriminellen Aktivitäten der Einheit haben, wie z. B. das Ausdrucken von Dokumenten, nicht zu den „unmittelbar haftenden Personalangehörigen“.[906]

Im chinesischen Strafrecht können Beteiligte anhand zweier Kriterien unterschieden werden:[907] Erstens kann das Kriterium der Arbeitsteilung herangezogen werden, bei dem Beteiligte in Täter, Organisatoren, Anstifter[908] und Gehilfen unterteilt werden. Dieses Kriterium dient primär der Klärung der Kriminalisierung. Zweitens kann die Rolle als Maßstab herangezogen werden, um Beteiligte in Haupttäter[909], Nebentäter[910] und gezwungene Nebentäter[911] zu unterteilen. Dieses Kriterium dient in erster Linie der Bemessung der zu verhängenden Strafe. Eine beteiligte Person kann daher in den beiden unterschiedlichen Phasen – der Kriminalisierung und der Strafzumessung – unterschiedliche Rollen einnehmen. So könnte jemand aufgrund seiner Handlungen als Anstifter gelten, wird jedoch bei der Strafzumessung als Haupttäter eingestuft, da er eine zentrale Rolle in der Straftat innehatte. Es besteht Streit darüber, ob die oben genannten Bestimmungen für gemeinschaftlich begangene Straftaten auch auf die unmittelbar verantwortlichen leitenden Personalangehörigen und sonstigen unmittelbar haftenden Personalangehörigen bei Verbrechen der Einheit angewendet werden können. Die erste Auffassung[912] vertritt, dass bei vorsätzlichen Straftaten einer Einheit die beteiligten Personen eine gemeinsame kriminelle Absicht

[906] Vgl. *Li Hong*, Law Review (法学评论) 4/2000, 69; *Yang Shanliang*, People's Procuratorial Semimonthly (人民检察) 4/2005, 28; *Zhang Jun*, Business China (中国商界) 5/2010, 289; *Wang Feiyue*, Political Science and Law (政治与法律) 6/2020, 51; *Wang Liangshun*, Studies in Law and Business (法商研究) 2/2007, 27 f.; *Ma Songjian*, Journal of Shandong Police College (山东警察学院学报) 6/2006, 43.

[907] Vgl. *Liu Zhi*, Hebei Law Science (河北法学) 10/2009, 110.

[908] § 29 chStGB: „Wer andere zu einer Straftat anstiftet, ist entsprechend der Rolle, die er bei der gemeinschaftlich begangenen Straftat spielt, zu bestrafen. Wer jemanden, der das achtzehnte Lebensjahr noch nicht vollendet hat, zu einer Straftat anstiftet, ist mit Strafe schwereren Grades zu belegen.“

[909] § 26 chStGB: „Wer eine kriminelle Gruppe zur Durchführung krimineller Aktivitäten organisiert oder anführt oder bei einer gemeinschaftlich begangenen Straftat eine Hauptrolle spielt, ist Haupttäter“.

[910] § 27 chStGB: „Wer bei einer gemeinschaftlich begangenen Straftat eine Nebenrolle oder helfende Rolle spielt, ist Nebentäter. Der Nebentäter ist mit einer Strafe leichteren Grades oder abgemildert leichten Strafe zu belegen oder er bleibt straffrei.“

[911] § 28 chStGB: „Wer durch Zwang zur Teilnahme an der Straftat veranlasst wurde, ist entsprechend den Umständen seiner Tat mit einer abgemildert leichten Strafe zu belegen oder er bleibt straffrei.“

[912] Vgl. *Wang Lianhe*, Criminal Science (中国刑事法杂志) 6/2012, 18.

entwickeln und ihr Verhalten auf dasselbe Ziel ausgerichtet ist, sodass sie gemeinschaftlich begangene Straftaten bilden können. In diesem Zusammenhang sind die unmittelbar verantwortlichen leitenden Personalangehörigen in der Regel die Entscheidungsträger, Leiter oder Anstifter der Straftat der Einheit. Sie führen überwiegend organisatorische oder anstiftende Handlungen aus. Die sonstigen unmittelbar haftenden Personalangehörigen hingegen sind meist die unmittelbar Ausführenden bestimmter Straftaten, während einige von ihnen lediglich unterstützende Handlungen zur Begehung der Straftat der Einheit leisten. Die zweite Auffassung[913] hingegen argumentiert, dass die innerhalb einer Einheit direkt an der Begehung der Straftat Beteiligten keine strafrechtliche Beteiligung im engeren Sinne bilden, sondern durch die organische Struktur der Einheit miteinander verbunden sind und in Wechselwirkung stehen. Das Verhalten der Mitglieder einer Einheit erfolgt zwar auf Grundlage der Entscheidungen und Anweisungen der leitenden Personen, diese spiegeln jedoch den Gesamtwillen der Einheit wider und werden im Rahmen der internen hierarchischen Strukturen umgesetzt. Dies unterscheidet sich deutlich von der strafrechtlichen Anstiftung, bei der der Anstifter gezielt den Willen eines anderen beeinflusst. Die dritte Auffassung,[914] die auch im Jahr 2000 in der Antwort des Obersten Volksgerichts zur Frage behandelt wird, ob bei der Verhandlung von Fällen von Straftaten einer Einheit zwischen Haupttätern und Nebentätern unter den unmittelbar verantwortlichen leitenden Personalangehörigen und den sonstigen unmittelbar haftenden Personalangehörigen unterschieden werden soll, besagt: „Bei vorsätzlichen Straftaten einer Einheit werden die unmittelbar verantwortlichen leitenden Personalangehörigen und die sonstigen unmittelbar haftenden Personalangehörigen grundsätzlich nicht in Haupt- und Nebentäter unterschieden. In besonderen Fällen kann jedoch, abhängig von den konkreten Umständen, eine solche Unterscheidung getroffen werden, wenn ohne sie keine angemessene Zuordnung von Schuld, Verantwortung und Strafe möglich ist." Ich stimme der dritten Auffassung zu. Selbst unter der Einschränkung, dass nur die Einheit als Tatsubjekt der Straftat der Einheit angesehen wird, kann dadurch bei vorsätzlichen Straftaten einer Einheit die Strafe für die unmittelbar verantwortlichen leitenden Personalangehörigen und sonstige unmittelbar haftende Personalangehörige entsprechend ihrer Rolle in der Straftat festgesetzt werden. Diese Auffassung wendet tatsächlich das Prinzip der Beteiligung an, d. h. nimmt eine Verurteilung anhand der tatsächlich eingenommenen

---

913 Teilweise bejaht von *Wang Feiyue*, Political Science and Law (政治与法律) 6/2020, 45 ff.

914 Vgl. *Liu Zhi*, Hebei Law Science (河北法学) 10/2009, 111 f.

Rolle vor, ohne zuzugeben, dass dies eine Beteiligung an einer Straftat darstellen kann. Dies steht im Einklang mit dem Gesetz und entspricht den praktischen Bedürfnissen.

3.1.4.3 Vergleichende Zusammenfassung

3.1.4.3.1 Eine spezifische Regelung für Amtsträger im deutschen Umweltstrafrecht: Notwendigkeit und Gestaltung

Im Unterschied zum chinesischen Umweltstrafrecht fehlt im deutschen Umweltstrafrecht eine spezifische Regelung zur Strafbarkeit von Amtsträgern in Umweltverwaltungsbehörden, sofern diese nicht als Anlagenbetreiber, sondern in ihrer Funktion als Genehmigungs- oder Überwachungsorgane handeln. Der Mangel einer solchen spezifischen Regelung führt dazu, dass die Strafbarkeit von Amtsträgern in diesem Bereich nur auf Allgemeindelikte beschränkt bleibt. Da sie in ihrer amtlichen Funktion typischerweise verwaltungsrechtliche Pflichten erlassen und nicht als Adressaten dieser Pflichten gelten, erfüllen sie in der Regel nicht die besonderen Tatbestandsmerkmale von Sonderdelikten.[915] Dies kann eine Strafbarkeitslücke zur Folge haben: Insbesondere wenn ein Amtsträger in einer Umweltbehörde fahrlässig handelt, etwa indem er eine fehlerhafte Genehmigung für eine kerntechnische Anlage erteilt, ohne die Risiken ausreichend zu prüfen, bleibt er nach geltendem deutschen Recht straffrei. Dabei besteht jedoch kein wesentlicher Unterschied im Unrechtsgehalt zwischen einer fehlerhaften Handlung im Rahmen eines Allgemeindelikts und einer solchen im Rahmen eines Sonderdelikts. Darüber hinaus führt dieser Mangel zu einer systematischen Unterbewertung behördlicher Pflichtverstöße, obgleich diese aufgrund der hohen Verantwortungsposition der Amtsträger besonders folgenschwer sein können. Ohne spezifische Strafbarkeit für Amtsträger entfällt der präventive Druck, behördliche Entscheidungen mit der nötigen Sorgfalt zu treffen. Dies untergräbt das Vertrauen in die öffentliche Verwaltung, das darauf basiert, dass Amtsträger ihre Aufgaben gewissenhaft erfüllen.

Daher sollte im deutschen Umweltstrafrecht eine spezifische Regelung für Amtsträger geschaffen werden, denen amtliche Pflichten zur Überwachung und Verwaltung des Umweltschutzes obliegen. Diese Regelung könnte wie folgt ausgestaltet sein: „Ein Amtsträger, dem amtliche Pflichten zur Überwachung und Verwaltung des Umweltschutzes obliegen und der durch Verantwortungslosigkeit

---

[915] MüKoStGB/*Schmitz* StGB vor § 324 Rn.110; SK-StGB/*Schall* vor § 324 Rn.101; *Franzheim/Pfohl*, Umweltstrafrecht, Rn.573 ff.; *Schall*, JuS 1993, 720 f.; *Rogall*, Amtsträger, S. 155 ff.; LK-StGB/*Möhrenschlager* § 325 Rn.65, 12.Aufl.; *Saliger*, Umweltstrafrecht, Rn.183.

eine Tatbestandsverwirklichung im Sinne der §§ 324–330 StGB verursacht, wird mit einer Freiheitsstrafe von bis zu drei Jahren oder mit Geldstrafe bestraft."

Die Beschränkung der Strafbarkeit auf „Verantwortungslosigkeit" (also Fahrlässigkeit) gewährleistet, dass ausschließlich eklatante Pflichtverstöße erfasst werden, um eine Überdehnung der Strafbarkeit zu vermeiden. Dies ist dadurch begründet, dass grundsätzlich davon auszugehen ist, dass Amtsträger ihre dienstlichen Aufgaben aufmerksam und verantwortungsvoll wahrnehmen. In Bezug auf vorsätzliche Handlungen ist eine Differenzierung erforderlich. Während die Strafbarkeit bei Allgemeindelikten in der Regel unbestritten ist, wäre im Fall eines Sonderdelikts die Täterschaft des Amtsträgers ausgeschlossen. In diesem Fall wäre lediglich eine Teilnahme – insbesondere in Form der Beihilfe – zu berücksichtigen, sofern seine Handlung objektiv zur Verwirklichung der Tat beigetragen hat.

Die Einführung einer solchen Sonderregelung würde nicht nur die Rechtssicherheit erhöhen, sondern auch dem besonderen Unrechtsgehalt behördlicher Pflichtverletzungen im Umweltbereich gerecht werden. Vergleichbare Regelungen, wie § 408 chStGB in China, verdeutlichen, dass eine klare Zuordnung von Verantwortungsebenen die Effektivität des Umweltstrafrechts stärkt. Eine solche Reform wäre daher sowohl dogmatisch folgerichtig als auch praxisgerecht.

3.1.4.3.2 Das Verbandssanktionengesetz als mildes Mittel: Strafrechtsnahe Verantwortlichkeit juristischer Personen bei Umweltverschmutzungsdelikten

Obwohl die traditionelle chinesische Strafrechtstheorie die „Unabhängigkeit der strafrechtlichen Verantwortlichkeit der Einheit" anerkennt, wird zugleich vertreten, dass die strafrechtliche Verantwortlichkeit der Einheit nur dann greift, wenn die Tat „im Interesse der Einheit" und z. B. „durch das Entscheidungsgremium der Einheit oder durch die Entscheidung einer leitenden verantwortlichen Person" begangen wurde. Dieses Zurechnungsmodell basiert letztlich auf der individuellen Schuld natürlicher Personen – etwa von Führungskräften, Angestellten oder deren Stellvertretern, die berechtigt sind, die Geschäfte der Einheit zu führen, Entscheidungen zu treffen oder innerhalb ihres Befugnisbereichs auf Basis ihres freien Willens zu handeln – und folgt damit dem klassischen Ansatz der Individualstraftat. Auch neuere Modelle einer originären Einheitshaftung, wonach die strafrechtliche Verantwortlichkeit einer Einheit vom Verschulden der Geschäftsführung (sog. Organisationsverschulden) abhängig gemacht wird,[916] beruhen letztlich immer auf dem Verschulden der Führungspersonen und können nicht das

[916] *Bauer*, Fragen der Verbandsstrafbarkeit, S. 115 f.

eigene Verschulden der juristischen Person begründen. Eine eigenständige strafrechtliche Schuld der juristischen Person selbst, wie sie das deutsche Strafrecht bis heute ablehnt, lässt sich daher dogmatisch nicht begründen.

Die Einführung einer Strafbarkeit juristischer Personen erfolgte primär aus kriminalpolitischen Gründen. Sie basiert auf utilitaristischen, positivistischen Überlegungen und den realen sozialen Bedürfnissen. Ein Beispiel hierfür ist die historische Entwicklung der Anerkennung der Strafbarkeit von Einheiten in China:[917] Bereits zu Beginn der 1980er Jahre, im Zuge der Wirtschaftsreformen, wurden Einheiten zur tragenden Säule des gesellschaftlichen und wirtschaftlichen Lebens, während die illegalen Aktivitäten in Form von Einheiten immer gravierender wurden. Der chinesische Gesetzgeber reagierte daraufhin rechtzeitig, indem er im Strafgesetzbuch von 1979 erstmals versuchte, die Aktivitäten von Einheiten zu regeln. Mit der weiteren Eskalation rechtswidriger Handlungen führte das Zollgesetz von 1987 ein System der doppelten Bestrafung für von Einheiten begangene Straftaten ein, und seit 1997 wurde die Strafbarkeit der Einheit im chinesischen Strafgesetzbuch kodifiziert. Die Diskussion über die Grundlagen und Elemente der strafrechtlichen Zurechnung der Verantwortung der Einheiten begann jedoch vielmehr erst nach deren Kodifikation.

Die Entstehung einer stark ökonomisch und sozial geprägten Berufs- und Wirtschaftsethik, einhergehend mit der modernen Industriegesellschaft und deren Tendenz zum Gruppendenken, erforderte eine Modifizierung der traditionellen, hochpersonalisierten ethischen und moralischen Konzepte, die den Grundstein der modernen Gesellschaft bildeten. Allerdings führte die irrige Tendenz, fiktive Rechtssubjekte zu „realisieren", zu einer Fehlleitung des Denkens, sodass das moderne Strafrecht unbelebten Gruppen ethische Qualitäten zuschrieb.[918] Zwar genügt die strafrechtliche Verantwortlichkeit juristischer Personen durch gesetzliche Fiktion formal den Anforderungen des traditionellen Schuldprinzips, dies ändert jedoch nichts an der Tatsache, dass eine juristische Person weder Bewusstsein noch einen Körper besitzt, der Ziel von Schuldvorwurf oder Sanktion sein könnte. Das Bestreben, juristische Personen strafrechtlich haftbar zu machen, ist somit in erster Linie das Resultat utilitaristischer politischer Entscheidungen, die auf theoretischer Fundiertheit beruhen, und dient vorrangig als abschreckende Maßnahme mit symbolischem Charakter.

In Deutschland hält die h.M. an der Ablehnung der Strafbarkeit juristischer Personen fest: „Juristische Personen und Personenvereinigungen sind nur durch

[917] Vgl. *Cheng Ruxi*, Journal of Jiangsu Police Officer College (江苏警官学院学报) 1/1994, 30 f.

[918] Vgl. *Zhang Kewen*, Chinese Journal of Law (法学研究) 3/2009, 57.

ihre Organe handlungsfähig und können deswegen selbst nicht bestraft werden. Ihnen gegenüber hat ferner die in der Strafe liegende sozialethische Missbilligung keinen Sinn, weil ein Schuldvorwurf nur gegenüber verantwortlichen Einzelpersonen erhoben werden kann, nicht aber gegenüber unbeteiligten Mitgliedern oder einer Vermögensmasse".[919] Schünemann schlägt zur Lösung des Schuldprinzips vor, die Verbandsstrafe auf eine alternative Legitimationsbasis, nämlich das Konzept des Präventionsnotstands, zu stellen.[920] Diese Auffassung scheitert ebenfalls, da sie auf eine abstrakte Vermeidbarkeit der begangenen Straftat abzielt und somit zu einer (auch verfassungswidrigen) Erfolgshaftung des Verbandes führen würde.[921]

Daher sollte die strafrechtliche Verantwortlichkeit juristischer Personen weiterhin verneint werden. Dennoch gewinnt die Sanktionierung juristischer Personen – insbesondere im Hinblick auf Umweltverschmutzungsdelikte, die häufig im Rahmen von Produktions- und Geschäftstätigkeiten der juristischen Personen entstehen – angesichts kriminalpolitischer und sozialer Bedürfnisse eine besondere Bedeutung. Hier bietet das Verbandssanktionengesetz als mildes Mittel einen Ansatz, der eine strafrechtsnahe Verantwortlichkeit juristischer Personen in Betracht zieht.

Um der kriminalpolitischen Entwicklung, die von einer zunehmenden Sanktionierung juristischer Personen gekennzeichnet ist, sowie der Annäherung an europäisches Recht Rechnung zu tragen, wurden in Deutschland in den vergangenen Jahren vermehrt rechtspolitische Initiativen initiiert,[922] z. B. Kölner und Münchner Entwürfe eines Verbandssanktionengesetzes. Diese zielen darauf ab, das geltende Ordnungswidrigkeitenrecht zur Verbandsstrafe (§§ 30, 130 OWiG) zu modifizieren oder durch weitergehende und schärfere Regelungen zu ersetzen[923]. Eine Neuregelung der Verbandssanktionierung erfordert jedoch nicht zwangsläufig die Einführung eines eigenständigen Verbandsstrafrechts, da auch dieses in erster Linie Geldzahlungen als Hauptsanktion vorsieht.[924] Es ist fraglich, inwiefern die bloße Umqualifizierung dieser Geldzahlungen in Geldstrafen die generalpräventive Wirkung eines Verbandssanktionengesetzes verstärken würde.[925] Vielmehr hängt die Effektivität eines solchen Gesetzes maßgeblich von

---

919 *Jescheck*, Lehrbuch des Strafrechts AT, § 23 V 1.

920 *Schünemann,* Unternehmenskriminalität und Straftat, S. 234 ff.

921 *Bauer*, Fragen der Verbandsstrafbarkeit, S. 164.

922 *Saliger/Tsambikakis/Mückenberger/Huber (Hrsg.)*, Münchner Entwurf, S. 34 f.

923 *Saliger/Tsambikakis/Mückenberger/Huber (Hrsg.)*, Münchner Entwurf, S. 34.

924 *Saliger/Tsambikakis/Mückenberger/Huber (Hrsg.)*, Münchner Entwurf, S. 37.

925 *Saliger/Tsambikakis/Mückenberger/Huber (Hrsg.)*, Münchner Entwurf, S. 37.

den Verfahrensvorschriften ab – in denen das geltende Recht weitere Mängel aufweist.[926] Ich stimme dieser Auffassung zu, denn die präventive Wirkung eines Verbandssanktionengesetzes steht nicht in erster Linie mit der Bezeichnung der Sanktion (Geldstrafe, Geldbuße oder Verbandsgeldzahlung) in Zusammenhang, sondern mit der konkreten Ausgestaltung des Sanktionssystems.[927]

Nach dem Münchner Entwurf eines Verbandssanktionengesetzes ähneln die Regelungen zu Verbandsverfehlungen und Leitungspersonen in weiten Teilen den chinesischen Vorschriften zu Verbrechen der Einheit. Unterschiede bestehen insbesondere hinsichtlich des Umfangs der Begriffe „Verband" und „Einheit", der Mängel im Ausschluss der Sanktionierung, des konkreten Geldsummensystems der Verbandsstrafe sowie insbesondere der Verfahrensvorschriften. Meiner Auffassung nach sollte China – analog zum Münchner Entwurf – ein eigenständiges Einheitssanktionengesetz schaffen, das verfahrensrechtliche Regelungen in den Mittelpunkt stellt. Dies ist insbesondere deshalb zwingend erforderlich, weil bei Umweltdelikten, die auf Organisationsverschulden beruhen, z. B. der Nachweis der kausalen Zurechnung (zwischen institutionellen Strukturen und konkreten Straftaten) besondere Herausforderungen birgt. Nur durch klar definierte Ermittlungsstandards, Beweislastregeln und Haftungsbegrenzungen kann vermieden werden, dass Sanktionen pauschal oder willkürlich verhängt werden.

3.2 Subjektiver Tatbestand und Fahrlässigkeit

Der subjektive Tatbestand im deutschen Strafrecht ähnelt der subjektiven Seite der Straftat im chinesischen Strafrecht, weil sich beide auf die inneren Einstellungen und psychischen Vorgänge des Handelnden beziehen.[928] Ein wesentlicher Unterschied besteht jedoch darin, dass der subjektive Tatbestand im deutschen Strafrecht nur bei Vorsatzdelikten geprüft wird,[929] während die subjektive Seite der Straftat im chinesischen Strafrecht auch bei Fahrlässigkeitsdelikten von Bedeutung ist.

Im deutschen Strafrecht gilt heute als anerkannt, dass der subjektive Tatbestand des vorsätzlichen Begehungsdelikts aus zwei Elementen besteht: dem

[926] *Saliger/Tsambikakis/Mückenberger/Huber (Hrsg.)*, Münchner Entwurf, S. 37.

[927] Vgl. *Saliger/Tsambikakis/Mückenberger/Huber (Hrsg.)*, Münchner Entwurf, S. 38.

[928] Vgl. *Schlehofer/Putzke/Scheinfeld*, Strafrecht AT, Rn.192; *Gao Mingxuan/Ma Kechang*, Strafrecht (刑法学), S. 100.

[929] Vgl. *Rengier*, Strafrecht AT, § 52, Rn.6.

Vorsatz und – bei bestimmten Straftatbeständen – besonderen subjektiven Merkmalen wie Absichten oder Motiven.[930] Die Fahrlässigkeit wird demgegenüber als ein eigenständiger Typus strafbaren Verhaltens angesehen, der spezifische Unrechts- und Schuldelemente umfasst.[931] Anders als bei Vorsatzdelikten wird beim Fahrlässigkeitsdelikt nicht zwischen einem objektiven und einem subjektiven Tatbestand unterschieden.[932] Stattdessen bildet es einen einheitlichen Tatbestand.[933] Die subjektive Fahrlässigkeit wird erst auf der Ebene der Schuld geprüft.[934] Im Gegensatz dazu umfasst die subjektive Seite der Straftat im chinesischen Strafrecht auch die Fahrlässigkeit, die in Verbindung mit Vorsatz sowie besonderen Absichten und Motiven, die innere Einstellung des Täters zu seiner sozialschädlichen Handlung bildet.[935] Die allgemeinen Regeln des jeweiligen Strafrechts, einschließlich der Unterschiede in der Behandlung von Vorsatz und Fahrlässigkeit, gelten auch im Umweltstrafrecht beider Länder.

3.2.1 In Deutschland

Gemäß § 15 StGB ist grundsätzlich nur vorsätzliches Handeln strafbar, es sei denn, das Gesetz stellt fahrlässiges Handeln ausdrücklich unter Strafe. Delikte des Umweltstrafrechts sind demnach primär aufgrund vorsätzlichen Handelns strafbar, wobei überschießende Innentendenzen nahezu keine Rolle spielen, da die Verunreinigung von Umweltmedien wie Wasser, Luft und Boden selten das Ziel menschlichen Verhaltens ist, sondern typischerweise ein Nebeneffekt und eine Konsequenz der Verfolgung anderer Zwecke.[936] Eine Sonderstellung bildet die Gewinnsucht, die gemäß § 330 Abs. 1 Satz 2 Nr. 4 StGB als Regelfall eines besonders schweren Falls gilt. Diese muss auf einen Vermögenszuwachs

---

[930] *Hilgendorf/Valerius*, Strafrecht AT, § 4, Rn.65, 66; *Schlehofer/Putzke/Scheinfeld*, Strafrecht AT, Rn.193, 261; *Zieschang*, Strafrecht AT, Rn.112; *Wessels/Beulke/Satzger*, Strafrecht AT, Rn.311.

[931] *Hilgendorf/Valerius*, Strafrecht AT, § 12, Rn.12; *Wessels/Beulke/Satzger*, Strafrecht AT, Rn.1106.

[932] *Hilgendorf/Valerius*, Strafrecht AT, § 12, Rn.12; *Wessels/Beulke/Satzger*, Strafrecht AT, Rn.1107.

[933] *Hilgendorf/Valerius*, Strafrecht AT, § 12, Rn.12.

[934] *Hilgendorf/Valerius*, Strafrecht AT, § 12, Rn.12; *Wessels/Beulke/Satzger*, Strafrecht AT, Rn.1107; *Rengier*, Strafrecht AT § 52 Rn.6.

[935] Vgl. *Gao Mingxuan/Ma Kechang*, Strafrecht (刑法学), S. 100; *Jia Yu (Hrsg.)*, Strafrecht (刑法学) Bd.1, S. 172.

[936] *Börner*, Umweltstrafrecht, § 3 Rn.64.

gerichtet und von Gier motiviert sein.[937] Während im Übrigen im Besonderen Teil des Strafrechts nur vergleichsweise wenige Fahrlässigkeitsdelikte geregelt sind, hat der Gesetzgeber im Umweltstrafrecht fahrlässiges Handeln konsequent unter Strafe gestellt (§§ 324 III, 324a III, 325 IV, V, 325a III, 326 V, 327 III, 328 V (Einzige Ausnahme bei § 328 Abs. 2 Nr. 4 wegen § 328 VI), 329 V, VI, 330a IV, V StGB[938], um einen effektiven strafrechtlichen Umweltschutz zu gewährleisten.[939]

3.2.1.1 Vorsatz und Irrtum

Vorsatz bedeutet den Willen zur Verwirklichung eines Straftatbestandes in Kenntnis aller objektiven Tatumstände, also das Wissen und Wollen der Tatbestandsverwirklichung.[940] Im Umweltstrafrecht genügt dafür bedingter Vorsatz.[941] Das bedeutet, dass der Täter es für möglich und nicht ganz fernliegend hält, durch sein Verhalten den gesetzlichen Tatbestand zu verwirklichen, und er dies zumindest billigend in Kauf nimmt bzw. sich zumindest damit abfindet.[942] Der Vorsatz muss sich auf alle objektiven Tatbestandsmerkmale beziehen, wie z. B. Tatobjekt, Täterqualität, Tathandlung, Taterfolg und Kausalität.[943] Beim Unterlassen erstreckt sich der Vorsatz darüber hinaus auf die Umstände, aus denen sich die Garantenstellung ergibt.[944] So ist beispielsweise beim Eindringenlassen zu berücksichtigen, dass dem Täter die Verpflichtung zur Verhinderung der durch sein Unterlassen verursachten Bodenverunreinigung bekannt sein muss.[945] Fehlt dem Täter die Kenntnis eines dieser Umstände, liegt kein Vorsatz vor (§ 16 I StGB). In Ausnahmefällen ist gemäß § 11 II StGB die Vorsatztat im Rechtssinne gegeben, bei der die fahrlässige Herbeiführung des qualifizierenden Taterfolgs ausreichend ist (z. B. §§ 330 II Nr. 2, 330a I, II).[946] Sofern der Täter

---

[937] *Börner*, Umweltstrafrecht, § 3 Rn.64; § 8 Rn.38.

[938] *Saliger*, Umweltstrafrecht, Rn.59; *Kloepfer/Heger*, Umweltstrafrecht, Rn.62; *Krell*, Umweltstrafrecht, Rn.94.

[939] Vgl. z. B. BT-Drs. 8/2382, 15, 16, 19, 22, 26; 8/3633, 27, 28, 29; *Saliger*, Umweltstrafrecht, Rn.59.

[940] *Zieschang*, Strafrecht AT, Rn.113; *Wessels/Beulke/Satzger*, Strafrecht AT, Rn.314; *Rengier*, Strafrecht AT § 14 Rn.5.

[941] Vgl. SSW-StGB/*Saliger/Lienert* § 324 Rn.20; § 324a Rn.20; § 325 Rn.24; § 325a Rn.15; § 326 Rn.47; § 327 Rn.20; § 328 Rn.14; § 329 Rn.18; § 330 Rn.12; § 330a Rn.6.

[942] *Hilgendorf/Valerius*, Strafrecht AT, § 4, Rn.85.

[943] *Zieschang*, Strafrecht AT, Rn.113; SSW-StGB/*Saliger/Lienert* § 324 Rn.20.

[944] SSW-StGB/*Saliger/Lienert* § 324 Rn.20; LK-StGB/*Heghmanns* § 324 Rn.48.

[945] MüKoStGB/*Alt* StGB § 324a Rn.38.

[946] MüKoStGB/*Alt* StGB § 330 Rn.17; § 330a Rn.12.

einen Irrtum über einen dem Tatbestand zugeordneten Umstand aufweist, ist eine Differenzierung hinsichtlich der Art des Irrtums erforderlich.

Ähnlich wie bei der Kausalität ist es für das Vorliegen von Vorsatz nicht erforderlich, dass der Täter die exakte Zusammensetzung oder Wirkweise eines Stoffes kennt.[947] Es ist ausreichend, wenn er generell mit der Schädlichkeit des Stoffes rechnet[948] oder ggf. ihre Schädigungseignung zumindest nach Laienart vorliegt.[949] Ein Beispiel hierfür ist der unbeachtliche Irrtum über gleichwertige Tatbestandsalternativen: Wenn ein Täter mehrere Stoffe in ein Gewässer einleitet und irrig einen harmlosen Stoff für schädlich hält, bleibt sein Vorsatz dennoch bestehen.[950] Ferner unterliegt der Täter einem Variantenirrtum, bei dem der Täter beispielsweise annimmt, die von ihm entsorgten Abfälle seien krebserzeugend (§ 326 Abs. 1 Nr. 2 StGB), tatsächlich jedoch selbstentzündlich sind (§ 326 Abs. 1 Nr.3 StGB).[951] Nach herrschender Meinung ist in solchen Fällen nach der Schutzrichtung zu differenzieren:[952] Irrt der Täter innerhalb einer Variante derselben Nummer des Abs. 1, etwa wenn er einen giftigen Stoff fälschlicherweise als krebserzeugend einstuft, bleibt sein Irrtum unbeachtlich. Handelt es sich hingegen um unterschiedliche Tatbestandsvarianten, z. B. wenn der Täter einen giftigen Stoff (§ 326 Abs. 1 Nr. 1) für selbstentzündlich (§ 326 Abs. 1 Nr. 3) hält, liegt ein Tatbestandsirrtum vor. Eine Gegenansicht betrachtet alle Variantenirrtümer des § 326 Abs. 1 als unbeachtlich, da es sich um ein einheitliches Gefährlichkeitsmerkmal handele.[953] Ich teile diese Auffassung, weil der Gesetzgeber keine unterschiedliche Behandlung in Bezug auf die Gefährlichkeit vorgesehen hat.[954]

---

[947] MüKoStGB/*Alt* StGB § 324a Rn.37; § 325 Rn.59; § 326 Rn.92; *Krell*, Umweltstrafrecht, Rn.87.

[948] MüKoStGB/*Alt* StGB §326 Rn.92; TK StGB/*Schittenhelm* § 326 Rn.14; *Krell*, Umweltstrafrecht, Rn.87.

[949] SSW-StGB/*Saliger/Lienert*, § 324a Rn.20; Matt/Renzikowski/*Rettenmaier/Gehrmann* StGB § 324a Rn.12; MüKoStGB/*Alt* StGB § 324a Rn.37.

[950] LK-StGB/*Möhrenschlager*, § 324 Rn.85, 12.Aufl.; MüKoStGB/*Alt* StGB § 324a Rn.43.

[951] *Krell*, Umweltstrafrecht, Rn.87.

[952] *Schittenhelm*, GA 1983, 310, 314; LK-StGB/*Möhrenschlager* § 326 Rn.119, 12.Aufl.; MüKoStGB/*Alt* StGB § 326 Rn.93; TK StGB/*Schittenhelm* § 326 Rn.14; *Sack*, Umweltschutz-Strafrecht, § 326 Rn.300; Lackner/Kühl/Heger/*Heger* StGB § 326 Rn.10.

[953] Qualitativ vergleichbar: BeckOK StGB/*Witteck* § 326 Rn.37; LK-StGB/*Heghmanns* § 326 Rn.117; SK-StGB/*Schall* § 326 Rn.146.

[954] Vgl. *Matejko*, ZIS 2006, 205, 210.

Problematisch ist auch, wenn ein Irrtum über die Verwaltungsakzessorietät besteht. Oft ist umstritten, inwieweit sich der Vorsatz auf Genehmigungserfordernisse oder die verwaltungsrechtliche Pflichtwidrigkeit erstrecken muss,[955] oder anders formuliert: Ob diese Merkmale zum objektiven Tatbestand gehören. Nach herrschender Meinung ist die „Unbefugtheit“ bei den §§ 324, 326 Abs. 1 StGB als Rechtfertigungsgrund zu verstehen.[956] Im Falle der Vorstellung tatsächlicher Umstände durch den Täter, welche bei Vorliegen einen Rechtfertigungsgrund darstellen würden, wäre dies als Erlaubnistatbestandsirrtum zu betrachten und der Vorsatz demnach ausgeschlossen,[957] beispielsweise wenn der Anlagenbetreiber übersieht, dass die Genehmigung abgelaufen ist, jedoch weiterhin von deren Wirksamkeit ausgeht.[958] Irrt der Täter dagegen nur über die Notwendigkeit einer verwaltungsbehördlichen Erlaubnis, etwa wenn er glaubt, keine Genehmigung zu benötigen oder aufgrund des mangelnden Einschreitens der Behörde zur Handlung befugt zu sein,[959] handelt es sich um einen Verbotsirrtum.[960] Die Genehmigungserfordernisse gemäß §§ 326 II, 327 I, II, 328 I sowie die verwaltungsrechtliche Pflichtwidrigkeit gemäß §§ 324a, 325, 325a, 328 III und die verwaltungsrechtliche Widrigkeit gemäß § 329 I, II sind demgegenüber als objektive Tatbestandsmerkmale zu betrachten.[961] Der Vorsatz muss demnach die Kenntnis der Verwaltungswidrigkeit des Verhaltens sowie ggf. der Genehmigungsbedürftigkeit selbst umfassen, wobei die Existenz und der Inhalt der Norm oder des Verwaltungsakts, der die Pflicht begründet, sowie vorgegebene oder angeordnete Grenzwerte zu berücksichtigen sind.[962] Eine exakte Kenntnis des einschlägigen Verwaltungsrechts ist für das Vorliegen des Vorsatzes jedoch

---

955 *Krell*, Umweltstrafrecht, Rn.89.

956 BT-Drs. 8/2382, 14; MüKoStGB/*Alt* StGB § 324 Rn.58; MüKoStGB/*Alt* StGB § 326 Rn.103; SSW-StGB/*Saliger/Lienert* § 326 Rn.46.

957 LK-StGB/*Heghmanns* § 324 Rn.49; NK-StGB/*Ransiek* § 324, Rn.44.

958 *Krell*, Umweltstrafrecht, Rn.89; SK-StGB/*Schall* § 324 Rn.48; *Franzheim/Pfohl*, Umweltstrafrecht, Rn.122; TK StGB/*Schittenhelm* § 324 Rn.14; a.A. LK-StGB/*Heghmanns* § 324 Rn.49: als Verbotsirrtum.

959 SSW-StGB/*Saliger/Lienert* § 324 Rn.20; TK StGB/*Schittenhelm* § 324 Rn.14; MüKoStGB/*Alt* StGB § 324a Rn.38; a.A. *Krell*, Umweltstrafrecht, Rn.89; LK-StGB/*Heghmanns* § 324 Rn.49; *Odersky*, FS Tröndle, S. 300: Vorsatzrelevant ist die irrtümliche Vorstellung, es liege eine behördliche Gestattung vor.

960 SK-StGB/*Schall* § 324 Rn.48; LK-StGB/*Möhrenschlager* § 324 Rn.85, 12.Aufl.; *Krell*, Umweltstrafrecht, Rn.89.

961 MüKoStGB/*Alt* StGB § 324a Rn.29; § 325 Rn.24; § 325a Rn.10, 11; § 326 Rn.103; § 327 Rn.46; § 328 Rn.46; § 329 Rn.23; a.A. *Jedwab*, Irrtum, S. 70 ff., 75 ff., 77: Bei den §§ 327 I, 328 I ist die Genehmigung ein Rechtfertigungsgrund.

962 MüKoStGB/*Alt* StGB § 324a Rn.38.

nicht erforderlich.[963] Es genügt, wenn der Täter zumindest damit rechnet, dass er gegen verwaltungsrechtliche Pflichten verstößt.[964] Bezüglich der Genehmigungsbedürftigkeit ist zu differenzieren[965]: Befindet sich der Täter bei Kenntnis aller Umstände im Irrtum darüber, dass eine betriebene Anlage nicht genehmigungsbedürftig sei, liegt ein Tatbestandsirrtum vor. Entsprechendes gilt für denjenigen, der sich irrtümlich nicht für den Betreiber der Anlage hält und deshalb glaubt, keine Genehmigung einholen zu müssen, oder der meint, ein privater Müllplatz sei keine Anlage im Rechtsinne und diesen dadurch für nicht genehmigungsbedürftig hält.[966] Im Gegensatz dazu handelt es sich um einen Verbotsirrtum, wenn der Täter davon ausgeht, dass das Betreiben von Anlagen generell erlaubnisfrei sei oder er erst nach einer behördlichen Abmahnung handeln müsse. Im Ergebnis sind sowohl für die tatbestandsausschließende als auch für die rechtfertigende Genehmigung die gleichen Anforderungen an den Vorsatz zu stellen.[967] Irrt der Täter über den Inhalt eines Verwaltungsakts in wesentlichen Punkten und erfüllt lediglich die von ihm erkannte Pflicht, schließt auch diese Fehlvorstellung als Tatbestandsirrtum den Vorsatz aus.[968]

Schließlich spielt der Verbotsirrtum im Umweltstrafrecht eine wichtige Rolle. Im Gegensatz zum Tatbestandsirrtum, bei dem es um den Vorsatz geht, betrifft der Verbotsirrtum die Schuld. Darunter liegt zunächst ein unbeachtlicher Subsumtionsirrtum vor, wenn sich der Täter über die Reichweite eines Begriffs des einschlägigen Gegenstands irrt. Beispiele hierfür sind: Der Täter glaubt, ein Teich sei kein Gewässer oder nur inländische, nicht aber ausländische Gewässer seien geschützt, bzw. nur das Küstenmeer, nicht jedoch das offene Meer falle unter den Tatbestand (§ 324).[969] Der Täter nimmt an, ihm gehörige Sachen seien nicht geschützt (§ 324a).[970] Der Täter geht davon aus, dass ein Stoff noch für einen anderen Zweck verwendbar sei und deshalb keinen Abfall darstelle (§ 326).[971]

---

[963] *Krell*, Umweltstrafrecht, Rn.90.

[964] *Krell*, Umweltstrafrecht, Rn.90; NK-StGB/*Ransiek* § 324, Rn.45.

[965] OLG Braunschweig NStZ-RR 1998, 175, 177; MüKoStGB/*Alt* StGB § 324a Rn.38; § 325 Rn.59; § 327 Rn.44.

[966] a.A. SK-StGB/*Schall* § 327 Rn.75: als Subsumtionsirrtum.

[967] *Jedwab*, Trrtum, S. 262 ff.; *Krell*, Umweltstrafrecht, Rn.90.

[968] MüKoStGB/*Alt* StGB § 324a Rn.38.

[969] *Michalke*, Umweltstrafsachen, Rn.110; MüKoStGB/*Alt* StGB § 324 Rn.42.

[970] MüKoStGB/*Alt* StGB § 324a Rn.37.

[971] *Schall*, NStZ 1997, 577, 578; MüKoStGB/*Alt* StGB § 326 Rn.92.

Der Täter interpretiert den Begriff „Beförderung" lediglich als eigentliche Ortsveränderung (§ 328 Abs. 3 Nr. 2).[972] Ein Verbotsirrtum kommt hingegen in Betracht, wenn der Täter davon ausgeht, sein Verhalten sei erlaubt, sei es, weil er davon ausgeht, es falle unter keinen Straftatbestand,[973] z. B. wenn der Täter allgemein davon ausgeht, sein Verhalten sei erlaubt, der Boden sei nicht geschützt[974], oder wenn der Täter glaubt, Abfälle mit den ihm bekannten Gefährlichkeitsmerkmalen des § 326 Abs. 1 dürften außerhalb der zugelassenen Anlage beseitigt werden;[975] sei es, weil er rechtsirrig von einem Rechtfertigungsgrund ausgeht, also wenn er glaubt, schon die Erlaubnisfähigkeit seines Verhaltens reiche für die Straflosigkeit seines Verhaltens aus.[976] Dies kann beispielsweise der Fall sein, wenn er die Reichweite einer Anlagengenehmigung, einer Baugenehmigung oder einer gewerberechtlichen Genehmigung verkennt.[977] Auch wenn er eine Straftat gemäß § 330a I im Rahmen eines behördlich genehmigten Vorgangs begeht und sein Verhalten durch die Genehmigung gedeckt sieht, liegt ein Verbotsirrtum vor.[978] Irrt der Täter beim Unterlassen lediglich über den Umfang der hieraus erwachsenden konkreten Garantenpflicht, liegt auch ein Verbotsirrtum vor,[979] beispielsweise wenn der Besitzer sich nach § 326 III trotz Kenntnis der Radioaktivität und der Abfalleigenschaften (noch) nicht zur Ablieferung verpflichtet fühlt.[980]

3.2.1.2 Fahrlässigkeit und Leichtfertigkeit

Liegt ein (obengenannter) Irrtum über den zugrunde liegenden Sachverhalt vor, durch den der Vorsatz ausgeschlossen ist, so ist in der Praxis häufig eine Prüfung der Fahrlässigkeit erforderlich.[981] Fahrlässigkeit bedeutet grundsätzlich, dass der

---

[972] MüKoStGB/*Alt* StGB § 328 Rn.44; a.A. *Saliger*, Umweltstrafrecht, Rn.488: als Verbotsirrtum.

[973] *Krell*, Umweltstrafrecht, Rn.91.

[974] MüKoStGB/*Alt* StGB § 324a Rn.38.

[975] MüKoStGB/*Alt* StGB § 326 Rn.94.

[976] *Krell*, Umweltstrafrecht, Rn.91; MüKoStGB/*Alt* StGB § 324a Rn.38.

[977] MüKoStGB/*Alt* StGB § 326 Rn.94.

[978] MüKoStGB/*Alt* StGB § 330a Rn.12; *Saliger*, Umweltstrafrecht, Rn.502.

[979] LK-StGB/*Heghmanns* § 324 Rn.48; SSW-StGB/*Saliger/Lienert* § 324 Rn.20; *Michalke*, Umweltstrafsachen, Rn.112.

[980] MüKoStGB/*Alt* StGB § 326 Rn.96.

[981] Vgl. LK-StGB/*Heghmanns* § 324 Rn.50.

Täter bei Vorhersehbarkeit des Erfolgseintritts die im Verkehr erforderliche Sorgfalt außer Acht lässt.[982] Dies kann sowohl durch aktives Tun als auch durch Unterlassen erfolgen.[983] Je nach Grad der Vorhersehbarkeit einer sorgfaltspflichtwidrigen Tatbestandsverwirklichung wird zwischen bewusster und unbewusster Fahrlässigkeit unterschieden.[984] In der Praxis erweist sich der bedingte Vorsatz im Umweltstrafrecht als sinnvoll, weshalb die Unterscheidung zwischen bedingtem Vorsatz und bewusster Fahrlässigkeit auch bedeutend ist. Hinsichtlich des Wissenselements stimmen beide überein: In beiden Fällen rechnet der Täter mit der Möglichkeit der Tatbestandsverwirklichung.[985] Der Unterschied liegt jedoch im Willenselement: Während sich der Täter beim dolus eventualis mit der Tatbestandsverwirklichung abfindet, vertraut er bei bewusster Fahrlässigkeit darauf, dass der tatbestandliche Erfolg nicht eintritt.[986] Leichtfertigkeit ist als eine qualifizierte Form der Fahrlässigkeit einzuordnen.[987] Sie setzt demnach voraus, dass die Elemente der Pflichtwidrigkeit und Vorhersehbarkeit in gesteigerter Form vorliegen.[988]

Im Umweltstrafrecht genügt in der Regel einfache Fahrlässigkeit. In einigen Fällen – beispielsweise gemäß §§ 325 Abs. 5, 329 Abs. 6 und 330a Abs. 5 StGB – wird jedoch Leichtfertigkeit verlangt. Das Fahrlässigkeitsunrecht setzt nach herrschender Meinung insbesondere eine objektive Sorgfaltspflichtverletzung sowie die objektive Voraussehbarkeit der Tatbestandsverwirklichung insbes. des Taterfolgs und ggf. objektive Zurechnung (insbesondere Pflichtwidrigkeitszusammenhang sowie Schutzzweckzusammenhang) voraus.[989] Im Folgenden wird demnach nur das Fahrlässigkeitsunrecht erörtert.

3.2.1.2.1 Sorgfaltspflichtverletzung

Eine objektive Sorgfaltspflichtverletzung liegt vor, wenn der Täter die im Verkehr erforderliche Sorgfalt außer Acht lässt, die ein besonnener und gewissenhafter Dritter des gleichen Verkehrskreises in der konkreten Situation ex ante erwartet

---

[982] *Zieschang*, Strafrecht AT, Rn.417; *Schlehofer/Putzke/Scheinfeld*, Strafrecht AT, Rn.561.

[983] *Zieschang*, Strafrecht AT, Rn.421.

[984] *Hilgendorf/Valerius*, Strafrecht AT, § 12, Rn.3.

[985] Vgl. *Hilgendorf/Valerius*, Strafrecht AT, § 12, Rn.3; *Rengier*, Strafrecht AT § 52 Rn.5.

[986] Vgl. *Hilgendorf/Valerius*, Strafrecht AT, § 12, Rn.3; *Rengier*, Strafrecht AT § 52 Rn.5; *Zieschang*, Strafrecht AT, Rn.417.

[987] *Zieschang*, Strafrecht AT, Rn.418; *Rengier*, Strafrecht AT § 52 Rn.9.

[988] *Rengier*, Strafrecht AT, § 52, Rn.9; *Hilgendorf/Valerius*, Strafrecht AT, § 12, Rn.5.

[989] Vgl. AnwK-StGB/*Szesny* vor § 324 Rn.28; *Hilgendorf/Valerius*, Strafrecht AT, § 12, Rn.15; *Zieschang*, Strafrecht AT, Rn.422; *Rengier*, Strafrecht AT § 52 Rn.12; *Wessels/Beulke/Satzger*, Strafrecht AT, Rn.1115; *Kloepfer/Heger*, Umweltstrafrecht, Rn.65.

hätte.[990] Im Umweltstrafrecht orientieren sich diese Sorgfaltspflichten in erster Linie an verwaltungsrechtlichen Vorgaben, die aus Umweltgesetzen, behördlichen Entscheidungen oder technischen Standards hervorgehen, sofern diese hinreichend bestimmt sind.[991] Ein Beispiel hierfür ist die Sorgfaltspflicht bei § 324 StGB, die zunächst von § 5 Abs. 1 Nr. 1 WHG ausgeht, wonach jede Person verpflichtet ist, bei Tätigkeiten mit möglichen Auswirkungen auf Gewässer die nach den Umständen erforderliche Sorgfalt anzuwenden, um nachteilige Veränderungen der Gewässereigenschaften zu vermeiden.[992] In Anbetracht der Tatsache, dass dieser Regelungsentwurf nur eingeschränkt aussagekräftig ist, wie es bei der Mehrzahl umweltverwaltungsrechtlicher Pflichten der Fall ist, bei denen konkrete Vorgaben nicht vorhanden sind, orientiert sich die herrschende Meinung an normativen Maßstabsfiguren wie den Sondernormen, die den Sorgfaltsmaßstab „vertypen", z. B. der gewissenhafte und verständige Befüller i. S. des § 19i WHG – nun § 1 WasgefStAnlV i.V.m. § 62 IV WHG[993] – oder – allgemein – auf einen umweltbewussten Rechtsgenossen abstellt.[994] Insofern wird vielfach ein strenger Sorgfaltsmaßstab angelegt,[995] der insbesondere in Einzelbereichen noch berufs- oder tätigkeitsbezogen spezifiziert wird.[996] So soll den Gewerbetreibenden eine Erkundigungspflicht auferlegt werden, ähnlich den Sorgfaltsanforderungen an „Experten", sich über die betriebseinschlägigen Rechtsvorschriften auf dem Laufenden zu halten.[997] Jeder Auftraggeber bei der Abfallbeseitigung[998] muss sich mit positiver Gewissheit vergewissern, dass der

---

[990] Vgl. *Zieschang*, Strafrecht AT, Rn.430; *Hilgendorf/Valerius*, Strafrecht AT, § 12, Rn.18 ff.

[991] SSW-StGB/*Saliger/Lienert* vor § 324 Rn.78; TK StGB/*Schittenhelm* § 324 Rn.15; MüKoStGB/*Alt* StGB § 324 Rn.45; NK-StGB/*Ransiek* § 324 Rn.46, 47.

[992] LK-StGB/*Heghmanns* § 324 Rn.51.

[993] OLG Düsseldorf NJW 1993, 1408; SSW-StGB/*Saliger/Lienert* vor § 324 Rn.78; BeckOK StGB/*Witteck* § 324 Rn.24.1; *Franzheim/Pfohl*, Umweltstrafrecht, Rn.114 ff.; MüKoStGB/*Alt* StGB § 324 Rn.45.

[994] OLG Stuttgart NStZ 1989, 122, 123; LK-StGB/*Heghmanns* § 324 Rn.51; SSW-StGB/*Saliger/Lienert* vor § 324 Rn.78; SK-StGB/*Schall*, § 324 Rn.49; MüKoStGB/*Alt* StGB § 324 Rn.45; TK StGB/*Schittenhelm* § 324 Rn.15; Lackner/Kühl/Heger/*Heger* StGB § 324 Rn.7; BeckOK StGB/*Witteck* § 324 Rn.24; *Börner*, Umweltstrafrecht, § 3 Rn.68; *Krell*, Umweltstrafrecht, Rn.95.

[995] LK-StGB/*Heghmanns* § 324 Rn.51; SSW-StGB/*Saliger/Lienert* vor § 324 Rn.78; *Krell*, Umweltstrafrecht, Rn.95; SK-StGB/*Schall*, § 324 Rn.49;

[996] LK-StGB/*Heghmanns* § 324 Rn.51.

[997] *Petzsche*, NZWiSt 2015, 210, 213; *Schröder*, NStZ 2006, 669, 673; MüKoStGB/*Alt* StGB § 324 Rn.45.

[998] BGHSt 40, 84: „A war Geschäftsführer der Firma T und bemühte sich um die Entsorgung von Falisan, einer quecksilberhaltigen Saatgutbeize. Er einigte sich darüber mit der Firma O,

beauftragte Entsorger zur ordnungsgemäßen Entsorgung rechtlich befugt und technisch in der Lage ist. Dies erfordert beispielsweise die Vorlage von Nachweisen über geeignete und zugelassene Anlagen oder überprüfbare Bestätigungen. Bei Weiterdelegation ist der Auftraggeber verpflichtet, sich den Endabnehmer nennen zu lassen und auch diesen zu überprüfen.

Bei Betriebsfällen sind zur Bestimmung des Sorgfaltsmaßstabs insbesondere die gesetzlichen Betreiberpflichten bzw. vorgeschriebene technische Anforderungen entscheidend.[999] Hinsichtlich des eigentlichen Betriebs einer Anlage (z. B. nach § 327 StGB) ist eine Fahrlässigkeit grundsätzlich ausgeschlossen, da der Vorgang des Betreibens ein finales Element beinhaltet, das mit Fahrlässigkeit begriffslogisch nicht vereinbar ist.[1000] Ausnahmsweise kann jedoch Fahrlässigkeit angenommen werden, wenn es an einer ausreichenden Überwachung derjenigen Personen mangelt, die tatsächlich mit dem Anlagenbetrieb betraut sind.[1001] Dies entspricht auch dem Prinzip des Organisationsverschuldens in Unternehmen, da die bloße Delegation von Pflichten den Verantwortlichen nicht vollständig von Haftung des Delegierenden entbindet.[1002] Unabhängig von behördlichen Prüfungen oder Überwachungsmaßnahmen bleibt der Betreiber einer Anlage stets dafür verantwortlich, die Sicherheitsvorschriften einzuhalten.[1003] Ein Beispiel hierfür ist die Verpflichtung nach § 46 Abs. 1 AwSV, wonach der Betreiber

die das Falisan jedoch nicht entsorgte, sondern über Dritte in Polen ablagerte. A hatte sich zuvor über die Firma O informiert und anwaltlichen Rat eingeholt, demzufolge die angedachte Entsorgung zulässig sei. Entgegen der Auffassung des LG reichte das dem BGH nicht aus: „Nach alledem durfte Fahrlässigkeit nicht … verneint werden, weil die Firma O. dem „Bund Deutscher Entsorger“ als Mitglied angehörte, der Firma T. von einem chemischen Sachverständigen empfohlen worden war und keine Anhaltspunkte dafür vorlagen, dass sie das Falisan nicht ordnungsgemäß entsorgen werde. Der Mitgliedschaft in dem genannten Unternehmensverband … käme Bedeutung nur zu, wenn – was nicht festgestellt ist – diese unter Ausschluss bloßer Abfallbeförderer auf Abfallentsorger beschränkt und von der Erfüllung bestimmter Zuverlässigkeitsstandards abhängig wäre. Was die Empfehlung durch einen Sachverständigen angeht, so ist nach den bisherigen Feststellungen nicht auszuschließen, dass dem eine nähere, die Neutralität des Sachverständigen in Frage stellende Beziehung zur Firma O. zugrundelag.“

999 SK-StGB/*Schall*, § 324 Rn.51.

1000 MüKoStGB/*Alt* StGB § 327 Rn.45; TK StGB/*Schittenhelm* § 327 Rn.21; NK-StGB/*Ransiek* § 327 Rn.18.

1001 BayObLG NJW 1992, 925; SSW-StGB/*Saliger/Lienert* § 327 Rn.20; LK-StGB/*Heghmanns* § 327 Rn.57; a.A. NK-StGB/*Ransiek* § 327 Rn.18.

1002 MüKoStGB/*Alt* StGB § 324 Rn.55.

1003 SK-StGB/*Schall* § 324 Rn.52.

die regelmäßige Überwachung und Instandhaltung der Anlage durch einen Fachbetrieb sicherstellen muss.[1004] Eine Entlastung des Betreibers kommt nur unter bestimmten Voraussetzungen in Betracht, z. B. wenn er einen Sachverständigen mit der turnusmäßigen Überprüfung der Anlage beauftragt und dieser (irrtümlich) den ordnungsgemäßen Zustand der Anlage bestätigt hat,[1005] oder wenn das Unternehmen am sog. Öko-Audit beteiligt.[1006]

In Bezug auf die gesetzlichen Technikklauseln des Umweltrechts ist eine Klassifizierung in drei Abstufungen vorzunehmen.[1007] Die unterste Stufe bilden die allgemein anerkannten Regeln der Technik, wie sie beispielsweise in § 62 Abs. 2 WHG für den Betrieb von Anlagen zum Umgang mit wassergefährdenden Stoffen vorgesehen sind. Dabei handelt es sich um Regeln, die in der Fachpraxis erprobt und bewährt sind und nach der überwiegenden Mehrheit von Fachleuten die sicherheitstechnischen Anforderungen erfüllen.[1008] Zu diesen gehören beispielsweise technische Regeln wassergefährdender Stoffe der Deutschen Vereinigung für Wasserwirtschaft, Abwasser und Abfall eV (DWA), technische Regeln, die in der Musterliste der technischen Baubestimmungen oder in der Bauregelliste des Deutschen Instituts für Bautechnik (DIBt) aufgeführt sind, sowie DIN-Normen und EN-Normen (§ 2 Abs. 15 AwSV).[1009] Eine höhere Sorgfaltsebene wird durch den „Stand der Technik" verlangt, der in § 3 Nr. 11 WHG, § 3 Abs. 6 BImSchG und § 3 Abs. 28 KrWG definiert ist.[1010] Dieser Standard erfordert demnach den Einsatz hochwertiger, über den Durchschnitt hinausgehender Techniken.[1011] Er ist beispielsweise nach § 57 Abs. 1 WHG für die Minderung der Emissionen im Abwasserbereich zu erfüllen.[1012] Den höchsten Standard beschreibt der „Stand von Wissenschaft und Technik", der besonders im Atomrecht (z. B. § 4 Abs. 2 Nr. 3 AtG) seine Bedeutung hat.[1013] Er geht über die bewährte Praxis hinaus und fordert die Berücksichtigung der neuesten wissenschaftlichen Erkenntnisse,

---

[1004] MüKoStGB/*Alt* StGB § 324 Rn.49.

[1005] SK-StGB/*Schall* § 324 Rn.52; *Kloepfer/Heger,* Umweltstrafrecht, Rn.67; *Michalke,* Umweltstrafsachen Rn.117.

[1006] SK-StGB/*Schall* § 324 Rn.52.

[1007] Drei Abstufungen in SSW-StGB/*Saliger/Lienert* vor § 324 Rn.78; *Franzheim/Pfohl,* Umweltstrafrecht, Rn.116; *Börner*, Umweltstrafrecht, § 3 Rn.74.

[1008] *Börner*, Umweltstrafrecht, § 3 Rn.74; *Franzheim/Pfohl*, Umweltstrafrecht, Rn.116; MüKoStGB/*Alt* StGB § 324 Rn.47.

[1009] MüKoStGB/*Alt* StGB § 324 Rn.47.

[1010] *Börner*, Umweltstrafrecht, § 3 Rn.74; MüKoStGB/*Alt* StGB § 324 Rn.48.

[1011] MüKoStGB/*Alt* StGB § 324 Rn.48; *Franzheim/Pfohl*, Umweltstrafrecht, Rn.116.

[1012] MüKoStGB/*Alt* StGB § 324 Rn.48.

[1013] *Franzheim/Pfohl*, Umweltstrafrecht, Rn.116.

selbst wenn diese noch nicht in der Praxis etabliert sind.[1014] Angesichts der konkreten Maßstäbe der jeweiligen Technikklausel kann es grundsätzlich durch technische Regelwerke und Grenzwerte ausgeformt werden.[1015] Die Einhaltung solcher Regelwerke begründet in der Regel keine objektive Sorgfaltspflichtverletzung, es sei denn, deren Unzulänglichkeit ist erkennbar.[1016] Demgegenüber stellen die gesetzlich oder durch Einzelakt festgelegten Grenzwerte eine Begrenzung der Sorgfaltsanforderungen dar, sodass die Einhaltung dieser Grenzwerte den Einleiter zwingend entlastet.[1017]

Als qualifizierte Form der Fahrlässigkeit erfordert Leichtfertigkeit einen besonders hohen Grad der Nachlässigkeit, der der groben Fahrlässigkeit im Zivilrecht vergleichbar ist,[1018] und liegt typischerweise vor, wenn der Täter seine Sorgfaltspflicht verletzt, obwohl sich ihm die Gefährdung der geschützten Rechtsgüter als Folge seines Handelns geradezu hätte aufdrängen müssen.[1019] Der Bezugspunkt dieses Maßstabes ist wiederum das zugrunde liegende Reglement der Sorgfaltspflicht.[1020] Sie ist insbesondere dann gegeben, wenn der Täter aufgrund grober Unachtsamkeit seine Verpflichtungen nicht erkennt oder sich über eine besonders bedeutsame Pflicht gedankenlos hinwegsetzt.[1021] Dies dient zur Vermeidung einer Überkriminalisierung.[1022]

3.2.1.2.2 Vorhersehbarkeit der Tatbestandsverwirklichung

Objektiv vorhersehbar ist ein Geschehensablauf, den ein umsichtig handelnder Mensch aus dem Verkehrskreis des Täters unter den jeweils gegebenen Umständen nach allgemeiner Lebenserfahrung in Betracht ziehen würde.[1023]

[1014] *Börner*, Umweltstrafrecht, § 3 Rn.74; *Franzheim/Pfohl*, Umweltstrafrecht, Rn.116.

[1015] *Börner*, Umweltstrafrecht, § 3 Rn.75.

[1016] SSW-StGB/*Saliger/Lienert* vor § 324 Rn.78; SK-StGB/*Schall*, § 324 Rn.52; LK-StGB/*Heghmanns* § 324 Rn.53; *Börner*, Umweltstrafrecht, § 3 Rn.75.

[1017] SK-StGB/*Schall* § 324 Rn.52; LK-StGB/*Heghmanns* § 324 Rn.53; für bloße Indizwirkung dagegen LK-StGB/*Möhrenschlager* § 324 Rn.89, 12.Aufl.; MüKoStGB/*Alt* StGB § 324 Rn.48.

[1018] BT-Drs. 17/5391, 17; SSW-StGB/*Saliger/Lienert* § 325 Rn.24.

[1019] *Rengier*, Strafrecht AT § 52 Rn.9; *Börner*, Umweltstrafrecht, § 3 Rn.79; BeckOK StGB/*Witteck* § 325 Rn.26.

[1020] *Börner*, Umweltstrafrecht, § 3 Rn.79.

[1021] BGH NStZ 2013, 406; BeckOK StGB/*Witteck* § 325 Rn.26; MüKoStGB/*Alt* StGB § 325 Rn.62.

[1022] Vgl. TK StGB/*Schittenhelm* § 330a Rn.9; BeckOK StGB/*Witteck* § 330a Rn.15.

[1023] *Hilgendorf/Valerius*, Strafrecht AT § 12 Rn.28; *Wessels/Beulke/Satzger*, Strafrecht AT, Rn.1119.

Dabei gilt, dass ein Ablauf, der nicht völlig außerhalb der allgemeinen Lebenserfahrung liegt, regelmäßig als vorhersehbar gilt.[1024] Ein Beispielsfall hierfür ist die Lagerung wasserschädlicher Stoffe in der Nähe oberirdischer Gewässer, sei es vorübergehend oder endgültig, selbst wenn die Gewässerverunreinigung erst durch außergewöhnliche Ereignisse wie starke Niederschläge oder Hochwasser eintritt.[1025] Es ist dabei nicht erforderlich, dass sich die Vorhersehbarkeit auf alle Einzelheiten des nachfolgenden Geschehensablaufs erstreckt.[1026] Ein schuldhaftes Handeln wird jedoch ausgeschlossen, wenn „der Pflichtige nach seinem individuell-persönlichen Wissens- und Erfahrungsstand nicht in der Lage war, sich den Schadenseintritt als mögliche Folge seines Unterlassens vorzustellen".[1027] In diesem Kontext ist es von entscheidender Bedeutung, die persönlichen Verhältnisse des Täters zu berücksichtigen. So wird von einem Laien die Kenntnis verlangt, dass ein für die ölbetriebene Heizanlage benutzter Tank mit der Zeit durchrosten kann, während von einem Betriebsmeister die Kenntnis erwartet wird, dass chemische Reinigungsmittel in der verwendeten Menge gewässerschädliche Stoffe enthalten.[1028] Auch ein Klärwerksleiter ohne die erforderliche fachliche Ausbildung kann sich nicht auf fehlende Spezialkenntnisse berufen, wenn ihm aufgrund erhaltener Dienstanweisungen die Folgen einer Betriebsstörung – etwa der Abfluss ungeklärter Abwässer in ein öffentliches Gewässer – hätten bekannt sein müssen.[1029]

In Fällen mit mehreren Einleitern, in denen der erste Einleiter eine Grenzsituation herbeiführt, die aber noch nicht die Schwelle einer strafbaren Gewässerverunreinigung erreicht, ist im Folgenden zu unterscheiden:[1030] Die bloße Möglichkeit, dass ein weiterer Gewässernutzer Stoffe einleiten könnte, die zusammen mit der ersten Einleitung eine strafbare Gewässerverunreinigung bewirken, führt nicht automatisch zur strafrechtlichen Haftung des ersten Einleiters. Anders ist der Fall zu beurteilen, wenn der erste Einleiter wissen konnte oder hätte damit rechnen müssen, dass die Grenzsituation bereits erreicht war und weitere Einleitungen bevorstanden, die eine Überschreitung verursachen würden. Wenn eine Einleitung die Grenze einer Verunreinigung beinahe erreicht, diese jedoch durch weitere

[1024] SK-StGB/*Schall* § 324 Rn.53.

[1025] LK-StGB/*Heghmanns* § 324 Rn.54.

[1026] OLG Stuttgart NStZ 1989, 122, 123; MüKoStGB/*Alt* StGB § 324 Rn.56; LK-StGB/*Heghmanns* § 324 Rn.54; SK-StGB/*Schall* § 324 Rn.53.

[1027] OLG Stuttgart NStZ 1989, 122, 123; SK-StGB/*Schall* § 324 Rn.53.

[1028] SK-StGB/*Schall* § 324 Rn.53.

[1029] SK-StGB/*Schall* § 324 Rn.53; MüKoStGB/*Alt* StGB § 324 Rn.56.

[1030] MüKoStGB/*Alt* StGB § 324 Rn.57; BeckOK StGB/*Witteck* § 324 Rn.26.

vorhersehbare Einleitungen Dritter überschritten wird, bleibt die Vorhersehbarkeit grundsätzlich erhalten.

3.2.1.2.3 Zurechnung und Schutzbereich

Beim Fahrlässigkeitsdelikt knüpft die rechtlich missbilligte Gefahr nicht wie beim Vorsatzdelikt bereits unmittelbar an die Handlung an, sondern an die Sorgfaltswidrigkeit.[1031] Die aus der Sorgfaltspflichtverletzung erwachsende Gefahr muss dem Schutzzweck der Norm entsprechen, wobei zwischen verwaltungsakzessorischen und offen formulierten Fahrlässigkeitstatbeständen zu unterscheiden ist.[1032] Ist das Umweltdelikt tatbestandlich verwaltungsrechtsakzessorisch, setzt auch die Fahrlässigkeitsstrafbarkeit voraus, dass die verwaltungsrechtliche Pflicht nach § 330d Abs. 1 Nr. 4a umweltschützenden Charakter hat.[1033] Ist das Umweltdelikt nicht tatbestandlich verwaltungsrechtsakzessorisch, kann die Sorgfaltspflicht auch aus Normen abgeleitet werden, die nicht unmittelbar auf den Schutz von Umweltgütern abzielen.[1034] So reicht ein Verstoß gegen allgemeine Programmsätze zur Vermeidung übermäßiger Beeinträchtigungen der Umwelt und der Verschmutzung von Wasserstraßen wie z. B. § 1.04 RheinSchPV und § 15.02 RheinSchPV in Fällen der unsachgemäßen Beladung eines Schiffes mit in Containern befindlichen Kraftstoff-Additiven, die dann in den Rhein gelangen, nicht aus, um eine Strafbarkeit nach § 328 Abs. 5 zu begründen, weil der umweltrechtliche Schutzzweckzusammenhang dieser lediglich auf die Sicherheit des Schiffsverkehrs gerichteten und nicht dem Umweltschutz dienenden Vorschriften nicht bejaht werden kann.[1035] Im Gegensatz dazu kommt die fahrlässige Gewässerverunreinigung in Betracht, weil die den Schiffsverkehr betreffende Norm regelmäßig auch dem Schutzzweck des § 324 dient,[1036] nämlich Gewässerverunreinigung als Unfallfolge typisch ist.[1037]

In der Praxis nimmt die Gewässerverunreinigung durch Ereignisse im normalen Straßenverkehr eine bedeutsame Rolle ein. Bei Straßenverkehrsvorschriften ist

[1031] *Börner*, Umweltstrafrecht, § 3 Rn.81.

[1032] *Börner*, Umweltstrafrecht, § 3 Rn.81; SSW-StGB/*Saliger/Lienert* vor § 324 Rn.78.

[1033] SSW-StGB/*Saliger/Lienert* vor § 324 Rn.78.

[1034] Vgl. SK-StGB/*Schall*, § 324 Rn.54.

[1035] OLG Köln BeckRS 2014, 16763; BeckOK StGB/*Witteck* § 328 Rn.30.

[1036] SK-StGB/*Schall*, § 324 Rn.54.

[1037] *Krell*, Umweltstrafrecht, Rn.96.

danach zu differenzieren, ob diese zumindest auch den Schutz des Umweltmediums Wasser bezwecken oder ihnen solcher spezifische Bezug zum Gewässerschutz fehlt.[1038] So können Verstöße gegen Vorschriften, die gezielt Gebote und Verbote für Fahrzeuge mit umweltgefährdenden Gütern aufstellen, eine objektive Sorgfaltswidrigkeit im Sinne von § 324 Abs. 3 StGB begründen, nicht dagegen Vorschriften, die ausschließlich der allgemeinen Verkehrssicherheit dienen, wie etwa Regelungen über Geschwindigkeitsbeschränkungen, den technischen Zustand des Fahrzeugs oder das Überholverhalten.[1039] Soweit es um bodenschützende Normen geht, die im Rahmen von § 324a StGB die dort geforderten „verwaltungsrechtlichen Pflichten" begründen, sind diese auch für die Fahrlässigkeitsstrafbarkeit nach § 324 StGB einschlägig, weil diese regelmäßig auch auf den Schutz des Grundwassers abzielen.[1040]

In Bezug auf die schwere Folge im Sinne des § 18 StGB muss die Gefahr, die aus der Begehung des Grunddelikts resultiert, spezifisch auf die schwere Folge bezogen sein, wie es beispielsweise in § 330a Abs. 2 StGB der Fall ist.[1041] Die entscheidende Sorgfaltswidrigkeit liegt demnach in der Regel in der Verwirklichung des Grunddelikts,[1042] wobei eine am Moment der spezifischen Gefahr ausgerichtete Fahrlässigkeitsprüfung stets vorzunehmen ist.[1043]

3.2.2 In China

Nach der chinesischen traditionellen Strafrechtstheorie umfasst die subjektive Seite der Straftat Vorsatz, Fahrlässigkeit und besonderen Absichten und Motiven, die die innere Einstellung des Täters zu seinem sozialschädlichen Verhalten beschreiben.[1044] Ähnlich wie in Deutschland spielen überschießende Innentendenzen bei Umweltdelikten kaum eine Rolle. Im Folgenden werden daher Vorsatz und Fahrlässigkeit näher erörtert.

[1038] SK-StGB/*Schall*, § 324 Rn.54.

[1039] OLG Oldenburg NStZ-RR 2016, 14; SK-StGB/*Schall* § 324 Rn.54; *Krell*, Umweltstrafrecht, Rn.96.

[1040] SK-StGB/*Schall*,§ 324 Rn.54.

[1041] *Börner*, Umweltstrafrecht, § 3 Rn.97 ff.

[1042] *Hilgendorf/Valerius*, Strafrecht AT § 12 Rn.61.

[1043] *Börner*, Umweltstrafrecht, § 3 Rn.97 ff.

[1044] Vgl. *Gao Mingxuan/Ma Kechang*, Strafrecht (刑法学), S. 100; *Jia Yu (Hrsg.)*, Strafrecht (刑法学), Bd.1, S. 172.

3.2.2.1 Allgemeines zu Vorsatz und Fahrlässigkeit

Obwohl die Begriffe „Vorsatz“ und „Fahrlässigkeit“ im chinesischen Strafrecht nicht ausdrücklich im Strafgesetzbuch definiert sind, lassen sie sich aus den Regelungen zu Vorsatzdelikten und Fahrlässigkeitsdelikten in den §§ 14 und 15 chStGB ableiten. Gemäß § 14 I chStGB liegt eine vorsätzliche Straftat vor, wenn der Täter wissentlich eine Straftat begeht in Kenntnis dessen, dass das eigene Handeln für die Gesellschaft gefährliche Folgen unbedingt oder möglich herbeiführen wird und er den Eintritt dieser Folgen wünscht oder billigend in Kauf nimmt. Gemäß § 15 I chStGB liegt eine fahrlässige Straftat vor, wenn der Täter vorhersehen müsste, dass das eigene Handeln für die Gesellschaft gefährliche Folgen herbeiführen kann, er aber aus Unachtsamkeit bzw. Nachlässigkeit dies nicht vorausgesehen hat, oder wenn er dies zwar vorausgesehen hat, aber leichtfertig darauf vertraute, zu einer Vermeidung dieser Folgen imstande zu sein, und diese Folgen dann doch eingetreten sind. Nach § 15 II chStGB wird die Strafbarkeit fahrlässiger Straftaten – ähnlich wie in Deutschland – nur dann berücksichtigt, wenn dies im Gesetz ausdrücklich festgelegt ist. Solche Ausdrücklichkeit reicht bereits aus, sofern die Fahrlässigkeit im besonderen Teil des Strafgesetzbuchs implizit beschrieben wird, etwa durch Formulierungen wie „schwere Verantwortungslosigkeit“, „das Eintreten eines … Unfalls“ oder „Pflichtvernachlässigung“.[1045] Auch im chinesischen Strafgesetzbuch gibt es die grobe Fahrlässigkeit, ähnlich der Leichtfertigkeit im deutschen Strafgesetzbuch. Ein Beispiel hierfür findet sich in § 408 chStGB, der eine Bestrafung eines Amtsträgers in Umweltbehörden vorsieht, sofern er in Ausübung seiner Ämter aufgrund schwerwiegender Verantwortungslosigkeit handelt. Allerdings spielt die grobe Fahrlässigkeit im chinesischen Umweltstrafrecht, abgesehen von den speziellen Regelungen für Amtsträger in Umweltbehörden, keine Rolle.

Der Vorsatz setzt sich auch aus zwei Elementen zusammen: einem Wissenselement und einem Willenselement. Das Wissenselement verlangt, dass der Täter die objektive Seite der Straftat – also das Handlungsobjekt, die Tathandlung, den Taterfolg und die Kausalität – kennt,[1046] ähnlich dem objektiven Tatbestand eines Delikts im deutschen Strafrecht. Unstrittig ist, dass sich der Vorsatz nicht auf das Objekt der Straftat – vergleichbar mit dem Rechtsgut im deutschen Strafrecht – bezieht, da dies eine rechtliche Bewertung beinhaltet und somit Aufgabe des Juristen ist.[1047] Umstritten ist jedoch, ob sich der Vorsatz auch auf das Tatsubjekt,

---

[1045] Vgl. *Zhang Mingkai*, Chinese Journal of Law (法学研究) 3/2006, 102.

[1046] Vgl. *Gao Mingxuan/Ma Kechang*, Strafrecht (刑法学), S. 104; *Jia Yu (Hrsg.)*, Strafrecht (刑法学), Bd.1, S. 174.

[1047] Vgl. *Jia Yu (Hrsg.)*, Strafrecht (刑法学), Bd.1, S. 174.

insbesondere die Täterqualität, bezieht. Einige lehnen dies regelmäßig ab.[1048] Ein wesentlicher Grund hierfür liegt darin, dass die besondere Täterqualifikation, wie beispielsweise die Eigenschaft als Mitarbeiter staatlicher Behörden, nicht per se für die Bestimmung des Delikts entscheidend ist, sondern vielmehr die Ausnutzung dieser besonderen Stellung, die bereits auf der objektiven Seite der Straftat behandelt wird.[1049] Darüber hinaus steht die Verneinung im Einklang mit der chinesischen Kriminalpolitik und trägt zur effektiven Bekämpfung von Kriminalität bei.[1050] So kann beispielsweise der Direktor A eines Straßenbüros, der im Rahmen der Unterstützung des örtlichen Militärs bei der Rekrutierung von Soldaten die Rekrutierungskosten für sich selbst veruntreut, auch dann wegen Korruption verurteilt werden, wenn A sich seiner Identität als Mitarbeiter staatlicher Behörden nicht bewusst war. Die Gegenansicht vertritt die Auffassung, dass die Täterqualität Teil des Unrechtstatbestands ist und daher vom Vorsatz umfasst werden sollte.[1051] Ich teile diese Ansicht, da die Täterqualität ein wichtiges Element des Unrechtstatbestands darstellt. Dies entspricht nicht nur der systematischen Stellung der Täterqualität im Strafrecht, sondern gewährleistet auch eine sachgerechte Zurechnung von strafbarem Verhalten. Strittig ist auch, ob das Wissen, das als Vorhersehen und Erkennen der Tatfolgen definiert wird, auch die Kenntnis der Rechtswidrigkeit oder Sozialschädlichkeit der Tat umfasst. Nach herrschender Meinung ist es grundsätzlich nicht erforderlich, dass der Täter die Rechtswidrigkeit seiner Tat erkennt.[1052] Für den Vorsatz genügt es, dass der Täter sich der sozialgefährlichen Folgen seiner Handlung – also die verschiedenen tatbestandlichen Erfolge[1053] – bewusst ist, da § 14 chStGB lediglich verlangt, dass der Täter

---

[1048] z. B. *Jia Yu (Hrsg.)*, Strafrecht (刑法学), Bd.1, S. 174; *Xie Zhidong*, Journal of heilongjiang administrative cadreinstitute of politics and law (黑龙江省政法管理干部学院学报) 5/2003, 53; *Jiang Suhuai*, Journal of Jiangsu Police Officer College (江苏警官学院学报) 1/2003, 68.

[1049] Vgl. *Fu Yuming*, Criminal Science (中国刑事法杂志) 6/2016, 93.

[1050] Vgl. *Wang Yaobin*, Journal of Xi'an Shiyou University (Social Science Edition) (西安石油大学学报社会科学版) 6/201, 84.

[1051] z. B. *Zhang Mingkai*, Strafrecht (刑法学), Bd.1, S. 339; *Qiu Ling/Gan Shengning*, Criminal Science (中国刑事法杂志) 6/2013, 28; *Mei Chuanqiang*, Journal of Sichuan Normal University (Social Sciences Edition) (四川师范大学学报社会科学版) 1/2005, 26.

[1052] Vgl. *Jia Yu (Hrsg.)*, Strafrecht (刑法学), Bd.1, S. 178; *Gao Mingxuan/Ma Kechang*, Strafrecht (刑法学), S. 104; a.A. z. B. *Wang Jun*, Qsinghua University Law Journal (清华法学) 5/2022, 84: Es wird vertreten, dass der Gegenstand des Rechtswidrigkeitsbewusstseins die Strafrechtsnorm ist und dass dieses Bewusstsein in den Tatbestandsvorsatz integriert werden sollte, um als subjektives Unrechtselement zu fungieren.

[1053] Vgl. *Zhang Mingkai*, Strafrecht (刑法学), Bd.1, S. 338.

seine Tat als sozialgefährlich erkennt, jedoch nicht, dass er ihre Rechtswidrigkeit kennt.[1054]

Auch die Unterscheidung der Arten des Vorsatzes erfolgt im chinesischen Strafrecht anders als in Deutschland. Im deutschen Strafrecht wird zwischen Absicht (dolus directus ersten Grades), Wissentlichkeit (direkter Vorsatz oder dolus directus zweiten Grades) und bedingter Vorsatz (dolus eventualis) unterscheiden, je nachdem, ob die Willens- oder Wissenskomponente im Vordergrund steht.[1055] Bei der Absicht liegt der Schwerpunkt auf dem Willenselement, während beim direkten Vorsatz das Wissenselement im Vordergrund steht. Bedingter Vorsatz kann sowohl das Wissens- als auch das Willenselement betreffen. Im chinesischen Strafrecht wird jedoch zwischen unmittelbarem und mittelbarem Vorsatz unterschieden, je nachdem, wie die Willens- oder Wissenskomponente konkretisiert wird.[1056] Unmittelbarer Vorsatz liegt vor, wenn der Täter wissentlich eine Straftat begeht, in dem Bewusstsein, dass sein Handeln mit Sicherheit oder möglicherweise gesellschaftlich gefährliche Folgen herbeiführt (Wissenselement), und er den Eintritt dieser Folgen wünscht (Willenselement).[1057] Im Gegensatz dazu bedeutet mittelbarer Vorsatz, dass der Täter wissentlich eine Straftat begeht, in dem Bewusstsein, dass sein Handeln möglicherweise gesellschaftlich gefährliche Folgen herbeiführt (Wissenselement), und er den Eintritt dieser Folgen billigend in Kauf nimmt (Willenselement).[1058] Hierbei stellt sich die Frage, ob das Wissenselement des mittelbaren Vorsatzes die Sicherheit der Tatbestandsverwirklichung billigend in Kauf nehmen kann. Nach der herrschenden Meinung wird dies verneint, da bei der Sicherheit der Tatbestandsverwirklichung keine bloße Billigung vorliegt, sondern vielmehr ein Wunsch oder Erstreben des Erfolgseintritts.[1059] Diese Auffassung erscheint mir aus logischen Gründen als die zutreffendere. Obwohl die Wissentlichkeit als Wissenselement sowohl beim unmittelbaren als auch beim mittelbaren Vorsatz in China gesetzlich geregelt ist, entspricht der mittelbare Vorsatz aufgrund des unterschiedlichen Grads an Sicherheit des Erfolgseintritts und des Willens zur Tatbestandsverwirklichung

---

1054 Vgl. *Jia Yu (Hrsg.)*, Strafrecht (刑法学), Bd.1, S. 178; *Gao Mingxuan/Ma Kechang*, Strafrecht (刑法学), S. 104.

1055 *Hilgendorf/Valerius*, Strafrecht AT § 4 Rn.79.

1056 Vgl. *Jia Yu (Hrsg.)*, Strafrecht (刑法学), Bd.1, S. 179.

1057 Vgl. *Gao Mingxuan/Ma Kechang*, Strafrecht (刑法学), S. 105; *Jia Yu (Hrsg.)*, Strafrecht (刑法学), Bd.1, S. 179.

1058 Vgl. *Gao Mingxuan/Ma Kechang*, Strafrecht (刑法学), S. 106; *Jia Yu (Hrsg.)*, Strafrecht (刑法学), Bd.1, S. 179.

1059 Vgl. *Gao Mingxuan/Ma Kechang*, Strafrecht (刑法学), S. 107; *Jia Yu (Hrsg.)*, Strafrecht (刑法学), Bd.1, S. 179 ff.

(also Inkaufnahme) eher dem bedingten Vorsatz im deutschen Strafrecht. Der unmittelbare Vorsatz in China, bei dem sowohl die Wissentlichkeit als auch der Wille zur Tatbestandsverwirklichung – also Wunsch oder Anstreben – gesetzlich verankert sind, stellt hingegen eher eine Kombination aus der Absicht und dem direkten Vorsatz im deutschen Strafrecht dar. Aufgrund der unterschiedlichen Behandlung des Wissenselements ergibt sich insbesondere im chinesischen Strafrecht die Problematik der Wissentlichkeit. Diese umfasst nicht nur die sichere Kenntnis, sondern auch ein „Kennensollen", das unter bestimmten Umständen auf Grundlage von Indizien vermutet werden kann – ein Ansatz, der insbesondere bei Drogen- und Schmuggelkriminalität typisch ist.[1060]

Anders als in Deutschland, wo die Fahrlässigkeit als eigenständiger Typus strafbaren Verhaltens – also als eigenes Unrechts- und Schuldelement – angesehen wird,[1061] wird die Fahrlässigkeit nach der traditionellen chinesischen Strafrechtstheorie lediglich als eine Form der inneren Einstellung des Täters zu seiner sozialschädlichen Handlung und deren Folge angesehen.[1062] Sie gehört damit ebenso wie der Vorsatz zur subjektiven Seite der Straftat.[1063] Die Diskussion über Fahrlässigkeit in der traditionellen chinesischen Strafrechtstheorie ist stark von einer gesetzesexegetischen Darstellung geprägt, die sich auf die gesetzlichen Bestimmungen zu Fahrlässigkeitsdelikten konzentriert.[1064] Nach § 15 I chStGB kann die Fahrlässigkeit auch in zwei Arten – also unachtsame Fahrlässigkeit und leichtgläubige Fahrlässigkeit – zu unterscheiden sein, je nach der Voraussehbarkeit der Tatbestandsverwirklichung.[1065] Die Elemente der Fahrlässigkeit werden dabei durch eine Merkmalsanalyse untersucht. So wird in chinesischen Strafrechtslehrbüchern dargelegt, dass die unachtsame Fahrlässigkeit zwei Merkmale aufweist[1066]: Erstens hätte der Handelnde die möglichen gesellschaftsschädlichen Folgen seines Handelns vorhersehen sollen; zweitens hat er diese Folgen aufgrund von Unachtsamkeit nicht vorhergesehen. Die leichtgläubige Fahrlässigkeit weist ebenfalls zwei Merkmale auf: Erstens hat der

[1060] Vgl. *Jia Yu (Hrsg.)*, Strafrecht (刑法学), Bd.1, S. 175.

[1061] *Hilgendorf/Valerius*, Strafrecht AT § 12 Rn.11; *Wessels/Beulke/Satzger*, Strafrecht AT, Rn.1106.

[1062] Vgl. *Gao Mingxuan/Ma Kechang*, Strafrecht (刑法学), S. 109.

[1063] Vgl. *Jia Yu (Hrsg.)*, Strafrecht (刑法学), Bd.1, S. 185.

[1064] Vgl. *Chen Xingliang*, ECUPL Journal (华东政法大学学报) 4/2012, 31.

[1065] Vgl. *Jia Yu (Hrsg.)*, Strafrecht (刑法学), Bd.1, S. 188; *Gao Mingxuan/Ma Kechang*, Strafrecht (刑法学), S. 110.

[1066] Vgl. *Jia Yu (Hrsg.)*, Strafrecht (刑法学), Bd.1, S. 186 ff.; *Gao Mingxuan/Ma Kechang*, Strafrecht (刑法学), S. 110 ff.

Handelnde die möglichen gesellschaftsschädlichen Folgen seines Handelns vorhergesehen; zweitens hat er jedoch leichtfertig darauf vertraut, diese Folgen vermeiden zu können, wodurch sie letztlich doch eingetreten sind. Nach dieser Definition ähnelt die unachtsame Fahrlässigkeit in China der unbewussten Fahrlässigkeit im deutschen Strafrecht, während die leichtgläubige Fahrlässigkeit der bewussten Fahrlässigkeit in Deutschland entspricht. Allerdings bleibt diese formale Aufschlüsselung der Fahrlässigkeitselemente gemäß den gesetzlichen Bestimmungen oberflächlich, da sie weder die Natur dieser Elemente noch das Verhältnis zwischen ihnen näher erläutert.[1067] Mit der Entwicklung von einer rein exegetischen Gesetzesinterpretation hin zu einer rechtsphilosophischen Erläuterung haben chinesische Strafrechtswissenschaftler begonnen, die Wissens- und Willenselemente des Vorsatzes auf Fahrlässigkeitsdelikte anzuwenden.[1068] Beim Wissenselement liegt der Schwerpunkt auf der Vorhersehbarkeit, während sich das Willenselement bei der leichtgläubigen Fahrlässigkeit in Leichtgläubigkeit und bei der unachtsamen Fahrlässigkeit in Nachlässigkeit äußert.[1069] Diese Herangehensweise ist jedoch starr und mechanistisch, da beispielsweise die Formulierung „der Handelnde … nicht vorhergesehen hat" im Grunde bedeutet, dass kein Wissenselement vorliegt.[1070] Unter dem Einfluss der deutschen und japanischen Strafrechtslehre haben chinesische Strafrechtslehrbücher, die nach der traditionellen Strafrechtstheorie konzipiert sind, begonnen, das Konzept der Sorgfaltspflicht zu verwenden, um das „Vorhersehensollen" bei der unachtsamen Fahrlässigkeit zu erklären.[1071] So wird „Vorhersehensollen" als die Einheit von der Verpflichtung zum Vorhersehen und der Fähigkeit zum Vorhersehen verstanden. Die Verpflichtung zum Vorhersehen bedeutet, dass der Handelnde unter Berücksichtigung der spezifischen Umstände zum Zeitpunkt der Handlung verpflichtet ist, die möglichen gesellschaftsschädlichen Folgen seines Handelns vorherzusehen. Diese Pflicht kann sich aus Gesetzen oder den allgemeinen Lebensregeln der Gesellschaft ergeben. Die Fähigkeit zum Vorhersehen bezieht sich hingegen auf die persönliche Fähigkeit des Handelnden, basierend auf seinen individuellen Umständen, die möglichen Folgen seines Handelns vorherzusehen (also nach „subjektiv-individuelle Maßstab"). Im Gegensatz dazu wird das Prinzip

[1067] Vgl. *Chen Xingliang*, ECUPL Journal (华东政法大学学报) 4/2012, 32.

[1068] Vgl. *Chen Xingliang*, ECUPL Journal (华东政法大学学报) 4/2012, 32.

[1069] Vgl. *Jia Yu (Hrsg.)*, Strafrecht (刑法学), Bd.1, S. 185.

[1070] Vgl. *Chen Xingliang*, ECUPL Journal (华东政法大学学报) 4/2012, 33.

[1071] Vgl. *Jia Yu (Hrsg.)*, Strafrecht (刑法学), Bd.1, S. 186 ff.; *Gao Mingxuan/Ma Kechang*, Strafrecht (刑法学), S. 112 ff. *Chen Xingliang*, ECUPL Journal (华东政法大学学报) 4/2012, 35.

der Sorgfaltspflicht in chinesischen Strafrechtslehrbüchern, die nach der traditionellen Strafrechtstheorie konzipiert sind, selten im Zusammenhang mit der leichtgläubigen Fahrlässigkeit erwähnt. Allerdings wird die akademische Diskussion über die Fahrlässigkeitsdelikte unter dem Einfluss der deutschen und japanischen Strafrechtstheorie immer intensiver geführt. Es wird zunehmend allgemein anerkannt, dass das Wesen des Fahrlässigkeitsdelikts in der Verletzung der Sorgfaltspflicht liegt.[1072] Die Betrachtung von Fahrlässigkeitsdelikten beschränkt sich nicht mehr auf die Schuldform im Rahmen der Vier-Elemente-Deliktsaufbau, sondern erfolgt zunehmend im Rahmen einer umfassenden, tiefgehenden und mehrdimensionalen Analyse anhand des dreistufigen Deliktsaufbaus.[1073]

3.2.2.2 Meinungsverschiedenheit zur subjektiven Seite des § 338 chStGB

Die subjektive Seite des Umweltverschmutzungsdelikts bezieht sich auf die Einstellung des Täters zu den Folgen der Umweltschäden, die durch seine Handlung verursacht wurden. Vor der Einführung des Strafrechtsänderungsgesetzes VIII (2011) bestand eine strafrechtliche Verantwortung nur dann, wenn ein schwerwiegender Umweltverschmutzungsunfall verursacht wurde. Daher war in der Wissenschaft allgemein anerkannt, dass das Delikt des schwerwiegenden Umweltverschmutzungsunfalls auf Fahrlässigkeit beruhte.[1074] Da der Gesetzestext jedoch keine ausdrückliche Klarstellung zur konkreten Ausgestaltung der subjektiven Seite enthält – weder die frühere fahrlässigkeitsbezogene Formulierung (insbesondere der Begriff „Unfall“) noch ein explizites vorsatzbezogenes

---

[1072] Vgl. *Chen Xingliang*, ECUPL Journal (华东政法大学学报) 4/2012, 30.

[1073] z. B. In diesem Fall wird die Sorgfaltspflicht in objektive Sorgfaltspflicht und subjektive Sorgfaltspflicht unterteilt. Die subjektive Sorgfaltspflicht betrifft die Pflicht zur Voraussehbarkeit des Erfolgs. Sie ist verletzt, wenn der Täter den Erfolg nicht vorausgesehen hat, obwohl eine Möglichkeit zu Voraussehen bestand. Die objektive Sorgfaltspflicht bezieht sich auf die Pflicht zur Vermeidung des tatbestandlichen Erfolgs. Sie ist verletzt, wenn der Täter auf Grundlage der Vorausschau den Eintritt des Erfolges nicht verhindert, obwohl eine Möglichkeit zur Vermeidung bestand. Im Rahmen der Tatbestandsmäßigkeit und der Rechtswidrigkeit steht die Verletzung der objektiven Sorgfaltspflicht im Mittelpunkt, während im Bereich der Schuld die Verletzung der subjektiven Sorgfaltspflicht im Fokus steht, vgl. *Chen Xingliang*, Journal of Comparative Law (比较法研究) 5/2020, 30 ff.; *Yamaguchi*, in: Strafrechtswissenschaft als Ordnungsfaktor, S. 148 ff.

[1074] Vgl. *Zhang Mingkai*, Strafrecht (刑法学), Bd.2, Aufl.5, S. 1131.

Wort wie „wissen“ oder „wollen“ –, haben sich in der strafrechtlichen Theorie und Praxis vor allem drei Ansichten herausgebildet: die Vorsatztheorie, die Fahrlässigkeitstheorie und die Mischungstheorie.[1075]

3.2.2.2.1 Vorsatztheorie

Nach der Verabschiedung des Strafrechtsänderungsgesetzes VIII (2011) hat sich die Vorsatztheorie als eine einflussreiche Auffassung etabliert. Diese Theorie geht davon aus, dass das Umweltverschmutzungsdelikt nur vorsätzlich begangen wird, was bedeutet, dass der Täter weiß, dass das rechtswidrige Ableiten, Abladen oder Behandeln schädlicher Stoffe zu einer schwerwiegenden Umweltverschmutzungsfolgen führt, und er das Eintreten dieses Ergebnisses wünscht oder zumindest billigend in Kauf nimmt.[1076] Der Vorsatz bezieht sich nur auf grundlegende Folgen der Umweltverschmutzung, nicht aber auf „besonders schwerwiegende Folgen“ wie Personen- oder Sachschäden, wobei Fahrlässigkeit ausreichend ist.[1077] Das Strafrechtsänderungsgesetz XI (2021) hat jedoch eine bedeutende Änderung eingeführt: Die schwerere Strafe (d. h. die zweite und dritte Strafbemessungsstufe) bei Umweltverschmutzungsdelikten ist nicht mehr ausschließlich an das Eintreten einer besonderen Folge geknüpft, sondern auch an strafverschärfende Merkmale wie die Tatbegehung in besonderen Schutzgebieten. Diese strafverschärfenden Merkmale müssen ebenfalls vom Vorsatz des Täters umfasst sein.

3.2.2.2.1.1 Begründung

Die Vertreter der Vorsatztheorie begründen ihre Auffassung wie folgt: (1) Nachdem das Strafrechtsänderungsgesetz VIII (2011) die fahrlässigkeitsbezogene Formulierung – das Wort „Unfall“ – gestrichen hat, enthält der geltende §

[1075] Einige Wissenschaftler vertreten die Auffassung der relativen strengen Haftung. Sie gehen davon aus, dass der Täter bei Umweltverschmutzungsdelikten in subjektiver Hinsicht eine gewisse Schuld trägt. Wenn es jedoch aus verschiedenen Gründen schwierig ist, konkrete Beweise dafür vorzulegen, ob der Täter vorsätzlich oder fahrlässig gehandelt hat, wird zu Zwecken der Verbrechensbekämpfung vermutet, dass er subjektiv schuldhaft gehandelt hat, und er wird dementsprechend zur Verantwortung gezogen. Diese Ansicht beschränkt sich jedoch auf theoretische Diskussionen und dient hauptsächlich der Lösung des Problems des schwer nachweisbaren Kausalzusammenhangs. Allerdings findet sie in der strafrechtlichen Gesetzgebung keine ausreichende Unterstützung und wird daher an dieser Stelle nicht weiter erörtert. Vgl. Befürworter: z. B. *Zheng Zuxing*, Jiangxi Social Sciences (江西社会科学) 1/2021, 163 ff.; Gegner: z. B. *Jiang Wenxiu*, People’s Procuratorial Semimonthly (人民检察) 7/2016, 66.

[1076] Vgl. *Zhang Mingkai*, Strafrecht (刑法学), Bd.2, Aufl.5, S. 1131.

[1077] Vgl. *Zhang Mingkai*, Law Review (法学评论) 2/2018, 36.

338 chStGB keinerlei Hinweise darauf, dass das Umweltverschmutzungsdelikt durch Fahrlässigkeit begangen werden kann.[1078] Da eine textliche Grundlage für die Einstufung als Fahrlässigkeitsdelikt fehlt, muss gemäß dem Gesetzlichkeitsgrundsatz (hier: nach § 15 II chStGB) davon ausgegangen werden, dass dieses Delikt nur vorsätzlich begangen werden kann.[1079] (2) Die Einstufung des Umweltverschmutzungsdelikts als Vorsatzdelikt trägt zur Lösung der Problematik von Täterschaft und Teilnahme bei.[1080] Gemäß § 25 chStGB wird eine von mindestens zwei Personen gemeinsam, aber fahrlässig begangene Straftat nicht als gemeinschaftlich begangene Straftat bestraft. Stattdessen ist bei einer gemeinschaftlich begangenen Straftat lediglich Vorsatz relevant. Umweltverschmutzung erfolgt jedoch meist als mehrstufiger Prozess – von der Produktion über den Transport bis hin zur Entsorgung. Diese Abläufe erfordern die Zusammenarbeit mehrerer Personen. Wird das Umweltverschmutzungsdelikt als Vorsatzdelikt eingestuft, können die Handlungen der Beteiligten gesamtheitlich bewertet und ihre strafrechtliche Verantwortung entsprechend ihrer Rolle innerhalb der Tat bestimmt werden.[1081] Wird hingegen die Fahrlässigkeitstheorie zugrunde gelegt, muss das Verhalten jeder Person unabhängig bewertet werden, wodurch die einzelnen Schritte des Umweltverschmutzungsprozesses voneinander getrennt werden und keine einheitliche Bewertung möglich ist, was die strafrechtliche Verfolgung erheblich erschwert.[1082] Gemäß § 8 der Justizauslegung 2023 wird dies als eine gemeinschaftlich begangene Straftat angesehen, wenn wissentlich anderen, die keine Genehmigung für den Umgang mit gefährlichen Abfällen besitzen, solche Abfälle zur Verfügung gestellt oder ihnen die Sammlung, Lagerung, Verwertung oder Entsorgung gefährlicher Abfälle beauftragt und dadurch eine erhebliche Umweltverschmutzung verursacht wird. Dies bestätigt indirekt, dass das Umweltverschmutzungsdelikt ein Vorsatzdelikt ist.[1083] (3) Die Einstufung des Umweltverschmutzungsdelikts als Vorsatzdelikt gewährleistet die strikte Einhaltung seiner Verwaltungsakzessorietät und seiner systematischen

---

[1078] Vgl. *Yang Ning/Li Hong*, People's Procuratorial Semimonthly (人民检察) 21/2013, 5.

[1079] Vgl. *Yang Ning/Li Hong*, People's Procuratorial Semimonthly (人民检察) 21/2013, 6.

[1080] Vgl. *Hou Yanfang*, Studies in Law and Business (法商研究) 3/2017, 116.

[1081] Vgl. *Wang Lin/Zhang Xueke*, Journal of Guizhou University (Social Sciences) (贵州大学学报社会科学版) 2/2019,77.

[1082] Vgl. *Wang Lin/Zhang Xueke*, Journal of Guizhou University (Social Sciences) (贵州大学学报社会科学版) 2/2019,77.

[1083] Vgl. *Hou Yanfang*, Studies in Law and Business (法商研究) 3/2017, 116.

Stellung im Strafrecht:[1084] Bei leichteren Fällen von fahrlässiger Umweltverschmutzung können vorrangig vorgelagerte (Verwaltungs-)Rechtsvorschriften zur Regelung herangezogen werden, ohne dass eine strafrechtliche Sanktion erforderlich ist. Bei fahrlässiger Umweltverschmutzung mit schweren Folgen können andere Delikte wie die fahrlässige Freisetzung gefährlicher Stoffe oder fahrlässige Straftaten gegen die öffentliche Sicherheit zur Anwendung kommen. Daher erübrigt sich die Einführung eines eigenständigen fahrlässigen Umweltverschmutzungsdelikts. Zudem wäre es unangemessen, das Umweltverschmutzungsdelikt als Fahrlässigkeitsdelikt einzustufen, wenn es im Strafgesetzbuch keine entsprechende Vorsatztat dafür gibt[1085]. Im Gegensatz dazu ist es gemäß dem Grundsatz der Verhältnismäßigkeit von Schuld und Strafe angemessener, an der Vorsatztheorie festzuhalten, weil das Strafrechtsänderungsgesetz XI (2021) die Höchststrafe für vier verschärfte Straftatbestände auf 15 Jahre angehoben hat.[1086] (4) Die Unterstützung durch die Rechtspraxis[1087]: Das Protokoll von 2019 legt fest, dass bei der Beurteilung, ob ein Tatverdächtiger oder Angeklagter vorsätzlich eine Umweltstraftat begangen hat, eine umfassende Analyse vorgenommen werden muss. Dabei sind Faktoren wie die berufliche Stellung, Berufserfahrung, fachlicher Hintergrund, absolvierte Schulungen, frühere verwaltungsrechtliche oder strafrechtliche Sanktionen für ähnliche Handlungen, die Art der Schadstoffe, die Art der Verschmutzung sowie der Geldfluss zu berücksichtigen und mit den Aussagen des Betroffenen abzugleichen. In der Praxis kann von einer vorsätzlichen Begehung eines Umweltverschmutzungsdelikts ausgegangen werden, wenn der Tatverdächtige oder Angeklagte eine der folgenden Handlungen begangen hat und dafür keine plausible Erklärung liefern kann – es sei denn, es gibt Beweise dafür, dass er tatsächlich keine Kenntnis davon hatte: (a) Das Unternehmen hat keine gesetzlich vorgeschriebene Umweltverträglichkeitsprüfung durchgeführt oder keine gesetzliche Emissionsgenehmigung erhalten und dennoch Schadstoffe freigesetzt oder nach bestandener Umweltverträglichkeitsprüfung und erfolgreicher Abnahme der Umweltschutzanlagen eigenmächtig Produktionsprozesse oder Roh- und Hilfsstoffe geändert, was zur Entstehung neuer Schadstoffe führt; (b) Nichtnutzung der genehmigten Umweltanlagen oder deren Nutzung nicht gemäß

1084 Vgl. *Tian Hongjie*, The Jurist (法学家) 1/2020, 146 ff.

1085 Vgl. *Zhou Xiang/Xia Meng*, Journal of Nanjing University of Technology (Social Science Edition) (南京工业大学学报社会科学版) 20/2021, 34.

1086 Vgl. *Li Linjing*, Sammelband der Kriminologischen Forschung (Band 2), S. 19.

1087 Vgl. *Jia Yu (Hrsg.)*, Strafrecht (刑法学), Bd.2, S. 279; *Li Linjing*, Sammelband der Kriminologischen Forschung (Band 2), S. 22 f.

den gesetzlichen Anforderungen; (c) Trotz eines Ausfalls der Umweltschutzanlagen wird die Produktion fortgesetzt, ohne den Defekt rechtzeitig zu beheben, wodurch weiterhin Schadstoffe freigesetzt werden; (d) Nachdem die Umweltbehörden die Einschränkung der Produktion, die Stilllegung zur Sanierung oder eine Verwaltungsstrafe angeordnet haben, wird die Produktion fortgesetzt und die Schadstoffemissionen werden in Kauf genommen; (e) Die Entsorgung gefährlicher Abfälle wird an Dritte delegiert, ohne die Pflicht zur Überprüfung der Betriebsgenehmigung zu erfüllen, oder die Entsorgungskosten liegen deutlich unter dem Marktpreis oder den Entsorgungskosten; (f) Die Emission von Schadstoffen durch verdeckte Rohre, Sickergruben, Spalten, Höhlen, Einspritzungen oder andere Methoden, die der Überwachung entgehen; (g) Die Emission von Schadstoffen durch Manipulation oder Fälschung von Überwachungsdaten; (h) Andere ausreichend begründete Umstände.

3.2.2.2.1.2 Fallbeispiel

In der Rechtsprechung vertreten einige Richter die Auffassung, dass Umweltverschmutzungsdelikte als Vorsatzdelikte einzustufen sind.

Fall 1[1088]: Das Gericht kam nach Prüfung zu der Auffassung, dass „die Angeklagten Peng XX und Fang XX wussten, dass die Verzinkungsfabrik, in der sie arbeiteten, illegal produzierte. Dennoch verstießen sie gegen staatliche Vorschriften, indem sie die beim Verzinkungsprozess entstehende Abfallflüssigkeit ohne jegliche Behandlung über einen verdeckten Innenkanal nach außen ableiteten, sodass sie in den Boden versickerte. Die abgeleitete Abfallflüssigkeit enthielt giftige Substanzen, deren Konzentration den nationalen Grenzwert um das Dreifache überschritt, was zu einer schweren Umweltverschmutzung führte. Damit erfüllten sie den Tatbestand des Umweltverschmutzungsdelikts gemäß § 338 chStGB. Die Verteidiger der beiden Angeklagten argumentierten, dass das Umweltverschmutzungsdelikt als Fahrlässigkeitsdelikt und nicht als Vorsatzdelikt einzustufen sei und dass keine gemeinschaftlich begangene Straftat von Angestellten und Betreiber begründet werden könnte. Das Gericht war jedoch der Auffassung, dass es sich bei dem Umweltverschmutzungsdelikt um ein Vorsatzdelikt handelt. Die Angeklagten Peng XX und Fang XX wussten, dass die Verzinkungsfabrik des Betreibers keine Abwasserreinigungsanlage besaß und illegal produzierte, arbeiteten dennoch dort und leiteten eigenmächtig Abfallflüssigkeit ab, was zu schwerer Umweltverschmutzung führte. Daher liegt die gemeinschaftlich begangene Straftat von den beiden Angeklagten und dem Betreiber vor".

[1088] (2016) 冀 0104 刑初 492 号.

Fall 2[1089]: Ebenfalls ist das Gericht der Auffassung, „dass der Angeklagte Wu als tatsächlicher Geschäftsführer des Unternehmens nicht unwissend darüber sein konnte, dass an dem betreffenden Tag Abwasser mithilfe eines Feuerwehrschlauchs abgeleitet wurde. Zudem war dem Unternehmen durch die Umweltbehörden ausdrücklich verboten worden, Abwasser direkt einzuleiten. Dennoch wurde der provisorisch zur Abwasserableitung genutzte Feuerwehrschlauch weiterhin offen auf dem Firmengelände aufbewahrt und tatsächlich für die Einleitung von Abwässern verwendet. Daher hatten sowohl der Angeklagte Wu als auch das Unternehmen vorsätzlich gehandelt“.

3.2.2.2.2 Fahrlässigkeitstheorie

Die Fahrlässigkeitstheorie besagt, dass die subjektive Seite des Umweltverschmutzungsdelikts nur auf Fahrlässigkeit beruhen kann.[1090] Das bedeutet, dass der Handelnde vorhersehen sollte, dass sein Handeln des Ableitens, Abladens oder Behandelns schädlicher Substanzen schwerwiegende Umweltverschmutzungsfolgen verursachen könnte, aber aufgrund von Nachlässigkeit nicht vorhergesehen hat oder, obwohl er es vorhergesehen hat, leichtgläubig annahm, dies vermeiden zu können.

3.2.2.2.2.1 Begründung

Obwohl das Strafrechtsänderungsgesetz VIII (2011) das eindeutig fahrlässigkeitsbezogene Wort „Unfall“ aus dem Tatbestand des schweren Umweltverschmutzungsunfalls gestrichen und das Delikt in „Umweltverschmutzungsdelikt“ umbenannt hat, halten einige Strafrechtswissenschaftler weiterhin an der Fahrlässigkeitstheorie fest. Ihre Argumentation lässt sich wie folgt zusammenfassen: (1) Das Willenselement des Umweltverschmutzungsdelikts äußert sich nach Ansicht dieser Wissenschaftler nicht in einem bewussten Wunsch oder einer Billigung der Folgen (wie beim Vorsatz), sondern primär in der Leichtgläubigkeit, die für die selbstüberschätzte Fahrlässigkeit typisch ist.[1091] Wenn der Handelnde schädliche Substanzen ableitet, ablädt oder behandelt, ist er sich zwar der möglichen Folgen einer Umweltverschmutzung bewusst, geht jedoch leichtgläubig davon aus, dass schädliche Konsequenzen ausbleiben werden. Gründe für diese Haltung

---

1089 (2020) 新 0109 刑初 44 号.

1090 Vgl. *Wang Shenghua*, Journal of Hubei University of Police (湖北警官学院学报) 8/2012, 89.

1091 Vgl. *Wang Shenghua*, Journal of Hubei University of Police (湖北警官学院学报) 8/2012, 90.

sind vielfältig:[1092] Erstens überschätzen die meisten Handelnden die Umweltkapazität, die Tragfähigkeit und die Selbstreinigungskraft der Umwelt und glauben, dass ihr Handeln noch keine schwerwiegenden Folgen haben wird. Zweitens wird im Streben nach wirtschaftlichem Nutzen und im Abwägen gegen Umweltverschmutzung die Pflicht zur Vermeidung von Umweltschäden durch starke utilitaristische Ziele abgeschwächt. Drittens fördert die mangelnde Funktionserfüllung und unzureichende Überwachung durch lokale Umweltbehörden den risikobereiten Geist der Handelnden, ihre Umweltschutzpflichten nicht zu erfüllen. (2) Aufgrund der Verwaltungsakzessorietät der Umweltverschmutzungsdelikte – d. h. die Strafbarkeit setzt häufig einen Verstoß gegen verwaltungsrechtliche Vorschriften voraus – wird die subjektive Böswilligkeit des Täters als vergleichsweise gering eingestuft. Dies eröffnet Spielraum für die Annahme von Fahrlässigkeit, da das Delikt weniger auf eine gezielte Schädigungsabsicht, sondern eher auf Pflichtverletzungen im Rahmen behördlicher Auflagen zurückzuführen ist.[1093] (3) Würde das Umweltverschmutzungsdelikt ausschließlich als Vorsatzdelikt ausgestaltet, könnten fahrlässige Umweltverschmutzungshandlungen mit schweren Folgen nach der Verabschiedung des Strafrechtsänderungsgesetzes VIII (2011) nicht mehr strafrechtlich geahndet werden. Dies stünde im Widerspruch zur ursprünglichen Intention des Gesetzgebers, der mit der Gesetzesreform gerade eine effektivere Bekämpfung von Umweltkriminalität erreichen wollte.[1094]

3.2.2.2.2.2 Fallbeispiel

In der Rechtsprechung vertreten einige Richter die Auffassung, dass Umweltverschmutzungsdelikte als Fahrlässigkeitsdelikte einzustufen sind.

Fall 3[1095]: Das Gericht stellte fest, „Die vier Angeklagten und ihre Verteidiger vertraten alle die Ansicht, dass der Antimonunfall der Firma Longxing durch die Qualität des Gewölbes des Überlaufschachtes des Absetzbeckens 2# verursacht wurde und dass die vier Angeklagten nicht den Vorsatz hatten, absichtlich Schadstoffe einzuleiten, und dass es keinen direkten Zusammenhang zwischen dem Unfall und der Wiederaufnahme der Produktion durch die Firma gab, und sie behaupteten, dass der Bescheid des Umweltschutzbüros des Kreises Xihe über Abhilfemaßnahmen nicht in rechtmäßiger Form vorlag und nicht als Grundlage

---

[1092] Vgl. *Wang Shenghua*, Journal of Hubei University of Police (湖北警官学院学报) 8/2012, 90.

[1093] Vgl. *Wang Shenghua*, Journal of Hubei University of Police (湖北警官学院学报) 8/2012, 90.

[1094] Vgl. *Ni Chuanzhou*, Journal of Kunming University of Science and Technology (Social Sciences) (昆明理工大学学报社会科学版) 5/2021, 13.

[1095] (2017) 甘 1225 刑初 8 号.

für die Feststellung des Sachverhalts verwendet werden sollte. Diese Argumentation und Verteidigung stimmen jedoch nicht mit den gerichtlich festgestellten Tatsachen überein. Zudem handelt es sich bei Umweltverschmutzungsdelikt um ein Fahrlässigkeitsdelikt, bei dem Vorsatz keine Rolle spielt. Entscheidend ist allein die Tatsache, dass giftige oder schädliche Stoffe abgeleitet, abgeladen oder behandelt wurden und dadurch eine Umweltverschmutzungsfolge verursacht wurde. Daher wurden diese Einwände und Verteidigungsargumente rechtlich nicht berücksichtigt".

Fall 4[1096]: „Hinsichtlich der Verteidigungsargumente der Anwälte der beiden Angeklagten, wonach Feng XX und Xue XX als Teilnehmer einzustufen seien, ist das Gericht der Auffassung, dass es sich bei Umweltverschmutzungsdelikt um ein Fahrlässigkeitsdelikt handelt. Daher liegt keine gemeinschaftlich begangene Straftat von den Angeklagten vor. Demgegenüber ist eine gesonderte Bestrafung jedes Angeklagten für die von ihm begangene Straftat erforderlich".

Fall 5[1097]: Das Gericht ist der Auffassung, „dass die Angeklagten Ji A, Ji B, Zhang A, Sun A, Wang A, Chen A und Sun B gegen staatliche Vorschriften verstoßen haben, indem sie eigenmächtig giftige Stoffe entsorgten und dadurch die Umwelt erheblich verschmutzten. Dies führte zu einem Sachschaden von 963.702 RMB an öffentlichem und privatem Eigentum, wodurch sie den Tatbestand des Umweltverschmutzungsdelikts erfüllt haben. Die von der Staatsanwaltschaft erhobenen Anklagepunkte sind somit begründet, und die Angeklagten sind gesetzlich zu bestrafen. Bezüglich der Argumente der Verteidiger von Wang A und Zhang A, die den Standpunkt vertreten, dass es sich in diesem Fall um ein Fahrlässigkeitsdelikt handelt, wurde festgestellt, dass die oben genannten Angeklagten zwar wussten, dass sie gegen das nationale Umweltschutzgesetz verstießen, indem sie gefährliche Abfälle entsorgten, die schwerwiegenden Folgen jedoch nicht beabsichtigten. Die subjektive Seite dieses Delikts manifestiert sich in Fahrlässigkeit und es gehört zum Fahrlässigkeitsdelikt. Daher hat das Gericht die entsprechende Verteidigungsauffassung der Verteidiger angenommen".

3.2.2.2.3 Mischungstheorie

Nach der Mischungstheorie kann sich die subjektive Seite des Umweltverschmutzungsdelikts manifestieren in Vorsatz als auch in Fahrlässigkeit.[1098] Mit anderen

---

1096 (2020) 晋1027刑初22号.

1097 (2014) 埇刑初字第00079-1号.

1098 Vgl. *Gao Mingxuan/Ma Kechang*, Strafrecht (刑法学), S. 582.

Worten: Die Schuldform des Umweltverschmutzungsdelikts ist unscharf, ähnlich der mindestens Fahrlässigkeit bei erfolgsqualifizierten Delikten.[1099]

3.2.2.2.3.1 Begründung

Der Befürworter der Mischungstheorie argumentiert wie folgt: (1) Die Mischungstheorie beruht auf dem ursprünglichen Willen des Gesetzgebers: „Durch eine teleologische Auslegung im Sinne des Gesetzgebers … Ziel dieser Reform war es in gewisser Weise, die fehlerhafte Auffassung des Strafrechts hinsichtlich der subjektiven Seite des ursprünglichen Delikts des schwerwiegenden Umweltverschmutzungsunfalls zu korrigieren. Daraus lässt sich leicht erkennen, dass der ursprüngliche Wille des Gesetzgebers darin bestand, die subjektive Seite des überarbeiteten Umweltverschmutzungsdelikts sowohl Vorsatz als auch Fahrlässigkeit umfassen zu lassen“.[1100] (2) In dem Besonderen Teil des chinesischen Strafgesetzbuchs gibt es gesetzgeberische Beispiele, in denen vorsätzliche und fahrlässige Straftaten nebeneinander geregelt sind und dieselbe gesetzliche Strafe zur Anwendung kommt,[1101] z. B. § 398 chStGB: „Ein Mitarbeiter einer staatlichen Behörde, der seine Amtsbefugnisse missbraucht oder seine Pflicht vernachlässigt, so dass öffentliches Eigentum oder Interessen des Staats und Volkes gravierende Verluste erleiden, wird mit zeitiger Freiheitsstrafe bis zu drei Jahren oder Gewahrsam bestraft; liegen besonders ernste und schwerwiegende Tatumstände vor, ergeht zeitige Freiheitsstrafe von drei Jahren bis zu sieben Jahren“. (3) Diese Theorie trägt dazu bei, ein engmaschiges Strafrechtssystem zu schaffen, Beweisschwierigkeiten zu verringern und das Verfahren zu erleichtern.[1102] Sie verhindert einerseits, dass schwerwiegende Umweltstraftaten, die vorsätzlich begangen werden, aufgrund der Unterstützung der Fahrlässigkeitstheorie nicht sanktioniert werden können. Andererseits schließt sie auch nicht die schwerwiegenden Umweltverschmutzungen aus, die fahrlässig verursacht wurden und aufgrund der Unterstützung der Vorsatztheorie nicht strafbar

---

1099 Vgl. *Chen Hongbing*, Science of Law (法律科学) 6/2017, 89.

1100 Vgl. *Wang Weicai*, Law Science Magazine (法学杂志) 8/2011, 71 f.

1101 Vgl. *Zhang Duo*, Journal of Hubei University of Police (湖北警官学院学报) 1/2014, 64.

1102 Vgl. *Chen Hongbing*, Science of Law (法律科学) 6/2017, 96 ff.; *Wang Weicai*, Law Science Magazine (法学杂志) 9/2020, 78.

sein können.[1103] Dies stellt sicher, dass im Rahmen des Umweltverschmutzungsdelikts keine Lücken in der subjektiven Seite bestehen,[1104] insbesondere bei Umweltverschmutzungsdelikten, die durch Einheiten begangen werden, in denen die Versäumnisse der Überwachungs- und Aufsichtspflicht der leitenden Ebene gegenüber den Untergebenen in der Praxis häufig sind.[1105]

3.2.2.2.3.2 Fallbeispiel

In der Rechtsprechung vertreten einige Richter die Auffassung, dass die subjektive Seite des Umweltverschmutzungsdelikts sowohl Vorsatz als auch Fahrlässigkeit umfasst. Beispiele:

Fall 6[1106]: Nach Prüfung des Falls stellte das Gericht fest, „dass die Angeklagten He XX und Shen XX gegen staatliche Gesetze verstoßen haben, indem sie illegal giftige Stoffe mit Schwermetallen entsorgt haben. Diese illegale Entsorgung verursachte einen Sachschaden von mehr als 300.000 RMB und führte zu einer erheblichen Umweltverschmutzung, sodass sie den Tatbestand des Umweltverschmutzungsdelikts erfüllen. Bezüglich der Argumente einiger Angeklagter und ihrer Verteidiger, wonach es sich um ein Fahrlässigkeitsdelikt handle, stellte das Gericht fest, dass die subjektive Seite des Umweltverschmutzungsdelikts sowohl Vorsatz als auch Fahrlässigkeit umfasst. Im vorliegenden Fall hatten die Angeklagten He XX und Shen XX aus eigennützigen und illegalen Motiven für eine günstigere Entsorgungsoption die Leute beauftragt, die keine Lizenz für die Schlammentsorgung besaßen und eigenmächtig handelten. Daher ist in diesem Fall von vorsätzlichem Handeln auszugehen“.

Fall 7[1107]: Ebenfalls ist das Gericht der Auffassung, „dass das Umweltverschmutzungsdelikt sowohl vorsätzlich als auch fahrlässig begangen werden kann. Im vorliegenden Fall war Gu als Produktionsleiter der Firma Shiyan Chimai Industrial and Trade Co., Ltd. mit allen Produktionsabläufen des Unternehmens vertraut und kannte sowohl die Anforderungen an die Abwasserbehandlung als auch die schwerwiegenden Folgen einer direkten Einleitung von Produktionsabwässern. Dennoch führte er ohne vorherige Benachrichtigung des zuständigen

---

1103 Vgl. *Zhang Duo*, Journal of Hubei University of Police (湖北警官学院学报) 1/2014, 64.

1104 Vgl. *Ni Chuanzhou*, Journal of Kunming University of Science and Technology (Social Sciences) (昆明理工大学学报社会科学版) 5/2021, 16 f.

1105 Vgl. *Chen Hongbing*, Science of Law (法律科学) 6/2017, 97.

1106 (2019) 皖0222 刑初7号.

1107 (2016) 鄂03刑终58号.

Bedienpersonals zur Aktivierung der Abwasseraufbereitungsanlage Galvanisierungsarbeiten durch. Dies zeigt eindeutig vorsätzliches Handeln".

3.2.2.2.4 Kurzzusammenfassung und Stellungnahme

Die unpräzise Formulierung der subjektiven Seite des Umweltverschmutzungsdelikts im chinesischen Strafgesetzbuch führt zu erheblichen Problemen in der Rechtspraxis und wissenschaftlichen Kontroversen. Wie die analysierten Fälle 1–7 zeigen, herrscht unter Gerichten Uneinigkeit darüber, ob Vorsatz, Fahrlässigkeit oder eine Mischform bei der subjektiven Seite des Umweltverschmutzungsdelikts anzunehmen ist. Zudem fehlen einheitliche Standards für die Schuldanerkennung: In einfachen Fällen, insbesondere bei Einzeltätern, genügt es oft, dass die von dem Täter freigesetzten Schadstoffe von den zuständigen Umweltüberwachungsbehörden als giftig oder schädlich eingestuft werden, um die Strafbarkeit nach diesem Delikt zu begründen. Die subjektive Einstellung des Täters wird dabei von den Gerichten kaum untersucht. In Fällen, in denen mehrere Angeklagte involviert sind oder bei gemeinschaftlich begangenen Delikten, argumentieren Verteidiger häufig, dass die subjektive Einstellung des Täters fahrlässig war, um ihre Mandanten zu verteidigen. Richter stützen sich in der Praxis oft lediglich auf ihre eigene subjektive Einschätzung und entscheiden, ob das Umweltverschmutzungsdelikt vorsätzlich, fahrlässig oder als eine gemischte Schuldform einzuordnen ist, ohne jedoch eine klare Begründung für ihre Entscheidung zu liefern. Dies kann dazu führen, dass in einigen Fällen mit mehreren Beteiligten eine gemeinschaftliche Tatbegehung angenommen wird (wie in Fall 1), während sie in anderen Fällen verneint wird (wie in Fall 4).

Befürworter der Fahrlässigkeitstheorie vertreten häufig die Ansicht, dass der Täter zwar wusste oder absichtlich gegen staatliche Vorschriften verstieß, indem er schädliche Substanzen ableitete, abladte oder behandelte, jedoch in Bezug auf die daraus resultierenden Personen- oder Sachschäden fahrlässig handelte.[1108] Ein Beispiel hierfür ist der Fall 5, in dem das Gericht feststellte, dass sich die Angeklagten Ji A und andere der illegalen Entsorgung giftiger Stoffe bewusst waren, die gravierenden Folgen für öffentliches und privates Eigentum jedoch nicht beabsichtigten. Daher wurde ihr Verhalten als fahrlässiges Delikt eingestuft. Im Gegensatz dazu argumentieren Vertreter der Vorsatztheorie, dass die subjektive Seite des Umweltverschmutzungsdelikts Vorsatz ist, wobei der Vorsatz auf das Ergebnis der Umweltverschmutzung gerichtet ist.[1109] Ein Beispiel hierfür ist

---

[1108] Vgl. *Zhao Bingzhi*, Das Verständnis und die Anwendung des Strafrechtsänderungsgesetzes VIII (刑法修正案 (八) 理解与适用), S. 409.

[1109] Vgl. *Jiang Wenxiu*, Henan Social Sciences (河南社会科学) 8/2015, 41.

der Fall 1, in dem das Gericht entschied, dass Peng A und andere sich bewusst waren, dass die von ihnen betriebene Verzinkerei über keine Abwasseraufbereitungsanlage verfügte, und dennoch giftige Abwässer illegal entsorgten, wodurch es zu einer erheblichen Umweltverschmutzung kam. Deshalb wurde in diesem Fall eine vorsätzliche Begehungsweise angenommen. Ich bin der Ansicht, dass sich die subjektive Seite des geltenden Umweltverschmutzungsdelikts implizit aus dem Vorsatz ergibt, auch wenn das chinesische Strafgesetzbuch bei Umweltverschmutzungsdelikt keine ausdrücklichen Vorsatzbegriffe wie „wissentlich" oder „vorsätzlich" verwendet. Dies ist darauf zurückzuführen, dass nach § 15 chStGB Fahrlässigkeit nur dann strafbar ist, wenn das Gesetz dies ausdrücklich vorsieht. Da der Tatbestand des Umweltverschmutzungsdelikts nach § 338 chStGB keine solche explizite Fahrlässigkeitsklausel enthält, setzt die Strafbarkeit hier regelmäßig Vorsatz voraus. Nach dem vermittelnden ökologisch-anthropozentrischen Ansatz halte ich es ebenfalls für ausreichend, wenn sich der Vorsatz allein auf die Folge der Umweltverschmutzung bezieht. Die schwerwiegenden Folgen einer Umweltverschmutzung sind bereits durch Strafrechtsänderungsgesetz VIII (2011) ausdrücklich in § 338 chStGB geregelt. Die daraus resultierenden Personen- oder Sachschäden können als erfolgsqualifizierende Merkmale des Umweltverschmutzungsdelikts angesehen werden. Ihre fahrlässige Verursachung ändert jedoch nichts am vorsätzlichen Charakter des Grunddelikts.

Ich bin auch der Aussicht, dass sich die subjektive Seite des Umweltverschmutzungsdelikts an der Gesetzgebung des deutschen Strafrechts orientieren sollte, indem sowohl Vorsatz als auch Fahrlässigkeit als mögliche Schuldformen anerkannt werden. Dieses Modell weist sowohl erhebliche rechtliche als auch praktische Vorteile auf, die sich wie folgt begründen lassen: Erstens entspricht die gleichzeitige Anerkennung von Vorsatz und Fahrlässigkeit als Schuldformen des Umweltverschmutzungsdelikts den praktischen Anforderungen des Umweltschutzes. Umweltverschmutzungen können sowohl vorsätzlich als auch fahrlässig verursacht werden. Würde nur Vorsatz als Schuldform zugrunde gelegt, könnte eine Vielzahl fahrlässiger Umweltvergehen strafrechtlich nicht erfasst werden, was den Zielen des Umweltschutzes zuwiderliefe. Die Einbeziehung der Fahrlässigkeit als subjektive Seite würde daher eine angemessenere strafrechtliche Reaktion auf verschiedene Formen der Umweltverschmutzung ermöglichen. Zudem entspricht die Unterscheidung zwischen Vorsatz und Fahrlässigkeit sowie eine daran orientierte Strafzumessung dem Grundsatz der schuldangemessenen Bestrafung. Täter, die vorsätzlich die Umwelt verschmutzen, weisen eine höhere kriminelle Energie auf und sollten daher schwerer bestraft werden als fahrlässig handelnde Täter, deren subjektive Vorwerfbarkeit geringer ist. Diese Differenzierung trägt nicht nur zur Gerechtigkeit des Strafrechts bei, sondern ermöglicht auch eine individualisierte Strafzumessung. Allerdings lehne ich die sogenannte „Mischungstheorie" ab. Diese versucht, durch eine auslegende Interpretation die Fahrlässigkeit in das Umweltverschmutzungsdelikt zu integrieren. Auch wenn diese Vorgehensweise eine gewisse Flexibilität bietet, fehlt es ihr an einer klaren gesetzlichen Grundlage, was zu Unsicherheiten in der praktischen Anwendung führen kann. Daher wäre es sachgerechter, die subjektiven Schuldformen dieses Delikts ausdrücklich im Strafgesetzbuch zu normieren, sodass sowohl Vorsatz als auch Fahrlässigkeit als Tatbestandsvoraussetzungen festgelegt sind. Dies würde nicht nur der rechtsstaatlichen Anforderung an die Bestimmtheit von Strafnormen entsprechen, sondern auch eine einheitliche Rechtsanwendung gewährleisten. Darüber hinaus erfordert das geltende chinesische Strafrecht, dass Fahrlässigkeitsdelikte ausdrücklich gesetzlich festgelegt werden müssen. Da § 338 chStGB jedoch nicht ausdrücklich vorsieht, dass Fahrlässigkeit den Tatbestand des Umweltverschmutzungsdelikts erfüllen kann, wird die legislativen Grundlage sowohl für die Fahrlässigkeitstheorie als auch für die Mischungstheorie direkt untergraben. Um dieses Problem zu lösen, muss durch eine Gesetzesänderung im chinesischen Strafgesetzbuch ausdrücklich festgelegt werden, dass Fahrlässigkeit bei Umweltverschmutzungsdelikt darstellt.

3.2.3 Vergleichende Zusammenfassung

3.2.3.1 Der Unterschied der Wissenselemente des Vorsatzes im deutschen und chinesischen Umweltstrafrecht

Im deutschen und chinesischen Umweltstrafrecht genügt für die Vorsatzfeststellung grundsätzlich der bedingte (mittelbare) Vorsatz, da weder das deutsche noch das chinesische Strafgesetzbuch explizit einen unmittelbaren Vorsatz (dolus directus) fordern. Für diese Vorsatzform genügt die Kenntnis der möglichen Tatbestandsverwirklichung. Von besonderem Interesse ist die Frage, ob sich die Anforderungen an den Grad der Kenntnis in beiden Ländern unterscheiden. Meiner Meinung nach ist dies zu verneinen. Obwohl das chinesische Strafgesetzbuch die Wissentlichkeit als Obersatz für vorsätzliche Straftaten normiert, wurde diese durch die Justizauslegung dahingehend erweitert, dass sie nicht mehr ausschließlich als sichere Kenntnis verstanden wird. Vielmehr umfasst sie auch ein „Kennensollen", das unter bestimmten Umständen anhand von Indizien vermutet werden kann – wie etwa die im Protokoll von 2019 aufgelisteten sieben Umstände für das Vorliegen eines Vorsatzes. Ein solches „Kennensollen" zeigt, dass der Täter eine mögliche Umweltverschmutzung zumindest erkannt hat. Anders gesagt: Für den (zumindest) bedingten (mittelbaren) Vorsatz genügt die normale, aber nicht zwingend sichere Kenntnis einer möglichen Umweltverschmutzung.

Umstritten ist, welche Tatbestandsmerkmale der Vorsatz umfassen muss. In China wird teilweise vertreten, dass sich der Vorsatz nicht auf das Tatsubjekt bzw. die Täterqualität beziehen muss. Meiner Auffassung nach muss sich der Vorsatz jedoch auf alle objektiven Tatbestandsmerkmale des Umweltverschmutzungsdelikts wie in Deutschland erstrecken, darunter Tatobjekt, Täterqualität, Tathandlung, Taterfolg und Kausalität, da diese Elemente die Unrechtsdimension der Tat definieren. Anders als im deutschen Umweltstrafrecht, das verschiedene Tatbestandsfolgen kennt, gibt es im chinesischen Umweltstrafrecht nur eine Verletzungsfolge, nämlich die schwere Umweltverschmutzung. Meiner Meinung nach muss sich der Täter nur dieser Folge bewusst sein – nicht jedoch der konkreten Umstände, die nach der Justizauslegung von 2023 als „schwere Umweltverschmutzung" gelten können. Denn diese Umstände dienen jedoch nur der Auslegungshilfe, nicht als eigenständige Tatbestandsmerkmale.

Ein weiteres strittiges Thema ist, ob sich der Vorsatz auch auf die Verwaltungsakzessorietät des Umweltverschmutzungsdelikts beziehen muss. Hierbei ist insbesondere zu klären, ob die Voraussetzung „Verstoß gegen staatliche Bestimmungen" als objektives Tatbestandsmerkmal oder als Rechtfertigungsgrund zu betrachten ist. Während sich hierzu im deutschen Umweltstrafrecht eine Unterscheidung zwischen „Unbefugtheit" und andere wie „verwaltungsrechtliche Pflichtwidrigkeit" etabliert hat, wird diese Frage in China selten diskutiert. Nach der herrschenden Meinung wird der „Verstoß gegen staatliche Bestimmungen" der objektiven Seite des Umweltverschmutzungsdelikts zugeordnet.[1110] Nach dieser Einordnung gilt er als notwendiges Tatbestandsmerkmal und müsste daher Teil der Wissenselemente des Vorsatzes sein. Demgegenüber gibt es eine Auffassung, wonach die Tatbestandsmerkmale des Umweltverschmutzungsdelikts im chinesischen Strafgesetzbuch – mit Ausnahme des „Verstoßes gegen staatliche Bestimmungen" – bereits vollständig beschrieben sind und daher zwei Arten unterschieden werden können: das Umweltverschmutzungsdelikt gegen öffentliche Rechtsgüter und das Umweltverschmutzungsdelikt gegen Umweltrechtsgüter.[1111] Erstere betreffen den Schutz von Leben und Gesundheit der Allgemeinheit, etwa gemäß § 2 Nr. 8–10 der Justizauslegung 2023. In diesen

[1110] Vgl. *Gao Mingxuan/Ma Kechang*, Strafrecht (刑法学), S. 592; *Jia Yu (Hrsg.)*, Strafrecht (刑法学), Bd.2, S. 277; *Zhang Mingkai*, Strafrecht (刑法学), Bd.2, S. 1482; *Zhou Guangquan*, Political Science and Law (政治与法律) 1/2024, 61.

[1111] Vgl. *Shi Yazong*, Political Science and Law (政治与法律) 10/2017, 52 ff.

Fällen ist die Verletzung anderer Gesetze und Vorschriften keine notwendige Voraussetzung für die Feststellung der Straftat, ähnlich wie bei anderen Delikten gegen das öffentliche Leben und die öffentliche Gesundheit. Ein Beispiel aus der Rechtsprechung zeigt,[1112] dass das Gericht lediglich feststellte, dass die vom Angeklagten eingeleiteten Stoffe als gefährliche Abfälle identifiziert worden waren, dass die dadurch verursachten Gesundheitsschäden mehrere Opfer betrafen und ein Todesfall eintrat. Die Verurteilung erfolgte auf Grundlage von § 338 chStGB und § 3 der Justizauslegung 2016, ohne auf konkrete Verstöße gegen staatliche Bestimmungen einzugehen. Demgegenüber stehen Umweltverschmutzungsdelikte gegen Umweltrechtsgüter, die in eigentumsnahe Interessen eingreifen, beispielsweise gemäß § 2 Nr. 1, 2 der Justizauslegung 2023. In diesen Fällen ist es nicht möglich, den Verstoß vollständig zu untersagen, sondern er wird durch „staatliche Bestimmungen" teilweise reguliert. Hier wird der „Verstoß gegen staatliche Bestimmungen" als Rechtfertigungsgrund angesehen. Diese Auffassung hat eine gewisse Berechtigung, insbesondere wenn die Verletzung ökologischer Rechtsgüter nach dem vermittelnden ökologisch-anthropozentrischen Ansatz im Vordergrund steht – etwa vergleichbar mit der deutschen Gewässerverunreinigung gemäß § 324 StGB. Im chinesischen Strafgesetzbuch existiert jedoch lediglich eine einheitliche Vorschrift für den Straftatbestand der Umweltverschmutzung, ohne eine Unterscheidung danach, ob der Schutzschwerpunkt auf dem Menschen oder den Umweltgütern liegt. Nach dieser Auffassung wird jedoch der doppelte Rechtsgutsbezug des vermittelnden ökologisch-anthropozentrischen Ansatzes tatsächlich getrennt, indem entweder rein Umweltgüter oder rein anthropozentrische Rechtsgüter zu schützen sind, während die Letztbezogenheit dieses ökologischen Umweltschutzes auf den Menschen vernachlässigt wird. Meiner Ansicht nach sollte einheitlich anerkannt werden, dass der „Verstoß gegen staatliche Bestimmungen" ein wesentliches Tatbestandsmerkmal darstellt. Dies lässt sich auch indirekt aus der Justizauslegung von 2023 ableiten. So wird beispielsweise in § 1 Nr. 1 festgelegt, dass das „Ableiten, Abladen oder Behandeln von radioaktiven Abfällen, von Krankheitserreger enthaltenden Abfällen oder giftigen Stoffen in gesetzlich festgelegten, wichtigen Schutzgebieten, wie Trinkwasserschutzgebieten und Kernschutzgebieten von Naturschutzgebieten" als „schwere Umweltverschmutzung" anzusehen ist. In diesem Fall kann die Tatbestandsmäßigkeit des Umweltverschmutzungsdelikts nicht ohne die Voraussetzung eines Verstoßes gegen staatliche Bestimmungen bestimmt werden, da ein einfaches Ableiten, Abladen oder Behandeln die schwere Umweltverschmutzung allein nicht zwangsläufig verursachen kann. Die Voraussetzung des „Verstoßes gegen

[1112] (2013) 淄刑一初字第 39 号.

staatliche Bestimmungen" zählt daher zu den Wissenselementen des Vorsatzes. Für das Vorliegen des Vorsatzes ist jedoch keine exakte Kenntnis des einschlägigen Verwaltungsrechts erforderlich. Es genügt, wenn der Täter zumindest damit rechnet, dass er gegen staatliche Bestimmungen verstößt. Die konkrete Feststellung, gegen welche spezifische staatliche Bestimmung der Täter verstoßen hat, obliegt den Justizbehörden.[1113]

3.2.3.2 Neuformulierung des Fahrlässigkeitsdelikts im chinesischen Umweltstrafrecht

Mit dem zunehmenden Einfluss der deutschen und japanischen Strafrechtstheorie auf das chinesische Strafrecht wird in der Wissenschaft intensiv über die normative Struktur von Fahrlässigkeitsdelikten diskutiert. Dazu vertrete ich die Auffassung, dass Fahrlässigkeit nicht länger lediglich als eine Schuldform im Rahmen der subjektiven Seite der Straftat betrachtet werden sollte, sondern – wie im deutschen Strafrecht – als eigenständiger Typus strafbaren Verhaltens. Dies findet bereits im chinesischen Strafgesetzbuch eine Grundlage, da vorsätzliche und fahrlässige Straftaten in den §§ 14 und 15 chStGB explizit getrennt geregelt werden. Zur Gewährleistung der Rechtssicherheit und Einheitlichkeit der Rechtsanwendung sollte das fahrlässige Umweltverschmutzungsdelikt zudem ausdrücklich im chinesischen Strafgesetzbuch normiert werden.

Das Wesen des fahrlässigen Umweltverschmutzungsdelikts liegt in der Verletzung einer Sorgfaltspflicht. Anders als in Deutschland, wo die Unrechtselemente des Fahrlässigkeitsdelikts in der objektiven Sorgfaltspflichtverletzung bei objektiver Vorhersehbarkeit und Vermeidbarkeit bestehen und die Schuldelemente in der subjektiven Sorgfaltspflichtverletzung bei subjektiver Vorhersehbarkeit und Vermeidbarkeit, vertritt eine verbreitete Auffassung in China die Ansicht,[1114] dass die Pflicht zur Vorhersehbarkeit des Taterfolgs und die Pflicht zur Vermeidung des Taterfolges nicht separat in objektive und subjektive Aspekte getrennt werden. Stattdessen wird jede in ihrer Gesamtheit als subjektive oder objektive Sorgfaltspflicht betrachtet. Dabei umfasst die subjektive Sorgfaltspflicht die Pflicht zur Vorhersehbarkeit des Erfolgs und gehört zu den Schuldelementen des Fahrlässigkeitsdelikts, während die objektive Sorgfaltspflicht die Pflicht zur Vermeidung des tatbestandlichen Erfolgs betrifft und als Unrechtselement angesehen wird. Ich plädiere für eine Übernahme der deutschen Struktur, da sie eine größere Klarheit in der Dogmatik schafft. Im Rahmen der Unrechtselemente des fahrlässigen Umweltverschmutzungsdelikts sollte daher zunächst

---

[1113] Vgl. *Zhou Guangquan*, Political Science and Law (政治与法律) 1/2024, 61.

[1114] Vgl. *Zhang Mingkai*, Strafrecht (刑法学), Bd.1, Aufl.5, S. 287; *Chen Xingliang*, Journal of Comparative Law (比较法研究) 5/2020, 30 ff.

geprüft werden, ob eine objektive Sorgfaltspflichtverletzung vorliegt, die sich an normativen Maßstäben wie speziellen Sondernormen oder allgemein an einem umweltbewussten Rechtsgenossen orientiert. Die objektive Vorhersehbarkeit des Taterfolgs ist aus der Perspektive eines umsichtigen Menschen aus dem Verkehrskreis des Täters zu beurteilen. Die objektive Vermeidbarkeit wird anhand des Konzepts des „rechtmäßigen Alternativverhaltens" überprüft. Ein weiteres wesentliches Unrechtselement des fahrlässigen Umweltverschmutzungsdelikts ist die objektive Zurechnung, insbesondere im Hinblick auf den Pflichtwidrigkeits- und Schutzzweckzusammenhang. Da das chinesische Umweltverschmutzungsdelikt tatbestandlich verwaltungsrechtsakzessorisch ausgestaltet ist, können Sorgfaltspflichten lediglich aus Normen hergeleitet werden, die unmittelbar dem Schutz von Umweltgütern dienen. Im Rahmen der Schuldelemente des fahrlässigen Umweltverschmutzungsdelikts sollte die subjektive Sorgfaltspflichtverletzung anhand der subjektiven Vorhersehbarkeit und Vermeidbarkeit des Taterfolgs geprüft werden. Hierbei sind die individuellen Fähigkeiten des Täters in die Bewertung mit einzubeziehen.

3.3 Zwischenergebnis

Das Objekt der Straftat im chinesischen Vier-Elemente-Deliktsaufbau entspricht dem Rechtsgut des deutschen Strafrechts und soll daher nicht als eigenständige Voraussetzung des Deliktsaufbaus gelten. Als objektive Tatbestandsmerkmale kommen nach dem dreistufigen deutschen Deliktsaufbau insbesondere das Tatobjekt, die Tathandlung, der Taterfolg und das Tatsubjekt in Betracht.

Im Gegensatz zum deutschen Strafrecht, das die Umwelt in ihren unterschiedlichen Medien (Wasser, Boden, Luft) sowie in weiteren Erscheinungsformen (Tier- und Pflanzenwelt) als essenzielle natürliche Lebensgrundlage des Menschen in verschiedenen, konkreten Umweltstraftatbeständen schützt, existiert im chinesischen Strafgesetzbuch lediglich eine einheitliche Regelung für Umweltverschmutzungsdelikte. Diese Vereinheitlichung führt zu Unschärfen und Defiziten im Umweltschutz in China. Konkret zeigen sich folgende Mängel:

Beim Tatobjekt fehlt der spezifische Schutz der Meeresumwelt, ebenso wie der Schutz für den Betrieb von Anlagen sowie vor Lärmbelästigung, Erschütterungen und nichtionisierender Strahlung. Bei der Tathandlung mangelt es an Regelungen für vorangehende Handlungen wie Handeln, Makeln oder Vermitteln, anlagenbezogene Handlungen und an entsprechenden Lärmschutzbestimmungen. Beim Taterfolg fehlt eine ausdrückliche Regelung von Gefährdungsdelikten im Bereich der Umweltvergehen, die angesichts der strukturellen Schwächen rein nachsorgender Sanktionen – insb. bei irreparablen ökologischen Schäden – dringend erforderlich ist.

Vor dem Hintergrund dieser Defizite sollte die in Deutschland erfolgte Differenzierung verschiedener Umweltstraftatbestände künftig auch im chinesischen Strafgesetzbuch Berücksichtigung finden.

Die unterschiedlichen Regelungen zu Umweltverschmutzungsdelikten in Deutschland und China bedingen auch eine differenzierte Behandlung. Beispielsweise sollte in China beim unechten Unterlassen der formelle Ansatz durch die deutschen materiellen Kriterien ersetzt werden, da der formelle Ansatz zu einer ungerechtfertigten Ausweitung der Garantenstellung führen könnte. Zudem wäre es wünschenswert, im deutschen Umweltstrafrecht eine spezifische Regelung für Amtsträger zu ergänzen, um eine Strafbarkeitslücke – nämlich die Strafbarkeit von Amtsträgern bei fahrlässigen Pflichtverletzungen in Sonderdelikten – zu schließen. Um das Schuldprinzip konsequent zu wahren, sollte die strafrechtliche Verantwortlichkeit juristischer Personen in Deutschland und China grundsätzlich nicht anerkannt werden. Gleichzeitig könnte jedoch ein Verbandssanktionengesetz als milderes Mittel – also eine strafrechtsnahe Verantwortlichkeit juristischer Personen – in Betracht gezogen werden, um den kriminalpolitischen und sozialen Erfordernissen gerecht zu werden.

In Bezug auf den subjektiven Tatbestand des Umweltverschmutzungsdelikts ist in beiden Systemen bedingter (mittelbarer) Vorsatz ausreichend. Die damit verbundenen Wissenselemente erstrecken sich auf sämtliche objektive Tatbestandsmerkmale – nämlich Tatobjekt, Täterqualität, Tathandlung, Taterfolg und Kausalität –, da diese die Unrechtsdimension der Tat definieren. Ob sich der Vorsatz auch auf die Verwaltungsakzessorietät erstrecken muss, hängt von deren rechtlicher Einordnung ab: Wird die Verwaltungsakzessorietät als objektives Tatbestandsmerkmal (etwa bei § 338 chStGB, §§ 324a, 325, 325a, 326 II, 327 I, II, 328 I, III, § 329 I, II StGB) angesehen, so ist dies zu bejahen; wenn sie hingegen als Rechtfertigungsgrund (etwa bei §§ 324, 326 I StGB) interpretiert wird, ist dies nicht der Fall.

Zur Gewährleistung von Rechtssicherheit und einheitlicher Rechtsanwendung sollte das fahrlässige Umweltverschmutzungsdelikt – analog zum deutschen Strafgesetzbuch – auch im chinesischen Strafgesetzbuch ausdrücklich normiert werden. Dabei sollte die Fahrlässigkeit in China nicht lediglich als Schuldform im Rahmen der subjektiven Tatseite betrachtet werden, sondern – wie im deutschen Strafrecht – als eigenständiger Typus strafbaren Verhaltens. Insbesondere ist bei den Unrechtelementen des fahrlässigen Umweltstraftatbestandes die objektive Sorgfaltspflichtverletzung im Hinblick auf den Schutzzweck des umweltbezogenen Rechts zu prüfen.

4 Die Kausalitäts- und Zurechnungsprobleme bei Umweltverschmutzungsdelikten durch kumulative Einwirkungen

Umweltverschmutzende Geschehnisse weisen häufig einen hohen Komplexitätsgrad auf.[1] Dieser wird im Abschnitt zu den Besonderheiten der Umweltverschmutzungsdelikte detailliert erläutert – unter Einbeziehung der wesentlichen Faktoren, die für die Prüfung des Kausalitäts- und Zurechnungszusammenhangs entscheidend sind: der Mannigfaltigkeit umweltverschmutzender Handlungen und der Unbestimmtheit des letztlich eintretenden Umweltverschmutzungserfolgs.

Tritt der Umweltverschmutzungserfolg unmittelbar und unverzüglich infolge des umweltverschmutzenden Verhaltens einer einzelnen Person ein, lassen sich Kausalität und Zurechnung relativ einfach bestimmen, was einen idealen Fall darstellt. In der Praxis entstehen Umweltschäden jedoch häufig durch die kumulative Wirkung des Handelns mehrerer unabhängiger Akteure, die dann „in der konkreten Ausprägung des Umweltmediums in schwer durchschaubarer Weise aufeinander treffen und sich dadurch gegenseitig verstärken oder hemmen".[2] Gerade in solchen Fällen (nur unter Berücksichtigung der Nebentäterschaft) erweisen sich sowohl die Kausalitätsfeststellung als auch die rechtliche und ethische Zurechnung als äußerst herausfordernd. Die Abgrenzung individueller Verantwortung wird dabei nicht nur zu einer wissenschaftlich-technischen, sondern auch zu einer normativ umstrittenen Frage, da Ursachenketten schwer rekonstruierbar sind und Verantwortungsanteile oft nicht linear zuzuordnen sind.

---

[1] *Saliger*, Umweltstrafrecht, Rn.223.

[2] *Samson*, ZStW 99 (1987), 618.

R. Lu, *Grundprobleme der Umweltverschmutzungsdelikte*, Juridicum – Schriften zum Wirtschaftsstrafrecht 12, https://doi.org/10.1007/978-3-658-51329-0_4

4.1 Überblick über kumulative Einwirkungen

Eine kumulative Kausalität liegt vor, „wenn mehrere, unabhängig voneinander vorgenommene Handlungen den Erfolg erst durch ihr Zusammentreffen herbeiführen".[3] In Anlehnung an Daxenbergers detaillierte Darstellung können solche kumulativen Einwirkungen in Form von Summations- und Synergieeffekten auftreten.[4] Der Begriff der Kumulation dient dabei als Oberbegriff und kann „von einem generellen Zusammenwirken von Immissionen in einem Belastungsgebiet ausgehen".[5]

Unter Summationseffekt sind Effekte zu verstehen, die „aufgrund mehrerer Schadstoffeinträge in einem Umweltmedium entstehen und in ihrer Wirkung der Summe der Einzelbelastungen entsprechen".[6] Dabei können die einzelnen Einwirkungen entweder gleichzeitig oder sukzessive erfolgen.[7] Summationseffekte treten insbesondere dann auf, wenn wiederholt dasselbe belastende Einzelverhalten beobachtet wird – etwa bei den Emissionen des motorisierten Straßenverkehrs, wo ein reines Mengenproblem im Vordergrund steht.[8] Ein weiterer Fall des Summationseffekts liegt vor, wenn unterschiedliche Einzelbelastungen mit gleicher Wirkung zusammentreffen, sodass das Zusammentreffen ihrer Effekte im Fokus steht.[9] Obwohl in beiden Fällen der Summationseffekt der Umweltverschmutzung linear ansteigt – das heißt, die einzelnen Kausallinien verschmelzen nicht zu einer einzigen, sondern addieren ihre Teilerfolge zum Gesamterfolg[10] – gestaltet sich die Bewertung der Schädigungsrelevanz einzelner Belastungsbeiträge und deren Zuordnung zu individuellem Fehlverhalten als besonders problematisch.[11] Dies liegt daran, dass es sich häufig nicht ausschließlich um ein Mengenproblem handelt, sondern um das komplexe Zusammenspiel der jeweiligen Wirkungen.[12]

---

[3] TK StGB/*Eisele* vor § 13 Rn.83.

[4] Zu den verschiedenen Begriffen *Daxenberger*, Kumulationseffekte, S. 18 ff.

[5] *Daxenberger*, Kumulationseffekte, S. 18.

[6] MüKoStGB/*Schmitz* StGB vor § 324 Rn.34.

[7] *Sammüller-Gradl*, Zurechnungsproblematik, S. 108.

[8] *Daxenberger*, Kumulationseffekte, S. 19.

[9] *Daxenberger*, Kumulationseffekte, S. 20.

[10] *Saliger*, Umweltstrafrecht, Rn.237.

[11] *Daxenberger*, Kumulationseffekte, S. 19; *Sammüller-Gradl*, Zurechnungsproblematik, S. 109.

[12] *Daxenberger*, Kumulationseffekte, S. 19 f.

Synergistische Effekte zeichnen sich durch ihre vielschichtigen Wirkungsstrukturen aus und sind daher deutlich komplexer.[13] Hierbei führt das dynamische Zusammenspiel mehrerer Kausalketten nicht nur zu einem linearen Anstieg der Schädigungswirkung, sondern kann zu überproportionalen oder sogar neuartigen und überraschenden Effekten führen.[14] Im Gegensatz zum Summationseffekt übersteigt die Wirkung des Synergieeffekts die bloße Summe der Einzelbelastungen.[15] Ein Beispiel hierfür ist das Zusammentreffen verschiedener Chemikalien in einem Gewässer, deren Reaktion eine erhebliche Reduktion des Sauerstoffgehalts bewirkt.[16] Solche dynamische Reaktionen lassen sich wissenschaftlich schwer modellieren. Dies erschwert nicht nur die Schadensprognose, sondern auch präventive Regulierung, da bereits geringe Zusatzbelastungen kritische Schwellenwerte auslösen können.

4.2 In Deutschland

Der deutsche Gesetzgeber hat versucht, die Kausalitäts- und Zurechnungsprobleme bei Umweltverschmutzungsdelikten zu entschärfen, indem er zahlreiche Umwelttatbestände als abstrakte Gefährdungsdelikte ausgestaltet hat.[17] Dennoch bleiben diese Herausforderungen grundlegend ungelöst, da im deutschen Umweltstrafrecht auch Deliktstypen wie das Verletzungsdelikt, das konkrete Gefährdungsdelikt und das Eignungsdelikt existieren, bei denen die Feststellung des Kausal- und Zurechnungszusammenhangs weiterhin unabdingbar ist.

4.2.1 Beweisprobleme der Kausalität

Gemäß dem Grundsatz „in dubio pro reo“ kann eine Person nur dann strafrechtlich verantwortlich gemacht werden, wenn der ursächliche Zusammenhang zwischen ihrer Handlung und dem eingetretenen Schaden im Strafprozess eindeutig nachgewiesen wird.[18] Diese Voraussetzung stößt im Umweltstrafrecht auf besondere Herausforderungen, da Umweltverschmutzungen oft das Resultat

---

[13] Vgl. *Sammüller-Gradl*, Zurechnungsproblematik, S. 109.

[14] *Saliger*, Umweltstrafrecht, Rn.237; MüKoStGB/*Schmitz* StGB vor § 324 Rn.35.

[15] *Daxenberger*, Kumulationseffekte, S. 21.

[16] MüKoStGB/*Schmitz* StGB vor § 324 Rn.35.

[17] *Saliger*, Umweltstrafrecht, Rn.224.

[18] Vgl. *Sammüller-Gradl*, Zurechnungsproblematik, S. 110.

kumulativer Einwirkungen – wie etwa Summations- oder Synergieeffekten – sind. Die daraus entstehenden naturwissenschaftlich-technisch komplexen Sachverhalte übersteigen häufig die methodischen und technischen Möglichkeiten der zuständigen Polizeibeamten und Staatsanwälte.[19] Dies erschwert nicht nur die detaillierte Erfassung der einzelnen Umweltbelastungen, sondern führt auch zu erheblichen Problemen bei der juristischen Bewertung im weiteren Strafverfahren.

4.2.1.1 Nachweisschwierigkeiten beim Kausalzusammenhang

Die Vielzahl kumulativer Einwirkungen führt in Strafverfahren oft zu erheblichen Beweisproblemen, da es schwerfällt, die einzelnen Verursachungsbeiträge präzise auseinanderzuhalten.[20] Ein typisches Beispiel ist die Gewässerverunreinigung, bei der schädliche Einleitungen regelmäßig aus unterschiedlichen Quellen stammen.[21] Die Art und Weise, welche Schadstoffe nachteilige Veränderungen im Wasser bewirken, beruht auf einem komplexen Zusammenspiel wissenschaftlicher, medizinischer, ingenieurtechnischer und weiterer Disziplinen – was die Ermittlung dieser Mechanismen hochspezialisiert und anspruchsvoll macht. Zudem kann die natürliche Selbstreinigungskraft der Umwelt den Beweis solcher Zusammenhänge zusätzlich erschweren.

Obgleich nach Kloepfer die rechtliche Behandlung kumulativer Kausalität in der Rechtsprechung grundsätzlich geklärt sei, weist dies dennoch auf praktische Probleme bei der Ermittlung der jeweiligen Verursachungsanteile hin.[22] So hat beispielsweise das LG Bad Kreuznach[23] in seiner Entscheidung bereits den hinreichenden Tatverdacht gemäß § 203 StPO verneint, wenn im Hauptverfahren nicht abschließend geklärt werden kann, ob ein anderer Betrieb allein für den letztlich eingetretenen Schaden verantwortlich war.

Tritt ein solches Spannungsverhältnis zwischen den unsicheren naturwissenschaftlichen Erkenntnissen und den hohen Beweisanforderungen im Strafverfahren auf, greifen Richter üblicherweise auf naturwissenschaftliche Gutachten zurück.[24] Allerdings gelingt es diesen Gutachten in der Praxis oft nicht, den für eine Verurteilung notwendigen Kausalitätsnachweis mit der erforderlichen

---

[19] Vgl. *Sammüller-Gradl*, Zurechnungsproblematik, S. 110; *Samson*, ZStW 99 (1987), 618.

[20] Vgl. *Sammüller-Gradl*, Zurechnungsproblematik, S. 111.

[21] *Bloy*, JuS 1997, 581.

[22] Vgl. *Kloepfer/Vierhaus*, Umweltstrafrecht, Rn.92.

[23] LG Bad Kreuznach NVwZ-RR 1993, 403.

[24] *Sammüller-Gradl*, Zurechnungsproblematik, S. 111.

Beweissicherheit zu erbringen.[25] Die Rechtsprechung ist daher gefordert, Lösungen für dieses Dilemma zu finden. So stellte etwa ein Urteil des BGH[26] zur Gewässerverunreinigung klar, dass selbst bei komplexen Sachverhalten „die Gerichte nicht von einer eingehenden Würdigung der Umstände unter Einbeziehung von geeigneten Erfahrungswerten"[27] entbunden sind.

Dies unterstreicht den Anspruch, wissenschaftliche Erkenntnisse zwar heranzuziehen, sie aber nicht unkritisch zu übernehmen. Gleichwohl bleibt ein grundlegendes Spannungsfeld bestehen: Wissenschaftliche Wahrscheinlichkeiten lassen sich nur begrenzt mit der für eine Verurteilung erforderlichen juristischen Gewissheit in Einklang bringen. Vor diesem Hintergrund stellt sich die zentrale Herausforderung, wie die richterliche Überzeugungsbildung unter den Bedingungen möglicher Beweislücken oder unzureichender naturwissenschaftlicher Aussagekraft normativ zu gestalten ist, um den strafrechtlichen Beweisstandard zu erfüllen.

4.2.1.2 Spezielle Lösung: Generelle Kausalität

In zwei wegweisenden Entscheidungen hat sich der BGH mit den Beweisanforderungen im Rahmen der Kausalität im Produktstrafrecht auseinandergesetzt. Angesichts der vergleichbaren Problemstellung könnten diese Ausführungen auch für das Umweltstrafrecht richtungsweisend sein.

4.2.1.2.1 Überblick

Ähnlich wie bei kumulativen Umweltschadensfällen gestaltet sich auch in beiden Entscheidungen der Kausalitätsnachweis für Gesundheitsschäden als problematisch. Im Lederspray-Fall[28] ergab sich die Schwierigkeit, den Zusammenhang zwischen der Beschaffenheit des Sprays und den erlittenen Gesundheitsschäden eindeutig nachzuweisen. Der BGH vertrat dabei die Auffassung, dass es für die Feststellung der Schadenursächlichkeit unerheblich sei, dass bis zum Abschluss des Verfahrens nicht geklärt werden konnte, welche Substanz oder -kombination das Lederspray toxisch machte. Er folgte der Vorinstanz, wonach sich die Schadensursächlichkeit allein aus signifikanten Übereinstimmungen zwischen den Krankheits- bzw. Heilungsverläufen der Opfer und den Ergebnissen von Tierversuchen mit dem entsprechenden Produkt ableiten ließ. Diese Art der Überzeugungsbildung erachtete der BGH als rechtmäßig, da für den Nachweis

---

[25] Vgl. *Daxenberger*, Kumulationseffekte, S. 44.

[26] BGH NStZ 1991, 281.

[27] *Kloepfer/Vierhaus*, Umweltstrafrecht, Rn.93.

[28] BGHSt 37, 106.

des ursächlichen Zusammenhangs ausreiche, dass „alle anderen in Betracht kommenden Schadensursachen aufgrund einer rechtsfehlerfreien Beweiswürdigung ausgeschlossen werden können“[29] (sog. Ausschlussprinzip).[30]

Im Holzschutzmittel-Urteil[31] geht er noch einen Schritt weiter: „Selbst wenn unter den naturwissenschaftlichen Sachverständigen keine Einigkeit darüber besteht“, ob und inwieweit das Holzschutzmittel die Gesundheitsschädigungen der Verbraucher hervorgerufen hat, „kann der Tatrichter aufgrund einer Bewertung aller relevanten Indizien und der wissenschaftlichen Meinungen rechtsfehlerfrei zu der Überzeugung“ der Kausalität des Holzschutzmittels gelangen. Denn „ein Ausschluss anderer Ursachen kann... auch dadurch erfolgen, dass nach einer Gesamtbewertung der naturwissenschaftlichen Erkenntnisse und anderer Indiztatsachen ... zumindest Mitverursachung festgestellt ist“. Das bedeutet, der BGH verzichtet beim Kausalitätsnachweis darauf, dass „entweder wie im Regelfall die Schadensursächlichkeit exakt nachgewiesen“ oder zumindest „alle weiteren noch möglichen Ursachen ausgeschlossen werden“, wie es im Lederspray-Fall noch gefordert wurde.[32] Stattdessen genügt es, wenn eine „Mitursächlichkeit des Produkts für die eingetretenen Gesundheitsschäden zweifelsfrei festgestellt“[33] wurde.

In beiden Fällen wird eine generelle Kausalität bejaht, obwohl der wissenschaftliche Wirkungszusammenhang zwischen Produkt und Gesundheitsschädigung der Verwender nicht eindeutig festgestellt wird. Da der Sachverständigenbeweis keinen Vorrang vor anderen Beweisen hat, kann der Richter anhand der Gesamtumstände durchaus diese Kausalität bejahen.[34] Diese generelle Kausalität senkt deshalb die Anforderungen an den Beweis der Kausalität ab.[35]

Die für die Produkthaftung entwickelte generelle Kausalität ist auch für das Umweltstrafrecht relevant.[36] Denn bei der Feststellung des Kausalzusammenhangs zwischen Handlung und Erfolg im Bereich des Umweltstrafrechts spielt der naturwissenschaftliche Wirkungszusammenhang eine große Rolle. Ein Beispiel: A, B und C haben unabhängig voneinander ihre Schadstoffe in den Fluss abgeleitet. Dies führt zur nachteiligen Änderung der Eigenschaft des

[29] BGHSt 37, 106.

[30] *Wittig*, Wirtschaftsstrafrecht, § 6 Rn.42.

[31] BGHSt 41, 206.

[32] *Wittig*, Wirtschaftsstrafrecht, § 6 Rn.43.

[33] *Wittig*, Wirtschaftsstrafrecht, § 6 Rn.43.

[34] Vgl. *Zieschang*, Strafrecht AT, Rn.82.

[35] Vgl. *Saliger*, Umweltstrafrecht, Rn.231.

[36] Vgl. *Saliger*, Umweltstrafrecht, Rn.230.

Flusses gemäß § 324 I StGB. Es ist unmöglich aufzuklären, welche Stoffe tatsächlich diese Änderung bewirkt haben und welche nicht. Aber ein statistischer Zusammenhang zwischen der Handlung (hier: Schadstoffeinleitung in den Fluss) und dem Erfolg (hier: negative Gewässerzustandsänderung) ist wirklich signifikant. Aufgrund des statistisch signifikanten Zusammenhangs kann man eine generelle Kausalität annehmen, obwohl die Wissenschaft keinen tatsächlich existierenden Zusammenhang belegen kann.[37] Da der Gegenstand der richterlichen Überzeugungsbildung die Kausalität im Einzelfall ist, sollte die Tatsache, dass der naturwissenschaftliche Kausalitätsnachweis nicht eindeutig zu führen ist, der richterlichen Überzeugung von der Kausalität unter Berücksichtigung der Gesamtumstände nicht entgegenstehen, wenn die Mitverursachung zweifellos nachgewiesen werden kann[38]. Dies könnte jedoch einen Paradigmenwechsel einleiten: Nicht mehr die naturwissenschaftliche Gewissheit – etwa die exakte Bestimmung der Schadensursächlichkeit – steht im Vordergrund, sondern die normative Überzeugungsbildung des Richters wird zum entscheidenden Kriterium.

4.2.1.2.2 Kritik

An der Reduktion der Anforderungen an den Beweis der Kausalität durch den BGH in Gestalt der generellen Kausalität gibt es auch Kritik. Vor allem ist die Äquivalenztheorie durch das Ausschlussverfahren des BGH tatsächlich nicht anzuwenden. Kritisiert wird deshalb, dass die klassische materiellrechtliche Feststellung der Kausalität durch eine richterliche Überzeugungsbildung ersetzt wird.[39] Darüber hinaus wird gerügt, dass der „in dubio pro reo“ Grundsatz verletzt wird.[40] Denn bei der Kausalitätsfeststellung würden nach der Rechtsprechung des BGH nicht alle Möglichkeiten berücksichtigt werden. Ein Kausalgesetz kann aber nur angenommen werden, wenn es keine wissenschaftlich ernst zu nehmenden Zweifel gibt.[41] Diese Feststellung von Kausalzusammenhängen kann als Verzicht auf den Nachweis exakter naturgesetzlicher Zusammenhänge betrachtet werden und wird somit in die richterliche Überzeugungsbildung und damit ins

[37] Vgl. *Frister*, Strafrecht AT, § 9 Rn.38.

[38] Vgl. *Baumann/Weber/Mitsch/Eisele*, Strafrecht AT, §10 Rn.54.

[39] Vgl. *Roxin/Greco*, Strafrecht AT I, § 11 Rn.16.

[40] Vgl. *Daxenberger*, Kumulationseffekte, S. 45–46; *Roxin/Greco*, Strafrecht AT I, § 11 Rn.16.

[41] Vgl. *Roxin/Greco*, Strafrecht AT I, § 11 Rn.16.

Prozessrecht verlagert.[42] Insbesondere besteht die Gefahr, dass dieser eingeschlagene Weg faktisch einer Beweislastumkehr gleichkommt[43] – was sogar zu einer Verlagerung vom Straf- zum Zivilverfahren führen kann.

Der Kritik ist zuzugeben, dass der BGH die Kausalitätsfeststellung normativiert hat.[44] Problematisch ist insbesondere, inwieweit diese Normativierung noch angemessen ist. Dazu hat der BGH erläutert, dass die Kausalitätsfeststellung in der sich rapide entwickelnden Industriegesellschaft mit komplexen naturwissenschaftlichen Wirkungszusammenhängen nicht am nie ausräumbaren Rest-Nichtwissen scheitern sollte.[45] Dies ist wichtig für den Kausalitätsnachweis im Umweltstrafrecht. Denn niemand ist in der Lage, alle anderen Möglichkeiten auszuschließen. Bei der Feststellung der Kausalität zwischen einer bereits durchgeführten Handlung und dem dadurch aufgetretenen Erfolg besteht immer die Möglichkeit, in Zukunft weitere Ursachen für den Erfolgseintritt zu entdecken.[46]

Wichtig ist, inwieweit der BGH die Kausalität normativieren darf.[47] Für eine umfassende Bewertung ist es notwendig, die Beweisanforderungen der Indiztatsachen präzise zu definieren. Insoweit kann man verlangen, dass diese Ursachen auch vollständig im Urteil erörtert werden, wenn alle anderen in Betracht gezogenen Ursachen ausgeschlossen werden.[48] Im Umweltstrafrecht sind daher die Zusammensetzung und Menge der eingeleiteten Schadstoffe sowie die Strömungsverhältnisse bei der Gesamtbewertung der Umstände unter Einbeziehung von Sachverständigen zu ermitteln.[49] Ein Beispiel dafür ist die Begründung des OLG Stuttgart in einer Entscheidung zur Kausalfeststellung bei §324 StGB: „Da es somit nicht auf den Nachweis einer bestimmten Verunreinigungsmenge, sondern allein darauf ankommt, dass schadstoffhaltige Abwässer eingeleitet wurden, braucht der Nachweis einer (Gesamt-)Verunreinigung nicht daran zu scheitern, dass von einem bestimmten Zeitpunkt die chemische Zusammensetzung der eingeleiteten Abwässer nicht bekannt war und keine Wasserproben oberhalb und unterhalb der Einlaufstelle entnommen wurden“.[50]

---

[42] Vgl. *Roxin/Greco,* Strafrecht AT I, § 11 Rn.16.

[43] Vgl. *Heine*, JZ 1995, 651 f.

[44] Vgl. *Saliger*, Umweltstrafrecht, Rn.232.

[45] Vgl. *Saliger*, Umweltstrafrecht, Rn.232.

[46] Vgl. *Saliger*, Umweltstrafrecht, Rn.232.

[47] Vgl. *Saliger*, Umweltstrafrecht, Rn.233.

[48] *Saliger*, Umweltstrafrecht, Rn.233; krit. insoweit auch *Roxin/Greco,* Strafrecht AT I, § 11 Rn.18.

[49] *Kloepfer/Vierhaus*, Umweltstrafrecht, Rn.93; *Saliger*, Umweltstrafrecht, Rn.233.

[50] OLG Stuttgart NJW 1977, 1406.

4.2.2 Zurechnung des Einzelerfolges oder des Gesamterfolges?

Mit der Anerkennung der (kumulativen) Kausalität ist allerdings noch nicht abschließend geklärt, wie in Fällen kumulativer Einwirkungen die objektive Zurechnung vorzunehmen ist. Insbesondere bleibt offen, ob dem Einzelnen nur der von ihm allein herbeigeführte unerhebliche (nicht tatbestandsmäßige) Teilerfolg oder darüber hinaus auch der – durch das Zusammenwirken seiner und der Handlungen Dritter tatbestandsmäßig vervollständigte – erhebliche Gesamterfolg zuzurechnen ist.[51]

4.2.2.1 Die (herrschende) Gesamterfolgszurechnung

Die wohl herrschende Ansicht orientiert sich zur Beantwortung der Frage im ersten Sinne an der Äquivalenztheorie.[52] Grundlegend wird argumentiert, dass die Problematik der Zusammenrechnung einzelner Beiträge zu einem Gesamterfolg weder neu noch auf das Umweltstrafrecht beschränkt sei.[53] „Im Rahmen der Kausalitätsprüfung könne eben jedem auch dasjenige zugeschrieben werden, was andere getan oder Unterlassen haben“.[54] Dies begründet sich in der Annahme, dass „jeder Täter, der einen Deliktserfolg herbeiführe, dafür auf die Mitwirkung zahlreicher, von seinem Verhalten unabhängiger Faktoren angewiesen wäre – unabhängig davon, ob es sich dabei um Naturereignisse oder um deliktisches Verhalten anderer handelt“.[55] Anders ausgedrückt: „An der Kausalität besteht dann kein Zweifel, wenn der konkrete Erfolg ohne den – noch so geringen – Beitrag des Einzelnen anders verlaufen wäre“.[56] Folglich hat jeder Einzelne den Gesamterfolg durch seinen – wenn auch geringen und nicht tatbestandsmäßigen – Tatbeitrag mitverursacht, sodass der Gesamterfolg ihm zugerechnet werden müsse.[57]

Die Rechtsprechung folgt diesem Ansatz. So hat bereits das OLG Stuttgart in Verbindung mit § 38 WHG aF festgestellt, dass „es unerheblich sei,

---

[51] *Saliger*, Umweltstrafrecht, Rn.239.

[52] *Saliger*, Umweltstrafrecht, Rn.240; MüKoStGB/*Schmitz* StGB vor § 324 Rn.36.

[53] *Daxenberger*, Kumulationseffekte, S. 67.

[54] *Schröder*, JZ 1972, 651.

[55] *Schröder*, JZ 1972, 651.

[56] *Möhrenschlager*, WiVerW 1984, 47.

[57] Vgl. *Bloy*, JuS 1997, 582; *Kloepfer/Vierhaus*, Umweltstrafrecht, S. 81; *Sammüller-Gradl*, Zurechnungsproblematik, S. 125.

wenn die potentiell schädliche Wirkung der eingeleiteten Stoffe erst im Zusammenspiel mit anderen Ursachen entsteht".[58] Der BGH erweiterte dies in seiner Auslegung des § 326 I Nr. 3 StGB: Die Umweltgefährdung könne bereits aus der Massenhaftung an sich ungefährlicher Einzelstoffe resultieren.[59] Für die Gesamterfolgszurechnung spielt es daher keine Rolle, ob die Beiträge sukzessiv oder gleichzeitig erfolgten, ebenso die Mindestklausel.[60]

Eine grundlegende Voraussetzung moderner Zurechnungstheorien ist, dass der Täter eine rechtlich (tatbestandlich) missbilligte Gefahr geschaffen hat und sich diese Gefahr im Erfolg realisiert hat.[61] Dabei nimmt die Risikoerhöhungstheorie eine entscheidende Stellung ein.[62] So begründete der BGH die Gesamterfolgszurechnung damit, dass die Angeklagten durch ihr Handeln „Nachteile und Gefahren im Sinne des § 324 StGB jedenfalls vergrößert" hätten.[63] Diese Argumentation greift bereits vor der Lederspray-Entscheidung Elemente der Risikoerhöhungstheorie auf.[64] Der Gedanke der (unzulässigen) Risikoerhöhung wird auch in der Literatur überwiegend zur Begründung der Gesamterfolgszurechnung herangezogen.[65] Ergänzend wird auf die Schutzbedürftigkeit vorbelasteter Gewässer verwiesen, die einer restriktiven Tatbestandsauslegung entgegenstehen.[66]

Befürworter der Gesamterfolgszurechnung argumentieren zudem, dass diese Zurechnung dem Willen des Gesetzgebers entspreche.[67] Als entscheidend wird die folgende Passage aus der amtlichen Begründung angesehen, in der es heißt: „Ausreichend kann es auch sein, wenn das Verhalten des Täters nur deswegen

---

[58] OLG Stuttgart NJW 1977, 1406, 1407.

[59] BGH NStZ 1987, 323, 324.

[60] Vgl. *Saliger*, Umweltstrafrecht, Rn.240; *Kleine-Cosack*, Kausalitätsprobleme im Umweltstrafrecht, S. 18 ff., 76 f., 119 ff., 168 ff.; *Kloepfer/Heger*, Umweltstrafrecht, Rn.191; NK-StGB/*Ransiek* § 324 Rn.19; a.A. *Bloy*, JuS 1997, 582 f.: der allerdings Fälle der sukzessiven Summation normativ ausscheiden will.

[61] *Krell*, Umweltstrafrecht, Rn.82; näher *Frisch*, JuS 2011, 116 ff.

[62] Zur Risikoerhöhungslehre *Roxin/Greco*, Strafrecht AT I, § 11 Rn.50 ff., 90 ff.

[63] BGH NStZ 1987, 323, 324.

[64] *Saliger*, Umweltstrafrecht, Rn.240.

[65] Vgl. *Saliger*, Umweltstrafrecht, Rn.241; mit Unterschieden im Einzelnen *Möhrenschlager*, WiVerW 1984, 63; NK-StGB/*Ransiek* § 324 Rn.19 f.; *Schröder*, JZ 1972, 651 f.: bestimmt demgegenüber die Verantwortlichkeit allein nach der Kausalität und nach Abweichungen im Kausalverlauf.

[66] *Kloepfer/Heger*, Umweltstrafrecht, Rn.191; *Saliger*, Umweltstrafrecht, Rn.241.

[67] *Möhrenschlager*, WiVerW 1984, 61 ff.

zu einer Verunreinigung führt, weil auch andere dem Gewässer Stoffe zuführen".[68] Kritiker hingegen interpretieren diese Passage so, dass sie lediglich die These vom strafrechtlichen Schutz bereits verschmutzter Gewässer untermauert.[69] Sie behaupten, der Gesetzgeber habe nicht intendiert, generelle Minimalbeiträge bei Kumulationseffekten zu erfassen[70] – teilweise wird sogar behauptet, dass die Gesetzesmaterialien eher gegen eine Gesamterfolgszurechnung sprechen, da „Kumulationseffekte bei den Beratungen keine Rolle spielten".[71] Zwar gibt es eine Stimme, die diese Interpretation als nicht stichhaltig zurückweist.[72] So wird argumentiert,[73] dass der Gesetzgeber das fragliche Zitat unabhängig vom Kontext der Tatobjekttauglichkeit bereits verschmutzter Gewässer verwendet habe. Das Wort „auch" in der zitierten Passage verdeutliche unmissverständlich, dass der Gesetzgeber einen weiten strafrechtlichen Gewässerschutz etablieren wollte. Darüber hinaus wird betont, dass Kumulationseffekte in den parlamentarischen Beratungen durchaus thematisiert wurden. Gleichwohl ist zuzugeben, dass die Gesetzesmaterialien in dieser Hinsicht zumindest widersprüchlich sind, soweit sich überhaupt konkrete Hinweise finden lassen.[74]

Letztlich klären der Risikogedanke und eine extensive Tatbestandsauslegung die Problematik nicht abschließend. Einerseits bleibt unklar, welche Bedeutung dem Minimalbeitrag noch zukommt, wenn bereits geringfügige, nicht tatbestandsmäßige Kausalbeiträge strafrechtlich relevant sein sollen.[75] Insbesondere stellt sich die Frage, ob eine derart weitreichende Erfolgsdefinition faktisch auf das Tatbestandsmerkmal der „nachteiligen Veränderung" verzichtet und ob diese ungeschriebene Ausweitung die Ultima-Ratio-Funktion des Strafrechts beeinträchtigt.[76] Andererseits bedarf es einer nachvollziehbaren Begründung dafür, warum der zunächst Handelnde allein deshalb strafbar gemacht werden soll, weil auch nachfolgende Akteure jeweils geringfügige Emissionen verursachen.[77]

---

[68] BT-Drs. 8/2382, 14 unter Bezugnahme auf OLG Stuttgart NJW 1977, 1406.

[69] Vgl. *Daxenberger*, Kumulationseffekte, S. 75.

[70] *Daxenberger*, Kumulationseffekte, S. 75; ebenso *Rotsch*, Haftung, S. 106.

[71] *Daxenberger*, Kumulationseffekte, S. 75; ebenso *Rotsch*, Haftung, S. 106; MüKoStGB/*Schmitz* StGB vor § 324 Rn.36.

[72] *Saliger*, Umweltstrafrecht, Rn.242.

[73] Vgl. *Saliger*, Umweltstrafrecht, Rn.242.

[74] Vgl. *Saliger*, Umweltstrafrecht, Rn.243; MüKoStGB/*Schmitz* StGB vor § 324 Rn.36.

[75] *Saliger*, Umweltstrafrecht, Rn.241.

[76] Vgl. *Daxenberger*, Kumulationseffekte, S. 56.

[77] *Saliger*, Umweltstrafrecht, Rn.241.

4.2.2.2 Die Einzelerfolgszurechnung

Eine zunehmend vertretene Ansicht lehnt die oben dargestellte Auffassung ab, wonach eine Gesamterfolgszurechnung bei kumulativen Einwirkungen entweder aus den allgemeinen Regeln der Kausalität und Zurechnung oder aus der (vermeintlichen) amtlichen Begründung bzw. Rechtsprechung abgeleitet werden könne. Insbesondere wird von Samson[78] und Daxenberger[79] die dogmatische Vertretbarkeit bezweifelt, jedem einzelnen Schädiger den durch kumulative Einwirkungen entstehenden Gesamterfolg anzurechnen. Stattdessen vertreten sie die Einzelerfolgszurechnung, wonach jedem Verursacher ausschließlich der individuell von ihm herbeigeführte Erfolg zugerechnet wird.

Am deutlichsten zeigt sich dies bei Summationseffekten: Da diese lediglich die Summe der einzelnen Teilerfolge darstellen und darüber hinaus nichts anderes ausdrücken, entspricht der „Gesamterfolg" im Grunde genommen der theoretischen Addition der von unterschiedlichen Personen verursachten Einzelerfolge.[80] Die Annahme, ein Emittent sei nicht nur für seinen eigenen Beitrag, sondern auch für den Gesamterfolg verantwortlich, setzt eine Umdeutung des Tatbestands voraus.[81] Demnach wäre nicht nur die nachteilige Veränderung eines Umweltmediums verboten, sondern auch die Beteiligung an einem kollektiv herbeigeführten Endzustand – selbst wenn der eigene Beitrag für sich genommen nicht tatbestandsmäßig ist.[82] Einer solchen Ausweitung des Verbots mangelt es jedoch nicht nur an schlüssigen Begründungen, sondern eine solche Ausweitung führt auch zu einer übermäßigen Einschränkung der Handlungsfreiheit: Demjenigen, der als Ersthandelnder agiert – obwohl seine eigene Handlung unterhalb der Minima-Grenze liegt – wird allein deshalb die Freiheit entzogen, weil andere mit ihrer Tat beabsichtigen, diese Grenze zu überschreiten.[83]

Dieser Einwand gilt gleichermaßen für Synergieeffekte.[84] Auch in diesen Fällen sollte jedem Beteiligten ausschließlich der von ihm tatsächlich verursachte

[78] *Samson*, ZStW 99 (1987), 622 ff.

[79] *Daxenberger*, Kumulationseffekte, S. 73 ff., S. 87 f. und S. 136 ff.

[80] Vgl. *Samson*, ZStW 99 (1987), 629; MüKoStGB/*Schmitz* StGB vor § 324 Rn.37.

[81] Vgl. MüKoStGB/*Schmitz* StGB vor § 324 Rn.37.

[82] Vgl. *Samson*, ZStW 99 (1987), 630 ff.; *Daxenberger*, Kumulationseffekte S. 92 ff., S. 152 ff.; *Rotsch*, Haftung, S. 108 f.

[83] Vgl. Vgl. *Bloy*, JuS 1997, 583; *Samson*, ZStW 99 (1987), 631 f.; *Saliger*, Umweltstrafrecht, Rn.247; MüKoStGB/*Schmitz* StGB vor § 324 Rn.37.

[84] Vgl. MüKoStGB/*Schmitz* StGB vor § 324 Rn.38.

Einzelbeitrag zugerechnet werden.[85] Aufgrund der besonderen Eigenart von Synergieeffekten kann dieser Beitrag jedoch im Einzelfall den gesamten Erfolg bewirken.[86] Zudem bleibt bei Synergieeffekten oft unklar, inwieweit der Einzelne die Folgen seines Handelns voraussehen konnte, da diese Effekte häufig überraschend eintreten und der genaue Zusammenhang ungewiss bleibt.[87]

Daxenberger weist zudem darauf hin, dass die Gesamterfolgszurechnung nicht mit dem strafrechtlichen Regressverbot in Einklang zu bringen ist.[88] Nach diesem Grundsatz ist jeder nur für die von ihm eigenständig verursachten Folgen haftbar und nicht zusätzlich für jene, die von Dritten herbeigeführt werden – sofern nicht außergewöhnliche Umstände die Haftung begründen.[89] Derartige besondere normativ zu berücksichtigende Umstände könnten beispielsweise darin bestehen, dass der Ersthandelnde zu seinem Handeln ausschließlich motiviert ist, weil er Kenntnis von der Handlung des Zweiten besitzt, welche den Erfolg vollendet.[90] Zudem zeigt Daxenbergers Untersuchung deutlich, dass die pauschale Zuschreibung des Gesamterfolges nicht mit den Vorgaben der Täterschaft nach § 25 II StGB vereinbar ist.[91] Nur derjenige, dessen eigenes Verhalten die Erheblichkeitsschwelle überschreitet, haftet für die Umweltverschmutzung – und zwar ausschließlich für die von ihm verursachten Folgen.[92] Daher rechtfertigt es sich nicht, eine Emission, die an sich unterhalb der Geringfügigkeitsschwelle liegt, allein deshalb zu sanktionieren, weil sie „das Fass zum Überlaufen bringt“.[93] Andernfalls würde die Minimalklausel im Umweltstrafrecht ihre Bedeutung verlieren.[94] Eine Umwandlung der Quantität in Qualität kann jedoch bejaht werden, wenn nicht bloß der Kumulationseffekt verstärkt wird (etwa durch das

---

[85] MüKoStGB/*Schmitz* StGB vor § 324 Rn.38.

[86] Vgl. *Samson*, ZStW 99 (1987), 629; *Bloy*, JuS 1997, 583.

[87] Vgl. *Daxenberger*, Kumulationseffekte S. 21, 77.

[88] Vgl. *Daxenberger*, Kumulationseffekte S. 87 ff., 136 ff. Ebenso bereits *Samson*, ZStW 99 (1987), 632 ff.

[89] Vgl. MüKoStGB/*Schmitz* StGB vor § 324 Rn.39.

[90] So *Samson*, ZStW 99 (1987), 633; Ablehnend *Bloy*, JuS 1997, 584 Fn.79.

[91] Vgl. *Daxenberger*, Kumulationseffekte S. 87 ff.

[92] Vgl. MüKoStGB/*Schmitz* StGB vor § 324 Rn.39;TK StGB/*Schittenhelm* § 324 Rn.8; a.A. *Saliger*, Umweltstrafrecht, Rn.248.

[93] Vgl. MüKoStGB/*Schmitz* StGB vor § 324 Rn.39.

[94] Vgl. *Sammüller-Gradl*, Zurechnungsproblematik, S. 134 f.

Überschreiten eines bestimmten Grenzwertes), sondern darüber hinaus ein unteilbarer Gesamterfolg eintritt, wie beispielsweise das plötzliche „Umkippen“ eines Gewässers.[95]

4.2.2.3 Andere Lösungsansätze

Angesichts der Schwierigkeiten bei der Gesamt- oder Einzelerfolgszurechnung haben deutsche Strafrechtswissenschaftler alternative Ansätze entwickelt, um die Problematik zu entschärfen. Im Folgenden werden drei Ansätze vorgestellt: Zum einen die Betrachtung von Umweltdelikten als Kumulationsdelikte nach Kuhlen, zum anderen die Kausalitätslehre von Puppe mit Schwerpunkt auf der Erfolgsdefinition sowie der differenzierende Ansatz nach Saliger.

4.2.2.3.1 Umweltdelikte als Kumulationsdelikte nach Kuhlen

Kuhlen unternimmt den Versuch, die Auslegungspraxis der Gesamterfolgszurechnung durch einen innovativen Ansatz zu erklären.[96] Seiner Auffassung zufolge kann § 324 StGB nur dann schlüssig interpretiert werden, wenn er als Kumulationsdelikt und nicht als Einzelhandlungsdelikt verstanden wird. Wesentlich an diesem neuen Deliktstyp ist, dass nicht ein direkter Kausalzusammenhang zwischen einer einzelnen Handlung und einer Schädigung oder Gefährdung vorausgesetzt wird, sondern dass Handlungen kriminalisiert werden, bei denen – ohne ausdrückliche Strafandrohung – mit einer Vielzahl von Ausführungen zu rechnen ist, die letztlich die Funktionen geschützter Gewässer beeinträchtigen. Ein solches Kumulationsdelikt erfasst definitionsgemäß auch Handlungen, die für sich genommen ungefährlich erscheinen, und führt durch die Gleichstellung von Teil- und Gesamterfolg letztlich zu einer Gesamterfolgszurechnung.[97] Das klassische Kausalitäts- und Zurechnungsproblem wird damit faktisch umgangen.[98]

Obwohl Kuhlens Ansatz sowohl originell als auch analytisch ansprechend ist, offenbaren sich bei genauerer Betrachtung normative Schwierigkeiten.[99] Kuhlen knüpft die Strafbarkeit an die Frage, ob eine Masse gleichartiger Handlungen ökologische Funktionen beeinträchtigen würde. Doch wie viele Akteure

[95] Vgl. MüKoStGB/*Schmitz* StGB vor § 324 Rn.39.

[96] *Kuhlen*, ZStW 105 (1993) 4, 716 ff., der damit seine frühere Formulierung in *Kuhlen*, GA 1986, 389 ff. modifiziert.

[97] Vgl. *Saliger*, Umweltstrafrecht, Rn.244.

[98] Vgl. *Saliger*, Umweltstrafrecht, Rn.244.

[99] Vgl. *Saliger*, Umweltstrafrecht, Rn.245.

tatsächlich ohne Strafnorm handeln würden, ist spekulativ und kaum ermittelbar. Dies untergräbt die Rechtssicherheit, führt faktisch zur Aufhebung der Erheblichkeitsschwelle und verstärkt das Risiko einer Überkriminalisierung im Umweltstrafrecht.[100] Zwar betont Kuhlen, dass nur die eigene Handlung des Täters strafbegründend sei. Doch die Logik des Kumulationsdelikts macht die Einzelhandlung zum bloßen Anlass, nicht zur Grundlage der Strafbarkeit.[101] Damit wird das Schuldprinzip verletzt, da die Verantwortung nicht mehr auf konkretem, eigenem Unrecht beruht.

4.2.2.3.2 Die Kausalitätslehre von Puppe mit Schwerpunkt auf der Erfolgsdefinition

Puppe unterbreitet einen ungewöhnlichen Lösungsvorschlag für die Problematik der Gesamt- bzw. Einzelerfolgszurechnung, indem sie den Fokus auf die Definition des Erfolgs legt. Sie adressiert die Schwierigkeiten, die bei der Anwendung der „conditio sine qua non"-Formel im Rahmen der Kausalität auftreten, nicht durch eine Anpassung der Zurechnungslehre, sondern durch eine präzisere Bestimmung des Erfolgsbegriffs.[102] Puppe argumentiert, dass die Lösung der Zurechnungsfrage maßgeblich von der Formulierung des „konkreten Erfolgs" bzw. des „Erfolgs in seiner konkreten Gestalt" abhängt. Ihr Ansatz besteht darin, Erfolg nicht als statischen Zustand, sondern als eine nachteilige Veränderung von Zuständen zu definieren. Dabei wird überprüft, ob ein Teil des quantifizierbaren Erfolgs auch ohne das Verhalten des Täters kausal erklärbar ist – falls dies zutrifft, darf dieser Erfolgsanteil nicht dem Täter zugerechnet werden.[103] Somit haften die Handelnden nur für die von ihnen unmittelbar selbst verursachten Folgen, unabhängig davon, ob die kumulativen Einwirkungen gleichzeitig oder sukzessive erfolgen.[104]

Damit entfällt die Notwendigkeit, die Kausalität im Rahmen der Zurechnung – wie es beispielsweise Vertreter der Gesamterfolgszurechnung über den Begriff der Sozialadäquanz zu tun versuchen – anzupassen.[105] Insbesondere im Umweltstrafrecht erscheint dieser Ansatz als wünschenswert, da der unscharfe Rechtsgutsbegriff ohnehin die Abgrenzung zwischen sozialadäquatem

---

[100] Vgl. *Saliger*, Umweltstrafrecht, Rn.245.

[101] Vgl. *Saliger*, Umweltstrafrecht, Rn.245.

[102] Vgl. *Puppe*, ZStW 92 (1980), 863 ff.

[103] Vgl. *Puppe*, ZStW 92 (1980), 880 f., 887.

[104] Vgl. *Daxenberger*, Kumulationseffekte S. 157.

[105] Vgl. *Puppe*, ZStW 92 (1980), 872 f.

und nicht-sozialadäquatem Verhalten erschwert.[106] Gleichwohl erheben Kritiker, wie Roxin[107], scharfe Vorwürfe: Er bezeichnet Puppes Ansatz als eine „radikale Normativierung“ der Erfolgsbestimmung, die eine Abkehr von der Äquivalenztheorie und eine Rückkehr zu einem juristischen Kausalbegriff darstelle – wie er in der individualisierenden Theorie zu finden sei. Zudem bemängelt er, dass Puppe große Teile der normativen Zurechnungslehre in den Kausalitätsbegriff integriert, was problematisch sei, da selbst eine juristische Kausalitätstheorie die komplexen Regeln der modernen Zurechnungslehre nicht vollständig abbilden und deren Weiterentwicklung behindern könne. Roxin betont daher, dass die Trennung von Kausalität und Zurechnung eine bedeutsame dogmatische Errungenschaft darstelle, die nicht leichtfertig aufgegeben werden dürfe.

4.2.2.3.3 Der differenzierende Ansatz nach Saliger

Saliger lehnt die pauschale Gesamterfolgszurechnung ab und entwickelt stattdessen einen differenzierenden Ansatz, der sich unter anderem auf die Arbeiten von Bloy und Samson stützt.[108] Im Zentrum seiner Überlegungen steht ein normatives Missbrauchsszenario: Kann eine zunächst erlaubte Handlung dadurch verboten werden, dass Dritte den durch die Ersthandlung geschaffenen (noch) rechtmäßigen Zustand nutzen, um selbst rechtswidrige Erfolge herbeizuführen? Zur Beantwortung unterscheidet Saliger zwischen sukzessivem und gleichzeitigem Zusammenwirken mehrerer Akteure.

Beim sukzessiven Handlungsablauf lehnt Saliger die Gesamtzurechnung für den Ersthandelnden auf Basis des Prioritätsprinzips[109] ab – das heißt, das Recht muss nicht dem Unrecht weichen. Demnach kann von ihm nicht verlangt werden, sein Verhalten so auszurichten, dass es mögliche zukünftige Eingriffe eines Zweithandelnden berücksichtigt, die eine rechtlich unbedenkliche Situation in eine rechtswidrige verwandeln könnten.[110] Ergänzt wird diese Argumentation durch das Eigenverantwortungsprinzip in Verbindung mit dem Vertrauensgrundsatz: Jeder hat sein Verhalten grundsätzlich darauf auszurichten, dass er selbst die Rechtsgüter nicht gefährdet, ohne auch dafür verantwortlich gemacht zu werden, dass andere sich ebenfalls korrekt verhalten.[111]

---

[106] Vgl. *Sammüller-Gradl*, Zurechnungsproblematik, S. 135.

[107] Vgl. *Roxin/Greco*, Strafrecht AT I, § 11 Rn.22.

[108] Vgl. *Saliger*, Umweltstrafrecht, Rn.246 ff.; *Bloy*, JuS 1997, 577 ff.; *Samson*, ZStW 99 (1987), 633; *Sammüller-Gradl*, Zurechnungsproblematik, S. 136.

[109] *Samson*, ZStW 99 (1987), 632.

[110] Vgl. *Saliger*, Umweltstrafrecht, Rn.247.

[111] Vgl. *Saliger*, Umweltstrafrecht, Rn.247.

Demgegenüber ist der Zweithandelnde für den Gesamterfolg verantwortlich, sofern sein Beitrag die „Erheblichkeitsschwelle" überschreitet. Anders als der Ersthandelnde kann er sich nicht darauf berufen, sein Handeln sei ohne den vorherigen Beitrag des anderen tatbestandslos. Dies begründet Saliger damit,[112] dass der Zweithandelnde an eine „vom Ersthandeln mitgeprägte Realität" anknüpft (z. B. bereits verschmutzte Gewässer). Sein Beitrag ist daher stets vor dem Hintergrund der bereits bestehenden Umstände zu bewerten.

Beim gleichzeitigen Zusammenwirken mehrerer Beteiligter hält Saliger[113] die Gesamterfolgszurechnung für gerechtfertigt, da jede einzelne Handlung an den realen Zustand des Tatobjekts anknüpft. Dieser Zustand wird maßgeblich durch die wechselseitigen Einwirkungen der Beteiligten geprägt und kann daher nicht außer Acht gelassen werden.

Saligers Ansatz sticht durch seine differenzierte Fallanalyse und die anschauliche Darstellung von Zurechnungsproblemen hervor. Kritisch bleibt jedoch der Verweis auf das „Eigenverantwortungsprinzip", da dieses im Strafrecht keine klar abgegrenzte Kontur aufweist.[114] Zwar trägt die Betonung von Prioritäts- und Vertrauensgrundsatz zur Stärkung der Rechtssicherheit für Ersthandelnde bei, jedoch bedarf die Unterscheidung zwischen zulässiger Risikoverteilung und unzulässiger Verantwortungsabwälzung weiterer Konkretisierung. Dennoch liefert sein Ansatz eine praxisnahe Lösung – insbesondere in Bereichen wie dem Umweltstrafrecht, in denen kumulative Schadensbeiträge typisch sind.

4.2.2.4 Zusammenfassung und Stellungnahme

Die Gesamterfolgszurechnung kann sich an den Bedürfnissen der Praxis orientieren, um die Verfolgung von Umweltdelikten zu erleichtern und somit die Effektivität des Umweltstrafrechts zu erhöhen.[115] Denn der Nachweis eines Gesamtschadens (z. B. eine Gewässerbelastung durch multiple Emittenten) ist in der Regel einfacher zu erbringen als die kausale Isolierung einzelner Beiträge. Insbesondere bei synergetischen Effekten (z. B. kumulative Toxizität verschiedener Schadstoffe) scheitert die Einzelerfolgszurechnung regelmäßig an der Unteilbarkeit des Erfolgs – ein Zurechnungsparadoxon entsteht: Kausal verantwortliche Akteure bleiben straffrei.

---

[112] Vgl. *Saliger*, Umweltstrafrecht, Rn.248.

[113] Vgl. *Saliger*, Umweltstrafrecht, Rn.249.

[114] Vgl. *Sammüller-Gradl*, Zurechnungsproblematik, S. 138.

[115] Vgl. *Sammüller-Gradl*, Zurechnungsproblematik, S. 139 f.

Gleichwohl wirft die pragmatische Gesamterfolgszurechnung dogmatische Probleme auf. Selbst Befürworter der Gesamtzurechnung fordern Ausnahmen – beispielsweise, wenn die Belastung des Umweltmediums als sozialadäquat einzustufen ist[116] –, was jedoch die Rechtssicherheit aufgrund unklarer Kriterien gefährden kann. Zudem besteht das Risiko, dass bereits geringfügige, nicht tatbestandsmäßige Kausalbeiträge strafrechtliche Relevanz erlangen und dadurch die Minimalklausel untergraben wird. Ferner kann die Gesamterfolgszurechnung das Prinzip der Handlungsfreiheit bzw. der Eigenverantwortung beeinträchtigen, insbesondere wenn der Ersthandelnde, der nicht unmittelbar den tatbestandsmäßigen Erfolg herbeiführt, dennoch für den durch Zweithandlungen verursachten Gesamterfolg verantwortlich gemacht wird. Schließlich widerspricht diese Zurechnungsweise den allgemeinen Regeln von Täterschaft und Teilnahme (insb. § 25 II StGB), da zwischen Erst- und Zweithandlungen häufig kein gemeinsamer Tatentschluss besteht. Dies untergräbt das Schuldprinzip, da Verantwortung losgelöst von individueller Steuerbarkeit zugeschrieben wird.

Vor dem Hintergrund dieser dogmatischen Schwächen vertrete ich die Auffassung, dass – trotz praktischer Nachweisschwierigkeiten bei kumulativen Einwirkungen – die Einzelerfolgszurechnung vorzuziehen ist. Es ist nicht vertretbar, dass die „Pragmatisierung" des Umweltstrafrechts durch Gesamtzurechnung kurzfristige Vollzugserfolge erkauft, während langfristige Gerechtigkeitsdefizite in Kauf genommen werden.

Ich lehne die pauschale Bewertung von Umweltdelikten als Kumulationseffekte ab. Zwar könnte dieser Ansatz Probleme bei der Kausalität und Zurechnung umgehen, jedoch führt das Kumulationsdelikt zu einer weiteren zeitlichen Vorverlagerung der Strafbarkeit – ein Aspekt, der bereits bei abstrakten Gefährdungsdelikten wiederholt kritisiert wurde.[117] Dies könnte das Risiko einer Überkriminalisierung im Umweltstrafrecht erhöhen.

Ebenso halte ich die Kausalitätslehre von Puppe, die den Schwerpunkt auf eine Erfolgsdefinition legt, für unzureichend: Zwar erscheint die Definition des Erfolgs als „die nachteilige Veränderung des Zustands" – beispielsweise bei Gewässerverunreinigungen – prinzipiell geeignet, jedoch wird bei einer strikten Einzelerfolgszurechnung der Prioritäts- und Vertrauensgrundsatz sowie die Handlungsfreiheit des Ersthandelnden unzureichend berücksichtigt.

In diesem Zusammenhang befürworte ich den differenzierenden Ansatz nach Saliger, der das Prinzip der Eigenverantwortung und die individuellen Freiheitsspielräume der Handelnden stärker in den Vordergrund stellt. Dieser Ansatz

---

[116] Vgl. *Möhrenschlager*, WiVerW 1984, 63.

[117] Vgl. *Sammüller-Gradl*, Zurechnungsproblematik, S. 149.

kann zu einer gerechteren und angemesseneren Strafverfolgung und Zurechnung beitragen. Die Feststellung und Beurteilung der Verantwortlichkeit in solchen Fällen erfordert jedoch eine sorgfältige Analyse der konkreten Umstände und Handlungsabläufe, um zu fairen und ausgewogenen Entscheidungen zu gelangen.

4.3 In China

Die chinesische Justiz hat auch versucht, die Kausalitäts- und Zurechnungsprobleme bei Umweltverschmutzungsdelikten zu entschärfen, indem sie verschiedene Handlungen als „schwere Umweltverschmutzung" (z. B. § 1 Justizauslegung 2023) klassifiziert. Dennoch bleiben die Probleme grundlegend ungelöst, da das Umweltverschmutzungsdelikt im chinesischen Umweltstrafrecht als Erfolgs- bzw. Verletzungsdelikt nicht durch Justizauslegung in ein Tätigkeitsdelikt transformiert wird. Folglich bleibt die Feststellung des Kausal- und Zurechnungszusammenhangs weiterhin unabdingbar.

4.3.1 Entwicklung von Kausalitäts- und Zurechnungslehre

Im Gegensatz zu Deutschland hat die Entwicklung der Kausalitäts- und Zurechnungslehre im chinesischen Strafrecht zwei prägende Phasen durchlaufen, die maßgeblich von ausländischen Rechtstraditionen beeinflusst wurden. Unmittelbar nach der Gründung der Volksrepublik China wurde die traditionelle Strafrechtstheorie stark vom sowjetischen Modell geprägt. In dieser frühen Phase existierte keine eigenständige Zurechnungslehre, sodass die Kausalitätslehre vor allem im Rahmen materialistisch-dialektischer Prinzipien interpretiert wurde. In der zweiten Phase – geprägt von den Reform- und Öffnungspolitiken des 21. Jahrhunderts – gewannen insbesondere die deutschen und japanischen Strafrechtslehren an Einfluss, was letztlich zur Herausbildung einer modernen Strafrechtstheorie führte. Diese Phase zeichnet sich durch einen zweistufigen Ansatz in der strafrechtlichen Verursachung aus, nämlich „Attribution + Imputation", der analog zu den Konzepten von Kausalität und objektiver Zurechnung in Deutschland zu verstehen ist. Um die Kausalitäts- und Zurechnungsprobleme besser zu erklären, müssen zunächst beide Entwicklungsphasen im Folgenden detailliert erläutert werden.

4.3.1.1 Die chinesische traditionelle Strafrechtslehre

Die traditionelle chinesische Strafrechtslehre wurde maßgeblich vom sowjetischen Modell beeinflusst, was auch das Studium der strafrechtlichen Verursachung prägte. In der frühen Phase (1950er–1970er Jahre) wurden nur wenige Arbeiten zu diesem Thema publiziert, deren Forschungsschwerpunkt auf der Untersuchung der Möglichkeit der Einbringung der grundlegenden Ansichten der marxistisch-leninistischen Philosophie über Verursachung in die Analyse strafrechtlicher Kausalzusammenhänge lag.[118] Insgesamt ist die Forschung in dieser Phase stark philosophisch geprägt.

Nach der traditionellen Strafrechtslehre bezeichnet der Kausalzusammenhang das Verhältnis von Verursachendem zu Verursacht-Werden zwischen Tathandlung und Taterfolg.[119] Diese Beziehung ist objektiv und unabhängig vom Willen einzelner Personen, sodass ihr Vorhandensein oder Fehlen ausschließlich anhand der objektiven Zusammenhänge beurteilt werden kann – es handelt sich um eine faktische Beurteilung. Genau deshalb wurde die philosophische Verursachungstheorie in das Strafrecht übernommen, was zur Entstehung einer Debatte zwischen der Theorie der unvermeidlichen Verursachung und der Theorie der zufälligen Verursachung führte.[120]

Die Theorie der unvermeidlichen Verursachung besagt, dass zwischen schädigender Handlung und schädlichem Ergebnis eine Kausalbeziehung besteht, wenn das schädigende Verhalten bereits den objektiven Grund für das Entstehen des schädlichen Ergebnisses enthält und dieses regelkonform eintritt.[121] Nur in diesem Fall wird im Strafrecht von Kausalität gesprochen. Die Theorie hebt dabei folgende Punkte hervor[122]: (1) Ein Verhalten, das als Ursache wirken soll, muss die reale Möglichkeit des Eintritts des schädlichen Ergebnisses in sich bergen, das heißt, es muss einen objektiven Grund für das Ergebnis enthalten. Fehlt dieser, kann das Verhalten höchstens als Bedingung wirken. (2) Die bloße Existenz einer realen Möglichkeit genügt noch nicht, um von einer Kausalbeziehung zu sprechen. Erst wenn ein Phänomen, das diese Möglichkeit besitzt, regelkonform ein bestimmtes Ergebnis herbeiführt, wird eine Kausalbeziehung festgestellt. Wird das Ergebnis jedoch durch einen anderen, zufällig hinzutretenden kausalen Faktor herbeigeführt, besteht zwischen dem ursprünglichen Phänomen und dem Ergebnis keine Kausalität. (3) Kausalität ist stets an bestimmte Bedingungen geknüpft.

---

[118] Vgl. *Chen Xingliang*, Law Science (法学) 7/2009, 26.

[119] Vgl. *Gao Mingxuan/Ma Kechang*, Strafrecht (刑法学), S. 73 f.

[120] Vgl. *Zhang Mingkai*, Strafrecht (刑法学), Bd.1, S. 223.

[121] Vgl. *Gao Mingxuan/Ma Kechang*, Strafrecht (刑法学), S. 76.

[122] Vgl. *Jia Yu (Hrsg.)*, Strafrecht (刑法学), Bd.1, S. 137 ff.

Daher muss bei der Feststellung eines Kausalzusammenhangs stets der konkrete Kontext der Handlung berücksichtigt werden.

Im Allgemeinen wird davon ausgegangen, dass bei Vorliegen einer unvermeidlichen Kausalität das Ergebnis der Handlung zuzurechnen ist – auch wenn diese Theorie im Kern lediglich eine faktische Beurteilung darstellt und keine normative Bewertung in Bezug auf den Zweck des Strafrechts oder den Anwendungsbereich der Tatbestandsmerkmale enthält.[123]

Die Theorie der zufälligen Verursachung geht hingegen davon aus, dass, wenn das schädigende Verhalten selbst keinen objektiven Grund für das schädliche Ergebnis enthält, aber im Verlauf andere Faktoren zufällig hinzutreten, die durch ihr regelkonformes Wirken das schädliche Ergebnis herbeiführen, dann besteht zwischen dem schädigenden Verhalten und dem schädlichen Ergebnis eine zufällige Kausalbeziehung.[124] Gleichzeitig wird zwischen dem eingreifenden Faktor und dem Ergebnis eine unvermeidliche Kausalbeziehung angenommen[125]. Diese Theorie betont zudem,[126] dass man Bedingung und Grund nicht strikt trennen kann, da beide als Ursachen wirken – jedoch in unterschiedlichen Hierarchien. Während die Bedingung hinsichtlich ihrer Bedeutung dem Grund untergeordnet sein mag, ist sie in puncto Notwendigkeit gleichermaßen unverzichtbar. Nur das Zusammenspiel von Grund und Bedingung führt zum Ergebnis; fehlt eine Komponente, kann das Ergebnis nicht eintreten.

Damit leistet die Theorie der zufälligen Verursachung einen Beitrag zur Überwindung des Mangels der Theorie der unvermeidlichen Verursachung, insbesondere hinsichtlich des zweiten Punkts. Gleichwohl bleibt die Frage, ob und inwieweit diese Situation als „zufällige Verursachung" zu bezeichnen ist, weiterhin Gegenstand der Forschung. Auch die Theorie der zufälligen Verursachung basiert im Wesentlichen auf faktischen Beurteilungen und verzichtet auf eine normative Bewertung.

Obwohl die traditionelle Kausalitätstheorie gewisse theoretische Defizite aufweist, findet sie in der chinesischen Rechtspraxis bei gerichtlichen Urteilsbegründungen häufig Anwendung, insbesondere die „unvermeidliche Verursachung". Mögliche Gründe hierfür sind[127]: (1) In einigen Fällen besteht tatsächlich eine unvermeidliche kausale Verbindung zwischen Tathandlung und schädlichem Ergebnis, die exakt dem Standard der unvermeidlichen Verursachung entspricht.

---

[123] Vgl. *Zhang Mingkai*, Strafrecht (刑法学), Bd.1, S. 224.

[124] Vgl. *Gao Mingxuan/Ma Kechang*, Strafrecht (刑法学), S. 76.

[125] Vgl. *Zhang Mingkai*, Strafrecht (刑法学), Bd.1, S. 224.

[126] Vgl. *Gao Mingxuan/Ma Kechang*, Strafrecht (刑法学), S. 75 f.

[127] Vgl. *Yang Jianjun*, Journal of Comparative Law (比较法研究) 6/2020, 83.

(2) Angeklagte und ihre Verteidiger nutzen Begriffe wie „unvermeidliche Verursachung“ vermutlich, um die Beweislast der Staatsanwaltschaft zu erhöhen und die Beweisführung zu erschweren – so wird die Kausalbeziehung zwischen Handlung und Folge in Frage gestellt und die strafrechtliche Verantwortung gemindert oder abgelehnt. (3) Gerichte greifen in ihren Urteilsbegründungen auf Begriffe wie „unvermeidlich“ oder „direkt“ zurück, um die Unzweifelhaftigkeit der kausalen Verbindung zu unterstreichen, die Überzeugungskraft ihrer Feststellungen zu verstärken und somit ein unanfechtbares rechtliches Argument zu formulieren, das zur friedlichen Streitbeilegung beitragen soll.

Dies trifft insbesondere auf Fälle der Umweltverschmutzung zu, da die Besonderheiten dieser Delikte[128] – vor allem im Hinblick auf kumulative Effekte – den Nachweis einer unvermeidlichen Verursachung (also eines eindeutigen naturwissenschaftlichen Beweises) erheblich erschweren. Deshalb berufen sich Angeklagte und ihre Verteidiger häufig darauf, dass zwischen dem schädigenden Verhalten und dem Verschmutzungsergebnis keine unvermeidliche Kausalbeziehung bestehe,[129] um ihre strafrechtliche Verantwortung abzulehnen. Diese Argumentation dient jedoch vorwiegend der Betonung und verändert den strafrechtlichen Beweisstandard nicht.

4.3.1.2 Einfluss der japanischen und deutschen Strafrechtstheorie

Im Zuge der Reform und Öffnung lässt sich diese Phase (seit den 1980er Jahren) als eine Periode des Wandels und der Weiterentwicklung in der Untersuchung der Verursachung im chinesischen Strafrecht verstehen. Die Forschungsergebnisse dieser Zeit zeigen, dass die Strafrechtswissenschaft die bisherige Debatte um das Unvermeidliche versus das Zufällige kritisch hinterfragt und im Wesentlichen

---

[128] Siehe Teil 2.3.

[129] Fallbeispiel: (2015) 浙温刑终字第1094号: „Sein Verteidiger argumentierte, dass das von Jiang verkaufte Abwasser nur einen Teil des von Ma beschlagnahmten Abwassers ausmache und in versiegelten Fässern abgefüllt sei, weshalb sein Verkauf von Elektroplattierflüssigkeit nicht vermeidlich ursächlich für das Verschmutzungsergebnis sei.“ (2019) 苏06刑终268号: „Sein Verteidiger argumentierte, dass die von der forensischen Gutachterinstitution zur Bestimmung der in den Abfallrückständen enthaltenen Schwermetalle verwendete Methode – nämlich die konzentrierte Schwefelsäureauslaugungsmethode – nicht belegen könne, dass diese Schwermetalle unter realen Umweltbedingungen zwangsläufig durch Regenwasser und die Atmosphäre ausgelaugt werden und somit die Außenumgebung verschmutzen.“

die traditionelle Herangehensweise an die Analyse der Verursachung aufgegeben hat[130]. Die Forschungsansätze wurden breiter und vielschichtiger, wobei der Fokus auf der Rolle der Verursachung bei der Bestimmung strafrechtlicher Verantwortung lag. Durch die Übernahme ausländischer – insbesondere deutscher und japanischer – Theorien konnten neue Konzepte zur Lösung der Kausalitätsproblematik entwickelt werden.

Dies führte zu einem intensiven Austausch unterschiedlicher Ansätze, aus dem sich im Wesentlichen ein zweistufiges Modell der strafrechtlichen Verursachung herauskristallisierte, das unter den Begriffen „Attribution" und „Imputation" zusammengefasst wird.[131] Bei der ersten Stufe, der Attribution, wird zunächst festgestellt, ob eine faktische Kausalität vorliegt – hierbei kommt überwiegend die (modifizierte) Bedingungstheorie zum Einsatz, die von den meisten Wissenschaftlern und der gerichtlichen Praxis anerkannt wird.[132] In der zweiten Stufe, der Imputation bzw. normativen Bewertung, gehen die Ansichten auseinander. So werden beispielsweise die Adäquanztheorie,[133] die Theorie der Gefahrverwirklichung[134] sowie die Theorie der objektiven Zurechnung[135] diskutiert.

---

130 Vgl. *Chen Xingliang*, Law Science (法学) 7/2009, 33.

131 Vgl. z. B. *Zhang Mingkai*, Strafrecht (刑法学), Bd.1, S. 224 ff., 234 ff.; *Chen Xingliang*, Normative Strafrecht (规范刑法学), Bd.1, S. 199 ff.; *Li Hong*, Qsinghua University Law Journal (清华法学) 3/2022, 112 ff.; *Zheng Zexing*, Law Review (法学评论) 3/2020, 83 ff.

132 Vgl. *Zhang Mingkai*, Strafrecht (刑法学), Bd.1, S. 235. In der Rechtsprechung wird die Bedingungstheorie häufig verwendet, z. B. der Begriff „Bedingung" wurde in 3319 von 12401 Strafurteilen als Ausdruck der strafrechtlichen Verursachung verwendet. Vgl. *Yang Jianjun*, Journal of Comparative Law (比较法研究) 6/2020, 83.

133 Vgl. *Chen Xingliang*, Normative Strafrecht (规范刑法学), Bd.1, S. 201 f.

134 Vgl. *Zhang Mingkai*, Strafrecht (刑法学), Bd.1, S. 240 f.; *Liu Yanhong*, Political Science and Law (政治与法律) 8/ 2024, 79 f; a.A. *Li Hong*, Qsinghua University Law Journal (清华法学) 3/2022, 126 ff.: Wenn die strafrechtliche Verursachung als das Verhältnis von Verursachendem und Verursacht-Werden zwischen schädigendem Verhalten und schädlichem Ergebnis definiert wird, kann man sagen, dass das schädliche Ergebnis in Wirklichkeit lediglich die Umwandlung des im schädigenden Verhalten latent vorhandenen Ursachenzustandes darstellt – nämlich die Umwandlung eines potentiellen Gefahrenzustandes in einen realen Schadenszustand. Diese Umwandlung muss zudem homogen erfolgen, das heißt, Ursache und Ergebnis sind lediglich unterschiedliche Ausdrucksformen desselben Inhalts. Ein weiterer zweistufiger Ansatz, nämlich „Attribution + Imputation", ist daher nicht erforderlich.

135 Vgl. *Wang Zhiyuan/Zhang Weiqi*, Journal of Yunnan Minzu University (Social Sciences) (云南民族大学学报哲学社会科学版) 1/2021, 155 f.; *Zheng Zexing*, Law Review (法学评论) 3/2020, 88 f. (92).

Das Umweltverschmutzungsdelikt wurde 1997 erstmals explizit im chinesischen Strafgesetzbuch verankert. In jenem Zeitraum beeinflussten Diskussionen, in denen vor allem japanische und deutsche Ansätze eine Rolle spielten, maßgeblich die Debatte um den Kausalitätsnachweis bei diesem Delikt. Dies galt vor allem für Fälle, in denen die traditionelle Vorstellung einer „unvermeidbaren Verursachung" im Kontext von Umweltverschmutzung nicht naturwissenschaftlich belegt werden konnte. Hier erwies sich das japanische Konzept der epidemischen Kausalität als prägend.

Bereits in den 1990er Jahren wurde dieses Konzept von chinesischen Strafrechtswissenschaftlern im Kontext von Umweltdelikten aufgegriffen und in zahlreichen Publikationen im Zusammenhang mit der chinesischen Praxis diskutiert. Nahezu jede wissenschaftliche Abhandlung zum Kausalitätsnachweis im Umweltstrafrecht berücksichtigt dieses Prinzip. Frühere Forschungsansätze konzentrierten sich dabei auf eine Vermutungsmethode, die auf der epidemischen Kausalität basiert – etwa mit der Forderung, dass „die epidemische Kausalität und ihre Vermutung in einem Sondergesetz für Umweltdelikte geregelt werden sollten"[136] oder „Die epidemische Kausalität und ihre Vermutung sollten bei Kausalitätsnachweis der Umweltverschmutzungsdelikte angewendet werden".[137]

Mit der zunehmenden Rezeption deutscher und japanischer Strafrechtslehren in China gewann der zweistufige Verursachungsansatz (Attribution + Imputation) auch für Umweltdelikte an Bedeutung.[138] In diesem Zusammenhang wird die Rolle der epidemischen Kausalität weiter präzisiert: Sie wird der ersten Stufe – der Attribution – zugeordnet und hat sich als wertvolles Element im

136 Vgl. *Chen Quansheng*, Environmental Protection (环境保护) 5/1994, 28; *Yang Chunxi/ Xiang Zexuan/Liu Shengrong*, Theorie und Praxis von Umweltdelikten (危害环境犯罪的理论与实务), S. 313;

137 Vgl. *Guo Jianan/Zhang Guirong*, Umweltdelikte und Umweltstrafrecht (环境犯罪与环境刑法), S. 457; *Jiang Lanxiang*, Studie zum Nachweis der Kausalität bei Umweltverschmutzungsdelikten (污染型环境犯罪因果关系证明研究), S. 174.

138 Vgl. z. B. *Ma Yinxiang/Jiang Hao*, Presentday Law Science (时代法学) 6/2021, 73 ff.; *Chen Xiaobiao/Li Honglei*, Journal of Liaoning Normal University (Social Science Edition) (辽宁师范大学学报社会科学版) 2/2024, 79 ff.; *Hou Yanfang*, Contemporary Law Review (当代法学) 4/2020, 116 ff.; *Zeng Wenke/Luo Bocheng*, Journal of Central South University of Forestry & Technology (Social Sciences) (中南林业科技大学学报社会科学版), 6/2023, 57 ff.

Strafverfahren etabliert.[139] Ergänzend dazu spielt die Theorie der objektiven Zurechnung eine große Rolle bei der normativen Zurechnung.[140]

4.3.2 Spezielle Regeln bei Kausalitätsnachweis: Die epidemische Kausalität

Aufgrund der Besonderheiten von Umweltverschmutzungsdelikten – insbesondere der Komplexität kumulativer Effekte – erweisen sich allgemeine Kausalitätstheorien als unzureichend. Sowohl die traditionelle „unvermeidbare Verursachung“ als auch die moderne Bedingungstheorie scheitern häufig an der naturwissenschaftlichen Unklarheit, wenn der ursächliche Zusammenhang zwischen umweltschädigendem Verhalten und Umweltschaden nicht eindeutig belegt werden kann. Vor diesem Hintergrund gewinnt das Konzept der epidemischen Kausalität an Relevanz. Diese stützt sich nicht auf einen naturwissenschaftlich lückenlosen Nachweis, sondern auf signifikante statistische Wahrscheinlichkeiten.

4.3.2.1 Überblick

Aus medizinischer Sicht wird die Feststellung, ob ein Kausalzusammenhang zwischen den vom Täter freigesetzten Schadstoffen und der Gesundheit der Anwohner besteht, anhand dreier Gesichtspunkte bestimmt:[141] Erstens ist durch die Diagnose und Behandlung jedes Patienten mittels der klinischen Medizin der kausale Zusammenhang zu erklären. Zweitens ist der Kausalzusammenhang

---

[139] Vgl. *Ma Yinxiang/Jiang Hao*, Presentday Law Science (时代法学) 6/2021, 82; *Zeng Wenke/Luo Bocheng*, Journal of Central South University of Forestry & Technology (Social Sciences) (中南林业科技大学学报社会科学版), 6/2023, 59 f.; *Chen Xiaobiao/Li Honglei*, Journal of Liaoning Normal University (Social Science Edition) (辽宁师范大学学报社会科学版) 2/2024, 86 f.; *Zhang Mingkai*, Strafrecht (刑法学), Bd.1, S. 240; *Jia Yu (Hrsg.)*, Strafrecht (刑法学), Bd.1, S. 141 f. Kritik: *Wang Xiaobin*, Studies in Law and Business (法商研究) 3/2020, 73 f.; *Hou Yanfang*, Contemporary Law Review (当代法学) 4/2020, 119 f.; *Xu Haidong*, Social Sciences in Guangxi (广西社会科学) 3/2020, 107 f.

[140] Vgl. z. B. *Xu Haidong*, Social Sciences in Guangxi (广西社会科学) 3/2020, 109 f.; *Hou Yanfang*, Contemporary Law Review (当代法学) 4/2020, 122 f.; *Li Guanyu*, The Jurist (法学家) 4/2018, 123 f.; *Xu Haidong*, Social Sciences in Guangxi (广西社会科学) 3/2020, 108 f.; *Ma Yinxiang/Jiang Hao*, Presentday Law Science (时代法学) 6/2021, 83 f; a.A. *Chen Xiaobiao/Li Honglei*, Journal of Liaoning Normal University (Social Science Edition) (辽宁师范大学学报社会科学版) 2/2024, 87 f.: „Das Kriterium der Ursachenkraft“. Die Ursachenkraft bezieht sich auf die Wirkung, die durch das rechtswidrige Verhalten einer Person entsteht und dazu führt, dass ein Rechtsgutsverletzungserfolg eintritt oder sich vergrößert.

[141] Vgl. *Jiang Lanxiang*, Criminal Law Review (刑法论丛) 1/2010, 266.

durch eine Beschreibung der Eintrittswahrscheinlichkeit mittels der Pathologie aufzuklären. Drittens muss die Kausalität mittels der Epidemiologie geklärt werden. Der kausale Zusammenhang zwischen Handlung und Erfolg kann nur dann aus einer strengen wissenschaftlichen Perspektive begründet werden, wenn die Schlussfolgerung, die bei der Erklärung des Kausalzusammenhangs getroffen wurde, nach den oben genannten drei verschiedenen medizinischen Methoden genau gleich ist.[142] Nach den aktuellen medizinischen Standards sind jedoch die Ergebnisse der drei Methoden manchmal inkonsistent. In diesem Fall würde die Leugnung des Kausalzusammenhangs zur Duldung von Verbrechen führen.

Die Epidemiologie ist ein medizinischer Zweig, der sich mit der Prävention von Krankheiten sowie den Ursachen und Merkmalen von Gruppenerkrankungen beschäftigt.[143] Im Gegensatz zur klinischen Medizin beschäftigt sich die Epidemiologie nicht mit der Diagnose und Behandlung eines einzelnen Patienten, sondern betrachtet die Gruppe als Forschungsobjekt; durch die Untersuchung des Auftretens von Krankheiten können die Existenz der Krankheit, ihre Proliferation und Präventionsmethoden erforscht werden.[144] Wenn anhand signifikanter Statistiken bewiesen werden kann, dass die vom Täter verbreiteten Schadstoffe mit hoher Wahrscheinlichkeit die Gesundheitsschädigung der Opfer verursacht haben, wird die Kausalität bejaht. Diese Methode der Begründung der Kausalität wird als „epidemische Kausalität"[145] bezeichnet. Diese Aufklärung trägt zur Ermittlung des kausalen Zusammenhangs bei Umweltverschmutzungsdelikten bei.

Bei der Anwendung der „epidemischen Kausalität" im Umweltstrafrecht wird im Allgemeinen das Bestehen eines kausalen Zusammenhangs zwischen einem bestimmten Faktor und der Krankheit angenommen, wenn die folgenden vier Bedingungen erfüllt sind:[146] Erstens, dieser Faktor ist ein Faktor, der vor einem bestimmten Zeitraum des Auftretens der Krankheit wirkt. Zweitens, je signifikanter die Wirkung dieses Faktors ist, desto höher ist die Prävalenz. Drittens, die Verteilung dieses Faktors widerspricht nicht den epidemiologischen Merkmalen, die bei der epidemischen Beobachtung festgestellt wurden. Viertens, dieser Faktor wirkt als Ursache und steht nicht im Widerspruch zur Biologie. Zusammenfassend ist festzustellen, dass der Faktor eine hohe Wahrscheinlichkeit hat, die Krankheit

---

[142] Vgl. *Jiang Lanxiang*, Criminal Law Review (刑法论丛) 1/2010, 266.

[143] Vgl. *Chen Wei*, Chinese Journal of Law (法学研究) 4/2015, 132.

[144] Vgl. *Liu Xiaoqian*, Journal of EMCC (中国环境管理干部学院学报) 1/2014, 4 f.

[145] Vgl. *Huang Lideng/Shi Bosheng*, Medicine & Jurisprudence (医学与法学) 6/2021, 6.

[146] Vgl. *Ma Jun*, Journal of Political Science and Law (政法学刊) 3/2014, 42 f.; *Jia Yu (Hrsg.)*, Strafrecht (刑法学), Bd.1, S.142; *Zhang Mingkai*, Strafrecht (刑法学), Bd.1, S.240.

zu verursachen. Obwohl die kausale Beziehung zwischen einem bestimmten Faktor und einer Krankheit weder medizinisch noch pharmakologisch zu beweisen ist, kann sie basierend auf signifikanten Statistiken und Beobachtungen bejaht werden.[147]

Eine typische Anwendung der „epidemischen Kausalität“ ist im japanischen „Niigata Minamata-Krankheit-Urteil“[148] vorzufinden. Das Gericht stellte die epidemische Kausalität zwischen der Ableitung von Abwässern durch das Unternehmen Showa Denko und der Minamata-Krankheit fest und lehnte die Beschwerde des Unternehmens ab. Das Gericht erklärte auch, dass das Unternehmen eine Quelle der Verschmutzung ist. Es ist dazu nicht notwendig, dies aus der naturwissenschaftlichen Sicht vollständig zu beweisen.[149] Die Kausalität bei der obengenannten „Lederspray-Entscheidung“[150] ist ähnlich. Nach der Ansicht der Befürworter bezieht sich die chinesische Entscheidung zwar nicht direkt auf die „epidemische Kausalität“, wendet aber deren Logik an, insbesondere im Hinblick auf schwere Umweltverschmutzungen, z. B. in der Entscheidung „Arsen-Gewässerverunreinigung“[151] wurde die Trinkwasserversorgung von mehr als 26.000 umliegenden Einwohnern unterbrochen, was zu direkten wirtschaftlichen Verlusten von mehr als 9 Millionen RMB führte. Das Unternehmen Jinye hat von 2001 bis 2008 kontinuierlich Schadstoffe emittiert, jedoch trat der Verschmutzungserfolg erst im Jahr 2008 auf. Des Weiteren konnte der Richter durch signifikante Statistiken und Beobachtungen nachweisen, dass das Jinye-Unternehmen unter den 16 verdächtigen Unternehmen die Hauptquelle der Wasserverschmutzung darstellte. Dies lässt sich wie folgt begründen: 1) Die Arsenkonzentration im Yangzong-See ist im Süden hoch und im Norden niedrig. Die Hauptquelle der Verschmutzung stammt dabei hauptsächlich aus dem Süden, wo sich das Jinye-Unternehmen befindet; 2) Die Arsenkonzentration im Wasser, das vom Unternehmen entnommen wurde, betrug 677 μg/l, und das Grundwasser sowie die Produkte in dem betroffenen Gebiet waren mit Arsen kontaminiert. Dies deutet darauf hin, dass das Unternehmen eine beträchtliche Menge an Arsen eingeleitet hat, um die Verschmutzung zu verursachen; 3) Das Jinye-Unternehmen verzeichnete in der Vergangenheit Fälle von Arsenvergiftungen bei Arbeitern, die mit der Gerätebehandlung beschäftigt waren.

---

[147] Vgl. *Jiao Yanling*, Hebei Law Science (河北法学) 11/2017, 120; *Zhang Mingkai*, Strafrecht (刑法学), Bd.1, S. 240.

[148] Vgl. *Liu Xiaoqian*, Journal of EMCC (中国环境管理干部学院学报) 1/2014, 5.

[149] Vgl. *Liu Xiaoqian*, Journal of EMCC (中国环境管理干部学院学报) 1/2014, 5.

[150] BGHSt 37,106.

[151] (2009) 澄环刑初字第1号.

4.3.2.2 Verstoß gegen den Grundsatz „in dubio pro reo"?

Kontrovers ist vor allem, ob in Fällen von Umweltverschmutzung ein spezifischer Kausalzusammenhang aufgrund einer hohen Wahrscheinlichkeit zwischen der umweltverschmutzenden Handlung und dem Schadenseintritt festgestellt werden kann. Kritiker behaupten, dass die „hohe Wahrscheinlichkeit" lediglich den zivilrechtlichen Beweisstandard erreicht und nicht den strafrechtlichen.[152]. Dies verstößt im Kern gegen den Grundsatz „in dubio pro reo" und hat den weiteren Nachteil, dass es die Menschenrechte verletzt.[153] Denn bei hoher Wahrscheinlichkeit besteht noch ein vernünftiger Verdacht bei der Feststellung der Kausalkette.[154] Dem haben Befürworter entgegnet, dass der Grundsatz „in dubio pro reo" im Strafrecht nicht uneingeschränkt für jeden Bereich der Sachverhaltsermittlung gilt, insbesondere in der gegenwärtigen Risikogesellschaft.[155] Es sei wichtig, zwischen „grundsätzlich feststellbaren" und „grundsätzlich nicht feststellbaren" Umständen bei der Feststellung des Tatbestandes zu unterscheiden.[156] Bei Umweltverschmutzungsdelikten ist es aufgrund ihrer dargelegten Besonderheiten äußerst schwierig, die genaue Kausalkette hundertprozentig zu bestimmen, über die sich gefährliche Stoffe, die durch umweltschädigendes Verhalten freigesetzt werden, auf die körperliche Verfassung und die physiologischen Funktionen des Menschen auswirken und ihn letztlich schädigen. Daher erfolgt in der Praxis oft eine allgemeine Beurteilung des gesamten Schadensverlaufs auf Basis der vorhandenen wissenschaftlichen Erkenntnisse.[157] Eine pauschale Ablehnung der Kausalität anhand des Grundsatzes „in dubio pro reo" sei deshalb für die Kriminalpolitik nicht akzeptabel.

4.3.2.3 Einordnung als Vermutungsmethode?

Die Vermutung kann in eine tatsächliche und in eine gesetzliche Vermutung unterteilt werden. Im Gegensatz zur gesetzlichen Vermutung ist die tatsächliche Vermutung nicht explizit vom Gesetz festgelegt, sondern wird von Richtern als Erfahrungssätze und logische Regeln angewendet. In der chinesischen strafrechtlichen Praxis wird die gesetzliche Vermutung nur in sehr begrenztem Umfang

[152] Vgl. *Wang Xiaobin*, Studies in Law and Business (法商研究) 3/2020, 74.

[153] Vgl. *Wang Xiaobin*, Studies in Law and Business (法商研究) 3/2020, 73.

[154] Vgl. *Su Jingwen*, Journal of Liaoning Administerators College of Police and Justice (辽宁公安司法管理干部学院学报) 4/2019, 86.

[155] Vgl. *Wang Xiaobin*, Studies in Law and Business (法商研究) 3/2020, 73.

[156] Vgl. *Zeng Wenke/Luo Bocheng*, Journal of Central South University of Forestry & Technology (Social Sciences) (中南林业科技大学学报社会科学版), 6/2023, 59.

[157] Vgl. *Zeng Wenke/Luo Bocheng*, Journal of Central South University of Forestry & Technology (Social Sciences) (中南林业科技大学学报社会科学版), 6/2023, 60.

angewendet. Dies betrifft insbesondere die Feststellung des „Zwecks",[158] des „wissentlichen Elements"[159] des Vorsatzes und der „Rechtswidrigkeit der Herkunft der großen Menge an Vermögensgegenständen".[160] In diesen Fällen wird dem Beschuldigten die Beweislast auferlegt, den Gegenbeweis zu erbringen.

Befürworter der epidemischen Kausalität argumentieren, dass diese Methode als tatsächliche Vermutung einzustufen sei.[161] Dabei wird auf der Grundlage bereits bewiesener Tatsachen auf das Vorliegen einer weiteren Tatsache geschlossen. Diese Vorgehensweise ist ein Ausdruck des Empirismus und reflektiert dessen Prinzipien in hohem Maße. Allerdings ist die Zuverlässigkeit dieser Vermutung fraglich, da sie nicht auf absoluter Gewissheit, sondern auf wahrscheinlichkeitstheoretischen Annahmen beruht. Einige Wissenschaftler sind daher zudem der Ansicht, dass dem Beschuldigten gestattet sein sollte, einen Gegenbeweis vorzubringen, um zu belegen, dass sein Umgang mit Schadstoffen nicht zu den schädlichen Umweltschäden geführt hat.[162] Ein erfolgreicher Gegenbeweis würde das Nichtvorliegen eines Kausalzusammenhangs belegen. Dieses Konzept, das aus dem Zivilprozessrecht stammt, wird jedoch von anderen abgelehnt, weil eine Umkehr der Beweislast den Grundsatz der Unschuldsvermutung bzw. „in dubio pro reo" beeinträchtigen könnte.[163] Stattdessen reicht es nach deren Auffassung aus, wenn die vom Beschuldigten vorgelegten Beweise die Überzeugungskraft der gegnerischen Beweise mindern und belegen, dass seine

---

[158] Z. B. die Vermutung des Zwecks der rechtswidrigen Aneignung bei Finanzkriminalität, vgl. *Chen Ruihua*, Law Science (法学) 5/2015, 109.

[159] Die Vermutung des „wissentlichen Elements" trifft in der Regel in Fällen von Drogenkriminalität, Schmuggelkriminalität, Diebstahl von Kraftfahrzeugen, illegalem Holzschlag oder Raubbau an Bäumen und dem Verkauf von Waren mit gefälschten eingetragenen Marken zu. Vgl. *Chen Ruihua*, Law Science (法学) 5/2015, 110.

[160] § 395 chStGB „Wenn das Vermögen oder die Aufwendungen eines Mitarbeiters des Staats in offenkundiger Weise die legalen Einkünfte des Betroffenen übersteigen, kann an ihn im Falle einer erheblich großen wertmäßigen Diskrepanz die Anweisung ergehen, die Quellen (seiner Einkünfte) zu erläutern. Falls der Betroffene nicht (triftig) erläutern kann, dass die Herkunft seiner Einkünfte legal ist, wird der einer derartigen wertmäßigen Diskrepanz entsprechende Anteil als rechtswidriges Einkommen behandelt…"

[161] Vgl. z. B. *Jia Yu (Hrsg.)*, Strafrecht (刑法学), Bd.1, S. 142; *Jiao Yanling*, Hebei Law Science (河北法学) 11/2017, 117; *Ma Yinxiang/Jiang Hao*, Presentday Law Science (时代法学) 6/2021, 82.

[162] Vgl. z. B. *Jiang Lanxiang*, Journal of Fuzhou University (Philosophy and Science) (福州大学学报哲学社会科学版) 2/2010, 69; *Jiao Yanling*, Hebei Law Science (河北法学) 11/2017, 122; *Ma Jun*, Journal of Political Science and Law (政法学刊) 3/2014, 44.

[163] Vgl. z. B. *Ma Yinxiang/Jiang Hao*, Presentday Law Science (时代法学) 6/2021, 82; *Han Wubin*, Journal of Hunan Radio & Television University (湖南广播电视大学学报) 4/2018, 53 f.

Handlung mit hoher Wahrscheinlichkeit nicht den Erfolg verursacht hat.[164] Diese „hohe Wahrscheinlichkeit" bezieht sich auf eine tendenzielle, jedoch nicht zwangsläufige Entwicklung der Ereignisse und soll die objektive Realität widerspiegeln.[165] Beispielsweise hat das Gericht in der Entscheidung „Arsen-Gewässerverunreinigung"[166] die Behauptung des Beschuldigten zurückgewiesen, dass die Konzentration von Arsen im Yangzong-See durch die zahlreichen geologischen Veränderungen nach dem Wenchuan-Erdbeben im Jahr 2008 beeinflusst worden sein könnte. Durch eine Untersuchung konnte das Gericht nämlich feststellen, dass es in der Stadt Chengjiang, in der sich der Yangzong-See befindet, zwischen 2007 und 2008 zwar Dutzende von Erdbeben gab, das stärkste jedoch nur eine Magnitude von 2,5 hatte und Chengjiang das Wenchuan-Erdbeben überhaupt nicht spürte, so dass die Arsenbelastung des Yangzong-Sees nicht auf geologische Ursachen zurückzuführen ist und seine Behauptung nicht mit hoher Wahrscheinlichkeit bestätigt werden kann.

Diese Auffassung impliziert, dass die Beweislast für das Nichtvorliegen eines Kausalzusammenhangs nicht auf den Beschuldigten übergeht, sondern sich darauf beschränkt, Zweifel am Vorliegen eines Kausalzusammenhangs zu wecken.[167] Nach dieser Auffassung ist der Gegenbeweis eher ein Recht des Beschuldigten als eine Pflicht. Denn die Staatsanwaltschaft hat die epidemische Kausalität bereits mit hoher Wahrscheinlichkeit nachgewiesen. Der Gegenbeweis des Beschuldigten wird vielmehr als seine strafbefreiende Verteidigung angesehen.[168] Außerdem wird diese Vermutungsmethode lediglich verwendet, um die faktische Kausalkette zu bestätigen. Die Strafbarkeit des Täters hängt zudem von weiteren Voraussetzungen ab.[169] Die Vermutung der Kausalität ist nicht als eine Vermutung der Schuld zu verstehen.[170] Diese Vermutungsmethode widerspricht daher letztlich nicht dem Grundsatz der Unschuldsvermutung.

---

[164] Vgl. z. B. *Ma Yinxiang/Jiang Hao*, Presentday Law Science (时代法学) 6/2021, 82; *Tang Shuange*, Legal Forum (法学论坛) 5/2012, 47 f.

[165] Vgl. *Ma Yinxiang/Jiang Hao*, Presentday Law Science (时代法学) 6/2021, 80.

[166] (2009) 澄环刑初字第1号.

[167] Vgl. *Zhou Wei*, Hebei Law Science (河北法学) 7/2012, 164; *Ma Yinxiang/Jiang Hao*, Presentday Law Science (时代法学) 6/2021, 82.

[168] Vgl. *Liu Zexin/Song Zhaohang*, The people's Judicature (人民司法) 34/2022, 101.

[169] Vgl. *Zhou Echun/Sun Pengyi*, Forschung zur Gesetzgebung bei Umweltdelikten(环境犯罪立法研究), S. 123 f.

[170] Vgl. *Zhao Bingzhi*, Forschung zu Umweltdelikten und deren gesetzgeberischer Weiterentwicklung (环境犯罪及其立法完善研究), S. 109, 116 ff.; *Zhou Echun/Sun Pengyi*, Forschung zur Gesetzgebung bei Umweltdelikten (环境犯罪立法研究), S. 123 f.

Ich selbst bin mit dieser Auffassung nicht vollständig einverstanden. Obgleich der Befürworter behauptet, dass der Beweis vom Beschuldigten lediglich dazu dient, Zweifel am Vorliegen eines Kausalzusammenhangs zu wecken und nicht als Auferlegung seiner Beweislast, darf nach dem Grundsatz der Unschuldsvermutung dem Beschuldigten im Strafverfahren für seine Unschuld keinerlei Beweislast auferlegt werden,[171] geschweige denn solche Zweifel, die das Nichtvorliegen der Kausalität mit hoher Wahrscheinlichkeit zu beweisen sind. Dies widerspricht tatsächlich dem Grundsatz der Unschuldsvermutung. Dazu gibt es jedoch eine Ausnahme, nämlich wenn die Staatsanwaltschaft die Kausalität ohne vernünftigen Verdacht nachweist. In diesem Fall wird der Beweis des Beschuldigten lediglich als sein Recht auf Verteidigung betrachtet, ähnlich wie bei anderen Verbrechen.

Meiner Ansicht nach gehört die epidemische Kausalität ebenfalls zur tatsächlichen Vermutung. Da sie keinen naturwissenschaftlich lückenlosen Nachweis des Kausalzusammenhangs erbringt, begründet sie keine „sichere", sondern eine – auf Erfahrungsansätzen beruhende – „praktisch wahrscheinliche" Kausalität. Die Anforderungen an die Methode sollten jedoch selbst erhöht werden, statt dem Beschuldigten zusätzliche Beweisanforderungen aufzuerlegen. Beispielsweise könnte der Anwendungsbereich der epidemischen Kausalität eingeschränkt und der Beweisstandard angehoben werden.

Wie die Befürworter argumentieren, muss der Anwendungsbereich der epidemischen Kausalität eingeschränkt werden. In der Rechtsprechung wird die Umweltkriminalität vor allem in die Straftaten der Zerstörung von Umweltressourcen und der Umweltverschmutzung unterteilt. Bei der Straftat der Zerstörung von Umweltressourcen kommt die Kausalitätsvermutungsmethode nicht zur Anwendung. Die Staatsanwaltschaft muss nachweisen, dass kein vernünftiger Zweifel am Zusammenhang zwischen Handlung und Erfolg besteht, andernfalls wird der Kausalzusammenhang verneint. So wird z. B. bei illegalem Holzeinschlag die Kausalität bejaht, wenn die Handlung, d. h. der Holzeinschlag, den strafrechtlich verpönten Erfolg tatsächlich herbeigeführt hat. Diese Kausalität ist einfach festzustellen. Denn die Handlung (Holzeinschlag), der Erfolg (bestimmte Menge) und ihr Zusammenhang (eine Reduktion der Baummenge durch Holzeinschlag) sind klar. Davon zu unterscheiden ist die Straftat der Umweltverschmutzung, bei der die Kausalitätsvermutungsmethode nur in bestimmten Fällen angewendet werden darf, da sonst unfaire Gerichtsverfahren

---

171 Vgl. *Fan Chongyi*, Strafprozessrecht (刑事诉讼法学), S. 243; *Frister*, Strafrecht AT, § 3 Rn.35.

drohen und den Erfordernissen der sozialen Gerechtigkeit nicht entsprochen werden kann.[172] Nur in komplizierten Fällen von Erfolgsdelikten, bei denen eine Mehrheit von Opfern betroffen ist und die Ursachen des Schadens mit den vorhandenen wissenschaftlichen und technischen Erkenntnissen nicht eindeutig nachgewiesen werden können, kann der Kausalzusammenhang auf diese Weise nachgewiesen werden.[173]

Nach meiner Meinung kann der Richter die faktische Kausalität anhand der Logik der epidemischen Kausalität durch Indizienbeweise unter Einbeziehung von Sachverständigen ohne vernünftigen Verdacht feststellen, wenn die naturwissenschaftliche Kausalität nicht festgestellt werden kann. Zunächst ist die Konsistenz der Relevanz wichtig, z. B. es besteht eine positive Korrelation zwischen dem Verschmutzungsgrad und der Einleitung. Zweitens ist die zeitliche Relevanz entscheidend, d. h. der Umweltschaden muss nach dem umweltschädigenden Verhalten eintreten. Drittens ist die Spezifität der Relevanz von Bedeutung, d. h. der Grad der Verschmutzung hängt offensichtlich von verschiedenen Faktoren des Beschuldigten ab, wie z. B. dem Standort, dem Umfang der Produktion, der Produktionsweise sowie möglichen früheren Ordnungswidrigkeiten. Diese Logik ist auch Teil der Lehre von der gesetzmäßigen Bedingung. Als Ergänzung der Bedingungstheorie kann sie besonders geeignet sein für Fälle schwerer Umweltverschmutzung, in denen die Ursachen des Schadens nicht eindeutig nachgewiesen werden können, insbesondere in Bezug auf die Schädigung von Leben und körperlicher Unversehrtheit oder von Betriebsgeheimnissen. Eine solche Beweiswürdigung verringert lediglich die Beweislast der Staatsanwaltschaft und überträgt sie nicht auf den Beschuldigten. Denn nach einer Gesamtbewertung der Umstände unter Einbeziehung von Sachverständigen wie in der Entscheidung „Arsen-Gewässerverunreinigung“[174] kann der vernünftige Verdacht unter den gegenwärtigen wissenschaftlichen und technischen Bedingungen schon tatsächlich ausgeschlossen werden.

4.3.2.4 Vergleich mit der generellen Kausalität in Deutschland

Sowohl die generelle als auch die epidemische Kausalität kommen in Fällen zum Einsatz, in denen der naturwissenschaftliche Nachweis der Kausalität nicht vollständig erbracht werden kann. Beide Ansätze bestätigen mithilfe von Indizien und

172 Vgl. *Jiang Lanxiang*, Journal of Fuzhou University (Philosophy and Science) (福州大学学报哲学社会科学版) 2/2010, 68 f.

173 Vgl. *Jiang Lanxiang*, Social Scientist (社会科学家) 6/2010, 83.

174 (2009) 澄环刑初字第1号.

Erfahrungswissen die Wahrscheinlichkeit eines Zusammenhangs zwischen der umweltverschmutzenden Handlung und dem Schadenseintritt. In diesem Sinne lassen sie sich der Kategorie der tatsächlichen Vermutung zuordnen.

Der zentrale Unterschied liegt jedoch in ihrer Entwicklungsrichtung: Die generelle Kausalität zielt primär auf eine Entlastung der Beweislast der Staatsanwaltschaft ab. Dies zeigt sich etwa im Holzschutzmittel-Urteil des BGH, wo der Ausschluss „anderer in Betracht kommenden Schadensursachen" durch eine nach Gesamtbewertung wissenschaftlicher Erkenntnisse und Indizien festgestellte „Mitverursachung" ersetzt werden kann. Die epidemische Kausalität wird hingegen horizontal weiterentwickelt: Chinesische Rechtswissenschaftler begrenzen nicht nur ihren Anwendungsbereich, sondern betonen zugleich ein angebliches „Recht" des Beschuldigten – das de facto eher als Beweislastumkehr interpretiert werden muss.

Die vertikale Entwicklungsrichtung der generellen Kausalität reduziert zwar die Beweislast der Staatsanwaltschaft, verlagert das Risiko ungeklärter Kausalverläufe jedoch in die richterliche Überzeugungsbildung. Allerdings trägt letztlich der Beschuldigte dieses Risiko, da im Zweifel – gemäß dem Grundsatz „in dubio pro reo" – die für ihn günstigste Hypothese angenommen wird. Dies führt de facto zu einer verdeckten Beweislastumkehr, da der Beschuldigte nun hohe Beweisanforderungen erfüllen muss, um seine Unschuld zu belegen. Bei der horizontalen Entwicklungsrichtung der epidemischen Kausalität wird diese Umkehr dagegen explizit als „Recht" des Beschuldigten deklariert, bleibt in der Praxis aber ebenso belastend.

Trotz ihrer Schwächen bieten beide Ansätze eine sinnvolle Antwort auf die Komplexität moderner Industriegesellschaften: Kausalitätsfeststellungen dürfen nicht an unvermeidlichem Nichtwissen scheitern. Kritisch ist vor allem der Umgang mit dem Ausschlussprinzip. Der BGH verzichtet im Holzschutzmittel-Urteil darauf, entweder die schädliche Wirkungsweise vollständig nachzuweisen oder alle alternativen Ursachen auszuschließen. Stattdessen genügt die Feststellung einer Mitverursachung. Die epidemische Kausalität gilt lediglich als eine Regel für die Feststellung der Kausalität mit der hohen Wahrscheinlichkeit der Schadensverursachung durch die Handlung aufgrund signifikanter Statistiken. Durch die epidemische Kausalität wird die wahrscheinlichste Ursache identifiziert und nachgewiesen, ohne andere mögliche Ursachen auszuschließen. Meiner Ansicht nach ist der Verzicht auf das Ausschlussprinzip problematisch, da er potenziell zu unzureichenden Beweisen führt. Auch wenn es unmöglich ist, sämtliche alternative Ursachen auszuschließen, sollte an diesem Prinzip festgehalten werden, um den strafrechtlichen Beweisstandard – das Ausschließen aller vernünftigen Zweifel – bestmöglich zu erreichen.

Darüber hinaus unterscheidet sich der erforderliche Nachweisgrad bei den beiden Kausalitätsansätzen erheblich. Während bei der generellen Kausalität bereits der Nachweis einer Mitverursachung genügt, setzt die epidemische Kausalität – gestützt auf signifikante statistische Daten – einen deutlich strengeren Beweismaßstab voraus, der eine sehr hohe Wahrscheinlichkeit der Schadensverursachung durch die Handlung erfordert.

Meiner Ansicht nach sollte ein Hybridansatz entwickelt werden, der die Vorteile beider Modelle kombiniert: Die Kausalität müsste einerseits mit hoher Wahrscheinlichkeit festgestellt werden und andererseits müssten auch möglichst andere alternative Ursachen ausgeschlossen werden. Dabei könnten die vier Bedingungen der epidemischen Kausalität – etwa hinsichtlich Konsistenz, zeitlicher Relevanz und der Spezifität der Relevanz – in die Gesamtbewertung einfließen. Beide Ansätze können so als Richtlinien für die richterliche Überzeugungsbildung dienen. Bei dem Kausalitätsnachweis soll die Bedingungstheorie zunächst angewendet werden. Die beiden werden als seine Ergänzung nur in komplizierten Fällen von Erfolgsdelikten angewendet, bei denen eine Mehrheit von Opfern betroffen ist und die Ursachen des Schadens mit den vorhandenen wissenschaftlichen und technischen Erkenntnissen nicht eindeutig nachgewiesen werden können. In solchen Fällen kann der Richter die faktische Kausalität durch die Indizienbeweise unter Einbeziehung von Sachverständigen präzise und ohne vernünftigen Verdacht feststellen.

4.3.3 Zurechnung des Einzelerfolges oder des Gesamterfolges?

Wird die faktische Kausalität bejaht, folgt im zweistufigen Kausalitätsansatz die Imputation – also die normative Zurechnung des Schadenseintritts. Hierbei spielt die Risikoerhöhungstheorie,[175] die in der Theorie der objektiven Zurechnung verankert ist, eine zentrale Rolle.[176] Sowohl die epidemische Theorie als auch die Risikoerhöhungstheorie beruhen auf dem Konzept der Probabilitätssteigerung.[177] Trotz dieser methodologischen Ähnlichkeit stützt sich die epidemische Theorie ausschließlich auf objektive Daten, ohne eine normative

[175] Näher in *Roxin/Greco*, Strafrecht AT I, § 11 Rn.88 ff.

[176] Vgl. *Ma Yinxiang/Jiang Hao*, Presentday Law Science (时代法学) 6/2021, 83 f.

[177] Daher werden sie gemeinsam als probabilitätsverstärkende Verursachungstheorie von einigen chinesischen Strafrechtswissenschaftlern bezeichnet. Vgl. *Lao Dongyan*, China Legal Science (中国法学) 2/2015, 140.

Beurteilung zu berücksichtigen. Daher bedarf sie einer Ergänzung durch die Risikoerhöhungstheorie.

Auf der Ebene der Risikoerhöhung besteht die Aufgabe darin, Handlungen auszuschließen, die kein tatsächliches Risiko erzeugen, und Gegenbeweise zu identifizieren, welche die bestehende Annahme der faktischen Kausalität widerlegen können. Bemerkenswert ist, dass die normative Erfolgszurechnung im Zusammenhang mit kumulativen Effekten der Umweltverschmutzung umstritten ist: Während die Emission eines einzelnen Schädigers möglicherweise nicht ausreicht, um eine Umweltverschmutzung zu verursachen, können die kombinierten Emissionen mehrerer Schädiger – etwa durch chemische Wechselwirkungen – zu erheblichen Umweltschäden führen. In einem solchen Fall (unter Ausschluss der Mittäterschaft oder mittelbaren Täterschaft) stellt sich die schwierige Frage, ob dem Einzelnen nur der von ihm allein herbeigeführte unerhebliche Teilerfolg oder der erhebliche Gesamterfolg zuzurechnen ist.

4.3.3.1 Die (herrschende) Gesamterfolgszurechnung

Die wohl herrschende Ansicht orientiert sich zur Beantwortung der Frage im ersten Sinne auch an der Äquivalenztheorie.[178] Wird die kumulative Kausalität bejaht, das heißt, wenn jede einzelne schädigende Handlung in ihrer Kombination mit anderen Handlungen maßgeblich zur Entstehung der Umweltschäden beiträgt, so muss jedem Einzelnen der gesamte Umweltschaden zugerechnet werden.

Auch die Rechtsprechung folgt diesem Ansatz. Beispielsweise hat der Richter in der Entscheidung begründet, dass „der strafrechtliche Kausalzusammenhang (…) das Verhältnis von Verursachendem zu Verursacht-Werden zwischen einer schädigenden Handlung und dem konkret eingetretenen Schaden [bezeichnet]. Wenn zwei oder mehr voneinander unabhängige Handlungen für sich genommen nicht ausreichen, um den Schaden herbeizuführen, jedoch in ihrer Kombination zur Schadensverursachung führen, so ist jede dieser einzelnen Handlungen als kausal für den Erfolg anzusehen, da sie jeweils eine entscheidende Rolle für dessen Eintritt spielen. Im vorliegenden Fall war die Schwefelwasserstoffvergiftung die Todesursache von Li. Die Einleitung von Abfallalkali oder Abfallsalzsäure an sich hätte nicht zur Entstehung von Schwefelwasserstoffgas geführt, sondern erst die chemische Reaktion beider Flüssigkeiten. Sowohl die illegale Einleitung von Abfallalkali durch Dong Chuanqiao und andere als auch die illegale Einleitung von Abfallsalzsäure durch Lou He und andere waren entscheidend für

[178] Vgl. *Zhang Mingkai*, Strafrecht (刑法学), Bd.2, S. 1483 f.

die Schwefelwasserstoffvergiftung und den Tod von Li, weshalb beide Handlungen als ursächlich für den Erfolg anzusehen sind. In der Konsequenz tragen alle Angeklagten strafrechtliche Verantwortung für den Tod von Li".[179]

Befürworter der Gesamterfolgszurechnung argumentieren ferner, dass Umweltverschmutzung, sobald sie durch Umweltmedien wie Boden oder Wasser grundlegende menschliche Rechtsgüter wie Leben und Gesundheit beeinträchtigt, die Merkmale eines Naturdelikts aufweist und als Variante der gemeingefährlichen Delikte zu werten ist.[180] Da „bei dem umweltschädigenden Delikt am nächsten stehenden Straftatbestand der Freisetzung gefährlicher Stoffe keine Einschränkung der Strafbarkeit durch den Zusatz ‚unter Verstoß gegen staatliche Vorschriften' vorgesehen ist und das allgemeine Verbringen gefährlicher Stoffe nicht teilweise durch andere Gesetze und Vorschriften erlaubt ist, gibt es ebenso keinen Grund, warum das Einbringen gefährlicher Stoffe in Umweltmedien teilweise durch andere Gesetze und Vorschriften zulässig sein sollte".[181] Selbst eine emissionsrechtlich zulässige Handlung, die auf einer ordnungsgemäß erteilten Emissionsgenehmigung basiert und den staatlichen Vorschriften entspricht, kann also den Tatbestand der Umweltverschmutzung erfüllen, sofern sie grundlegende Rechtsgüter wie Leben und Gesundheit beeinträchtigt – die verwaltungsrechtliche „Genehmigung" rechtfertigt dann das entsprechende Emissionsverhalten nicht.[182] Demnach erscheint die Gesamterfolgszurechnung auch dann gerechtfertigt, wenn ein Einzelner einen nicht tatbestandsmäßigen Teilerfolg herbeiführt. Allerdings wird hierbei häufig die Verwaltungsakzessorietät missverstanden. Entscheidend für die strafrechtliche Unrechtmäßigkeit umweltverschmutzenden Verhaltens ist, ob es die von der Verwaltungsbehörde gesetzlich festgelegten Grenzen überschreitet.[183] Denn genehmigte Emissionen spiegeln eine gesellschaftlich akzeptierte Risikobalance wider – eine pauschale Kriminalisierung würde die Rechtssicherheit gefährden.

4.3.3.2 Die Einzelerfolgszurechnung

Angesichts der dogmatischen Schwächen der Gesamterfolgszurechnung wird zunehmend die Auffassung vertreten, dass jedem Verursacher ausschließlich

---

179 (2017) 冀06刑终202号.

180 Vgl. *Shi Yazong*, Political Science and Law (政治与法律) 10/2017, 59.

181 Vgl. *Shi Yazong*, Political Science and Law (政治与法律) 10/2017, 59 f.

182 Vgl. *Zhang Xiaoyuan*, Criminal Science (中国刑事法杂志) 4/2019, 112.

183 Vgl. *Zeng Wenke/Luo Bocheng*, Journal of Central South University of Forestry & Technology (Social Sciences) (中南林业科技大学学报社会科学版), 6/2023, 61.

der individuell von ihm herbeigeführte Erfolg zugerechnet werden sollte (sog. Einzelerfolgszurechnung).[184]

Zunächst lässt sich aus den grundlegenden Prinzipien des Rechtsstaats ableiten, dass die Einheitlichkeit der Rechtsordnung darauf abzielt, den Bürgern klare Handlungsanweisungen zu geben und ihre Handlungsfreiheit zu gewährleisten.[185] Eine Rechtsordnung, die die Erwartungssicherheit der Bürger schützt und somit deren persönliche Freiheit sichert, kann nicht einerseits im Voraus signalisieren, dass ein bestimmtes Verhalten zulässig ist, und andererseits rückwirkend dieses Verhalten als strafrechtlich verboten erklären, weil es in Kombination mit anderen Handlungen zu Schäden führt.[186] Ein Akteur, der Emissionen mit behördlicher Genehmigung und innerhalb der zulässigen Grenzen tätigt, kann daher nicht den Tatbestand erfüllen, selbst wenn seine Emissionen zusammen mit denen anderer kumulativ zu einem Schadensereignis beitragen – da das Tatbestandsmerkmal des „Verstoßes gegen staatliche Vorschriften" fehlt.[187]

Zweitens fordert das Schuldprinzip als zentrales Element des modernen Strafrechts die konsequente Anwendung des Individualschuldprinzips.[188] Ohne eine spezielle Verbotsnorm trägt der Täter strafrechtlich nur für seine eigenen rechtswidrigen Handlungen und deren Folgen Verantwortung – nicht für rechtswidrige Handlungen oder Schäden, die durch andere verursacht werden. Selbst wenn ein Täter vorsätzlich oder fahrlässig fremde Rechtsgüter beeinträchtigt, kann in der Regel der nachfolgend eigenverantwortlich handelnde Dritte, der einen neuen Schadensprozess in Gang setzt und schwerwiegendere Verletzungen verursacht, nicht dem Ersttäter zugerechnet werden.[189]. Eine gegenteilige Auffassung würde dazu führen, dass ein rechtmäßig handelnder Emittent für alle kumulativ verursachten Schäden aller beteiligten Emissionsverursacher haftbar gemacht

[184] Auch einige chinesische Strafrechtswissenschaftler vertreten die Auffassung, dass Umweltdelikte als Kumulationsdelikte zu betrachten sind – eine Sichtweise, die stark vom deutschen Strafrecht geprägt ist und hier nicht weiter hinsichtlich ihrer Vor- und Nachteile erläutert wird. Vgl. *Sun Guoxiang*, Tribune of Political Science and Law (政法论坛) 4/2024, 88 ff.; *ders.* Law Science (法学) 9/2023, 69 ff.; *Zhang Zhigang*, Global Law Review (环球法律评论) 2/2017, 170 ff.

[185] Vgl. *Ma Chunxiao*, ECUPL Journal (华东政法大学学报) 2/2022, 38.

[186] Vgl. *Zeng Wenke/Luo Bocheng*, Journal of Central South University of Forestry & Technology (Social Sciences) (中南林业科技大学学报社会科学版), 6/2023, 61.

[187] Vgl. *Fang Huiying*, Ningxia Social Science (宁夏社会科学) 4/2022, 96.

[188] Vgl. *Ma Yinxiang/Jiang Hao*, Presentday Law Science (时代法学) 6/2021, 85.

[189] Vgl. *Zeng Wenke/Luo Bocheng*, Journal of Central South University of Forestry & Technology (Social Sciences) (中南林业科技大学学报社会科学版), 6/2023, 61.

wird – was offensichtlich gegen das fundamentale Prinzip der individuellen Verantwortung verstößt.[190] Zudem fehlt es an einem gemeinsamen Tatplan, sodass die strafrechtliche Kausalität der einzelnen Akteure häufig von zufälligen Faktoren abhängt. Dies würde die Frage, ob bestraft oder straffrei zu bleiben ist, zu einem „Glücksspiel" machen und die Gefahr opportunistischer Strafverfolgung in den Raum stellen.[191]

Schließlich muss aus funktionalistischer Perspektive der Strafzweck beachtet werden: Strafe soll die reale Geltung der Normen sichern, indem sie die Rechtsverstöße des Täters zurückweist und das Vertrauen der Bürger in die Rechtsordnung sowie deren Bereitschaft zur Normbefolgung stärkt, um so den Schutz der Rechtsgüter zu gewährleisten. Eine strafrechtliche Sanktionierung von Bürgern, die objektiv im Einklang mit einer zuvor erlaubten Handlung stehen und subjektiv die erforderliche Rechtstreue aufweisen, würde jedoch das Vertrauen in das soziale Sanktionssystem untergraben. Eine zu weitreichende Zurechnungskette und ein Strafrahmen, der weit über die allgemeine Erwartung der Bürger hinausgeht, könnten dazu führen, dass der eigentliche Zweck der Strafe verfehlt wird.

4.3.3.3 Zusammenfassung und Stellungnahme

Die normative Erfolgszurechnung ist im chinesischen Strafrecht – im Gegensatz zu Deutschland – ein vergleichsweise neues Themenfeld. Ihre dogmatische Entwicklung wird dabei maßgeblich von der deutschen Strafrechtstheorie beeinflusst, insbesondere im Hinblick auf die Frage, ob bei Umweltverschmutzungsdelikten die Gesamterfolgszurechnung oder die Einzelerfolgszurechnung anzuwenden ist, wenn kumulative Einwirkungen vorliegen.

Wie in Deutschland orientieren sich die Vorteile der Gesamterfolgszurechnung an den praktischen Erfordernissen. Allerdings ist dieser Ansatz dogmatisch nicht unumstritten, da er potenziell in Konflikt mit den Prinzipien der Handlungsfreiheit, der Rechtssicherheit und dem Schuldprinzip geraten kann. Ein wesentlicher Unterschied besteht darin, dass in China keine ausdrückliche Unterscheidung zwischen sukzessivem und gleichzeitigem Zusammenwirken mehrerer Akteure getroffen wird. Mit anderen Worten: Der Prioritäts- und Vertrauensgrundsatz sowie die Handlungsfreiheit des Ersthandelnden bei sukzessivem Zusammenwirken finden nicht hinreichend Berücksichtigung.

Vor diesem Hintergrund befürworte ich den differenzierten Ansatz nach Saliger: Bei sukzessivem Zusammenwirken sollte für den primären Handelnden eine

---

190 Vgl. *Li Guanyu*, The Jurist (法学家) 4/2018, 134.

191 Vgl. *Ma Yinxiang/Jiang Hao*, Presentday Law Science (时代法学) 6/2021, 85.

Einzelerfolgszurechnung erfolgen, während für den sekundären Handelnden die Gesamterfolgszurechnung Anwendung findet. Beim gleichzeitigen Zusammenwirken aller Beteiligten ist hingegen für jeden die Gesamterfolgszurechnung maßgeblich. Dieser Ansatz stellt das Prinzip der Eigenverantwortung in den Vordergrund und berücksichtigt die individuellen Freiheitsspielräume der Handelnden angemessener.

4.4 Ausblick: Integriertes Beweissystem der Kausalität und vorwiegende Einzelerfolgszurechnung

Aus beweisrechtlicher Perspektive sind drei Elemente für jeden gerichtlichen Nachweis sowie für andere Beweisführungsaktivitäten unverzichtbar:[192] Grundlagennachweise bilden das faktische Fundament der Beweisführung, indem sie die wesentlichen Tatsachenmaterialien liefern. Praktische Erfahrung umfasst die aus der juristischen Wissensakkumulation resultierenden üblichen Regeln und dient sowohl als eigenständige Entscheidungsgrundlage für die Sachverhaltsbeurteilung als auch als ergänzende Beweismethode. Beweismethoden stellen technische Vorgehensweisen dar, die den Weg zur sachgerechten Aufklärung des Sachverhalts ebnen.

In der strafrechtlichen Praxis bei Umweltverschmutzungsdelikten kommt der praktischen Erfahrung der Richter eine besondere Bedeutung zu. Umweltstraftaten berühren oft technisch anspruchsvolle Fragestellungen aus den Bereichen Chemie, Ökologie und weiteren Naturwissenschaften. Fehlt es den Richtern an entsprechendem Fachwissen, kann die Komplexität solcher Fälle unzureichend erfasst werden, was die Genauigkeit der richterlichen Urteilsfindung beeinträchtigen könnte.[193] Aus diesem Grund wird häufig vorgeschlagen,[194] spezialisierte Umweltstrafkammern – analog zu Wirtschaftsstrafkammern – einzurichten, um den Spezialisierungsgrad der Gerichtsverfahren zu erhöhen. Allerdings sind solche Kammern nach dem geltenden Gerichtsverfassungsgesetz in Deutschland und China nicht zulässig, und angesichts der im Vergleich zu Wirtschaftsstraftaten relativ geringen Anzahl von Umweltstraftaten erscheint eine

[192] Vgl. *Jiang Lanxiang*, Studie zum Nachweis der Kausalität bei Umweltverschmutzungsdelikten (污染型环境犯罪因果关系证明研究), S. 215.

[193] Vgl. *Sammüller-Gradl*, Zurechnungsproblematik, S. 157 f.

[194] Vgl. *Sammüller-Gradl*, Zurechnungsproblematik, S. 158.

flächendeckende Einrichtung an mehreren Gerichten unrealistisch.[195] Alternativ ließen sich folgende Lösungen erwägen: Eingliederung von Umweltstraftaten im Unternehmensbereich in die Zuständigkeit der Wirtschaftsstrafkammern, um bestehende Fachressourcen effizient zu nutzen.[196] Oder Selektion und Schulung geeigneter Richter – idealerweise mit Fachkenntnissen in Chemie oder verwandten Disziplinen –, die regelmäßig fortgebildet werden und im Bedarfsfall Umweltstrafverfahren übernehmen.

Die Beweisführung der Kausalität in Umweltverschmutzungsdelikten stellt aufgrund ihrer Komplexität eine besondere Herausforderung dar. Traditionelle Methoden wie logisches Denken und pragmatische Daumenregeln genügen oft nicht, um den Anforderungen eines Einzelfalls gerecht zu werden. Daher wird empfohlen, verschiedene Kausalitätsbeweismethoden zu kombinieren. Unter Berücksichtigung der spezifischen Fallumstände sollten auch spezielle Beweismethoden – etwa die generelle Kausalität sowie die epidemische Kausalität – herangezogen werden, um eine wissenschaftlich fundierte und verlässliche Feststellung der Kausalität zu gewährleisten.

Sobald die tatsächliche Kausalität festgestellt ist, stellt sich die Frage der Erfolgszurechnung. Insbesondere bei kumulativer Kausalität muss entschieden werden, ob eine Gesamterfolgszurechnung oder eine Einzelerfolgszurechnung vorzunehmen ist. Grundsätzlich gilt dabei: Die Einzelerfolgszurechnung stellt den Regelfall dar, während die Gesamterfolgszurechnung nur in Ausnahmefällen angewendet wird.

4.4.1 Grundlegende Beweismethoden: Logisches Denken und pragmatische Daumenregeln

Logisches Denken ist eine zentrale Beweismethode im Rahmen der Rechtsanwendung. Es bezeichnet die normative Syllogistik, bei der durch Subsumtion von Tatsachen unter Rechtsnormen deduktiv Urteilsfolgerungen generiert werden.[197] Der wesentliche Kern besteht darin, Argumente systematisch zu strukturieren und zu erläutern, sodass die daraus gezogenen Schlussfolgerungen eine unwiderstehliche Überzeugungskraft entfalten und damit Fairness und Nachvollziehbarkeit

---

195 Vgl. *Sammüller-Gradl*, Zurechnungsproblematik, S. 158.

196 Vgl. *Sammüller-Gradl*, Zurechnungsproblematik, S. 158 f.

197 Vgl. *Larenz*, Methodenlehre, S. 47 f., 159 f.

gerichtlicher Urteile gewährleisten.[198] Ohne den Einsatz logischer Denkprozesse wäre die Beweisführung in jedem Strafverfahren unvollständig.

Insbesondere bei der Feststellung des Kausalzusammenhangs bei Umweltverschmutzungsdelikten spielt logisches Denken eine Schlüsselrolle. Mithilfe der syllogistischen Methode[199] lässt sich beispielsweise folgender Argumentationsrahmen formulieren: (Obersatz): Das Gesetz bestimmt, dass eine Person nur für die von ihr verursachten Schäden haftet, was bedeutet, dass zwischen der Handlung und dem Schaden eine Kausalbeziehung bestehen muss. (Untersatz): Im konkreten Fall hat der Angeklagte eine über den Grenzwert hinausgehende Schadstoffemission vorgenommen und dadurch eine Umweltverschmutzung verursacht, wodurch die Voraussetzungen für den Kausalzusammenhang bei Umweltstraftaten erfüllt sind. (Schlussfolgerung): Der Angeklagte muss für die von seiner Handlung verursachten Schäden verantwortlich gemacht werden.

Logisches Denken zeigt sich oft in Form der direkten Beweisführung. Hierbei werden nach den Regeln der logischen Deduktion aus den vorliegenden Beweisen direkte Schlussfolgerungen gezogen – vor allem in Fällen, in denen die Sachlage relativ klar und die Beweislage ausreichend ist. Bei komplexeren Kausalzusammenhängen sind jedoch ergänzende Beweismethoden erforderlich.

Daumenregeln stellen eine weitere Beweismethode dar, bei der Menschen auf Basis ihrer Sinneswahrnehmungen und bisher gesammelter Erfahrungen bekannte Tatsachen bewerten.[200] Diese Methode beruht auf Erfahrungswerten und ermöglicht direkte Schlussfolgerungen über die Echtheit von Sachverhalten, ohne dass hierfür immer spezifische Beweise aus dem Einzelfall vorliegen müssen. Die gewonnenen Erkenntnisse werden als Erfahrungssätze bezeichnet.

In Umweltstrafverfahren werden Daumenregeln häufig zur Beurteilung offensichtlicher und einfacher Kausalzusammenhänge herangezogen. Beispielsweise kann man aus Erfahrung schließen, dass ein einst klarer Fluss, der sich plötzlich gelb verfärbt und einen unangenehmen Geruch abgibt, verschmutzt wurde. Bei komplexeren Umweltverschmutzungen stößt diese Methode jedoch an ihre Grenzen. Wenn etwa in einem Gebiet eine große Anzahl von Personen unter Schwindel leidet oder es zu einer auffälligen Häufung von Hirntumorerkrankungen kommt, reicht die alleinige Anwendung von Erfahrungswerten nicht aus, um die genaue Ursache oder Quelle der Verschmutzung zu ermitteln.

---

198 Vgl. *He Weifang*, Chinese Journal of Law (法学研究) 4/1995, 92.

199 Vgl. *Larenz*, Methodenlehre, S. 159 f.

200 Vgl. *Jiang Lanxiang*, Studie zum Nachweis der Kausalität bei Umweltverschmutzungsdelikten (污染型环境犯罪因果关系证明研究), S. 154.

Obwohl sowohl logisches Denken als auch die Anwendung von Daumenregeln in komplexen Umweltstrafverfahren ihre Grenzen haben, bleiben sie grundlegende Beweismethoden, die den gesamten Beweisprozess durchdringen. Richter müssen bei der Feststellung des Sachverhalts nicht nur auf fundierte Beweise zurückgreifen, sondern auch eine Kombination aus logischem Denken und Erfahrungswissen anwenden, um sicherzustellen, dass ihre Entscheidungen sowohl wissenschaftlich fundiert als auch überzeugend sind.

4.4.2 Konkrete Beweismethoden: Äquivalenztheorie und spezielle Nachweisregeln

Nachdem logisches Denken und Daumenregeln den grundlegenden Rahmen des Beweissystems etabliert haben, kommen konkrete Beweismethoden zum Einsatz. Im Vordergrund steht hierbei die Äquivalenztheorie, die als Regelfall gilt und nicht außer Acht gelassen werden darf – auch nicht aus Gründen der Anwendungsbequemlichkeit. Kann der Kausalzusammenhang aufgrund mangelnder naturwissenschaftlicher Beweise nicht allein über die Äquivalenztheorie nachgewiesen werden, greifen die speziellen Nachweisregeln ergänzend ein.

Bei den speziellen Nachweisregeln kommen insbesondere Ansätze der generellen Kausalität und der epidemischen Kausalität zum Tragen. Beide Methoden stützen sich auf Indizienbeweise und Erfahrungswissen, um die Wahrscheinlichkeit eines Zusammenhangs zwischen der umweltverschmutzenden Handlung und dem Schadenseintritt zu belegen. Zwar kann mit diesen Ansätzen der naturwissenschaftliche Nachweis der Kausalität nicht vollständig erbracht werden, sodass das Risiko eines Verstoßes gegen den Grundsatz „in dubio pro reo“ nicht gänzlich ausgeschlossen werden kann, doch bieten sie dennoch eine sinnvolle Antwort auf die Komplexität moderner Industriegesellschaften: Kausalitätsfeststellungen sollten nicht an unvermeidlichem Nichtwissen scheitern. Um die Schwächen beider Ansätze zu minimieren und den strafrechtlichen Beweisstandard zu erreichen, erscheint mir ein Hybridansatz sinnvoll. Dieser sollte einerseits eine Kausalität mit hoher Wahrscheinlichkeit feststellen und andererseits möglichst alternative Ursachen ausschließen. Solche speziellen Nachweisregeln finden ausschließlich bei komplexen Erfolgsdelikten Anwendung, in denen zahlreiche Opfer betroffen sind und die ursächlichen Zusammenhänge mit den verfügbaren wissenschaftlichen und technischen Erkenntnissen nicht eindeutig nachgewiesen werden können. In diesen Fällen ermöglicht der Einsatz spezieller Nachweisregeln, dass der Richter die faktische Kausalität anhand von Indizienbeweisen – unter Hinzuziehung von Sachverständigen – präzise feststellen kann, sodass kein vernünftiger Zweifel an der kausalen Verbindung besteht.

Die Kombination aus der Äquivalenztheorie als Basis und den speziellen Nachweisregeln als ergänzende Methode ermöglicht auch in komplexen Fällen der Umweltverschmutzung eine belastbare und nachvollziehbare Feststellung des Kausalzusammenhangs. So wird sichergestellt, dass sowohl der normative Rahmen als auch die praktischen Erfordernisse des Beweisprozesses adäquat berücksichtigt werden.

4.4.3 Vorwiegende Einzelerfolgszurechnung: Ein differenzierter Bewertungsansatz

Ist die faktische Kausalität zwischen umweltschädigendem Verhalten und den daraus resultierenden Schäden festgestellt, muss als Nächstes geprüft werden, ob und in welchem Umfang dem Täter diese Schäden zugerechnet werden können. Hierbei kommt der Theorie der objektiven Zurechnung eine zentrale Bedeutung zu. Bei einfachen Fällen von Umweltverschmutzung gestaltet sich die Erfolgszurechnung meist unkompliziert. Probleme ergeben sich vor allem, wenn mehrere Schädiger gemeinsam die Umwelt erheblich beeinträchtigen – also wenn kumulative Effekte berücksichtigt werden müssen. In solchen Fällen ist umstritten, ob einem einzelnen Schädiger lediglich der von ihm allein herbeigeführte, möglicherweise unerhebliche Teilerfolg oder auch ein durch das Zusammenwirken mit anderen – und dadurch tatbestandsmäßig vervollständigter – erheblicher Gesamterfolg zugerechnet werden soll.

Meiner Meinung nach sollte grundsätzlich an der vorwiegenden Einzelerfolgszurechnung festgehalten werden, wobei – in Anlehnung an den Ansatz von Saliger – ein differenzierter Bewertungsansatz Anwendung finden sollte. Dabei ist zunächst zwischen dem gleichzeitigen und dem sukzessiven Zusammenwirken mehrerer Schädiger zu unterscheiden:

Bei sukzessivem Zusammenwirken ist klar zwischen dem Teilerfolg des Ersthandelnden und dem des Zweithandelnden zu differenzieren. Aufgrund des Prioritätsprinzips, des Eigenverantwortungsprinzips und in Verbindung mit dem Vertrauensgrundsatz soll der Ersthandelnde lediglich für den von ihm unmittelbar herbeigeführten Einzelerfolg verantwortlich gemacht werden, während dem Zweithandelnden – der an der vom Ersthandelnden bereits geschaffenen Situation anknüpft – der Gesamterfolg zugerechnet wird.

Bei gleichzeitigem Zusammenwirken gestaltet sich die Zurechnung komplexer. Zunächst muss geklärt werden, welche Art der kumulativen Wirkung vorliegt. Beim Summationseffekt steigt die Umweltverschmutzung linear an, sodass das Problem vor allem mengenbedingt ist. Beispiel: Die Fabriken A, B und C leiten gleichzeitig Blei in einen Fluss ein und verunreinigen ihn dadurch. In einem solchen Fall muss der jeweilige Beitrag jeder Fabrik genau untersucht werden. Überschreitet keiner der Einzelbeiträge die Erheblichkeitsschwelle, kann keiner der Beteiligten strafrechtlich für die Gewässerverunreinigung verantwortlich gemacht werden, weil jeder das rechtlich unerlaubte Risiko nicht geschaffen hat. Wenn es nicht lediglich um ein Mengenproblem geht, sondern um ein komplexes Zusammenspiel der jeweiligen Wirkungen, handelt es sich um einen Fall, der auch dem Synergieeffekt ähnelt. Hierbei wird der schädliche Zustand maßgeblich durch die wechselseitigen Einwirkungen der Beteiligten geprägt, sodass der individuelle Beitrag nicht eindeutig isoliert werden kann. In solchen Fällen ist es angemessen, jedem Beteiligten den Gesamterfolg zuzurechnen, da jede Handlung das rechtlich unerlaubte Risiko zumindest erhöht hat.

Grundsätzlich sollte der Teilerfolg möglichst jedem Einzelnen zugeordnet werden. Ist dies nicht möglich, kommt als ultima ratio die Gesamterfolgszurechnung in Betracht. Denn strafrechtliche Prinzipien wie die Grundsätze der Handlungsfreiheit, der Rechtssicherheit und das Schuldprinzip dürfen nicht den praktischen Bedürfnissen weichen.

Zusammenfassung der Ergebnisse 5

Diese Arbeit stützt sich auf die unterschiedlichen gesetzlichen Regelungen zu Umweltdelikten in Deutschland und China. Während das deutsche Strafgesetzbuch Umweltdelikte in verschiedenen Formen getrennt behandelt, differenziert das chinesische Strafgesetzbuch zwischen Straftaten im Zusammenhang mit Umweltverschmutzung – also einer chemisch nachteiligen Veränderung der Umwelt – und solchen im Zusammenhang mit der Zerstörung von Umweltressourcen – also einer rein quantitativen, physikalischen Verminderung. Aufgrund der Komplexität und hohen praktischen Relevanz des Umweltverschmutzungsdelikts konzentriert sich diese Arbeit auf die Untersuchung dieses Straftatbestands in beiden Staaten, nämlich gemäß § 338 chStGB und §§ 324, 324a, 325, 325a, 326, 327, 328, 329 I, II Nr. 1, Nr. 2, 330a StGB.

Darüber hinaus weichen die vorherrschenden Theorien über den Tatbestand in Deutschland und China erheblich voneinander ab. In Deutschland dominiert der dreistufige Deliktsaufbau – bestehend aus Tatbestandsmäßigkeit, Rechtswidrigkeit und Schuld, während in China der traditionelle Vier-Elemente-Deliktsaufbau vorherrscht, der das Objekt der Straftat, das Subjekt der Straftat, die objektive Seite sowie die subjektive Seite der Straftat umfasst. Der chinesische Ansatz ist horizontal angelegt und entspricht inhaltlich weitgehend den Aspekten der Tatbestandsmäßigkeit im deutschen Modell. Da sich diese Arbeit auf Tatbestandsprobleme, insbesondere Kausalitäts- und Zurechnungsprobleme im Bereich der Umweltverschmutzungsdelikte konzentriert, wird sie anhand der Tatbestandsstruktur des deutschen Modells gegliedert und die konkreten konzeptionellen Unterschiede in den jeweiligen Abschnitten diskutiert. Die Untersuchung gelangt zu folgenden Ergebnissen:

R. Lu, *Grundprobleme der Umweltverschmutzungsdelikte*, Juridicum – Schriften zum Wirtschaftsstrafrecht 12, https://doi.org/10.1007/978-3-658-51329-0_5

1. Die Umwelt zeichnet sich durch drei wesentliche Merkmale aus: Räumlichkeit, Materialität und Integration. Das bedeutet, dass die Umwelt einen Raum bildet, der ein bestimmtes Gebiet um den Menschen herum einnimmt, und gleichzeitig eine organische Einheit darstellt, die aus verschiedenen materiellen Faktoren besteht – Faktoren, die miteinander verbunden sind, interagieren und sich gegenseitig regulieren –, von denen der Mensch für sein Überleben und seine Entwicklung abhängig ist. In diesem Zusammenhang erweist sich der deutsche restriktive Umweltbegriff als sinnvoll, da er nicht nur den begrenzten Funktionen des Umweltstrafrechts, sondern auch dem Schutz der „elementaren Lebensgrundlagen wie Wasser, Luft und Boden als Bestandteile des menschlichen Lebensraums“ Rechnung trägt.
2. Der rein anthropozentrische Ansatz entspricht nicht mehr den Zielsetzungen des heutigen Umweltstrafrechts. Zwar folgt der Ökozentrismus dem Trend zur Sensibilisierung für den Umweltschutz, er kann jedoch zu einer zu weit gefassten und unbestimmten Definition der Rechtsgüter führen. Durch die Fokussierung des Umweltinteressenschutzes auf die grundlegenden Interessen des Menschen lassen sich klare und vernünftige Grenzen definieren, die die Effektivität strafrechtlicher Interventionen im Bereich der Umweltpolitik erhöhen. Daher gewinnt der vermittelnde ökologisch-anthropozentrische Ansatz an Bedeutung, da er ein ausgewogenes Verhältnis zwischen Menschen und Natur gewährleistet. Diese Arbeit ist auch entsprechend dem vermittelnden ökologisch-anthropozentrischen Ansatz strukturiert.
3. Im deutschen Strafrecht werden die Begriffe „Rechtsgut“, „Schutzobjekt“ und „Tatobjekt“ genutzt, um unterschiedliche Aspekte strafbarer Handlungen zu beschreiben. Im Gegensatz dazu besteht im chinesischen Strafrecht die Gefahr, dass das Objekt der Straftat mit dem Gegenstand der Straftat sowie dem Handlungsobjekt bei der Deliktprüfung verwechselt wird. Allgemein lässt sich das Rechtsgut als „strafrechtlich schutzbedürftiges menschliches Interesse“ definieren, welches durch das Schutzobjekt repräsentiert wird. Das Tatobjekt bezeichnet den Gegenstand, an dem sich die Straftat tatbestandlich vollzieht. Nach traditioneller Strafrechtslehre stellt das Objekt der Straftat das strafrechtlich geschützte soziale Verhältnis dar, das durch die Straftat verletzt wird. In diesem Sinne entspricht es dem Rechtsgut im deutschen Strafrecht. Der Gegenstand der Straftat ist identisch mit dem Handlungsobjekt; beide werden als notwendiges Ziel der Tathandlung angesehen, was dem deutschen Begriff „Tatobjekt“ entspricht.
4. Während in der deutschen Strafrechtswissenschaft die unterschiedlichen Tatobjekte der Umweltverschmutzungsdelikte – etwa Gewässer, Boden, Luft, Abfall und gefährliche Stoffe – eingehend untersucht werden, richtet sich der Fokus

der chinesischen Strafrechtswissenschaft primär auf das Objekt der Straftat, wobei die Diskussion über konkrete Handlungsobjekte vernachlässigt wird. Aufgrund der Abstraktheit des Begriffs „das Objekt der Straftat" sollte er nicht als eigenständige Voraussetzung des Deliktsaufbaus betrachtet werden. Es erscheint daher sinnvoll, die in Deutschland differenzierten Tatobjekte, insbesondere die (fehlende) Meeresumwelt, auch im chinesischen Umweltstrafrecht einzuführen.

5. Im deutschen Strafrecht werden verschiedene Formen von Tathandlungen bei Umweltverschmutzungsdelikten unterschieden, während im chinesischen Strafrecht hauptsächlich drei Formen – Ableiten, Abladen und Behandeln – herangezogen werden. Zwar kann das „Behandeln" als Oberbegriff betrachtet werden, schließt jedoch nicht vorangehende Handlungen wie Handeln, Makeln oder Vermitteln sowie anlagenbezogene Maßnahmen und entsprechende Lärmschutzvorkehrungen ein. Es erscheint daher sinnvoll, die differenzierten Formen der Tathandlungen, wie sie im deutschen Modell vorliegen, auch im chinesischen Umweltstrafrecht zu integrieren.
6. Im deutschen Strafrecht kann Umweltverschmutzung sowohl durch echtes als auch durch unechtes Unterlassen verursacht werden, während im chinesischen Strafrecht bei Umweltverschmutzungsdelikten lediglich unechtes Unterlassen in Betracht kommt. Der formelle Ansatz des unechten Unterlassens in China sollte durch die materiellen Kriterien des deutschen Modells ersetzt werden, da der formelle Ansatz zu einer ungerechtfertigten Ausweitung der Garantenstellung führen könnte.
7. Im deutschen Strafrecht werden die unterschiedlichen Taterfolge der Umweltverschmutzungsdelikte in verschiedene Deliktstypen untergliedert, nämlich in Verletzungsdelikte (§§ 324, 324a), konkrete Gefährdungsdelikte (§§ 325a II, 328 III, 330a I, 330 II Nr. 1) sowie abstrakte Gefährdungsdelikte (§§ 326 I Nr. 1–3, II, III; § 327 I, II 1; § 328 I Nr. 1, II Nr. 1, Nr. 2, Nr. 3; § 329 I, II Nr. 1, Nr. 2) und in potentielle Gefährdungsdelikte bzw. Eignungsdelikte (§§ 325, 325a I, 326 I Nr. 4, 327 II 2, 328 I Nr. 2). Dieses System ermöglicht eine präventive Strafbarkeit, die bereits vor Eintritt irreversibler Schäden greift.
8. Im Gegensatz dazu ist die Deliktsart der Umweltverschmutzungsdelikte im chinesischen Strafrecht umstritten:

Der besondere Begriff des „Umstandsdelikts" im chinesischen Strafrecht sollte nicht als eigenständiger Delikttyp verstanden werden. Nach repräsentativer Auffassung bezeichnet ein Umstandsdelikt einen im Besonderen Teil des Strafgesetzbuchs ausdrücklich geregelten Straftatbestand, bei dem „schwere" oder

„schlechte Umstände“ als notwendige Tatbestandsmerkmale vorausgesetzt werden. In diesem Sinne stellt der Begriff vielmehr eine funktionelle Einordnung dar, die sowohl die besonders schwere subjektive Bösartigkeit (etwa in Form besonders niederträchtiger Motive) als auch das objektive Verhalten (etwa durch besonders grausame Methoden) zum Ausdruck bringt.

Nach § 338 chStGB setzt die Strafbarkeit den Eintritt einer „schweren Umweltverschmutzung“ voraus. Obwohl Justizauslegungen diesen Begriff operationalisieren, z. B. einige Tätigkeiten als Verwirklichung der schweren Umweltverschmutzung angesehen werden, bleibt das Delikt ein Erfolgs- bzw. Verletzungsdelikt, weil das Gesetz nicht durch eine rückwirkende Interpretation der Justizauslegung geändert werden kann.

9. Angesichts der strukturellen Schwächen rein reaktiver Sanktionen – insbesondere bei irreparablen ökologischen Schäden – erscheint eine Reform im chinesischen Umweltstrafrecht dringend erforderlich. Neben der Beibehaltung von Verletzungsdelikten bei Gewässer- und Bodenverunreinigung sollte daher die Einführung strafbewehrter Gefährdungstatbestände ermöglicht werden, um Umweltverstöße bereits im Vorfeld schwerwiegender Folgen effektiv ahnden zu können. Im Folgenden soll dies konkret dargestellt werden:

Abstrakte Gefährdungsdelikte sollten vor allem bei Tathandlungen wie dem Betrieb von Anlagen, insbesondere kerntechnischer Anlagen, sowie beim Umgang mit radioaktiven Stoffen Anwendung finden, da deren Strafbarkeit ausschließlich auf der als gefährlich eingestuften Handlung des Täters basiert.

Im Gegensatz dazu müssen Handlungen wie das illegale Ableiten, Abladen und Behandeln schädlicher Stoffe eine konkret nachweisbare Gefahr für das geschützte Rechtsgut aufweisen. Diese Gefahr muss real und objektiv bestimmbar sein und kann von den zuständigen Behörden unter Berücksichtigung statistischer und umweltwissenschaftlicher Standards umfassend bewertet werden.

Besondere Bedeutung kommt zudem den sogenannten Eignungsdelikten zu, die eine Geeignetheitsklausel beinhalten. Dieser Delikttyp eignet sich insbesondere für Straftaten im Zusammenhang mit Luftverschmutzung, Lärmbelästigung, Erschütterungen und nichtionisierender Strahlung, da diese Umweltbeeinträchtigungen häufig schwer exakt messbar sind und ihre schädlichen Auswirkungen nicht unmittelbar, sondern erst langfristig oder unter bestimmten Bedingungen nachweisbar werden. In diesen Fällen genügt die generelle Gefährlichkeit der Tathandlung als Tatbestandsmerkmal.

10. Die Umweltverschmutzungsdelikte in Deutschland und China werden grundsätzlich als allgemeine Delikte eingestuft. In bestimmten Fällen können sie jedoch als reine Sonderdelikte gelten:

In Deutschland: Die eigentlichen Betreiberdelikte mit dem Merkmal „wer eine Anlage betreibt“ (§§ 327 I Nr. 1, II 1 Nr. 1–4, 329 I 1 und 2, II Nr. 1, 2);

Beim Merkmal „unter Verletzung verwaltungsrechtlicher Pflichten“ ist zu unterscheiden, ob es sich um eine allgemeine Pflicht für jedermann oder um eine Sonderpflicht für einen bestimmten Adressatenkreis handelt:

Umstand	Sonderdelikt
Pflichtverstöße gegen Einzelfallentscheidungen der Verwaltung gemäß § 330d I Nr. 4b–e	ja
eine täterschaftliche Verletzung von nicht anlagebezogenen Genehmigungspflichten	Grundsätzlich nein
die Einordnung der anlagebezogenen Genehmigungspflichten	Umstritten, aber ja (bevorzugt)

In China: Es gibt weder Betreiberdelikte noch spezielle Betriebsbeauftragte für den Umweltschutz.

Das Merkmal „Verstoß gegen Bestimmungen des Staats“ ist ähnlich wie das deutsche Merkmal „unter Verletzung verwaltungsrechtlicher Pflichten“ zu differenzieren: Entscheidend ist, ob es sich um eine allgemeine Pflicht für jedermann oder um eine Sonderpflicht für einen bestimmten Adressatenkreis handelt:

Umstand	Sonderdelikt
ein täterschaftlicher Verstoß gegen Genehmigungspflichten	Grundsätzlich nein
ein Verstoß gegen eine Einzelfallentscheidung der Verwaltung	ja
Gemäß § 1 Nr. 7 Justizauslegung 2023	ja

11. Es wäre wünschenswert, im deutschen Umweltstrafrecht eine spezifische Regelung für Amtsträger zu ergänzen, um eine Strafbarkeitslücke – nämlich die Strafbarkeit von Amtsträgern bei fahrlässigen Pflichtverletzungen in Sonderdelikten – zu schließen.
12. Um das Schuldprinzip konsequent zu wahren, sollte die strafrechtliche Verantwortlichkeit juristischer Personen in Deutschland und China grundsätzlich

nicht anerkannt werden. Gleichzeitig könnte jedoch ein Verbandssanktionengesetz als milderes Mittel – also eine strafrechtsnahe Verantwortlichkeit juristischer Personen – in Betracht gezogen werden, um den kriminalpolitischen und sozialen Erfordernissen gerecht zu werden.

13. Im deutschen Strafrecht ist die Fahrlässigkeit der Umweltverschmutzungsdelikte ausdrücklich normiert. Im chinesischen Strafrechtsdiskurs hingegen herrscht Uneinigkeit über dessen Ausgestaltung. Während § 15 chStGB vorsieht, dass Fahrlässigkeit nur dann strafbar ist, wenn dies gesetzlich ausdrücklich vorgesehen ist, beschränkt sich der geltende § 338 chStGB auf den Vorsatz.
14. Bezüglich des Vorsatzes genügt in beiden Systemen der bedingte (mittelbare) Vorsatz. Die hierfür erforderlichen Wissenselemente beziehen sich auf sämtliche objektive Tatbestandsmerkmale – nämlich das Tatobjekt, die Täterqualität, die Tathandlung, den Taterfolg und die Kausalität –, da diese die Unrechtsdimension der Tat bestimmen. Ob sich der Vorsatz auch auf die Verwaltungsakzessorietät erstrecken muss, hängt von deren rechtlicher Einordnung ab: Wird die Verwaltungsakzessorietät als objektives Tatbestandsmerkmal betrachtet (wie etwa bei § 338 chStGB, §§ 324a, 325, 325a, 326 II, 327 I, II, 328 I, III, § 329 I, II StGB), so muss der Vorsatz dies auch umfassen; wird sie jedoch als Rechtfertigungsgrund interpretiert (etwa bei §§ 324, 326 I StGB), entfällt diese Anforderung.
15. Um die Rechtssicherheit und die einheitliche Rechtsanwendung zu gewährleisten, sollte auch im chinesischen Strafgesetzbuch das fahrlässige Umweltverschmutzungsdelikt – analog zum deutschen Strafgesetzbuch – ausdrücklich geregelt werden. Dabei gilt es, Fahrlässigkeit nicht nur als Schuldform innerhalb der subjektiven Tatseite zu betrachten, sondern – wie im deutschen Strafrecht – als eigenständigen Typus strafbaren Verhaltens. Insbesondere sind die Unrechtelemente des fahrlässigen Umweltstraftatbestandes unter besonderer Berücksichtigung der objektiven Sorgfaltspflichtverletzung im Hinblick auf den Schutzzweck des umweltbezogenen Rechts zu prüfen.
16. Die chinesische Strafrechtstheorie ist im Hinblick auf Kausalitäts- und Zurechnungsprobleme stark von der japanischen und deutschen Strafrechtstheorie beeinflusst und tendiert inzwischen zu einem dominanten zweistufigen Verursachungsansatz (Attribution + Imputation). In der ersten Stufe, der Attribution, wird zunächst festgestellt, ob eine faktische Kausalität vorliegt. Die zweite Stufe, die Imputation, beinhaltet anschließend die normative Bewertung, also die objektive Zurechnung.

17. Die Kausalitäts- und Zurechnungsprobleme bei Umweltverschmutzungsdelikten werden durch kumulative Einwirkungen noch komplexer und schwieriger. In Anlehnung an Daxenbergers detaillierte Darstellung können diese Einwirkungen in Form von Summations- und Synergieeffekten auftreten:

Summationseffekt: Lineare Kausalkette, häufig als Mengenproblem bezeichnet.
Synergieeffekt: Dynamisches Verschmelzen, das häufig zu chemischen Veränderungen führt.

18. Um die Kausalitäts- und Zurechnungsprobleme bei Umweltverschmutzungsdelikten, die durch kumulative Einwirkungen entstehen, besser zu bewältigen, sollten ein integriertes Beweissystem zur Feststellung der Kausalität sowie die vorwiegende Einzelerfolgszurechnung eingeführt werden:

Darunter sollten logisches Denken und Daumenregeln als grundlegende Beweismethoden angesehen werden, die den gesamten Beweisprozess durchdringen. Richter müssen bei der Feststellung des Sachverhalts nicht nur auf fundierte Beweise zurückgreifen, sondern auch eine Kombination aus logischem Denken und Erfahrungswissen anwenden, um sicherzustellen, dass ihre Entscheidungen sowohl wissenschaftlich fundiert als auch überzeugend sind.

Als konkrete Beweismethode kommen die Äquivalenztheorie sowie spezielle Regeln wie die generelle und die epidemische Kausalität in Betracht. Im Regelfall steht dabei die Äquivalenztheorie im Vordergrund. Kann der Kausalzusammenhang aufgrund unzureichender naturwissenschaftlicher Beweise nicht allein über diese Theorie nachgewiesen werden, greifen die speziellen Nachweisregeln ergänzend ein. Beide Ansätze bestätigen mithilfe von Indizien und Erfahrungswissen die Wahrscheinlichkeit eines Zusammenhangs zwischen der umweltverschmutzenden Handlung und dem Schadenseintritt. Zwar ist mit diesen Methoden der naturwissenschaftliche Nachweis der Kausalität nicht vollständig erbracht, sodass das Risiko eines Verstoßes gegen den Grundsatz „in dubio pro reo“ nicht vollständig ausgeschlossen werden kann, doch bieten sie eine sinnvolle Antwort auf die Komplexität moderner Industriegesellschaften: Kausalitätsfeststellungen dürfen nicht an unvermeidlichem Nichtwissen scheitern. Um die Schwächen beider Ansätze zu minimieren und den strafrechtlichen Beweisstandard zu erreichen, erscheint ein Hybridansatz sinnvoll. Dieser sollte einerseits eine Kausalität mit hoher Wahrscheinlichkeit feststellen und andererseits weitgehend alternative Ursachen ausschließen. Die speziellen Nachweisregeln finden dabei ausschließlich bei komplexen Erfolgsdelikten Anwendung, in denen zahlreiche Opfer betroffen sind und die ursächlichen Zusammenhänge mit den verfügbaren wissenschaftlichen und technischen Erkenntnissen nicht eindeutig nachgewiesen werden können. In solchen Fällen ermöglicht der Einsatz spezieller Nachweisregeln dem Richter, die faktische Kausalität anhand von Indizienbeweisen – unter Hinzuziehung von Sachverständigen – präzise festzustellen, sodass kein vernünftiger Zweifel an der kausalen Verbindung besteht.

Bei der nachfolgenden Erfolgszurechnung sollte grundsätzlich an der vorwiegenden Einzelerfolgszurechnung festgehalten werden, wobei – in Anlehnung an den Ansatz von Saliger – ein differenzierter Bewertungsansatz Anwendung finden sollte. Dabei ist zunächst zwischen dem gleichzeitigen und dem sukzessiven Zusammenwirken mehrerer Schädiger zu unterscheiden:

Art des Zusammenwirkens	Beteiligte	Zurechnungsform	Besonderheiten/ Effekte
sukzessives Zusammenwirken	Ersthandelnder	Einzelerfolgszurechnung	jede Art der kumulativen Einwirkungen
	Zweithandelnder	Gesamterfolgszurechnung	
gleichzeitiges Zusammenwirken	jeder Beteiligte	Einzelerfolgszurechnung	Summationseffekt (insbesondere bei Mengenproblemen)
		Gesamterfolgszurechnung	Weitere Summations- und Synergieeffekte

Rechtsprechungsverzeichnis

Entscheidung	Fundstelle	Stichwort
BGHSt 59, 45	NStZ 2014, 89	Abfallbegriff
BGHSt 37, 106	BGHSt 37, 106	Lederspray-Entscheidung
LG Frankfurt, Urteil vom 14.04.1982 – 92 Js 3894/81 – Ns	NStZ 1983, 171	Cyanid
LG Essen, Urteil vom 23.01.2017 – 35 KLs 35 Js 162/13 – 13/15	BeckRS 2017, 119538	Quecksilber
BVerwG, Urt. v. 8.7.2020 – 7 C 19/18 (OVG Münster)	NVwZ 2020, 1833	Deponien
BayObLG, Beschluß vom 20-12-1994 – 4 St RR 190/94	NJW 1995, 540	Heizöl
OLG Köln, Urteil vom 17-05-1988 – Ss 121–122/88	NJW 1988, 2119	Verantwortlichkeit für Kanalisationsanschluß eines Schwimmbades
OLG Stuttgart, Urteil vom 4. 3. 1977 – 4 Ss (8) 63/77	NJW 1977, 1406	Gewässerverunreinigung durch Zusammenwirken
VGH München, Beschluß vom 9. 12. 2003 – 22 ZB 03.3011	NVwZ-RR 2004, 829	Kirchturmuhr
AG Dortmund, Urt. v. 11. 7. 2005, Az: 73 Ls 163 Js 64/04	SpuRt 2005, 257	das Zünden einer Rauchbombe im Fußballstadion

(Fortsetzung)

R. Lu, *Grundprobleme der Umweltverschmutzungsdelikte*, Juridicum – Schriften zum Wirtschaftsstrafrecht 12, https://doi.org/10.1007/978-3-658-51329-0

(Fortsetzung)

Entscheidung	Fundstelle	Stichwort
BGH, Urteil vom 26-04-1990 – 4 StR 24/90 (LG Frankenthal)	NJW 1990, 2477	Vermischen
BGH, Beschluss vom 5.8.2021 – 2 StR 307/20 Anm.*Schall*	NJW 2021, 3735	Vermischen
BayObLG, Beschluß vom 09-03-1995 – 3 ObOWi 19/95	NVwZ-RR 1995, 513	Ausschlachten von Autowracks
LG Stuttgart, Beschluß vom 5. 4. 2005 – 18 Qs 24/05 Anm.*Henzler*	NStZ 2006, 291	Ausschlachten von Autowracks
BayObLG (2. Senat für Bußgeldsachen), Beschluss vom 27.01.2022 – 202 ObOWi 80/22	BeckRS 2022, 3279	Ausschlachten von Autowracks
OLG Oldenburg, Urteil vom 13-06-1988 – Ss 432/87	NJW 1988, 2391	Ablassen
OLG Köln, Urteil vom 26.05.1987 – Ss 693-695/86	NStZ 1987, 462	Zwischenlagerung
BayObLG, Beschluß vom 15.04.1998 – 4 St RR 50/98	NStZ 1998, 465	Betreiben einer Abfallentsorgungsanlage
OLG Celle, Beschluss vom 31. 5. 2011 – 32 Ss 187/10	NStZ-RR 2012, 75	§ 326 nicht als Dauerdelikt
OVG Lüneburg, Urteil vom 21-01-1993 – 7 K 5/90	NVwZ-RR 1994, 17	der Transport von Kernbrennstoffen zur Anlage
OVG Lüneburg, Urteil vom 26. 2. 2003 – 1 LC 75/02	NVwZ-RR 2003, 820	Werbeanlegen
BGH, Urteil vom 04-07-1991 – 4 StR 179/91 (LG Saarbrücken)	NJW 1992, 122	Gewässerverunreinigung
OLG Frankfurt, Urteil vom 22. 05. 1987 – 1 Ss 401/86	NJW 1987, 2753 (2754) (2755) (2757)	Gewässerverunreinigung
BGH, Urteil vom 31.10.1986 – 2 StR 33/86 (LG Köln) Anm.*Rudolphi*	NStZ 1987, 323 (324)	Nachteilige Veränderung der Gewässereigenschaften

(Fortsetzung)

(Fortsetzung)

Entscheidung	Fundstelle	Stichwort
OLG Celle, Urteil vom 11-02-1986 – 1 Ss 435/85	NJW 1986, 2327	Gewässerverunreinigung; Negativsaldo
OLG Frankfurt a.M., Beschluß vom 12.10.1995 – 1 Ss 382/93	NStZ-RR 1996, 103	Gewässerverunreinigung; Negativsaldo
BGH, Urteil vom 26.02.1991 – 5 StR 444/90 (LG Braunschweig)	NStZ 1991, 282	Minima-Grenze
OLG Karlsruhe, Urteil vom 21.01.1982 – 3 Ss 238/81	NVwZ 1982, 702	Gewässerverunreinigung
KG, Urteil vom 7. 5. 1992 – (3) 1 Ss 215–91 (52–91)	NStZ 1999, 85	Personenvielzahl
BGH, Urteil vom 25. 3. 1999 – 1 StR 493–98 (LG Mannheim)	NJW 1999, 2129	generelle Gefährlichkeit
BGH, Urt. v. 22. 6. 2011 – 2 StR 580/10 (LG Frankfurt a. M.)	NJW 2011, 3591	generelle Gefährlichkeit
BGH, Urteil vom 12. 12. 2000 – 1 StR 184/00 (LG Mannheim)	MMR 2001, 229	generelle Gefährlichkeit
OLG Braunschweig, Beschluß vom 10. 5. 2000 – 1 Ss 7/00 (27)	NStZ-RR 2001, 43	§ 326 I Nr. 4 StGB
BVerwG, Urteil vom 11. 12. 2003 – 7 C 19/02 (VGH Mannheim)	NVwZ 2004, 610	Immissionswerte
AG Dieburg, Urteil vom 25.09.1997 – 58 Js 56829.5/ 96a – 4 Ds	NStZ-RR 1998, 73	Lärmverursachung
StA Hannover, Einstellungsverfügung vom 21.10.1986 – 29 Js 27242/86	NStZ 1987, 175 (176)	Lärmbelästigung
BVerwG, Beschluß vom 17. 7. 2003 – 4 B 55/03 (OVG Koblenz)	NJW 2003, 3360	Lärmbelästigung

(Fortsetzung)

(Fortsetzung)

Entscheidung	Fundstelle	Stichwort
BVerwG, Urt. v. 10.7. 2012 – 7 A 11/11	NVwZ 2012, 1394	AVV Baulärm
OLG Zweibrücken, Urteil vom 04.02.1986 – 2 Ss 309/85	NStZ 1986, 411	Abfallbeseitigung
BGH, Urteil vom 23. 10. 2013 – 5 StR 505/12	NJW 2014, 91 (94)	Abfallbeseitigung
OLG Zweibrücken, Beschluß vom 12-08-1991 – 1 Ss 104/90	NJW 1992, 2841	Nachhaltigkeit einer Umweltgefährdung
BGH, Urteil vom 26-10-1993 – 1 StR 559/93 (LG München II)	NJW 1994, 672	Ionisierende Strahlen
BVerfG (2. Kammer des 2. Senats), Beschluß vom 04-10-1994 – 2 BvR 322/94	NJW 1995, 186	Allgemeindelikte; Amtsträger
OLG Stuttgart, Urteil vom 02.12.1988 – 1 Ss 550/88	NStZ 1989, 122 (123)	Amtsträger als Anlagenbetreiber; Fahrlässigkeit
BGH, Beschluß vom 20.11.1996 – 2 StR 323/96 (LG Darmstadt)	NStZ 1997, 189	Amtsträger als Anlagenbetreiber
Urteil des BGH v.20.11.1996 – 2 StR 323/96 Anm. *Sack*	JR 1997, 253 (255)	Minima-Grenze
OLG Saarbrücken, Urteil vom 27.06.1991 – Ss 84/90 (164/ 90)	NStZ 1991, 531	Amtsträger als Anlagenbetreiber
LG Koblenz, Beschluß vom 22.12.1986 – 9 Qs 219/86	NStZ 1987, 281	Amtsträger als Anlagenbetreiber
BGH, Urteil vom 01.07.1997 – 1 StR 244/97 (LG Aschaffenburg)	NStZ 1997, 545 (546)	Die strafrechtliche Verantwortlichkeit von Unternehmensmitarbeiter
OLG Braunschweig Urteil vom 02.02.1998 – Ss 97/97	NStZ-RR 1998, 175	Irrtum über die Genehmigungsbedürftigkeit
OLG Düsseldorf, Urteil vom 01-12-1992 – 2 Ss 263/92 – 88/92 II	NJW 1993, 1408	Fahrlässigkeit

(Fortsetzung)

(Fortsetzung)

Entscheidung	Fundstelle	Stichwort
BayObLG, Beschluß vom 19-11-1991 – RReg. 4 St 166/91	NJW 1992, 925	Fahrlässigkeit
BGH, Beschluss vom 13. 12. 2012 – 5 StR 542/12 (LG Chemnitz)	NStZ 2013, 406	Leichtfertigkeit
OLG Köln (3. Zivilsenat), Urteil vom 27.11.2012 – 3 Ns 8/10 BSch	BeckRS 2014, 16763	Schutzzweckzusammenhang
OLG Oldenburg, Urt. *v.* 21.7.2014 – 1 Ss 154/14	NStZ-RR 2016, 14	Schutzzweckzusammenhang
LG Bad Kreuznach, Beschluß vom 22-06-1992 – 7 Js 8677/87 KLs (nicht rechtskräftig)	NVwZ-RR 1993, 403	Verfahrenshindernis
BGH, Urteil vom 20.02.1991 – 2 StR 478/90 (LG Wiesbaden)	NStZ 1991, 281	Nachweisschwierigkeiten beim Kausalzusammenhang
Urteil des OLG Karlsruhe v. 21.1.1982 – 3 Ss 238/81 Anm. *Triffterer/Schmoller*	JR 1983, 339 (341)	Gewässerverunreinigung
BayObLG, Beschluß vom 27. 6. 2001 – 4 St RR 76/01	NStZ-RR 2002, 76	Abstrakte Gefährdung
BGHSt 41, 206	BGHSt 41, 206	Holzschutzmittel-Urteil
(2015) 三刑终字第73号	(2015) 三刑终字第73号	Haftung von Amtsträgern
(2018) 冀0635刑初10号	(2018) 冀0635刑初10号	Haftung von Amtsträgern
(2018) 晋1082刑初59号	(2018) 晋1082刑初59号	Haftung von Amtsträgern
(2021)鲁0982刑初118号	(2021)鲁0982刑初118号	Umweltmanagementsystem
(2016)冀 0104 刑初 492 号	(2016)冀 0104 刑初 492 号	Vorsatz
(2020)新 0109 刑初 44 号	(2020)新 0109 刑初 44 号	Vorsatz
(2017) 甘 1225 刑初 8 号	(2017) 甘 1225 刑初 8 号	Fahrlässigkeit
(2020) 晋1027刑初22号	(2020) 晋1027刑初22号	Fahrlässigkeit
(2014) 埇刑初字第00079-1号	(2014) 埇刑初字第00079-1号	Fahrlässigkeit
(2019) 皖0222 刑初7号	(2019) 皖0222 刑初7号	Mischungstheorie

(Fortsetzung)

(Fortsetzung)

Entscheidung	Fundstelle	Stichwort
(2016) 鄂03刑终58号	(2016) 鄂03刑终58号	Mischungstheorie
(2013) 淄刑一初字第 39 号	(2013) 淄刑一初字第 39 号	Inhalt des Vorsatzes
(2015) 浙温刑终字第1094号	(2015) 浙温刑终字第1094 号	Kausalitätsnachweis
(2019) 苏06刑终268号	(2019) 苏06刑终268号	Kausalitätsnachweis
(2009) 澄环刑初字第1号	(2009) 澄环刑初字第1号	Kausalitätsnachweis
(2017) 冀06刑终202号	(2017) 冀06刑终202号	Gesamterfolgszurechnung

Literaturverzeichnis

I. Deutschsprachige Literatur

Amelung, Knut, Rechtsgüterschutz und Schutz der Gesellschaft: Untersuchungen zum Inhalt und zum Anwendungsbereich eines Strafrechtsprinzips auf dogmengeschichtlicher Grundlage; zugleich ein Beitrag zur Lehre von der „Sozialschädlichkeit" des Verbrechens, Frankfurt am Main 1972 (zit.: *Amelung*, Rechtsgüterschutz und Schutz der Gesellschaft).

Bauer, Christina, Fragen der Verbandsstrafbarkeit: Überlegungen zur strafrechtlichen Verantwortlichkeit von juristischen Personen und Personengesellschaften als Unternehmensträger unter besonderer Berücksichtigung der betrieblichen Umweltkriminalität, Linz 2003 (zit.: *Bauer*, Fragen der Verbandsstrafbarkeit).

Bahadir, Müfit/Parlar, Harun/Spiteller, Michael (Hrsg.), Springer Umweltlexikon, 2.Auflage, Berlin 2000 (zit.: *Bahadir/Parlar/Spiteller (Hrsg.)*, Springer Umweltlexikon).

Bartholme, Stefen, Der Schutz des Bodens im Umweltstrafrecht, 1. Auflage, Konstanz 1995 (zit.: *Bartholme*, Boden).

Bartholme, Stefan, Strafrechtliche Aspekte des „Plutoniumtourismus", JA 1996, 730–736.

Baumann, Jürgen, Alternativ-Entwurf eines Strafgesetzbuches, Besonderer Teil: Straftaten gegen die Person, 2. Halbbd., 1971 (zit.: *Baumann*, Alternativ-Entwurf eines StGB).

Baumann, Jürgen/Weber, Ulrich/Mitsch, Wolfgang/Eisele, Jörg, Strafrecht, Allgemeiner Teil: Lehrbuch, 13.Auflage, Bielefeld 2021 (zit.: *Baumann/Weber/Mitsch/Eisele*, Strafrecht AT).

Bechtel, Alexander, Verwaltungsvorschriften als Grundlage strafbewehrter Handlungspflichten? – Zugleich Überlegungen zur Reichweite des § 258 a StGB, NStZ 2020, 382–386.

Beckmann, Martin/Durner, Wolfgang/Mann, Thomas/Röckinghausen, Marc (Hrsg.), Umweltrecht: Kommentar, Band I, III, 105. EL., 2024 München (zit.: Landmann/Rohmer UmweltR/*Bearbeiter*).

Berendes, Konrad, Wasserhaushaltsgesetz Kurzkommentar, 2.Auflage, Berlin 2018 (zit.: *Berendes*, WHG).

Beukelmann, Stephan/Heim, Maximilian, Unerlaubter Umgang mit Abfällen als abstraktes Gefährdungsdelikt, NJW-Spezial 2021, 761.

R. Lu, *Grundprobleme der Umweltverschmutzungsdelikte*, Juridicum – Schriften zum Wirtschaftsstrafrecht 12, https://doi.org/10.1007/978-3-658-51329-0

Binding, Karl, Die Normen und ihre Übertretung: eine Untersuchung über die rechtmässige Handlung und die Arten des Delikts/1. Band: Normen und Strafgesetze, 2. Auflage, Leipzig 1890 (zit.: *Binding*, Normen).

Birnbaum, Ben, Über das Erforderniß einer Rechtsverletzung zum Begriff des Verbrechens, mit besonderer Rücksicht auf den Begriff der Ehrenkränkung. Archiv des Criminalrechts, Neue Folge. 1834, p.149–194 (zit.: *Birnbaum*, Verletzung).

Bloy, René, Umweltstrafrecht: Geschichte – Dogmatik – Zukunftsperspektiven, JuS 1997, 577–587.

Bosch, Nikolaus, Organisationsverschulden in Unternehmen, 1.Auflage, Baden-Baden 2002 (zit.: *Bosch*, Organisationsverschulden).

Brehm, Wolfgang, Zur Dogmatik des abstrakten Gefährdungsdelikts, Tübingen 1973 (zit.: *Brehm*, Zur Dogmatik).

Breuer, Rüdiger/Gärditz, Klaus Ferdinand, Öffentliches und privates Wasserrecht, 4.Auflage, München 2017 (zit.: *Breuer/Gärditz*, WasserR).

Bringewat, Peter, Grundbegriffe des Strafrechts: Grundlagen – Allgemeine Verbrechenslehre – Aufbauschemata, 4.Auflage, Baden-Baden 2024 (zit.: *Bringewat*, Grundbegriffe des Strafrechts).

Börner, René, Umweltstrafrecht, Berlin 2020.

Böse, Martin, Die Garantenstellung des Betriebsbeauftragten, NStZ 2003, 636–641.

Cirener, Gabriele und andere (Hrsg.), Strafgesetzbuch Leipziger Kommentar, Großkommentar, Band 18, 13.Auflage, Berlin 2022 (zit.: LK-StGB/*Bearbeiter*).

Daxenberger, Matthias, Kumulationseffekte: Grenzen der Erfolgszurechnung im Umweltstrafrecht, 1.Auflage, Baden-Baden 1997 (zit.: *Daxenberger*, Kumulationseffekte).

Dölling, Dieter/Duttge, Gunnar/König, Stefan/Rössner, Dieter (Hrsg.), Gesamtes Strafrecht: StGB StPO Nebengesetze: Handkommentar, 5. Auflage, Baden-Baden 2022 (zit.: HK-GS/*Bearbeiter*).

Eidam, Lutz, Unerlaubter Umgang mit gefährlichen Abfällen, NStZ 2022, 232–236.

Eisele, Jörg (Gesamtredaktion), Tübinger Kommentar Strafgesetzbuch, 31.Auflage, München 2025 (zit.: TK-StGB/*Bearbeiter*).

Erb, Volker/Schäfer, Jürgen (Hrsg.), Münchener Kommentar zum Strafgesetzbuch, Band 6, 4.Auflage, München 2022 (zit.: MüKoStGB/*Bearbeiter*).

Fischer, Thomas/Anstötz, Stephan/Lutz, Hans-Joachim, Strafgesetzbuch: mit Nebengesetzen, 72.Auflage, München 2025 (zit.: Fischer/*Bearbeiter* StGB).

Fischer, Thomas, Das Verhältnis der Bekenntnisbeschimpfung (§ 166 StGB) zur Volksverhetzung (§130 StGB), GA 1989, 445–468.

Franzheim, Horst/Pfohl, Michael, Umweltstrafrecht: Eine Darstellung für die Praxis, 2.Auflage, Köln 2001 (zit.: *Franzheim/Pfohl*, Umweltstrafrecht).

Frisch, Wolfgang, Objektive Zurechnung des Erfolges, JuS 2011, 19–24, 116–203, 205–211.

Frister, Helmut, Strafrecht Allgemeiner Teil: Ein Studienbuch, 10.Auflage, München 2023 (zit.: *Frister*, Strafrecht AT).

Gallas, Wilhelm, Abstrakte und konkrete Gefährdung, in: Festschrift für Ernst Heinitz zum 70. Geburtstag am 1. Januar 1972, Berin 2017 (Reprint), S.171–184 (zit.: *Gallas*, FS Heinitz).

Gößl, Thomas/Rossi, Matthias (Hrsg.), Wasserhaushaltsgesetz, Abwasserabgabengesetz, 59. EL., 2024 München (zit.: SZDK/*Bearbeiter*).

Graf, Jürgen Peter/Jäger, Markus/Wittig Petra, Wirtschafts- und Steuerstrafrecht, Bd.1, 3. Auflage, München 2024 (zit.: Graf/Jäger/Wittig/*Bearbeiter* StGB).

Gropp, Walter, Strafrecht Allgemeiner Teil, 5.Auflage, Berlin 2020 (zit.: *Gropp*, AT)

Hassemer, Winfried, Produktverantwortung im modernen Strafrecht, 2.Auglage, Heidelberg 1996 (zit.: *Hassemer*, Produktverantwortung).

Häberle, Peter (Hrsg.)/Erbs, Georg/Kohlhaas, Max, Strafrechtliche Nebengesetze, Bd.1, 255.EL, München 2025 (zit.: Erbs/Kohlhaas/*Bearbeiter* AtG).

Hecker, Bernd, Die Strafbarkeit grenzüberschreitender Luftverunreinigungen im deutschen und europäischen Umweltstrafrecht, ZStW 115 (2003) 4, 880–905.

Heine, Günter, Auswirkungen des Kreislaufwirtschafts- und Abfallgesetzes auf das Abfallstrafrecht, NJW 1998, 3665–3671 (zit.: *Heine*, NJW 1998, 3665).

Heine, Günter, Die strafrechtliche Verantwortlichkeit von Unternehmen: von individuellem Fehlverhalten zu kollektiven Fehlentwicklungen, insbesondere bei Großrisiken, 1.Auflage, Baden-Baden 1995 (zit.: *Heine*, Die strafrechtliche Verantwortlichkeit von Unternehmen).

Heine, Günter, Beweislastumkehr im Strafverfahren? JZ 1995, 651–657.

Heinrich, Bernd, Strafrecht Allgemeiner Teil, 7.Auflage, Stuttgart 2022 (zit.: *Heinrich*, Strafrecht AT).

Heintschel-Heinegg, Bernd von/Kudlich, Hans (Hrsg.), BeckOK StGB, 64.Edition, München 2025 (zit.: BeckOK StGB/*Bearbeiter*).

Heinz, Wolfgang, Probleme des Umweltstrafrechts im Spiegel der Literatur, NStZ 1981, 253–256.

Henzler, Oliver/Pfohl, Michael, Der unerlaubte Betrieb von Anlagen zur Lagerung und Behandlung von ausgedienten Kraftfahrzeugen, wistra 2004, 331 (zit.: *Henzler/Pfohl*, wistra 2004, 331).

Hilgendorf, Eric/Valerius, Brian, Strafrecht Allgemeiner Teil, 4.Auflage, München 2025 (zit.: *Hilgendorf/Valerius*, Strafrecht AT).

His, Rudolf, Karl Alfred Hall, Die Lehre vom Corpus delicti. Eine dogmatische Quellenexegese zur Theorie des gemeinen deutschen Inquisitionsprozess, ZRG Germanistische Abteilung, 55 (1935) 1, 442–443.

Hoffmann, Frank, Verunreinigung des Bodens (§ 324a StGB) – ein neuer Tatbestand auf dem naturwissenschaftlichen Prüfstand, wistra 1997, 89–96.

Hoffmann, Jan, Umwelt- ein bestimmbarer Rechtsbegriff? NuR 33 (2011), 389–395.

Hohmann, Frank, Bodenschutz durch Strafrecht?: die Probleme bei der Auslegung und Anwendung des Tatbestandes der Bodenverunreinigung (§ 324a StGB) und ihre Auswirkungen auf die Effizienz strafrechtlichen Umweltschutzes, 1. Auflage, Baden-Baden 1996 (zit.: *Hohmann*, Bodenschutz durch Strafrecht?).

Hohmann, Olaf, Das Rechtsgut der Umweltdelikte: Grenzen des strafrechtlichen Umweltschutzes, Frankfurt am Main 1991 ((zit.: *Hohmann*, Rechtsgut).

Hoppe, Werner/Beckmann, Martin/Kauch, Petra, Umweltrecht: juristisches Kurzlehrbuch für Studium und Praxis, 2.Auflage, München 2000 (zit.: *Hoppe/Beckmann/Kauch*, Umweltrecht).

Horn, Eckhard, Konkrete Gefährdungsdelikte, Köln 1973.

Horn, Eckhard, Rechtsprechungsübersicht zum Umweltstrafrecht, JZ 1994, 1097–1100.

Horn, Eckhard/Hoyer, Andreas, Rechtsprechungsübersicht zum Umweltstrafrecht, JZ 1991, 703–709.

Horn, Eckhard, Strafbares Fehlverhalten von Genehmigungs- und Aufsichtsbehörden? NJW 1981, 1–11.

Hoyer, Andreas, Die Eignungsdelikte, Berlin 1987.

Immel, Burkhard, Strafrechtliche Verantwortlichkeit von Amtsträgern im Umweltstrafrecht: Umweltuntreue, Frankfurt am Main 1987 (zit.: *Immel*, Umweltuntreue).

Ingelfinger, Ralph, Grundlagen und Grenzbereiche des Tötungsverbots: das Menschenleben als Schutzobjekt des Strafrechts, Köln 2004 (zit.: *Ingelfinger*, Grundlagen und Grenzbereiche des Tötungsverbots).

Jacobs, Kurt, Schutzobjekt und Tatobjekt, Strassburg 1914.

Jakobs, Günther, Strafrecht, Allgemeiner Teil: Die Grundlagen und Die Zurechnungslehre; Lehrbuch, Berlin 1983 (zit.: *Jakobs*, Strafrecht AT).

Jarass, Hans D., Bundes-Immissionsschutzgesetz: Kommentar: unter Berücksichtigung der Bundes-Immissionsschutzverordnungen, der TA Luft sowie der TA Lärm, 15.Auflage, München 2024 (zit.: *Jarass*, BImSchG).

Jedwab, Bärbel, Irrtum des Genehmigungsempfängers im Umweltstrafrecht, Hamburg 2006 (zit.: *Jedwab*, Irrtum).

Jescheck, Hans-Heinrich, Lehrbuch des Strafrechts: Allgemeiner Teil, 4.Auflage, Berlin 1988 (zit.: *Jescheck*, Lehrbuch des Strafrechts AT).

Jiang, Su, Strafrecht und Empirie: Beiträge zur internationalen Strafrechtswissenschaft, 1.Auflage, Tübingen 2021 (zit.: *Jiang*, Strafrecht und Empirie).

Kane, Anna-Miriam, Die Gesetzgebungskompetenzen des Bundes im Umweltschutz,1.Auflage, Baden-Baden 2013 (zit.: *Kane*, Die Gesetzgebungskompetenzen des Bundes im Umweltschutz).

Kaspar, Johannes, Strafrecht – Allgemeiner Teil: Einführung, 5.Auflage, Baden-Baden 2026 (zit.: *Kaspar*, AT).

Kaufmann, Armin, Die Dogmatik der Unterlassungsdelikte, Göttingen 1959 (zit.: *Kaufmann*, Unterlassungsdelikt).

Kemme, Matthias, Das Tatbestandsmerkmal der Verletzung verwaltungsrechtlicher Pflichten in den Umweltstraftatbeständen des StGB, Göttingen 2007 (zit.: *Kemme*, Das Tatbestandsmerkmal der Verletzung verwaltungsrechtlicher Pflichten).

Kindhäuser, Urs/Neumann, Ulfrid/Paeffgen, Hans-Ullrich/Saliger, Frank (Hrsg.), Nomos Kommentar Strafgesetzbuch, 6.Auflage, Baden-Baden 2023 (zit.: NK-StGB/*Bearbeiter*).

Kleine-Cosack, Eva, Kausalitätsprobleme im Umweltstrafrecht: die strafrechtliche Relevanz der Schwierigkeiten naturwissenschaftlicher Kausalfeststellung im Umweltbereich, Berlin 1988 (zit.: *Kleine-Cosack*, Kausalitätsprobleme im Umweltstrafrecht).

Kloepfer, Michael, Umweltrecht, 4.Auflage, München 2016.

Kloepfer, Michael/Heger, Martin, Umweltstrafrecht, 3.Auflage, München 2014.

Kloepfer, Michael/Vierhaus, Hans-Peter, Umweltstrafrecht, 2.Auflage, München 2002.

Kluth, Winfried/Smeddinck, Ulrich (Hrsg.), Umweltrecht: ein Lehrbuch, 2.Auflage, Berlin 2020 (zit.: *Kluth/Smeddinck*, Umweltrecht).

Knaut, Silke, Die Europäisierung des Umweltstrafrechts: Von uneinheitlichen nationalen Regelungen über einheitliche europäische Mindeststandards hin zur Optimierung der Umweltstrafrechtsordnungen, Herbolzheim 2005 (zit.: *Knaut*, Die Europäisierung des Umweltstrafrechts).

Krell, Paul, Umweltstrafrecht, Heidelberg 2017.

Kuchenbauer, Konstantin, Asbest und Strafrecht, NJW 1997, 2009–2014.

Kuhlen, Lothar, Der Handlungserfolg der strafbaren Gewässerverunreinigung (§ 324 StGB), GA 1986, 389–408.

Kuhlen, Lothar, Umweltstrafrecht-auf der Suche nach einer neuen Dogmatik, ZStW 105 (1993) 4, 697–726.

Kutscheidt, Ernst, Die wesentliche Änderung industrieller Anlagen, NVwZ 1997, 111–116.

Kutscheidt, Ernst, Die Neufassung der TA Lärm, NVwZ 1999, 577–583.

Lackner, Karl/Kühl, Kristian/Heger, Martin, Strafgesetzbuch Kommentar, 30.Auflage, München 2023 (zit.: Lackner/Kühl/Heger/*Bearbeiter* StGB).

Larenz, Karl, Methodenlehre der Rechtswissenschaft, 2.Auflage, Berlin, Heidelberg 1992 (zit.: *Larenz*, Methodenlehre).

Laski, Markus, Die strafrechtlichen Bezüge des Bundes-Bodenschutzgesetzes, Frankfurt am Main 2003 (zit.: *Laski*, Die strafrechtlichen Bezüge).

Laufhütte, Heinrich Wilhelm/Saan, Ruth Rissing-van/Tidermann, Klaus (Hrsg.), Strafgesetzbuch Leipziger Kommentar, Großkommentar, Band 12, 12.Auflage, Berlin 2020 (zit.: LK-StGB/*Bearbeiter*, 12.Aufl.).

Leipold, Klaus/Tsambikakis, Michael/Zöller, Mark (Hrsg.), AnwaltKommentar StGB, 3.Auflage, Heidelberg 2020 (zit.: AnwK-StGB/*Bearbeiter*).

Liang, Fengzhuang, Abstrakte Gefährdungsdelikte und ihre Anwendung in der gegenwärtigen Risikogesellschaft, Berlin 2019 (zit.: *Liang*, Abstrakte Gefährdungsdelikte).

Liang, Genlin, Die Entwicklung der chinesischen Verbrechenslehre, ZStW 126 (2014) 3, 743–774.

Liszt, Franz von, Rechtsgut und Handlungsbegriff im Bindingschen Handbuche, ZStW 6 (1886), S.663 ff.

Liszt, Franz von, Der Begriff des Rechtsgutes im Strafrecht und in der Encyclopädie der Rechtswissenschaft, ZStW 8 (1888), 133–156.

Löffler, Sebastian, Rechtsgut als Verfassungsbegriff?: der Rekurs auf Güter im Verfassungsrecht unter besonderer Berücksichtigung der Rechtsprechung des Bundesverfassungsgerichts, Berlin 2017. (zit.: *Löffler*, Rechtsgut als Verfassungsbegriff).

Martin, Jörg, Grenzüberschreitende Umweltbeeinträchtigungen im deutschen Strafrecht, ZRP 1992, 19–27.

Martin, Julia A., Sonderdelikte im Umweltstrafrecht, Göttingen 2006 (zit.: *Martin*, Sonderdelikte).

Matejko, Christian, Die allgemeine Irrtumsdogmatik vor neuen Herausforderungen – der Variantenirrtum im Rahmen der Umweltschutztatbestände, ZIS 2006, 205–212.

Matt, Holger/Renzikowski, Joachim (Hrsg.), Strafgesetzbuch Kommentar, 2.Auflage, München 2020 (zit.: Matt/Renzikowski/*Bearbeiter*).

Maurach, Reinhart/Schroeder, Friedrich-Christian/Maiwald, Manfred, Strafrecht Besonderer Teil, Teilband 2: Straftaten gegen Gemeinschaftswerte, 10.Auflage, Heidelberg 2012 (zit.: *Maurach/Schroeder/Maiwald*, Strafrecht BT 2).

Mayer, Max Ernst, Der Allgemeine Teil des deutschen Strafrechts: Lehrbuch, 2. unveränd.Auflage, Heidelberg 1923 (zit.: *Mayer*, Lehrbuch).

Meier, Bernd-Dieter, Verbraucherschutz durch Strafrecht? – Überlegungen zur strafrechtlichen Produkthaftung nach der "Lederspray"-Entscheidung des BGH, NJW 1992, 3193–3199.

Meurer, Dieter, Umweltschutz durch Umweltstrafrecht? NJW 1988, 2065–2071.

Meßerschmidt, Klaus, Umweltabgaben als Rechtsproblem, Berlin 1986 (zit.: *Meßerschmidt*, Umweltabgaben).

Michalke, Regina, Umweltstrafsachen, 3. Auflage, Heidelberg 2022.

Möhrenschlager, Manfred, Revision des Umweltstrafrechts – Das Zweite Gesetz zur Bekämpfung der Umweltkriminalität, NStZ 1994, 513–519.

Möhrenschlager, Manfred, Revision des Umweltstrafrechts – 2. Teil, NStZ 1994, 566–569.

Möhrenschlager, Manfred, Kausalitätsprobleme im Umweltstrafrecht des Strafgesetzbuches, WiVerW 1984, 47–67.

Nagel, Riever, Der unbestimmte Rechtsbegriff der „großen Zahl", Jura 2001, 588–591.

Nappert, Thomas, Die strafrechtliche Haftung von Bürgermeistern und Gemeinderäten im Umweltstrafrecht: dargestellt und entwickelt am Beispiel der bayerischen Kommunalverfassung mit Verweis auf andere Kommunalverfassungen, Berlin 1997 (zit.: *Nappert*, Haftung).

Odersky, Walter, Zur strafrechtlichen Verantwortlichkeit für Gewässerverunreinigungen, in: Festschrift für Herbert Tröndle zum 70.Geburtstag am 24. August 1989, Berlin 1989, S.291–304 (zit.: *Odersky*, FS Tröndle).

Oppenheim, Lassa, Die Objekte des Verbrechens, Basel 1894.

Otto, Harro, Das Neue Umweltstrafrecht, Jura 1995, 134–144.

Otto, Harro, Grundsätzliche Problemstellungen des Umweltstrafrechts, Jura 1991, 308–316.

Papier, Hans-Jürgen, Strafbarkeit von Amtsträgern im Umweltrecht, NJW 1988, 1113–1116.

Petzsche, Anneke, Die Verweisung auf EU-Rechtsakte im Umweltstrafrecht des StGB, NZWiSt 2015, 210–217.

Pfohl, Michael, Vorsätzlicher unerlaubter Umgang mit gefährlichen Abfällen, NStZ-RR 2021, 13–15.

Pfohl, Michael, Umweltstrafrecht: eine Darstellung für die Praxis, 2.Auflage, Köln 2001 (zit.: *Pfohl*, Umweltstrafrecht).

Pfohl, Michael, Das 45. Strafrechtsänderungsgesetz, ZWH 2013, 95–101.

Pfohl, Michael, Strafbarkeit von Amtsträgern wegen Duldung unzureichender Abwasserreinigungsanlagen, NJW 1994, 418–423.

Puppe, Ingeborg, Der Erfolg und seine kausale Erklärung im Strafrecht, ZStW 92 (1980), 863–911.

Ransiek, Andreas, in: Strafverteidigung, Revision und die gesamten Strafrechtswissenschaften: Festschrift für Gunter Widmaier zum 70. Geburtstag, Köln, München 2008, S.725–740 (zit.: *Ransiek*, FS Widmaier).

Ransiek, Andreas, Unternehmensstrafrecht: Strafrecht, Verfassungsrecht, Regelungsalternativen, Heidelberg 1996 (zit.: *Ransiek*, Unternehmensstrafrecht).

Reinhardt, Michael/Cyzchowski, Manfred, Wasserhaushaltsgesetz: unter Berücksichtigung der Landeswassergesetze: Kommentar, 13.Auflage, München 2023 (zit.: *Czychowski/Reinhardt* WHG).

Rengier, Rudolf, Strafrecht Besonderer Teil II, 25.Auflage, München 2024 (zit.: *Rengier*, StrafR BT II).

Rengier, Rudolf, Strafrecht Allgemeiner Teil, 16.Auflage, München 2024 (zit.: *Rengier*, Strafrecht AT).

Rengier, Rudolf, Zur Bestimmung und Bedeutung der Rechtsgüter im Umweltstrafrecht, NJW 1990, 2506–2515.

Rengier, Rudolf, Zum Täterkreis und zum Sonder- und Allgemeindeliktscharakter der „Betreiberdelikte“ im Umweltstrafrecht, in: Festschrift für Günter Kohlmann zum 70. Geburtstag, Köln 2003, S.225–238 (zit.: *Rengier*, FS Kohlmann).

Rittiens, Harald, Der Abfallbegriff im Strafrecht: zur Definition des Tatmittels der umweltgefährdenden Abfallbeseitigung, 1.Auflage, Baden-Baden 1994 (zit.: *Rittiens*, Der Abfallbegriff im Strafrecht).

Rockitt, Rolf, Erschütterung und sekundärer Luftschall im Fokus der Planfeststellung, NVwZ 2019, 1318–1325 (zit.: *Rockitt*, NVwZ 2019, 1318).

Rogall, Klaus, Gegenwartsprobleme des Umweltstrafrechts, in: Festschrift der Rechtswissenschaftlichen Fakultät zur 600-Jahr-Feier der Universität zu Köln, Köln 1988, S.505–530 (zit.: *Rogall*, FS UniKöln).

Rogall, Klaus, Die Strafbarkeit von Amtsträgern im Umweltbereich, Berlin 1991 (zit.: *Rogall*, Amtsträger).

Rotsch, Thomas, Neues zur Organisationsherrschaft, NStZ 2005, 13–18.

Rotsch, Thomas, Individuelle Haftung in Großunternehmen: Plädoyer für den Rückzug des Umweltstrafrechts, 1.Auflage, Baden-Baden 1998 (zit.: *Rotsch*, Haftung).

Roxin, Claus/Greco, Luís, Strafrecht Allgemeiner Teil/Band 1: Grundlagen. Der Aufbau der Verbrechenlehre, 5.Auflage, München 2020 (zit.: *Roxin/Greco*, Strafrecht AT I).

Roxin, Claus, Strafrecht, Allgemeiner Teil/Band 2: Besondere Erscheinungsformen der Straftat, München 2003 (zit.: *Roxin*, Strafrecht AT II).

Roxin, Claus, Organisationsherrschaft und Tatentschlossenheit, in: Festschrift für Friedrich-Christian Schroeder zum 70. Geburtstag, Heideburg 2006, S.387–400 (zit.: *Roxin*, FS Schroeder).

Rößing, Lars, Denkmalschutz und Umweltverträglichkeitsprüfung, Berlin 2004 (zit.: *Rößing*, Denkmalschutz).

Rudolphi, Hans-Joachim, Die verschiedenen Aspekte des Rechtsgutsbegriffes, in: Festschrift für Richard M. Honig, S.151–167, Göttingen 1970 (zit.: *Rudolphi*, Honig-Festschrift).

Rudolphi, Hans-Joachim, Primat des Strafrechts im Umweltschutz? NStZ 1984, 249–254.

Rudolphi, Hans-Joachim, Fehlerhafte Abfall-Genehmigung, NStZ 1994, 432–436.

Rudolphi, Hans-Joachim, Strafrechtliche Verantwortlichkeit für Gewässerverunreinigung, in: Festschrift für Karl Lackner zum 70. Geburtstag am 18. Februar 1987, Berlin 1987, S.863–887 (zit.: *Rudolphi,* FS Lackner).

Sack, Hans-Jürgen, Umweltschutz-Strafrecht: Erläuterung der Straf- und Bußgeldvorschriften, 5.Auflage, Stuttgart 2010 (zit.: *Sack*,Umweltschutz-Strafrecht).

Sack, Hans-Jürgen, Strafbarkeit umweltgefährdender Beseitigung von Hausmüll? NJW 1987, 1248.

Saliger, Frank, Umweltstrafrecht, 2.Auflage, München 2020 (zit.: *Saliger*, Umweltstrafrecht).

Saliger, Frank/Tsambikakis, Michael/Mückenberger, Ole/Huber, Hans-Peter (Hrsg.), Münchner Entwurf eines Verbandssanktionengesetzes, 1.Auflage, Baden-Baden 2019 (zit.: *Saliger/Tsambikakis/Mückenberger/Huber (Hrsg.)*, Münchner Entwurf).

Sammüller-Gradl, Hanna, Die Zurechnungsproblematik als Effektivitätshindernis im Deutschen Umweltstrafrecht: Untersuchung im Hinblick auf das Rechtsgut der Umweltdelikte, Berlin 2015 (zit.: *Sammüller-Gradl*, Zurechnungsproblematik).

Samson, Erich, Kausalitäts- und Zurechnungsprobleme im Umweltstrafrecht, ZStW (99) 1987, 617–636.

Sanden, Joachim, Die Bodenverunreinigung (§324a StGB), wistra 1996, 283–292.

Satzger, Helmut, „Giftiges“ im Strafrecht – Überlegungen zur kontextabhängigen Auslegung eines Tatbestandsmerkmals im StGB, Jura 37 (2015) 6, 580–591.

Satzger, Helmut, Die Anwendung des deutschen Strafrechts auf grenzüberschreitende Gefährdungsdelikte, NStZ 1998, 112–197.

Satzger, Helmut/Schluckebier, Wilhelm/Werner, Raik (Hrsg.), Strafgesetzbuch Kommentar, 6.Auflage, Hürth 2024 (zit.: SSW-StGB/*Bearbeiter*).

Schall, Hero, Umweltschutz durch Strafrecht: Anspruch und Wirklichkeit, NJW 1990, 1263–1273.

Schall, Hero, Systematische Übersicht der Rechtsprechung zum Umweltstrafrecht – 1.Teil, NStZ 1997, 420–423.

Schall, Hero, Systematische Übersicht der Rechtsprechung zum Umweltstrafrecht – 2.Teil, NStZ 1997, 462–467.

Schall, Hero, Systematische Übersicht der Rechtsprechung zum Umweltstrafrecht – 3.Teil, NStZ 1997, 577–585.

Schall, Hero, Systematische Übersicht der Rechtsprechung zum Umweltstrafrecht, NStZ-RR 2003, 65–70.

Schall, Hero, Systematische Übersicht der Rechtsprechung zum Umweltstrafrecht – 1.Teil, NStZ-RR 2006, 161–167.

Schall, Hero, Systematische Übersicht der Rechtsprechung zum Umweltstrafrecht – 2.Teil NStZ-RR 2006, 263–265.

Schall, Hero, Systematische Übersicht der Rechtsprechung zum Umweltstrafrecht – 1.Teil, NStZ-RR 2008, 97–103.

Schall, Hero, Systematische Übersicht der Rechtsprechung zum Umweltstrafrecht – 2.Teil, NStZ-RR 2008, 129–137.

Schall, Hero, Allgemein- und Sonderdelikte: Versuch einer Abgrenzung im Umweltstrafrecht, in: Verbrechen – Strafe – Resozialisierung: Festschrift für Heinz Schöch zum 70. Geburtstag am 20. August 2010, Berlin 2010, S.619–633 (zit.: *Schall*, FS Schöch).

Schall, Hero, Zur Strafbarkeit von Amtsträgern in Umweltverwaltungsbehörden – BGHSt 38, 325, JuS 1993, 719–724.

Schlacke, Sabine, Umweltrecht, 9.Auflage, Baden-Baden 2023.

Schlehofer, Horst/Putzke, Holm/Scheinfeld, Jörg, Strafrecht Allgemeiner Teil, 2.Auflage, München 2024 (zit.: *Schlehofer/Putzke/Scheinfeld*, Strafrecht AT).

Schmidt, MdB/Schöne, Thomas, Das Neue Umweltstrafrecht, NJW 1994, 2514–2519.

Schmidt-Salzer, Joachim, Strafrechtliche Produktverantwortung, NJW 1988, 1937–1942.

Schmidt-Salzer, Joachim, Strafrechtliche Produktverantwortung – Das Lederspray-Urteil des BGH, NJW 1990, 2966–2972.

Schmidt-Salzer, Joachim, Konkretisierungen der strafrechtlichen Produkt- und Umweltverantwortung, NJW 1996, 1–8.

Schittenhelm, Ulrike, Probleme der umweltgefährdenden Abfallbeseitigung nach § 326 StGB, GA 1983, 310–325.

Schlitt, Michael, Umweltethik philosophisch-ethische Reflexionen, theologische Grundlagen, Kriterien, Paderborn 1992 (zit.: *Schlitt*, Umweltethik).

Schünemann, Bernd, Unternehmenskriminalität und Strafrecht: eine Untersuchung der Verantwortlichkeit der Unternehmen und ihrer Führungskräfte nach geltendem und geplantem Straf- und Ordnungswidrigkeitenrecht, Köln; München 1979 (zit.: *Schünemann*, Unternehmenskriminalität und Strafrecht).

Schünemann, Bernd, Die Rechtsfigur des „Täters hinter dem Täter“ und das Prinzip der Tatherrschaftsstufen, in: Festschrift für Friedrich-Christian Schroeder zum 70. Geburtstag, Heideburg 2006, S.401–414 (zit.: *Schünemann,* FS Schroeder).

Schwertfeger, Christian, Die Reform des Umweltstrafrechts durch das Zweite Gesetz zur Bekämpfung der Umweltkriminalität (2. UKG), insbesondere unter kriminalpolitischen Gesichtspunkten, 1.Auflage, Frankfurt am Main 1998 (zit.: *Schwertfeger*, Die Reform des Umweltstrafrechts).

Schröder, Christian, Zur Europäisierung der Fahrlässigkeits- und Unterlassungsdelikte, NStZ 2006, 669–673.

Schröder, Horst, Abstrakt-konkrete Gefährdungsdelikte? JZ 1967, 522–525.

Schröder, Horst, Die Gefährdungsdelikte im Strafrecht, ZStW 1969, 7–28.

Schröder, Horst, Die Addition strafloser Handlungen zu einer Straftat, JZ 1972, 651–653.

Steindorf, Joachim, Umwelt-Strafrecht, 2.Auflage, Berlin 1997.

Tang, Zhiwei, Zum Transfer der deutschen Strafrechtsdogmatik nach China, ZStW 132 (2020) 4, 980–1002.

Tofahrn, Sabine, Strafrecht Allgemeiner Teil I: Vorsätzliches und fahrlässiges Begehungsdelikt, 5.Auflage, Heidelberg 2021 (zit.: *Tofahrn*, Strafrecht AT I).

Tofahrn, Sabine, Strafrecht Allgemeiner Teil II: Unterlassungsdelikt, Versuch, Täterschaft und Teilnahme, 5.Auflage, Heidelberg 2022 (zit.: *Tofahrn*, Strafrecht AT II).

Triffterer, Otto, Umweltstrafrecht: Einführung und Stellungnahme zum Gesetz zur Bekämpfung der Umweltkriminalität, 1.Auflage, Baden-Baden 1980 (zit.: *Triffterer*, Umweltstrafrecht).

Wessels, Johannes/Beulke, Werner/Satzger, Helmut, Strafrecht Allgemeiner Teil: Die Straftat und ihr Aufbau, 54.Auflage, Heidelberg 2024 (zit.: *Wessels/Beulke/Satzger*, Strafrecht AT).

Willer, Ralf, Die unvollendete Straftat im Strafrecht der Russländischen Föderation: kritisch-strukturierende Analyse von Vorbereitung zu einer Straftat, Versuch einer Straftat und Rücktritt von einer Straftat, 1.Auflage, Baden-Baden 2009 (zit.: *Willer*, Die unvollendete Straftat).

Winkelbauer, Wolfgang, Zur Verwaltungsakzessorietät des Umweltstrafrechts, Berlin 1985 (zit.: *Winkelbauer*, Verwaltungsakzessorietät).

Winkelbauer, Wolfgang, Umweltstrafrecht und Unternehmen, in: Festschrift für Theodor Lenckner zum 70. Geburtstag, München 1998, S.645–659 (zit.: *Winkelbauer*, FS Lenckner).

Witteck, Lars, Der Betreiber im Umweltstrafrecht: zugleich ein Beitrag zur Lehre von den Pflichtdelikten, 1.Auflage, Baden-Baden 2004 (zit.: *Witteck*, Der Betreiber).

Witteck, Lars, Umweltstraftaten aus Unternehmen und besondere Pflichtenstellungen – gibt es Fortschritte? in: Strafrecht als ultima ratio: Gießener Gedächtnisschrift für Günter Heine, Tübingen 2016, S.369–387 (zit.: *Witteck*, FS Heine).

Wittig, Petra, Wirtschaftsstrafrecht, 5.Auflage, München 2020.

Wohlers, Wolfgang, Der Erlaß rechtsfehlerhafter Genehmigungsbescheide als Grundlage mittelbarer Täterschaft, ZStW 108 (1996), 61–85.

Wolf, Gerhard, Gestufte Täterschaft – Zum Lehre von „Täter hinter dem Täter“, in: Festschrift für Friedrich-Christian Schroeder zum 70. Geburtstag, Heideburg 2006, S.415–430 (zit.: *Wolf*, FS Schroeder).

Wolter, Jürgen/Hoyer, Andreas (Hrsg.), Systematischer Kommentar zum Strafgesetzbuch, Band 6, 10.Auflage, Köln 2023 (zit.: SK-StGB/*Bearbeiter*).

Yamaguchi, Atsuchi, Über die Fahrlässigkeit, in: Strafrechtswissenschaft als Ordnungsfaktor: Texte zur Strafrechtswissenschaft und Strafrechtstheorie aus Japan, Tübingen 2022, S. 147–176 (zit.: *Yamaguchi*, in: Strafrechtswissenschaft als Ordnungsfaktor).

Zeitler, Stefan, Strafbarkeit von Amtsträgern wegen Gewässerverunreinigung, NStZ 1984, 219–220.

Zhao Shuhong, Die Bedeutung der deutschen Strafrechtsdogmatik für die Reform der chinesischen Strafrechtswissenschaft, ZStW 130 (2018) 4, 1264–1280.

Zieschang, Frank, Strafrecht Allgemeiner Teil, 7.Auflage, Stuttgart 2023 (zit.: *Zieschang*, Strafrecht AT).

Zieschang, Frank, Die Gefährdungsdelikte, Berlin 1998.

II. Chinesischsprachige Literatur

Bao Xinze (鲍新则), Lokale Umwandlung vom Tatbestand (构成要件的本土转换), in: Journal of Henan University of Economics and Law (河南财经政法大学学报) 6/2017, 121–129.

Bo Xiaobo (薄晓波), Kommentar zur Justizauslegung bei Umweltverschmutzungsdelikten (污染环境罪司法解释评析), in: Environmental Economy (环境经济) 10/2013, 52–55.

Chai Yunle (柴云乐), Dreifache Kritik an der Verwaltungsakzessorietät des Umweltverschmutzungsdelikts – zugleich eine Diskussion über die vorgezogene Regulierung umweltschädlichen Verhaltens durch das Strafrecht (污染环境罪行政从属性的三重批判-兼论刑法对污染环境行为的提前规制), in: Political Science and Law (政治与法律) 7/2018, 57–65.

Chen Hongbing (陈洪兵), Umweltverschmutzungsdelikt aus interpretativer Perspektive (解释论视野下的污染环境罪), in: Political Science and Law (政治与法律) 7/2015, 25–37.

Chen Hongbing (陈洪兵), Die Befürwortung der Theorie der unscharfen Schuld – am Beispiel des Umweltverschmutzungsdelikts (模糊罪过说之提倡-以污染环境罪为切入点), in: Science of Law (法律科学) 6/2017, 89–100.

Chen Mingyi (陈明义), Umweltschutzrechtliche Vorschriften und ausgewählte Aufsätze (环境保护法法规与论文选编), 1.Auflage, Wuhan 1989.

Chen Qing(陈庆)/Sun Li(孙力), Rechtliche Überlegungen zum Straftatbestand der Umweltverschmutzung – Teilweise Erörterung der Änderungen des Straftatbestands der schweren Umweltverschmutzungsvorfall durch das Strafrechtsänderungsgesetz VIII (有关污染环境罪的法律思考—兼论《刑法修正案(八)》对重大环境污染事故罪的修改), in: Theoretical Exploration (理论探索) 3/2011, 136–138.

Chen Quansheng (陈泉生), Grundtheorie des Umweltrechts (环境法学基本理论), 1.Auflage, Peking 2004.

Chen Quansheng (陈泉生), Zur Bestimmung der Verursachung bei Umweltverstößen (论环境侵害中因果关系的判定), in: Environmental Protection (环境保护) 5/1994, 25, 28.

Chen Ruihua (陈瑞华), Über die Vermutung im Strafrecht (论刑事法中的推定), in: Law Science (法学) 5/2015, 105–116.

Chen Wei (陈伟), Epidemische Kausalität und ihre Nachweis (疫学因果关系及其证明), in: Chinese Journal of Law (法学研究) 4/2015, 127–146.

Chen Wenhao (陈文昊), Funktionale Überlegungen zum Objekt der Straftat und zum Begriff des Rechtsguts (犯罪客体要件与法益概念的功能性反思), in: CUFE Law Review (中财法律评论) 10/2018, 237–257.

Chen Xiaobiao (陈小彪)/Li Honglei (李红蕾), Über die gerichtlichen Schwierigkeiten bei der Feststellung der Kausalität im Umweltverschmutzungsdelikt und die Erkundung von Lösungswegen — Plädoyer für die Theorie der zweistufigen Kausalitätsprüfung (论污染环境罪因果关系司法认定困境及路径探寻—因果关系双层次理论之提倡), in: Journal of Liaoning Normal University (Social Science Edition) (辽宁师范大学学报社会科学版) 2/2024, 79–91.

Chen Xiaohua (陈肖华), Forschung zur Umweltkriminalitätsprobelme (环境犯罪问题研究), in: Journal of Political Science and Law (政法学刊) 4/2000, 15–18.

Chen Xingliang (陈兴良), Systematisches Nachdenken über den Deliktsaufbau (犯罪构成的体系性思考), in: Law and Social Development (法制与社会发展) 3/2000, 46–66.

Chen Xingliang (陈兴良), Die Kausalität im Strafrecht: Von der Philosophie zurück zur Strafrechtswissenschaft – Eine dogmengeschichtliche Untersuchung (刑法因果关系:从哲学回归刑法学 – 一个学说史的考察), in: Law Science (法学) 7/2009, 22–42.

Chen Xingliang (陈兴良), Eine dogmatische Kritik der Risikotheorie des Strafrechts (风险刑法理论的法教义学批判), in: Peking University Law Journal (中外法学) 1/2014, 103–127.

Chen Xingliang (陈兴良), Die rechtstheoretische Entfaltung der Lehre von den Fahrlässigkeitsdelikten (过失犯论的法理展开), in: ECUPL Journal (华东政法大学学报) 4/2012, 30–47.

Chen Xingliang (陈兴良), Die normative Struktur von Fahrlässigkeitsdelikten: Am Beispiel des Falls Zhu Pingshu u. a. bezüglich eines Unfalls mit gefährlichen Stoffen (过失犯的规范构造:以朱平书等 危险物品肇事案为线索), in: Journal of Comparative Law (比较法研究) 5/2020, 22–34.

Chen Xingliang (陈兴良), Normative Strafrecht (规范刑法学), Bd.1, 5.Auflage, Peking 2023.

Chen Zhaokai (陈兆开), Eine kurze Analyse des Tatbestandes der Umweltkriminalität (浅析环境犯罪的构成要件), in: Forward and Position (前沿) 3/2003, 88–90.

Cheng Ruxi (成如翕), Eine kurze Erörterung der umfassenden Anerkennung der Rechtsstellung juristischer Personen als Tatsubjekt (略论法人犯罪主体地位的全面确认), in: Journal of Jiangsu Police Officer College (江苏警官学院学报) 1/1994, 30–34.

Dou wenlie (窦文烈)/Zhao Hongyan (赵红艳), Studie zur Kausalität bei den Umweltverschmutzungsdelikten (环境污染犯罪中因果关系问题研究), in: Journal of Xinxiang University (Social Sciences Edition) (新乡学院学报社会科学版) 1/2010, 45–48.

Fan Chongyi (樊崇义), Strafprozessrecht (刑事诉讼法学), 4.Auflage, Peking 2016.

Fang Huiying (房慧颖), Überprüfung und Reform des präventiven Regulierungsmodells des Umweltverschmutzungsdelikts (污染环境罪预防型规制模式的省察与革新), in: Ningxia Social Science (宁夏社会科学) 4/2022, 92–99.

Fu Lizhong (付立忠), Neue Theorie zur Umweltdelikten (环境犯罪新论), in: Science of Law (法律科学) 2/1995, 47–52.

Fu Lizhong (付立忠), Umweltstrafrecht (环境刑法学), 1.Auflage, Peking 2001.

Fu Yuming (付玉明), Die faktische Kenntnis und inhaltliche Auslegung des Vorsatzes bei Straftaten (犯罪故意的事实认识与内容解读), in: Criminal Science (中国刑事法杂志) 6/2016, 81–95.

Gao Mingxuan (高铭暄), Grundsätze des Strafrechts (刑法学原理), Band I, 1.Auflage, Peking 1980.

Gao Mingxuan (高铭暄)/Chen Lu (陈璐), Interpretation und Reflexion über Strafrechtsänderungsgesetz VIII der Volksrepublik China (中华人民共和国刑法修正案(八) 解读与思考), 1.Auflage, Peking 2011 (zit.: *Gao Mingxuan/Chen Lu*, Strafrechtsänderungsgesetz VIII (刑法修正案八)).

Gao Mingxuan (高铭暄)/Ma Kechang (马克昌), Strafrecht (刑法学), 9. Auflage, Peking 2019.

Guo Jianan (郭建安)/Zhang Guirong (张桂荣), Umweltdelikte und Umweltstrafrecht (环境犯罪与环境刑法), 1.Auflage, Peking 2006.

Guo Shijie (郭世杰), Der konzeptionelle Übergang von schwerer Umweltverschmutzungsvorfälle zu Umweltverschmutzungsdelikten (从重大环境污染事故罪到污染环境罪的理念嬗递), in: Criminal Science (中国刑事法杂志) 8/2013, 44–50.

Han Wubin (韩武斌), Die Klärung der Stellung der epidemischen Kausalitätstheorie bei Umweltdelikten (环境犯罪中疫学因果关系理论的定位厘清), in: Journal of Hunan Radio & Television University (湖南广播电视大学学报) 4/2018, 47–54.

He Bingsong (何秉松), Lehrbuch des Strafrechts (刑法教科书), Bd.1, 6.Auflage, Peking 2000.

He Peipei (何佩佩), Zur Legalisierung von Umweltinteressen im Strafrecht (论环境利益的刑法法益化), in: Law Science Magazine (法学杂志) 5/2021, 70–77.

He Weifang (贺卫方), Kontradiktorisches System und chinesische Richter (对抗制与中国法官), in: Chinese Journal of Law (法学研究) 4/1995, 85–92.

Hou Yanfang (侯艳芳), Forschung zum Tatbestand der Umweltdelikte (环境犯罪构成研究), Dissertation 2009, University of Shandong (山东大学博士论文).

Hou Yanfang (侯艳芳), Strafrechtliche Verantwortung von Einheiten bei Umwelt- und Ressourcenverbrechen: Kriterien zur Identifizierung und konkrete Feststellung (单位环境资源犯罪的刑事责任: 甄别基准与具体认定), in: Political Science and Law (政治与法律) 8/2017, 92–103.

Hou Yanfang (侯艳芳), Untersuchung schwieriger Fragen des Umweltverschmutzungsdelikts (污染环境罪疑难问题研究), in: Studies in Law and Business (法商研究) 3/2017, 113–122.

Hou Yanfang (侯艳芳), Systematische Überlegungen zur Feststellung der Kausalität beim Umweltverschmutzungsdelikt (污染环境罪因果关系认定的体系化思考), in: Contemporary Law Review (当代法学) 4/2020, 116–125.

Hu Yanyun (胡雁云), Die Forschung in Umweltdelikten und ihrer Kriminalpolitik (环境犯罪及其刑事政策研究), 1.Auflage, Peking 2018.

Huang Lideng (黄礼登)/Shi Bosheng (石博升), Die Anwendungsbeschränkungen der epidemischen Kausalitätstheorie im chinesischen Strafrecht (疫学因果关系理论在我国刑法中的适用限制), in: Medicine & Jurisprudence (医学与法学) 6/2021, 1–12.

Huang Yixuan (黄意轩), Das Dilemma und der Ausweg aus der Unabhängigkeitsfeststellung von Verbrechen der Einheit – eine Untersuchung im Kontext der Corporate Compliance Pilot Reformen (单位犯罪独立性认定的困境与出路—企业合规试点改革语境

下的考察), in: Journal of Heilongjiang Administrative Cadre College of Politics And Law (黑龙江省政法管理干部学院学报) 1/2022, 41–45.

Jia Yu (贾宇)(Hrsg.), Strafrecht (刑法学), Band 1 und 2, Peking 2023.

Jiang Lanxiang (蒋兰香), Forschung der Grundtheorie bei den Umweltdelikten (环境犯罪基本理论研究), 1.Auflage, Peking 2008.

Jiang Lanxiang (蒋兰香), Eine Studie über die Notwendigkeit einer Kausalitätsvermutung bei Umweltverschmutzungsdelikten (污染型环境犯罪因果关系推定的必要性研究), in: Journal of Central South University of Forestry & Technology (Social Sciences) (中南林业科技大学学报社会科学版) 6/2009, 41–44.

Jiang Lanxiang (蒋兰香), Studie zum Nachweis der Kausalität bei Umweltverschmutzungsdelikten (污染型环境犯罪因果关系证明研究), 1.Auflage, Peking 2014.

Jiang Lanxiang (蒋兰香), Die japanische Theorie der epidemischen Kausalität und ihre Anwendbarkeit auf die umweltstrafrechtliche Justiz Chinas (日本疫学因果关系理论及其对我国环境刑事司法的借鉴), in: Criminal Law Review (刑法论丛) 1/2010, 255–273.

Jiang Lanxiang (蒋兰香), Zur Beweislast des Angeklagten beim Nachweis des Kausalzusammenhangs in umweltverschmutzungsbedingten Umweltstraftaten (污染型环境犯罪因果关系证明中被告人举证责任论要), in: Journal of Fuzhou University (Philosophy and Science) (福州大学学报哲学社会科学版) 2/2010, 67–71.

Jiang Lanxiang (蒋兰香), Die Anwendung der indirekten Widerlegungsmethode beim Kausalitätsnachweis in Umweltverschmutzungsdelikten (间接反证法在污染型环境犯罪因果关系证明中的运用), in: Social Scientist (社会科学家) 6/2010, 82–85.

Jiang Min (姜敏), Eine dogmatische Analyse der Aspekte, Grundlagen und praktischen Grenzen einer positiven Strafrechtsdogmatik – mit dem Strafrechtsänderungsgesetz (XI) als Analysetext (积极刑法观之面相、根据和实践限度的教义学分析-以《刑法修正案(十一)》为分析文本), in: Law Review (法学评论) 6/2022, 34–44.

Jiang Suhuai (蒋苏淮), Die Wissenselemente des Vorsatzes bei Straftaten (犯罪故意的认识因素), in: Journal of Jiangsu Police Officer College (江苏警官学院学报) 1/2003, 64–70.

Jiang Wenxiu (姜文秀), Eine vergleichende Studie über Umweltverschmutzungsdelikte und schwere Umweltverschmutzungsvorfälle (污染环境罪与重大环境污染事故罪比较研究), in: Law Science Magazine (法学杂志) 11/2015, 70–76.

Jiang Wenxiu (姜文秀), Das Problem der Anwendung der strikten Haftung bei der Feststellung des Umweltverschmutzungsdelikts (污染环境罪认定中的严格责任适用问题), in: People's Procuratorial Semimonthly (人民检察) 7/2016, 64–66.

Jiang Wenxiu (姜文秀), Der Bedeutungsgehalt des Vorsatzes im Umweltverschmutzungsdelikt (污染环境罪中故意的内涵), in: Henan Social Sciences (河南社会科学) 8/2015, 37–42.

Jiao Yanling (焦艳玲), Lösung der unbestimmten Kausalität in Umweltverschmutzungsprozessen – Ein epidemiologischer Ansatz (环境公害诉讼不确定因果关系之解决—以疫学方法为视角), in: Hebei Law Science (河北法学) 11/2017, 117–125.

Lao Dongyan (劳东燕), Faktische Kausalität und Erfolgszurechnung im Strafrecht (事实因果与刑法中的结果归责), in: China Legal Science (中国法学) 2/2015, 131–159.

Li Anyue (李岸曰), Ist der neue „schwerwiegende Umweltverschmutzungsdelikt" ein Erfolgsdelikt, ein Gefährdungsdelikt oder ein Tätigkeitsdelikt? (新"重大环境污染罪"属结果犯、危险犯还是行为犯?), in: Environmental Protection (环境保护) 11/2011, 51–52.

Li Guanyu (李冠煜), Die chinesische Praxis der objektiven Zurechnung beim Umweltverschmutzungsdelikt (污染环境罪客观归责的中国实践), in: The Jurist (法学家) 4/2018, 122–134.

Li Hong (黎宏), Theorie der strafrechtlichen Verantwortung von Einheiten (单位刑事责任论), 1.Auflage, Peking 2001.

Li Hong (黎宏), Zu den subjektiven Tatbestandsmerkmalen von Verbrechen der Einheit, in: Studies in Law and Business (法商研究) 4/2001, 45–54.

Li Hong (黎宏), Über die für die Einheit unmittelbar verantwortlichen leitenden Personalangehörigen und sonstige unmittelbar haftende Personalangehörige bei Verbrechen der Einheit (论单位犯罪中"直接负责的主管人员和其他直接责任人 员"), in: Law Review (法学评论) 4/2000, 63–69.

Li Hong (黎宏), Eine Studie zur Kausalitätstheorie im Strafrecht (刑法因果关系论考察), in: Qsinghua University Law Journal (清华法学) 3/2022, 112–130.

Li Jie (李洁), Forschung zum Gegenstand der Straftat (犯罪对象研究), 1.Auflage, Peking 1998.

Li Liang (李梁), Die normative Analyse des Rechtsguts der Umweltverschmutzungsdelikte (污染环境罪侵害法益的规范分析), in: Law Science Magazine (法学杂志) 5/2016, 97–102.

Li Linjing (李林菁), Analyse der subjektiven Seite des Umweltverschmutzungsdelikts (污染环境罪的主观要件探析), in: Sammelband der Kriminologischen Forschung (Band 2), Peking 2024, S.19–24.

Li Qinghua (李清华), Eine Studie über die gesetzlichen Strafmaße für Umweltverschmutzungsdelikte – mit dem Ziel einer besseren Justizauslegung (污染环境罪法定刑档次标准研究—基于司法解释的完善视角), in: Journal of Heilongjiang Administrative Cadre College of Politics And Law (黑龙江省政法管理干部学院学报) 1/2023, 55–59.

Li Xiangen (栗相恩), Eine Analyse der Rechtsgüter und der Schuldformen der Umweltverschmutzungsdelikten (污染环境罪法益与罪过形式探析), in: People's Procuratorial Semimonthly (人民检察) 9/2012, 54–56.

Li Xihui (李希慧)/Dong Wenhui(董文辉)/Li, Guanyu(李冠煜), Forschung zur Umweltdelikten (环境犯罪研究), 1.Auflage, Peking 2013.

Li Xihui (李希慧)/Tong Weihua (童伟华), Eine Überprüfung zur Entfernung des Objekts der Straftat – Untersuchung aus rechtsvergleichender Perspektive (犯罪客体不要说之检讨-从比较法的视角考察), in: Studies in Law and Business (法商研究) 3/2005, 21–29.

Li Wenyuan (李文苑), Eine Analyse des Umweltbegriffs im Umweltrecht (环境法上的环境概念探析), in: Energie and Environment (能源与环境) 4/2007, 67–69.

Li Yongsheng (李永升), Analyse von Strafrechtsänderungsgesetz VIII (《刑法修正案(八)》内容解析), in: Criminal Law Review (刑法论丛) 2/2011, 56–129.

Li Yongsheng (李永升)/Yuan Hanxing (袁汉兴), Das juristische Dilemma und der Ausweg der Umweltverschmutzungdelikte – aus dem vermittelnden ökologisch-anthropozentrischen Ansatz (污染环境罪的司法困境与出路-以生态和人类双重法益为中心),in: Hubei Social Science (湖北社会科学) 1/2021, 141–151.

Liu Binbin (刘斌斌)/Li,Qingyu (李清宇), Forschung zu den grundlegenden Fragen der Umweltdelikte (环境犯罪基本问题研究), 1. Auflage, Peking 2012.

Liu Qingsheng (刘清生), Erörterung der Justizauslegung des Umweltverschmutzungsdelikts (论污染环境罪的司法解释), in: Journal of Fuzhou University (Philosophy and Social Sciences) (福州大学学报哲学社会科学版) 5/2013, 67–72.

Liu Weiqi (刘伟琦), Eine dogmatische Analyse von Umweltverschmutzungsdelikten, die auf Behandeln abzielen (处置型污染环境罪的法教义学分析), in: Studies in Law and Business (法商研究) 3/2019, 89–102.

Liu Xianquan (刘宪权), Strafrechtliche Verantwortung für Umweltverschmutzung (污染环境的刑事责任问题), in: Environmental Protection (环境保护) 10/1993, 28/29.

Liu Xiaoqian (刘晓倩), Zur Anwendung der Vermutungsmethode der epidemischen Kausalität bei Umweltdelikten (论疫学因果关系推定法在环境犯罪中的运用), in: Journal of EMCC (中国环境管理干部学院学报) 1/2014, 4–7.

Liu Yanhong (刘艳红), Widerstand gegen die frühzeitige Kriminalisierung von Umweltkriminalität (环境犯罪刑事治理早期化之反对), in: Political Science and Law (政治与法律) 7/ 2015, 2–13.

Liu Yanhong (刘艳红), Neue Theorie über das Umstandsdelikt (情节犯新论), in: Modern Law Science (现代法学) 5/2002, 77–82.

Liu Yanhong (刘艳红), Der Querschnitt der strafrechtlichen Kausalitätstheorien und die Etablierung der Theorie der Gefahrverwirklichung (刑法因果关系理论的横断切面与危险的现实说之确立), in: Political Science and Law (政治与法律) 8/ 2024, 64–82.

Liu Zexin (刘泽鑫)/Song Zhaohang (宋兆航), Die Anwendung der epidemischen Kausalität in strafrechtlichen Umweltverschmutzungsfällen (环境公害类刑事案件中疫学因果关系的适用), in: The people's Judicature (人民司法) 34/2022, 96–101.

Liu Zhi (刘志), Zur strafrechtlichen Verantwortlichkeit von Mitgliedern einer Einheit bei Straftat der Einheit (论单位犯罪中单位成员的刑事责任), in: Hebei Law Science (河北法学) 10/2009, 108–116.

Ma Chunxiao (马春晓), Das Prinzip der Einheitlichkeit der Rechtsordnung und die Unrechtsbestimmung bei Verwaltungsdelikten (法秩序统一性原理与行政犯的不法判断), in: ECUPL Journal (华东政法大学学报) 2/2022, 33–45.

Ma Jun (马骏), Untersuchung der epidemischen Kausalitätstheorie bei Umweltdelikten (环境犯罪中疫学因果关系理论探究), in: Journal of Political Science and Law (政法学刊) 3/2014, 40–44.

Ma Songjian (马松建), Die Feststellung der unmittelbar verantwortlichen Personen bei Verbrechen der Einheit (单位犯罪直接责任人员的认定), in: Journal of Shandong Police College (山东警察学院学报) 6/2006, 42–45.

Ma Yinxiang (马寅翔)/Jiang Hao (蒋昊), Attribution und Imputation: Eine Analyse der Beurteilungswege der Kausalität beim Umweltverschmutzungsdelikt (归因与归责: 污染环境罪因果关系的判断路径探析), in: Presentday Law Science (时代法学) 6/2021, 73–85.

Mei Chuanqiang (梅传强), Die Bedeutung und der Inhalt des „Wissens" im Vorsatz – Eine Untersuchung auf Grundlage des Wesens der Schuld (犯罪故意中"明知"的涵义与内容—根据罪过实质的考察), in: Journal of Sichuan Normal University (Social Sciences Edition) (四川师范大学学报社会科学版) 1/2005, 22–28.

Meng Qinghua (孟庆华)/Wang Fa (王法), Diskussion über die Überarbeitung des Straftatbestands schwerer Umweltverschmutzungsvorfälle (重大环境污染事故罪修改若干问题探讨), in: Journal of Jiangsu Teachers University of Technology (南江苏技术师范学院学报) 11/2010, 15–18.

Ni Chuanzhou (倪传洲), Kontroversen und Stellungnahme: Die Schuldformen des Umweltverschmutzungsdelikts (纷争与立场: 污染环境罪的罪过形式), in: Journal of Kunming University of Science and Technology (Social Sciences) (昆明理工大学学报社会科学版) 5/2021, 12–21.

Nie Chunyang (聂春阳), Eine Analyse der objektiven Elemente von Umweltverschmutzungsdelikten – eine vorläufige Diskussion der Konnotation von „schwerer Umweltverschmutzung" (污染环境罪客观方面探析——试论"严重污染环境"的内涵), in: The South Journal (南方论刊) 9/2020, 57–59.

Niu Zhongzhi (牛忠志), Die Anpassung der deutsch-japanischen „Rechtsgutslehre" an die „vierdimensionale" Weiterentwicklung Chinas (德日"法益说"适应中国的"四维"改良), in: Political Science and Law (政治与法律) 9/2022, 112–129.

Niu Zhongzhi (牛忠志)/Qu Lingli (曲伶俐), „Dreidimensionale" Revision der vier-Elemente-Deliktsaufbau (犯罪构成四要件的"立体化"修正), in: Journal of Political Science and Law (政法论丛) 1/2019, 52–63.

Ouyang Benqi (欧阳本祺), Zur strafrechtlichen Bewertung konkreter Gefahr (论刑法上的具体危险的判断), in: Global Law Review (环球法律评论) 6/2012, 70–81.

Pi Yong (皮勇)/Liu Jun (刘俊), Das Tatobjekte der Umweltverschmutzungsdelikte und ihre schädlichen Erfolge (污染环境罪的犯罪客体及其危害结果问题), in: Proceedings of Chinese Society of Environment and Resources Law (中国环境资源法学研究会论文集) 2013, S. 560–566.

Qi wenyuan (齐文远)/Renagu Apaer (热娜古 阿帕尔), Der Grundtatbestand des Umweltverschmutzungsdelikts: vom Erfolgs- zum Tätigkeitsdelikt (污染环境罪的基本犯:从结果犯到行为犯), in: Police Science Research (警学研究) 4/2022, 5–14.

Qiu Ling (邱陵)/Gan Shengning (甘盛宁), Die rechtliche Natur und Funktion von Sonderdelikten (身份犯的法律本质及功能), in: Criminal Science (中国刑事法杂志) 6/2013, 25–30.

Redaktionsausschuss des Wörterbuches, Environmental Science Dictionary (环境科学大辞典), Peking 2008.

Shi Lei (石磊), Über die unmittelbr verantwortlichen Personen bei Straftat der Einheit (论单位犯罪的直接责任人员), in: Modern Law Science (现代法学) 1/2006, 108–114.

Shi YaZong (石亚淙), Die kategoriale Auslegung von „Verstoß gegen staatliche Bestimmungen" im Umweltverschmutzungsdelikt – Mit Fokus auf die Vermischung von gesetzlichem Delikt und natürlichem Delikt (污染环境罪中的"违反国家规定"的分类解读——以法定犯与自然犯的混同规定为核心), in: Political Science and Law (政治与法律) 10/2017, 52–65.

Su Jingwen (苏璟雯), Anwendungsprobleme und Lösungsansätze der traditionellen Kausalitätstheorie bei Umweltstraftaten (环境犯罪中传统因果关系理论的适用困境及解决路径), in: Journal of Liaoning Administerators College of Police and Justice (辽宁公安司法管理干部学院学报) 4/2019, 84–88.

Sun Guoxiang (孙国祥), Zur Zurechnung der Verantwortlichkeit bei Verbrechen der Einheit: Förderung der Organisationshaftung (论单位犯罪的归责模式:组织体责任之提倡), in: Journal of Soochow University Philosophy & Social Science Edition (苏州大学学报社会科学版) 5/2024, 76–85.

Sun Guoxiang (孙国祥), Eine neue Interpretation von „schwerwiegender Umweltverschmutzung" aus der Perspektive des Kumulationsdelikts (累积犯视野下"严重污染环境"的新诠释), in: Tribune of Political Science and Law (政法论坛) 4/2024, 88–98.

Sun Guoxiang (孙国祥), Über die Legitimität und Grenzen des Kumulationsdelikts – Zugleich eine Diskussion über dessen Einfluss auf die Tatbestandsmerkmale des Umweltverschmutzungsdelikts (论累积犯的正当性及其限度 — 兼谈累积犯对污染环境罪构成的影响), in: Law Science (法学) 9/2023, 65–80.

Sun Rui(孙睿), Untersuchung kontroverser Fragen der Umweltverschmutzungsdelikte aus einer interpretativen Perspektive (解释论视角下污染环境罪争议问题探究), in: Journal of Shenyang University of Technology (Social Science Edition) (沈阳工业大学学报社会科学版) 1/2019, 76–81.

*Tang Shuange (*唐双娥*)*, Die umfassende Anwendung von Beweismethoden zum Nachweis des Kausalzusammenhangs bei umweltverschmutzungsbedingten Umweltstraftaten in China (我国污染型境犯罪因果关系证明方法之综合运用), in: Legal Forum (法学论坛) 5/2012, 43–49.

*Tian Hongjie (*田宏杰*)*, Gesetzgeberische Entwicklung und Schuldformen des Umweltverschmutzungsdelikts – mit dem Schwerpunkt auf dem Wesen des Verwaltungsdelikts (立法演进与污染环境罪的罪过——以行政犯本质为核心), in: The Jurist (法学家) 1/2020, 146–159.

*Tong Dehua (*童德华*)/Zhang Chengdong (*张成东*)*, Besinnung und Beharrlichkeit auf die Rechtsgüter des Umweltstrafrechts – Analyse auf der Grundlage der Umweltverschmutzungsdelikten (环境刑法法益的反思与坚守—基于污染环境罪的分析), in: Journal of Guangxi University (Philosophy and Social Sciences) (广西大学学报哲学社会科学版) 5/2020, 70–76.

*Wang Feiyue (*王飞跃*)*, Die Bestimmung der verantwortliche Personen bei Straftat der Einheit (单位犯罪责任人员之认定) in: Political Science and Law (政治与法律) 6/2020, 41–52.

*Wang Jun (*王俊*)*, Die chinesische Position zur Theorie der Rechtswidrigkeitserkenntnis – Im Mittelpunkt der Auseinandersetzung zwischen Vorsatztheorie und Schuldtheorie (违法性认识理论的中国立场—以故意说与责任说之争为中心), in: Qsinghua University Law Journal (清华法学) 5/2022, 72–87.

*Wang Lianhe (*王联合*)*, Über die zusammengesetzten Subjekte der Straftat der Einheit (论单位犯罪的复合主体), in: Criminal Science (中国刑事法杂志) 6/2012, 14–21.

*Wang Liangshun (*王良顺*)*, Die Bestimmung der unmittelbaren Verantwortung und der für die Einheit unmittelbar verantwortlichen Personalangehörigen bei Verbrechen der Einheit (论单位犯罪中直接责任与直接责任人员的认定) in: Studies in Law and Business (法商研究) 2/2007, 25–31.

*Wang Lin (*王 琳*)/Zhang Xueke (*张雪珂*)*, Analyse des subjektiven Verschuldens beim Umweltverschmutzungsdelikt (), in: Journal of Guizhou University (Social Sciences) (贵州大学学报社会科学版) 2/2019, 73–81.

*Wang Pengxiang (*王鹏祥*)/Meng Yuhan (*孟昱含*)*, Zur strafrechtlichen Regelung umweltverschmutzenden Verhaltens (论污染环境行为的刑法治理), in: Academic Journal of Zhongzhou (中州学刊) 6/2019, 61–67.

*Wang Shekun (*王社坤*)/Hu Lingling (*胡玲玲*)*, Eine Kritik der Vorschrift über abstrakte Gefährdungsdelikte in der Justizauslegung zu Umweltstraftaten (环境污染犯罪司法解释中抽象危险犯条款之批判), in: Journal of Nanjing Tech University (Social Science Edition) (南京工业大学学报社会科学版) 4/2016, 12–18.

*Wang Shenghua (*王胜华*)*, Die Schuldformen des Umweltverschmutzungsdelikts aus der Perspektive des geltenden Strafrechts (从刑法实然看污染环境罪的罪过形式), in: Journal of Hubei University of Police (湖北警官学院学报) 8/2012, 89–90.

*Wang Weicai (*汪维才*)*, Eine weitere Diskussion der subjektiven und objektiven Elemente von Umweltverschmutzungsdelikten (再论污染环境罪的主客观要件), in: Law Science Magazine (法学杂志) 9/2020, 76–84.

Wang Weicai (汪维才), Untersuchung der objektiven und subjektiven Seite des Umweltverschmutzungsdelikts – aus der Perspektive des Strafrechtsänderungsgesetzes VIII der Volksrepublik China (污染环境罪主客观要件问题研究 ———以《中华人民共和国刑法修正案(八)》为视角), in: Law Science Magazine (法学杂志) 8/2011, 71–74.

Wang Xiaobin (王晓滨), Die Verneinung der Sinisierung der epidemischen Kausalitätstheorie (疫学因果关系理论中国化之否定), in: Studies in Law and Business (法商研究) 3/2020, 70–83.

Wang Yaobin (王耀彬), Die inhaltliche Abgrenzung des Wissenselements des Vorsatzes bei Straftaten (犯罪故意事实认识要素的内容界定), in: Journal of Xi'an Shiyou University (Social Science Edition) (西安石油大学学报社会科学版) 6/2016, 81–85.

Wang Yong (王勇), Gesetzgebung bei Umweltstraftaten: ein Paradigmenwechsel und ein Blick auf zukünftige Trends (环境犯罪立法: 理念转换与趋势前瞻), in: Contemporary Law Review (当代法学) 3/2014, 56–66.

Wang Yong (王勇), Änderungen in der chinesischen Gesetzgebung zu Umweltdelikten im Hinblick auf die Revision des Strafgesetzbuches (从《刑法》修订看中国环境犯罪立法观转变), in: Environmental Protection (环境保护) 7/2011, 38–39.

Wang Zhixiang (王志祥)/Huang Yunbo (黄云波), Eine Studie über die grundlegenden Probleme von Tätigkeitsdelikten (行为犯之基本问题研究), in: Henan Social Science (河南社会科学) 9/2015, 1–8.

Wang Zhiyuan (王志远)/Zhang Weiqi (张玮琦), Vom „Grand Narrativ" zur „Fusion der Perspektiven": Eine hermeneutische Analyse des Problems der Kausalität im Strafrecht (从"宏大叙事"到"视域融合": 刑法因果关系问题的诠释学分析), in: Journal of Yunnan Minzu University Social Sciences) (云南民族大学学报哲学社会科学版) 1/2021, 146–160.

Wu Dianchao (吴殿朝), Objekt der Umweltdelikte (论环境犯罪的客体), in: Journal of Railway Police College (铁道警官高等专科学校学报) 3/2004, 35–37.

Wu Huijun (吴会军), Eine vorläufige Analyse des Umweltbegriffs im Umweltrecht (环境法中环境概念初步分析), in: Journal of Hubei Adult Education Institute (湖北成人教育学院学报) 1/2006, 38–39.

Wu Xia (吴霞), Forschung zum Objekt des Umweltstrafrechts (环境刑法保护客体研究), Dissertation 2016, Zhongnan University of Economics and Law (中南财经政法大学博士论文).

Wu Xianping (吴献萍), Umweltdelikte und Umweltstrafrecht (环境犯罪与环境刑法), 1. Auflage, Peking 2010.

Xie Zhidong (谢治东), Zur Diskussion über die Wissenselemente des Vorsatzes bei Straftaten (论犯罪故意中的认识因素), in: Journal of heilongjiang administrative cadreinstitute of politics and law (黑龙江省政法管理干部学院学报) 5/2003, 51–53.

Xu Haidong (徐海东), Die Theorie der objektiven Zurechnung und die Beurteilung der Kausalität beim Umweltverschmutzungsdelikt (客观归责理论与污染环境罪因果关系的判断), in: Social Science in Guangxi (广西社会科学) 3/2020, 105–113.

Yan Houfu (严厚福), Umweltverschmutzungsdelikte: Erfolgs- oder Handlungsdelikte – unter Bezugnahme auf die 1.322 erstinstanzlichen Urteile zur „Umweltverschmutzungsdelikten" im Jahr 2015 (污染环境罪:结果犯还是行为犯—以2015年1322份"污染环境罪"一审判决书为参照), in: Journal of China University of Geosciences (Social Sciences Edition) (中国地质大学学报社会科学版) 4/2017, 56–65.

Yang Chunxi (杨春洗)/Xiang Zexuan (向泽选)/Liu Shengrong (刘生荣), Theorie und Praxis von Umweltdelikten (危害环境犯罪的理论与实务), 1.Auflage, Peking 1999.

Yang Jianjun (杨建军), Die gerichtliche Beweisführung der Kausalität im Strafrecht (刑法因果关系的司法证明), in: Journal of Comparative Law (比较法研究) 6/2020, 76–90.

Yang Ning (杨建)/Li Hong (黎宏), Die Schuldformen des Umweltverschmutzungsdelikts (论污染环境罪的罪过形式), in: People's Procuratorial Semimonthly (人民检察) 21/2013, 5–10.

Yang Shanliang (杨善良), Die Bestimmung der für die Einheit unmittelbar verantwortlichen leitenden Personalangehörigen und sonstigen unmittelbar haftenden Personalangehörigen bei Straftat der Einheit (单位犯罪中直接负责的主管人员和其他直接责任人员的界定), in: People's Procuratorial Semimonthly (人民检察) 4/2005, 26–28.

Yang Xingpei (杨兴培), Das Objekt der Straftat – Ein riesiges und leeres Wertsymbol – Neubetrachtung der Theorie des Objekts der Straftat aus der Perspektive der Beziehung zwischen Werten und Normen (犯罪客体-一个巨大而空洞的价值符号-从价值与规范的相互关系中重新审视犯罪客体理论), in: Criminal Science (中国刑事法杂志) 6/2006, 3–9.

Yang Wenhan (杨文涵), Normative Identifizierung und Anwendung von Umweltverschmutzungsdelikten (污染环境罪行为构造的规范认定与适用), in: Journal of Inner Mongolia Radio & TV University (内蒙古电大学刊) 5/2023, 27–34.

Yao Bei (姚贝), Über den Kausalzusammenhang bei Umweltverschmutzungsdelikten (论污染型环境犯罪的因果关系), in: Criminal Science (中国刑事法杂志) 5/2015, 72–89.

Yu Jun (余 俊), Überlegungen zur Rechtswidrigkeit von Umweltverschmutzungsdelikten (环境污染罪的违法性问题思考), in: Law Science Magazine (法学杂志) 6/2011, 55–58.

Yu Yang (于阳)/Huang Ye (黄烨), Bewertung des Umweltverschmutzungsdelikts aus handlungsbasierter Perspektive im Kontext der Strafrechtsreform (刑法修正视野下污染环境罪行为本位之评判), in: Presentday Law Science (时代法学) 5/2021, 32–41.

Yu Yang (于洋), Nachweis der Art der Umweltverschmutzungsdelikte als Erfolgsdelikt (污染环境罪结果犯属性之确证), in: Journal of Henan University of Animal Husbandry and Economy (河南牧业经济学院学报) 6/2023, 62–67.

Zeng Wenke (曾文科)/Luo Bocheng (罗博成), Die Feststellung der Kausalität und die Zurechnung des Ergebnisses beim Umweltverschmutzungsdelikt mit schwerwiegenden Schadensfolgen (严重致害型污染环境罪的因果关系认定与结果归属), in: Journal of Central South University of Forestry & Technology (Social Sciences) (中南林业科技大学学报社会科学版) 6/2023, 57–67.

Zeng Yuexing (曾粤兴)/Li Xia (李霞), Besonderheiten der Kausalität im Umweltstrafrecht (环境犯罪因果关系的特殊性), in: Journal of Chinese People's Public Security University (Social Sciences Edition) (中国人民公安大学学报社会科学版) 5/2012, S.57–62.

Zhang Duo (张铎), Untersuchung der Schuldformen des Umweltverschmutzungsdelikts (污染环境罪罪过形式探究), in: Journal of Hubei University of Police (湖北警官学院学报) 1/2014, 61–65.

Zhang Jigang (张继钢), Die Unabhängigkeit, der Inhalt und die Umsetzung der Umweltrechtsgüter (环境法益之独立、内涵及贯彻), in: The South China Sea Law Journal (南海法学) 4/2018, S.1–10.

Zhang Jun (张俊), Die Bestimmung der für die Einheit unmittelbar verantwortlichen leitenden Personalangehörigen und sonstigen unmittelbar haftenden Personalangehörigen bei Straftat der Einheit (单位犯罪中直接负责的主管人员和其他直接责任人员的认定), in: Business China (中国商界) 5/2010, 289–290.

Zhang Kewen (张克文), Fiktion von Straftaten und fiktive strafrechtliche Verantwortung – Die Rückkehr zur Negationstheorie der Strafbarkeit der Juristischen Personen (拟制犯罪和拟制刑事 责任—法人犯罪否定论之回归), in: Chinese Journal of Law (法学研究) 3/2009, 39–58.

Zhang Mingkai (张明楷), Strafrecht (刑法学), Band 1 und 2, 6.Auflage, Peking 2021.

Zhang Mingkai (张明楷), Strafrecht (刑法学), Band 1 und 2, 5.Auflage, Peking 2016.

Zhang Mingkai (张明楷), Vorläufige Diskussion über das Rechtsgut (法益初论), 1.Auflage, Peking 2003.

Zhang Mingkai (张明楷), Zu den Erfolg im Strafrecht (论刑法中的结果) , in: Modern Law Science (现代法学) 1/2023, 164–181.

Zhang Mingkai (张明楷), Ein kurzer Rückblick auf die Justizauslegung in den letzten Jahren (简评近年来的刑事司法解释), in: Qsinghua University Law Journal (清华法学) 1/2014, 5–26.

Zhang Mingkai (张明楷), Feststellung der „schweren Umweltverschmutzung" bei Umweltverschmutzungsdelikten (污染环境罪中 "严重污染环境"的认定), in: China Environment Supervision (中国环境监察) 1/2022, 45–47.

Zhang Mingkai (张明楷), Die Bestimmung der Schuldform – Die Bedeutung von „gesetzlich vorgesehen" in § 15 Abs.2 des chinesischen Strafgesetzbuchs (罪过形式的确定 – 刑法第 15条第 2款"法律有规定"的含义), in: Chinese Journal of Law (法学研究) 3/2006, 98–111.

Zhang Mingkai (张明楷), Streitfragen zum Umweltverschmutzungsdelikt (污染环境罪的争议问题), in: Law Review (法学评论) 2/2018, 1–19.

Zhang Qingli (张庆立), Eine neue Untersuchung der Auslegung von Tatbestandsmerkmalen der Umstände – Lüftung des Schleiers der „schwerwiegenden oder besonders schlechten Umstände" (情节犯情节要件解释要素之新探——揭开"情节严重或情节恶劣"之面纱), in: Journal of Shanghai Police College (上海公安学院学报) 5/2023, 31–49.

Zhang Ting (张汀), Der Kauzusammenhang bei Umweltdelikten (试析环境犯罪的因果关系), in: Shangdong Justice (山东审判) 3/2005, 64–67.

Zhang Xiaoyuan (张晓媛), Die Perspektivänderung des Umweltstrafrechts im Kontext der ökologischen Zivilisation – aus der Sicht der binären Merkmale von Umweltschäden (生态文明视野下环境刑法的立场转换 — 以环境损害的二元特征为视角), in: Criminal Science (中国刑事法杂志) 4/2019, 103–114.

Zhang Yong (张勇), Verständnis und Anwendung von Umweltverschmutzungsdelikten im Kontext des allgemeinen Umweltschutzes (整体环保观念下污染环境罪的理解与适用), in: Social Sciences in Xinjiang (新疆社会科学) 6/2011, 89–94.

Zhang Zhigang (张志钢), Die Rechtsdogmatik des Kumulationsdelikts – Im Mittelpunkt das Umweltverschmutzungsdelikt (论累积犯的法理 — 以污染环境罪为中心), in: Global Law Review (环球法律评论) 2/2017, 162–178.

Zhang Zhihui (张智辉)/Jiang Jiao (姜娇),Über die Umstände als Tatbestandsmerkmale (论作为犯罪成立要件的情节), in: Journal of Political Science and Law (政法论丛) 6/2022, 110–122.

Zhang Zitai (张梓太)/Wu Weixing (吴卫星), Umwelt und Ressourcenrecht (环境与资源法学), 1.Auflage, Peking 2002.

Zhao Bingzhi (赵秉志), Die Entwicklung und Vervollkommnung der Strafgesetzgebung in den 40 Jahren seit Reform und Öffnung (改革开放40年我国刑法立法的发展及其完善), in: Law Review (法学评论) 2/2019, 17–27.

Zhao Bingzhi (赵秉志), Forschung zu Umweltdelikten und deren gesetzgeberischer Weiterentwicklung (环境犯罪及其立法完善研究), 1.Auflage, Peking 2011.

Zhao Bingzhi (Hrsg.) (赵秉志), Das Verständnis und die Anwendung des Strafrechtsänderungsgesetzes VIII (刑法修正案 (八) 理解与适用), 1.Auflage, Peking 2011.

Zhao Hongyan (赵红艳), Analyse und Überlegungen zur Verurteilung von Umweltdelikten (环境犯罪定罪分析与思考), 1.Auflage, Peking 2013.

Zheng Zexing (郑泽星), Strafrechtliche Attribution und Imputation: Eine Untersuchung mit Schwerpunkt auf der modifizierten Bedingungstheorie (刑事归因与归责:以修正的条件说为重心的考察), in: Law Review (法学评论) 3/2020, 83–92.

Zheng Zuxing (郑祖星), Die Einführung und Anwendung der relativ strengen Haftung im Umweltstrafrecht (环境犯罪中相对严格责任的引入与适用), in: Jiangxi Social Sciences (江西社会科学) 1/2021, 162–168.

Zhou Echun (周峨春)/Sun Pengyi (孙鹏义), Forschung zur Gesetzgebung bei Umweltdelikten (环境犯罪立法研究), 1.Auflage, Peking 2015.

Zhou Guangquan (周光权), Revision des Strafgesetzbuches im Zeitalter der Kodifizierung (法典化时代的刑法典修订), in: China Legal Science (中国法学) 5/2021, 39–66.

Zhou Guangquan (周光权), Die Debatte über die Theorie der Tatbestandsmäßigkeit und ihre langfristigen Auswirkungen (犯罪构成要件理论的论争及其长远影响), in: Political Science and Law (政治与法律) 3/2017, 17–34.

Zhou Guangquan (周光权), Die Beziehung zwischen Tatbestandstheorie und Wertbewertung (犯罪构成理论与价值评价的关系), in: Global Law Review (环球法律评论) 3/2003, 296–302.

Zhou Guangquan (周光权), Die Schlüsselfragen des Umweltverschmutzungsdelikts (污染环境罪的关键问题), in: Political Science and Law (政治与法律) 1/2024, 60–72.

Zhou Wei (周微), Vermutung des Kausalzusammenhangs bei Umweltverschmutzungsdelikten (公害犯罪因果关系推定), in: Hebei Law Science (河北法学) 7/2012, 160–168.

Zhou Xiang (周详)/Xia Meng (夏萌), Über die Schuldformen des Umweltverschmutzungsdelikts: Befürwortung und Umsetzung der „Vorsatztheorie" (论污染环境罪的罪过形式: "故意说"之提倡与贯彻), in: Journal of Nanjing University of Technology (Social Science Edition) (南京工业大学学报社会科学版) 20/2021, 32–42.

Zhou Ya (周娅), Die Notwendigkeit einer Neustrukturierung des Straftatbestands der Vernachlässigung der Umweltaufsicht (环境监管失职罪入罪标准应重构), in: Environmental Economy (环境经济) 12/2020, 58–61.

Kolibri 360 GmbH
Ferdinand-Jühlke-Straße 7
99095 Erfurt, Deutschland
produktsicherheit@kolibri360.de